Zu diesem Buch

Journalismus ist ein Modeberuf, und noch nie waren Journalisten für die demokratische Gesellschaft so wichtig wie in diesem Zeitalter der explodierenden Information. Also war es auch noch nie so dringlich, die Anfänger kundig, kritisch und anschaulich in dieses schwierige und großartige Handwerk einzuführen – und zugleich den etablierten Redakteuren Stoff zum Nachdenken anzubieten. In diesem Lehrbuch schlagen sich eine so vielfältige Berufserfahrung und eine so intensive Lehrtätigkeit nieder wie in keinem anderen. In klaren Schritten werden die Formen des Journalismus und die Probleme des Journalisten dargestellt, anschaulich, prall von Beispielen und stets mit der Praxis Arm in Arm.

Zur Praxis gehört die exakte Information: Was erwartet mich in diesem Beruf? Wie unterscheidet sich die Arbeit in der Zeitung von der in der Zeitschrift, im Fernsehen, im Internet? Wie sieht der Alltag in den Redaktionen aus? Wo eigentlich kann ich mich bewerben? Was sollte ich schon vorher wissen, damit ich mich nicht blamiere? Das Buch gibt die Antworten.

Hinweise auf die Autoren finden sich auf den Seiten 398 und 399.

Wolf Schneider
Paul-Josef Raue

Das neue Handbuch
des Journalismus

Rowohlt Taschenbuch Verlag

5. Auflage Februar 2009

Veröffentlicht im Rowohlt Taschenbuch Verlag,
Reinbek bei Hamburg, Juni 1998
Copyright © 1996/1998 by Rowohlt Verlag GmbH,
Reinbek bei Hamburg
Lektorat Burghard König
Umschlaggestaltung Britta Lembke
Gesamtherstellung CPI – Clausen & Bosse, Leck
Printed in Germany
ISBN 978 3 499 61569 6

Inhalt

1 Was dieses Buch will 9

Die Journalisten 11
2 Welche Journalisten wir nicht meinen 11
3 Warum die Gesellschaft bessere Journalisten braucht 14
4 Was solche Journalisten können sollten 16

Wie Journalisten sich informieren 23
5 Die Nachrichtenagenturen 23
6 Der Waschzettel 35
7 Die Pressekonferenz 42
8 Die eigene Recherche 46
9 Wie man eine Recherche organisiert 52

Wie Journalisten Leser und Hörer informieren 59
10 Warum alles Informieren so schwierig ist 59
11 Was ist eine Nachricht? 62
12 Woraus wird eine Nachricht? 68
13 Wie schreibt man eine Nachricht? 71
14 Das Interview 79
15 Vorsicht, Zahlen! 87
16 Die meisten Journalisten sind unkritisch 96
17 Viele Journalisten manipulieren 100
18 Analyse – Synthese – Hintergrund 103

Die unterhaltende Information   109

19   Das Feature   109
20   Die Reportage   114
21   Wie man eine Reportage schreibt   119
22   Das Porträt   131
23   Der Boulevardjournalismus   136
24   Der Zeitschriften-Journalismus   142

Die Meinung   149

25   Der Kommentar   149
26   Die Satire   157

Wie man Leser gewinnt   163

27   Ein heikler Souverän   163
28   Das Layout   164
29   Das Foto   169
30   Die Bildunterschrift   175
31   Die Infographik   179
32   Die Überschrift   182
33   Lead und Vorspann   187

Schreiben und Redigieren   193

34   Verständliche Wörter   193
35   Durchsichtige Sätze   195
36   Der heilige Synonymus   202
37   Konkret geht vor abstrakt   207
38   Das Redigieren   210
39   Aufgeblähte, abgenutzte, unbrauchbare Wörter   214

Die Redaktion   237

40   Wer hat die Macht?   237
41   Die Ressorts   240
42   Die Redaktion der Zukunft   247
43   Der Computer   251

Die Ethik 255
    44 Wie Journalisten entscheiden 255
    45 Wie Journalisten entscheiden sollten 258
    46 Presserecht 263

Die Zukunft der Zeitung 269
    47 Was die Leser wollen 269
    48 Die neue Seite 1 274
    49 Der neue Lokaljournalismus 279
    50 Service und Aktionen 284
    51 Wege aus der Krise 288
    52 Das Internet-Zeitalter 293

Ausbildung und Berufsbilder 297
    53 Die Ausbildung zum Redakteur 297
    54 Die journalistischen Berufe 301
    55 Der freie Journalist 303

Anhang 307
  Literatur 307
  Der Pressekodex 312
  Erste Adressen 328
  Der Weg zum Volontariat:
  Die deutschen Zeitungen 333
  Journalistenschulen 345
  Hochschulausbildung 349
  Glossar journalistischer Fachausdrücke 354
  Namen- und Sachregister 386
  Die Autoren 399

1 Was dieses Buch will

Wir wollen Orientierung bieten: jungen Menschen, die erwägen, Journalist zu werden, aber von diesem Beruf noch keine realistische Vorstellung besitzen; angehenden Journalisten, die dabei sind, dieses großartige und schwierige Handwerk zu erlernen; und ebenso gestandenen Redakteuren, wenn sie den Wunsch haben, sich zu vervollkommnen oder über die Fallstricke und die Tücken ihrer Tätigkeit einmal nachzudenken. Dabei nehmen wir, wo immer es sich anbietet, eine Unterteilung vor, die im Beruf und auch in solchen Büchern nicht geläufig ist: zwischen den herrschenden Gebräuchen und dem Versuch, ihnen dort, wo wir sie für schlecht halten, bessere Modelle entgegenzusetzen. Die Einübung in das überwiegend Übliche schulden wir den Berufsanfängern; die Kritik daran glauben wir uns selber und allen erfahrenen Redakteuren schuldig zu sein, ebenso der Rolle des Journalismus im demokratischen Staat.

Die herkömmliche Unterteilung in Zeitung – Zeitschrift – Online (Internet) – Hörfunk – Fernsehen wird in diesem Buch *nicht* vorgenommen. Das hängt mit einer Überzeugung zusammen und mit einem technischen Problem.

Unsere Überzeugung ist, dass die Einstellung zum Beruf und die Grundzüge des Handwerks allen Sparten des Journalismus gemeinsam sind oder mindestens gemeinsam sein sollten: die saubere Recherche, die klare Darstellung, der Wille, unsere Mitbürger redlich und lebendig zu informieren. Nicht einmal in der Sprache sollte es einen Unterschied geben, einer verbreiteten Irrlehre zum Trotz: Dem Rundfunkjournalisten wird gepredigt, dass er *für die Ohren* schreiben soll; wir predigen den Zeitungs- und Zeitschriftenredakteuren dasselbe, und wir werden ausführlich begründen, warum.

Wenn wir uns insoweit *an alle* wenden, die Journalisten sind oder werden wollen, so müssen wir doch eine technische Einschränkung machen: Diejenigen Teile des Handwerks, die allein für Funk und Fernsehen typisch sind – zum Beispiel Umgang mit Mikrophon und Kamera, Moderation, Drehplan und Schnitt –, die behandeln wir nicht; das ist ein eigenes Feld, das nach einem anderen Buch verlangt.

Auch geriete man, zumal bei Hörfunk und Fernsehen, alsbald in Definitionsprobleme: Wer zieht die Grenze zwischen dem Journalisten und der bloßen Plaudertasche? Von der jedenfalls handelt dieses Buch höchstens dort, wo wir uns von ihr distanzieren müssen.

Damit fangen wir gleich mal an.

Die Journalisten

2 Welche Journalisten wir nicht meinen

Erstens die nicht, bei denen man sich streiten kann, ob sie Journalisten zu heißen verdienen. Wer in der Branche nur einen Job finden, wer sich also lediglich marktgerecht verhalten will – muss nur wenig können und wenig wissen, und Verantwortungsgefühl schadet ihm nur.

So verlangt der private Rundfunk nach dem Dampfplauderer, der jederzeit in der Lage ist, auf allen Kanälen die Lautsprecher zu verstopfen. Dazu muss er nur dreierlei beherrschen: niemals um ein Wort verlegen zu sein, seine eigenen Versprecher unheimlich komisch zu finden und auch schlechte Witze nicht zu unterdrücken. Angenommen, ein paläoanthropologisch gebildeter Mensch ließe sich ein paar Stunden von solchen Programmen berieseln, so könnte er vor einer ungeheuren Frage stehen: ob sich der Homo habilis, unser Urahn vor zwei Millionen Jahren, je in den Homo sapiens verwandelt hätte, wäre er damals in Afrikas Savannen einem Dauerbeschuss von *RTL, SAT 1* oder *Pro 7* ausgesetzt worden?

Auch unter denen, die unangefochten «Journalisten» heißen, stößt man auf vier Grundhaltungen, die wir als bedauerlich empfinden; zusammengenommen repräsentieren sie leider die Mehrheit.

Die erste bedenkliche Form ist der **Krawalljournalismus**. Da fällt die Verständigung leicht: Er ist das Lebenselixier der Boulevardzeitungen. «Menschenfresser tanzte mit nackter Liebespuppe» – das ist keine Parodie auf die Bildzeitung, das war die Bildzeitung selber, und es kennzeichnet die Gattung.

Kurioserweise verirrt sich ein Quantum Krawalljournalismus auch immer wieder in unsere seriösen Zeitungen – etwa bei den beliebten Statistiken über die angeblichen Todesopfer von Hitze- und Kältewellen. Wie kommen solche Zählungen zustande?

In Russland erfrieren bekanntlich seit Urzeiten Hunderte von Menschen, weil sie mit einem sehr hohen Wodka-Pegel bei tiefem Frost nach Hause stapfen: Sie fallen hin, schlafen ein und erwachen nicht mehr. Sind sie nun an der Kälte gestorben oder am Wodka?

Oma wiederum wird mitgezählt als Todesopfer der Hitzewelle, weil sie im Auto auf der Autobahn am Tag des Ferienbeginns in Nordrhein-Westfalen einen Hitzschlag erlitten hat. Ist sie nun an der Hitze gestorben oder an den deutschen Ferienterminen oder an dem Autofimmel ihres Schwiegersohns oder daran, dass er sich Zierfelgen anschaffte, statt sich eine Klimaanlage zu leisten?

Jede Statistik dieser Art *muss* also falsch sein. Sie ist lediglich ein Ausdruck der Tatsache, dass Redakteure gern Zahlen drucken und sich in dieser Zahlengier nicht irritieren lassen von der Unzählbarkeit der meisten irdischen Verhältnisse.

Wenn aber auch seriöse Zeitungen solchen Unsinn bringen (und sie bringen ihn!), dann betreiben sie an solchen Stellen ebenjenen Boulevardjournalismus, den sie gleichzeitig mit Inbrunst verachten.

Vom Krawalljournalismus zur zweiten bedauerlichen Spielart des Gedruckten: dem **überflüssigen Journalismus**. Er ist vor allem eine Zeit*schriften*-Krankheit, und er kulminiert in jenen Umfragen und so genannten Info-Graphiken, die der verzweifelten Suche nach etwas immer noch nicht Abgefragtem entspringen. Darin ist *Focus* Meister. Aber auch nur deshalb, weil *Tango* nicht mehr lebt. *Tango* nötigte uns beispielsweise die Information auf, dass bei den Single-Männern, wenn sie *nicht* single schlafen und dabei auf der Seite liegen, die Rheinland-Pfälzer am liebsten hinten liegen, und dies zehnmal so oft wie die Mecklenburger – Rätsel des West-Ost-Gefälles.

Die dritte Spielart des bedenklichen Journalismus: der **verknöcherte Journalismus**. Seine Kalkablagerungen finden sich immer noch in jenen saturierten Abonnementszeitungen, die jahrzehntelang mit journalistischen Mitteln nicht ruiniert werden konnten und die auch in der großen Auflagen- und Anzeigenkrise weiter auf die kleiner werdende Leserschar hinabschauen. Diese Blätter tun das Äußerste, um ihre eifrig zitierten Vorzüge gegenüber dem Fernsehen

– Analyse, Reportage, Hintergrund – entweder nur im Munde zu führen oder wenigstens im Inneren der Zeitung zu verstecken. Warum wir das für traurig und vorgestrig halten und wie – gerade in der Krise – alles anders werden kann, zeigen wir in den sechs Kapiteln zur «Zukunft der Zeitung».

Die vierte Spielart des bedenklichen Journalismus ist der **missionarische Journalismus**. Ihn kennzeichnet das, was Rudolf Augstein im *Spiegel* 15/1994 geschrieben hat: «Ich wollte Strauß aus der Bundesregierung Konrad Adenauers herauskatapultieren», und: «Als Verteidigungsminister, Außenminister und erst recht als Nachfolger des Bundeskanzlers mußte Strauß unmöglich gemacht werden.»

Ist dies die Sprache eines Journalisten? Sollte es sich nicht vielmehr um die Sprache eines Politikers handeln – eines Politikers, der eine einleuchtende politische Ansicht vertrat und sich mit Strauß zugleich in einem weniger einleuchtenden Zweikampf sah, sodass er den *Spiegel* als Sturmgeschütz auf Strauß ansetzte? Ist es wirklich tollkühn zu fragen, ob das «Journalismus» heißen soll?

Von der *Spiegel*-Schlagzeile «Barschels schmutzige Tricks» hat Augstein sich zwar nachträglich distanziert – aber formuliert war sie natürlich in seinem Geiste: Wir mussten Barschel aus der Regierung katapultieren, schließlich wollten wir die Wahlen in Schleswig-Holstein entscheiden, am Tag nach der Veröffentlichung fanden sie statt.

Und so stützte sich der *Spiegel*, seiner eigenen Darstellung nach, weil er keine Zeit zum Nachrecherchieren hatte – stützte sich der *Spiegel* also bei dieser Zeile zunächst allein auf die Aussagen eines Zeugen von schon damals katastrophalem Leumund.

Das Glück des *Spiegels* dabei war, dass es jahrelang so aussah, als habe er eine Wahrheit nur vorzeitig ausgesprochen. Inzwischen sind wir schlauer: Wir wissen, dass die SPD sich von schmutzigen Tricks keineswegs frei gehalten hat und dass der Schmutzigste von allen in dieser Schlammschlacht vermutlich des *Spiegels* Zeuge war.

Wenn Journalisten selber Politiker sind – wie sollen sie dann eben den Politikern auf die Finger sehen? «Der Journalist», sagt Johannes Gross, «hat nicht Überzeugungen feilzuhalten oder für Glaubensbekenntnisse zu wüten, sondern Nachrichten zu formulieren und

Analysen auszuarbeiten (...) Die Ethik des Journalismus ist eine Service-Moral.»

Dieser Meinung schließen wir uns an. Sie durchzieht das ganze Buch.

3 Warum die Gesellschaft bessere Journalisten braucht

Wenn die demokratische Gesellschaft funktionieren soll, dann ist sie auf Journalisten angewiesen, die viel können, viel wissen und ein waches Bewusstsein für ihre Verantwortung besitzen. Nur dann können sie ihrer zweifachen Aufgabe gerecht werden: Durch den Dschungel der irdischen Verhältnisse eine Schneise der Information zu schlagen – und den Inhabern der Macht auf die Finger zu sehen.

Das Zweite funktioniert schon ziemlich gut. Längst gehören die Journalisten zu den Mächtigsten im Lande. Sie selbst bestreiten das natürlich, und die Politiker hören es nicht gern und bestreiten es auch. Aber: Gegen die Schlagzeilen der Presse kann kein Politiker regieren. Mindestens ein Dutzend Vorhaben hat die deutsche Regierung in den letzten Jahren preisgegeben, weil die Presse kritisch und hämisch darüber berichtete.

Auch über Verfehlungen von Politikern lässt sich sagen: Die Presse hat so viele aufgedeckt, dass vermutlich kein hohes Risiko besteht, Verstöße gegen das Recht oder den politischen Ehrenkodex könnten lange unter der Decke bleiben. Zuweilen scheint eher die umgekehrte Sorge berechtigt: dass ihre Macht einige einflussreiche Journalisten dazu verführt, gegen einen Politiker auch wegen einer Lappalie ein Kesseltreiben zu veranstalten.

Was indessen höchst unzulänglich funktioniert, ist die Art, wie die Journalisten die wichtigere ihrer beiden Aufgaben wahrnehmen: ihre Mitbürger gescheit zu informieren. Hier lag von jeher viel im Argen; im Zeitalter der Info-Fetzen auf unzähligen Kanälen aber wird aus der Schwäche eine Katastrophe.

Von mindestens der Hälfte aller Journalisten deutscher Sprache lässt sich behaupten, dass sie sich für ihre Leser und Hörer eigentlich nicht interessieren. Wer in beamtenähnlichem Status bei einem öffentlich-rechtlichen Sender oder wer bei einer Abonnementszeitung mit regionalem Monopol beschäftigt ist, der steht unter der Versuchung, seine Spalten oder seine Minuten so zu füllen, dass er sich möglichst wenig anzustrengen braucht. Der Anteil derjenigen Journalisten, die dieser Versuchung erliegen, schwankt von Redaktion zu Redaktion, manchmal von Ressort zu Ressort; erheblich ist er überall. Bei der Einübung in das Übliche, die wir den Benutzern dieses Buchs schulden, wird solcher Beamtenjournalismus immer wieder ausgeleuchtet werden.

Diejenigen Journalisten aber, die um ihre Leser oder Hörer kämpfen müssen, weil sie bei Privatsendern, Boulevardzeitungen oder überflüssigen Zeitschriften arbeiten – sie liefern überwiegend auch nicht gerade das, was sich als gescheite Information einstufen ließe.

Dazwischen gibt es eine ziemlich kleine Minderheit von solchen, die sich redlich plagen, das Unwichtige auszusondern und das Verworrene zu klären, wie sie es ihren Mitbürgern schuldig sind. Nur sie füllen die lebenswichtige Rolle aus, die das demokratische Staatswesen ihnen zuweist: Indem es die Wahlentscheidung in die Hand aller erwachsenen Bürger legt, baut es darauf, dass die Wähler wenigstens einigermaßen den Hintergrund und das Für und Wider ihrer Entscheidung kennen; die Journalisten sind die Instanz, deren Aufgabe es ist, ihnen zu diesem Informationsgrad zu verhelfen.

Also kann nichts wichtiger sein, als die Minderheit derjenigen Redakteure, die ihre staatsbürgerliche Rolle sauber spielen, so zu stärken, dass sie eines Tages zur Mehrheit wird. Dies umso mehr, als immer mehr Informationsbrocken auf uns niederprasseln, wodurch unser Bedarf nach dem Ordner und Sortierer dramatisch steigt.

Schon 1979 beklagte Hans Heigert in der *Süddeutschen Zeitung* den «Fetzenjournalismus», der in den Nachrichten von Zeitungen und Sendern dominiere; die Realität richte er als Büfett von Appetithäppchen an. Über die *Tagesschau* schrieb Heigert, sie kombiniere eine verwirrende Abfolge zusammenhangloser Bilder mit einer

Wortsuada, «die dich zuerst nervös macht, dann gereizt, schließlich schlaff und endlich so stumpf, daß du mit allem zufrieden bist, was nun folgt».

1979! Da gab es noch kein Privatfernsehen, und die Tagesschau dauerte immer 14 Minuten – nicht jene eine Minute, in der sie heute vor 20 Uhr mehrfach über die Sender geht. Bald werden wir 200 oder 500 Kanäle haben, und über die Datenautobahn werden Milliarden Info-Fetzen rasen.

Gerade die Datennetze aber befriedigen das eigentliche Bedürfnis des Zeitungslesers nicht, schrieb Josef Joffe 1995 in der *Süddeutschen*: «Er bekommt nur, was er sucht – nicht das Wohltuend-Wohlgeordnete, das unerwartete Neugier und Interesse stimuliert. Der Leser will nicht digitale Signale, sondern Geschichten, Analysen, ‹Sinn›.» Infolgedessen werde der Journalist, der die Informationsflut kanalisiert und filtert und den Datenmüll entsorgt, so wichtig wie noch nie in der Pressegeschichte sein.

Max Frankel, Chefredakteur der *New York Times*, sagte es so: Die Zeitungen, die im 21. Jahrhundert prosperieren wollen, brauchten Journalisten, die das Talent besitzen, «eine endlose Vielfalt von Ereignissen zu bewerten und zu erklären» – bessere Journalisten also als bisher.

4 Was solche Journalisten können sollten

Und wie kommt man zu besseren Journalisten? Kann man denn Menschen klüger machen, als sie sind? Und wenn nicht: Inwieweit lässt sich Journalismus *lernen*? Ist es nicht vielmehr ein reiner Begabungsberuf, wie viele Leute, ja gerade viele Journalisten behaupten?

Zunächst, vor aller Begabung: Es gibt einige Grundeigenschaften, die einer mitbringen sollte, der Journalist werden will – vor allem gute Nerven, Arbeitsdisziplin und ein Quantum Selbstvertrauen. Der *Zeitdruck* ist groß und allgegenwärtig, selbst in Monatszeitschriften, wenn der Redaktionsschluss naht; und in der Tageszeitung sind die letzten Minuten vor dem Abschluss oft die reine Nervenmühle.

Arbeitsdisziplin bedeutet: Wenn der Auftrag lautet, bis 18 Uhr 60 Zeilen geschrieben zu haben, so hat er ausgeführt zu werden, auch bei Kopfschmerzen, privatem Ärger oder dem Gefühl «Heute ist einfach nicht mein Tag».

Selbstvertrauen ist nötig: im Außendienst, weil der Journalist bereit sein muss, fremde Menschen zum Reden zu bringen und Politikern peinliche Fragen zu stellen; am Schreibtisch, weil der Redakteur fortlaufend Entscheidungen zu treffen hat, obwohl ihm oft nur unzulängliche Informationen vorliegen oder sein Hintergrundwissen dafür nicht ausreicht oder Platznot ihn zwingt, heute auch Minderwertiges zu drucken, morgen auch Wichtiges wegzulassen.

Die Langsamen, die Mimosen und die Schüchternen also sollten den Beruf wohl nicht ergreifen. Nun zu dem, was man im engeren Sinn als «Begabung» bezeichnet.

Natürlich: Ohne Begabung ist alles nichts. Aber ohne Lernen ist auch nichts. Selbstverständlich hätte Goethe nicht auf Anhieb eine gute Schlagzeile formulieren können, und auch Mozart war gut bedient damit, dass er einen Vater hatte, der ihm das Klavierspielen beibrachte. Noch besser bedient war Paganini: Der erwies sich nämlich als zu faul, um auf der Geige zu üben, und sein Vater zwang ihn dazu mit Schlägen und mit Essensentzug.

Woraus man sieht: Auch ein Genie muss noch lernen – und auch Nichtgenies können sehr viel lernen. Diese Einsicht ist die Basis einer seriösen Journalistenausbildung. Sie geht davon aus, dass guter Journalismus sich aus vier verschiedenen Quellen speist: der Begabung, dem Charakter, dem Wissen und dem Handwerk.

Begabung: Das ist ein Quantum Intelligenz, ein Quantum Sprachtalent und ein hurtig arbeitender Verstand. Diese Eigenschaften sind überwiegend angeboren, jedenfalls einem Erwachsenen nicht mehr zu vermitteln.

Charakter: Da braucht der Journalist vor allem vier Eigenschaften, die teils angeboren sein, teils sich in der Kindheit entwickelt haben mögen:

Neugier lautet meist die erste Antwort von Chefredakteuren auf die Frage «Was braucht ein Journalist?» Werner Holzer, langjähriger Chefredakteur der *Frankfurter Rundschau*, forderte «angeborene und durchtrainierte Neugier auf alles, was geschieht».

Aber auch *Streitlust* braucht der Journalist, Harmonie darf *nicht* sein oberstes Bedürfnis sein; lieber soll er Zwietracht säen, als versöhnliches Geschwätz zu produzieren.

Und *Rückgrat* soll er haben. Für Verleger und Intendanten ist das sicher manchmal unbequem, aber für Leser und Hörer ist es großartig, wenn der Journalist den vielfältigen Versuchungen und Pressionen widersteht, die auf ihn eindringen; wenn er bereit ist, sich Feinde zu machen und auch zu seinen Freunden kritische Distanz zu wahren, sobald er über sie schreibt.

Schließlich sollte der Journalist *frei von Hochmut* sein. Es gibt ungeheuer hochmütige Redaktionen, machen wir uns da nichts vor. Redakteure gibt es, die es nur schwer ertragen können, dass sie nicht im Nebenberuf auch noch Bundeskanzler sind; Redakteure, die in den Spiegel schauen und zu sich selber sagen wie Nestroys Holofernes: «Ich möcht' mich einmal mit mir selbst zusammensetzen, nur um zu sehen, wer der Stärkere ist – ich oder ich.»

Das also waren erwünschte *Talente* und *Charaktereigenschaften*. Ehe der Journalist sein eigentliches Handwerk erlernt, sollte er aber schon zweierlei erworben haben: Fachkenntnisse und Weltkenntnis.

Fachkenntnisse werden nach einem verbreiteten Vorurteil an den Universitäten erworben. Gegen diese Ansicht vieler Chefredakteure haben wir drei Einwände.

Erster Einwand: Längst ist unser Erziehungssystem imstande, den ungebildeten Akademiker zu produzieren. Unter den hundert Kandidaten in der Endauswahl zur Hamburger Journalistenschule haben im Durchschnitt drei Viertel einen akademischen Grad; aber auf die Wissensfrage «Er war Kaiser von 1848 bis 1916 und kann folglich nur geheißen haben ...?» gab es kaum zehn Prozent richtige Antworten – viel häufiger hieß dieser Kaiser Wilhelm I., Wilhelm II., Otto von Habsburg oder Friedrich der Große.

Und es geht *bergab*. In gut zwei Jahrzehnten der Hamburger

Schule wurde fünf- oder sechsmal die Aufgabe gestellt: «Nennen Sie zwei Opern von Richard Strauss und zwei Operetten von Johann Strauß.» 1978 waren der «Rosenkavalier» und die «Fledermaus» noch für keinen Kandidaten ein Problem, erst beim zweten Werk begannen die Schwierigkeiten. 1992 aber war schon die erste Antwort in 90 Prozent der Fälle falsch: Wenn Johann Strauß überhaupt etwas komponiert hatte, dann den «Rosenkavalier», und wenn sie von Richard Strauss überhaupt etwas zu wissen glaubten, dann, dass er den «Tannhäuser» geschrieben habe.

Welchen Unsinn würden solche Leute in die Zeitung lassen? War es nicht genug, dass der Feuilletonchef der *Zeit* über Goethes gespanntes Verhältnis zum Frankfurter Güterbahnhof berichtete?

Wissenslücken also können Akademiker haben, dass es einer Sau graust. Dazu kommt ein zweiter Einwand gegen eine kritiklose Hochschätzung des Studiums: Seine meisten Befürworter sagen, es sei ganz egal, ob einer Germanistik, Astrophysik oder Zahnmedizin studiert habe; Hauptsache, er habe gelernt, gründlich zu recherchieren, wissenschaftlich zu arbeiten, Zusammenhänge herzustellen und darzustellen.

Ob er das wirklich gelernt hat, da haben wir unsere Zweifel. Aber selbst wenn er es gelernt haben sollte – spricht denn irgendetwas *dagegen*, dass er das wissenschaftliche Arbeiten an einem Thema übt, das journalistisch auch noch von Nutzen ist?

Natürlich, kein Studium ist gänzlich überflüssig, irgendein Vorteil springt immer heraus. Aber wenn jemand Germanistik studiert, dann kann er in derselben Zeit leider *nicht* Romanistik, Slawistik oder Sinologie studieren – und hätte nicht jede Redaktion viel mehr davon, dass ein Redakteur Polnisch, Chinesisch oder Portugiesisch spricht, als dass er sich mit Walther von der Vogelweide mittelhochdeutsch unterhalten könnte?

Irgendetwas studiert haben, Hauptsache «studiert» haben: Ist das wirklich eine wohl abgewogene Forderung – oder hat es am Ende eine psychologische Verwandtschaft mit jenen Heiratsanzeigen, in denen Akademikerwitwen herrisch fordern, auch ihr Künftiger müsse ein Akademiker sein?

Jura und Volkswirtschaft – das sind gute Studien für Journalisten, weil die wirtschaftlichen und juristischen Probleme allgegenwärtig sind. Naturwissenschaften sind hochwillkommen: Man denke an einen Physiker, der über Atomkraftwerke nicht nur mit Emotionen schreiben kann, sondern auch mit Sachkenntnis!

So lautet unser Rat an junge Leute, die Journalisten werden sollen: «Da die meisten Chefredakteure Akademiker bevorzugen, müsst ihr wohl studieren. Aber dann studiert erstens zügig und zweitens etwas Handfestes, worüber Bescheid zu wissen dem Journalisten und seinen Lesern nützt – also *nicht* Germanistik, Literaturwissenschaft, Kommunikationswissenschaft, Psychologie, Soziologie!»

Jenen Chefredakteuren, die auf einem akademischen Abschluss bestehen, möchten wir drittens zu bedenken geben: Wenn einer, statt vier bis sieben Jahre in Göttingen oder Tübingen zu studieren, vier bis sieben Jahre Entwicklungshelfer gewesen wäre – wäre der euch wirklich weniger wert? Der wüsste doch, wie es auf der Welt zugeht, und ist nicht ebendies eine journalistische Kardinaltugend? Wie viel *Weltkenntnis* erwerbe ich durch meinen innigen Umgang mit Wolfram von Eschenbach, verglichen mit sieben Jahren unter den Hungerleidern dieser Erde?

Weltkenntnis – das ist ein zentrales Stichwort. Denn es wimmelt von Journalisten, die nicht wissen, wie es auf unserer Erde aussieht. Und es wimmelt von Journalisten, die ihre privaten Aha-Erlebnisse mit einer Zäsur der Weltgeschichte verwechseln und sie mit diesem Anspruch als Leitartikel unter die Leute bringen.

Da gab es den Chefredakteur einer großen Zeitschrift, den mit plötzlicher Erschütterung die Einsicht traf, dass unter den Bonner Politikern «die große Verlogenheit» ausgebrochen sei. Verlogenheit ist aber nichts, was noch irgendwo ausbrechen könnte: Seit die Affen sprechen lernten und sich Menschen nannten, benutzten sie die Sprache zum Transport von Wahrheit, Irrtum, Lüge und Geschwätz, und daran hat sich seit zwei Millionen Jahren nichts geändert, auch nicht in Bonn; höchstens, dass Berufspolitiker mehr lügen als andere Menschen, aber dies nun auch schon dreitausend Jahre lang.

Auch den Chefredakteur einer großen Zeitung haben wir erlebt, der nach Lektüre einer UN-Statistik in den Seufzer ausbrach: «Es ist schon eine Tragödie, dass die Inder im besten Mannesalter sterben müssen» – mit 38 nämlich, im Durchschnitt natürlich, und der wird durch die Säuglingssterblichkeit gesteuert. Mit 38 dagegen sterben die Inder so selten wie in kaum einem anderen Lebensjahr. Ebenso kennen wir Kollegen, die bei dem Satz «Am schönsten waren auf Java immer die langen Sommerabende» nicht stutzen, obwohl es doch so dicht am Äquator weder einen Sommer noch einen langen Abend gibt. Und solchen Unsinn lassen sie dann stehen und verbreiten ihn unter fünfmal hunderttausend Lesern.

Natürlich, alles kann man nicht wissen. Deshalb wünschen wir von einem guten Journalisten, dass er neben seinem Fachwissen – in der Physik oder auf den Philippinen – eine universale Halbbildung besitzt. Wir sollten das Wort «Halbbildung» von seinem negativen Beigeschmack befreien und sie uns für den Journalisten ausdrücklich wünschen.

Universalbildung kann ja niemand mehr beanspruchen; Gottfried Wilhelm Leibniz war der Letzte, der sie für sich in Anspruch nahm, und der ist 1716 gestorben. Aber auf möglichst vielen Feldern wenigstens ein halbes Wissen, eine Ahnung zu haben: Das würde den Journalisten zieren.

Er muss nicht parat haben, in welchem Alter die Inder durchschnittlich sterben; wenn er nur merkt: Ausgerechnet mit 38 sterben sie nicht – ich hüte mich also, den Text so zu deuten oder mit dieser Deutungsmöglichkeit zu drucken; ich muss fragen! Fehler zu erkennen ist möglich und wertvoll, auch wenn man die richtige Antwort *nicht* weiß; nur wer den Fehler wittert, hat den Antrieb, die Wahrheit aufzuspüren. Das wäre fruchtbare Halbbildung.

Auch ziert es den Journalisten, sein Heimatland nicht für den Nabel der Welt zu halten; über Indianer oder Malaien nicht mit abendländischen Maßstäben herzufallen; und zu wissen, dass Grönland bei weitem nicht so groß ist wie Afrika, auch wenn es auf den meisten Weltkarten so aussieht.

Nachdenken überhaupt ziert den Redakteur, und zwischen Terminnot und Routine kommt das Denken häufig zu kurz. «Behaltet den Kopf über Wasser, Kollegen!», möchten wir allen jungen Journalisten zurufen. «Ihr seid für das alles zuständig, für das wenigste ausgebildet und durch fast nichts legitimiert. Aber ohne euch funktioniert sie nicht, die Demokratie. Ihr seid dazu da, eure Millionen Leser und Hörer so fair und so gründlich zu informieren, dass sie bei den nächsten Wahlen keine allzu schlimmen Dummheiten begehen. Also: Lernt – plagt euch – macht den Rücken steif – traut keinem, der euch etwas verkaufen will; und wenn ihr dann selber leidlich Bescheid wisst: Dann gebt euch Mühe, es euren Lesern und Hörern so mitzuteilen, dass sie es verstehen *können* und dass sie es lesen *wollen*.»

Eine solche Gesinnung zu wecken und jungen Journalisten das Handwerkszeug mitzugeben, mit dem sie dieser Gesinnung nachleben können – das ist die zentrale Aufgabe, die wir uns mit diesem Buch gestellt haben.

Wie Journalisten sich informieren

5 Die Nachrichtenagenturen

Welche Redaktion hat schon das Geld, um überall Korrespondenten zu stationieren? Selbst die großen Rundfunk- und Fernsehanstalten können ein weltumspannendes Informationsnetz nicht bezahlen. So bedienen sich die Medien eines alten Systems der Fugger: Diese Augsburger Kaufmannsgesellschaft fügte im 15. und 16. Jahrhundert ihren Geschäftsbriefen Nachrichten hinzu über das Geschehen in Europa und der Welt.

Dafür hatte Jakob Fugger der Reiche einen Nachrichtendienst organisiert und gleich die Manipulation dazu: Da er über ein Monopol verfügte, konnte er Nachrichten geheim halten, wenn es zu seinem Nutzen war. Erst vier Jahrhunderte später entstanden die Nachrichtenagenturen für jedermann, wie wir sie kennen, begünstigt durch die Telegraphie, die jede Mitteilung schnell über weite Entfernungen transportieren konnte.

Ohne die Agenturen sind die Massenmedien heute überhaupt nicht denkbar. Nachrichten wurden zur Ware; so begann die Ära der Medien und das Informations-Zeitalter. Wer sie schnell, verständlich und preiswert anbieten kann, der macht damit sein Geschäft.

Agenturen bestimmen in hohem Maß, welche Nachrichten gedruckt oder gesendet werden und welche nie in das Bewusstsein der meisten Menschen dringen. Dennoch ist es unwahrscheinlich, dass eine bedeutende Nachricht unterdrückt wird, in Deutschland wenigstens. Eher gerät eine falsche als keine Nachricht an die Kunden.

Fünf große Agenturen und mehrere kleine Spezialdienste wetteifern um die Abonnements der Zeitungen, Radios und TV-Anstalten, so viele wie in keinem anderen Land der Welt. Sie liefern täglich rund 3000 Meldungen und über 700 Fotos und Graphiken, und es werden Jahr für Jahr mehr: Allein die Deutsche Presseagentur *(dpa)* steigerte die Zahl der Meldungen in den vergangenen zehn Jahren um ein Drittel.

Die Redaktionen kämen mit den Massen an Meldungen nicht zurecht, wenn die Agenturen sie nicht kanalisierten, und zwar nach zwei Kriterien:

Die Dringlichkeit: Priorität 1, die Blitzmeldung, wird sehr selten gesendet; sie gilt für außergewöhnliche Ereignisse; im Telegrammstil wird der Ausbruch eines Krieges gemeldet, der Sturz des Kanzlers oder der Tod eines großen Staatsmannes. Bei der *dpa* finden sich vor der Blitzmeldung zehn Klingelsymbole: Früher schlug tatsächlich eine Klingel im Fernschreiber an, heute piepsen die Computer, wenn die Blitzmeldung kommt – als Wecker für den schläfrigen Redakteur.

Priorität 2, die Eilmeldung, berichtet außerordentliche Ereignisse wie Katastrophen oder ungewöhnliche politische Entscheidungen. Sie wird von den Agenturen aber auch für Korrekturen und vor allem für das Zurückziehen von Meldungen genutzt; damit es keine Redaktion übersieht, werden Meldungen, die zurückgezogen werden, zweimal gesendet.

Die Vorrang- oder Schnellmeldung, als Priorität 3, wird bei wichtigen Ereignissen gesendet, darf acht Zeilen nicht überschreiten und ist für den Rundfunk oder die Online-Dienste gedacht; aber auch Zeitungen übernehmen diese Nachrichten als Kurzmeldung, weil sie in der Regel verständlich und präzise formuliert sind.

Der größte Teil der Meldungen wird als «dringend» eingestuft, das ist Priorität 4, oder als «normal», das ist Priorität 5. Für die Pressestimmen, die Lesegeschichten in der Nacht oder für Füller, die keinerlei Aktualität mehr beanspruchen, gibt es die Priorität 6.

Die Einteilung hat heute keine große Bedeutung mehr: Da früher die Texte, technisch bedingt, nur langsam in die Fernschreiber einliefen, überholte eine wichtige Eilmeldung die anderen Nachrichten in der Sendeschlange. Bei dem heutigen Tempo der Übertragung würde man gerade ein paar Sekunden gewinnen; nur bei einer absoluten Topmeldung, bei der es auf jede Sekunde ankommt, wird in der Tat der Nachrichtenfluss abrupt unterbrochen.

Ein Fingerzeig für den bearbeitenden Redakteur jedoch sind die

Prioritäten immer noch. Routinierte Redakteure lassen sich nur Meldungen ab Priorität 3 auf den Bildschirm einblenden; dabei riskieren sie aber, manch spannende Nachricht zu verpassen, die der Agentur-Journalist falsch eingeschätzt hat oder die man als Tipp für eigene Recherchen nutzen könnte.

Die Ressort-Einteilung: Sie orientiert sich an den klassischen Ressorts der Zeitung: Politik (Kürzel bei den Agenturen: pl / in den *dpa*-Landesdiensten: po), Wirtschaft (wi), Vermischtes (vm / in den *dpa*-Landesdiensten: vr), Kultur (ku), Sport (sp) sowie Redaktionsmitteilungen (rs) wie Vorschauen auf das Programm. In alten Fernschreiberzeiten liefen noch technische Prüfmeldungen, die Checks (ck), die testeten, ob im Ticker noch sämtliche Buchstabenhebel des Alphabets in Ordnung waren; *AP* schickte einen berühmten Satz in die Fernschreiber, in dem sämtliche Buchstaben des Alphabets vorkommen: «The quick brown fox jumps over the lazy dog 1234567890.»

Für wen schreiben die Agenturen? Für alle Medien, so betonen sie. Sie richten sich nach der kleinsten Zeitung und der Ein-Mann-Radiostation; diese können sich keinen einzigen Korrespondenten leisten und müssen die Chronik der laufenden Ereignisse sowie jede wichtige Nachricht von der Agentur beziehen. Die großen Zeitungen und TV-Sender sind darum nicht traurig, denn auch ihre Korrespondenten machen Urlaub, werden träge oder sind auf einer großen Reportagereise durch den Urwald, während in der Hauptstadt geputscht wird.

Auch bekommt ein Zeitungskorrespondent nicht alles mit, was in seinem meist großen Gebiet geschieht. Die Agenturen dagegen knüpfen ihr Informationsnetz nicht allein mit Korrespondenten und freien Mitarbeitern, vielmehr arbeiten sie mit anderen Agenturen zusammen, sie lesen alle bedeutenden Zeitungen, sie hören und beobachten Kurzwellen- und Satelliten-TV-Sender, surfen durch Internetseiten, sichten Hunderte von Verlautbarungen – und sie beschäftigen Experten, die Propaganda von einer harten Nachricht unterscheiden können, wenn beispielsweise ein Potentat in der Dritten Welt über die gleichgeschalteten Medien etwas verkünden lässt.

Die Agenturen bestimmen also den Alltag der Redaktionen, vom

Lokalen abgesehen. Sie nehmen den Journalisten viel Arbeit ab, füllen ganze Seiten und werden auch aus anderen Gründen hoch geschätzt. Das sind die vier großen Tugenden der Agenturen:

1. Ihre Meldungen sind im Allgemeinen verlässlich. Falschmeldungen sind überaus selten und werden schnell korrigiert – während Zeitungen nur selten eine Korrektur ins Blatt rücken. Die Agenturen dagegen berichtigen mehrmals am Tag selbst kleinere Fehler wie falsche Schreibweisen oder ungenaue Zitierungen.
2. Ihre Nachrichten sind überparteilich. «Keine Regierung, kein Wirtschaftsverband, keine Gewerkschaft und keine politische Gruppe darf jemals auf eine Nachrichtenagentur Einfluss gewinnen, andernfalls wäre es mit der objektiven Information der Öffentlichkeit vorbei», schrieb der erste *dpa*-Chefredakteur, Fritz Sänger. Dennoch müssen sie sich ständig gegen Einflussnahmen wehren: So fließen jedes Jahr etliche Millionen Euro aus dem Bundespresseamt an die *dpa*. Stark ist der Einfluss des französischen Staates auf Agence France-Press *(AFP)*; er finanziert fast die Hälfte der Agentur.

   Gleichwohl enthalten die Nachrichten keine Wertungen, ihre Sprache lässt nicht vermuten, wer sie finanziert und für wen der Schreiber etwa am Wahltag stimmen wird. «Er ist für die Anhänger und die Gegner der Partei gleichermaßen informativ und unanstößig. Parteipolitische Sympathien oder Antipathien oder gar politische Kumpanei haben bei uns nichts zu suchen», verordnete 1987 *dpa*-Chefredakteur Benirschke seinen Redakteuren in einer Hausmitteilung.

   Die Trennung von Nachricht und Meinung ist als journalistisches Prinzip möglich; die Agenturen beweisen es jeden Tag. «Es gibt bei den Agenturen weit weniger verbohrte Überzeugungstäter als bei allen anderen Medien», sagt Michael Ludewig, Mitglied der dpa-Chefredaktion.
3. Ihre Nachrichten kommen gebündelt und gut sortiert nach Ressorts, die denen in den Zeitungen ähneln. Der Redakteur muss nicht mühsam die Mitteilungen sammeln, die er für seine Arbeit benötigt.

4. Ihre Nachrichten treffen schnell und in druckfertiger Fassung ein, meist unmittelbar nach einem Ereignis; zwei Minuten nach dem Ende eines Fußball-Länderspiels kommt beispielsweise der komplette Bericht auf den Schirm.

So werden die Agenturen geschätzt von allen, die mit ihnen arbeiten, aber die Klagen über sie hören doch nicht auf.

Die erste Klage: Sie überschütten die Redaktionen mit Meldungen, und je schneller die Übertragung läuft, desto mehr muss gesichtet und aussortiert werden.

Es stimmt: Die Agenturen jagen ihre Texte und Bilder über Satelliten in die Computer, immer mehr und immer schneller. Im Gründerjahr 1949 schickte die *dpa* gerade 19 000 Wörter täglich, alle kleingeschrieben, über Drahtnetz oder Langwelle; heute sind es fast zehnmal so viele. Kein Fernschreiber hemmt das Tempo wie noch vor Jahren, in Sekundenschnelle können die Redakteure die Nachrichten auf ihrem Bildschirm lesen.

Mittlerweile haben sich Nachrichtenredakteure auch an das Sichten und Redigieren am Bildschirm gewöhnt, offenbar schätzen es die meisten. Der Computer erleichtert die Arbeit, die Agenturen gliedern verlässlicher und liefern klare Stichworte, die jede Meldung einordnet, und wahrscheinlich sind deshalb die Klagen leiser geworden, das Material sei nicht mehr zu bewältigen.

Geblieben ist das Problem bei den Agenturen. Wurden sie früher in erster Linie für den Transport der Nachrichten bezahlt, so besteht heute ihre Hauptaufgabe darin, Berge von Informationen zu durchsuchen und den größten Teil auf den Müll zu werfen. Trotzdem kommt täglich ein Lexikonband mit über 1500 Seiten zusammen, wenn man nur die Meldungen der fünf großen Agenturen sammelt.

Schauen wir uns einen normalen Tag an, ohne besondere Höhepunkte. Am Donnerstag, dem 30. Januar 2003, lieferte die *dpa* im Basisdienst (also ohne die Landesdienste) 880 Meldungen, die auf folgende Ressorts verteilt waren:

Politik (pl)	310 Meldungen	35 %
Wirtschaft (wi)	210	24 %
Vermischtes (vm)	170	19 %
Sport (sp)	110	13 %
Redaktionsservice (rs)	50	6 %
Kultur (ku)	30	3 %

Im Jahresschnitt ist nur der Anteil der Politik deutlich höher, der Anteil der Wirtschaft niedriger; dies ist leicht zu erklären, da an Wochenenden und an Feiertagen die Börsen ebenso ruhen wie die Pressesprecher der Unternehmen und Verbände – im Gegensatz zu den Politikern, deren Mitteilungsdrang am Wochenende sogar noch stärker wird. Von diesen 880 *dpa*-Meldungen (plus der Meldungen der anderen Agenturen) druckt eine regionale Tageszeitung durchschnittlich 50 ab; selbst die *Süddeutsche Zeitung* mit fünf bis sechs Nachrichtenseiten druckt nur einen Bruchteil des Agenturmaterials; und die Tagesschau bringt gerade einmal 12 unter.

Und selbst die 880 Meldungen stellen eine gnadenlose Auswahl dar. Von 99 Prozent aller berichtenswerten Ereignisse auf diesem Erdball erfährt der Zeitungsleser nichts, weil es kein Journalist erfährt und weitergeben kann. Verbrechen werden begangen und niemals entdeckt (geschweige denn aufgeklärt); längst nicht jeder Skandal dringt an die Öffentlichkeit; laienhaft operierende Verbände versäumen es, die Presse einzuladen; atemberaubende Dinge geschehen, und der Reporter hat seine Kamera vergessen, hat Urlaub oder schläft.

Über 99 Prozent aller Nachrichten, die schließlich doch der Presse bekannt werden, gelangen nie vor die Augen des Lesers, weil sie als zu unbedeutend, zu fragmentarisch, zu polemisch oder nach den jeweils herrschenden Vorstellungen zu unsittlich aussortiert und dem Papierkorb anvertraut werden. Und das ist gut so: Die 880 *dpa*-Nachrichten eines einzelnen Tages allesamt zu verlesen würde einen halben Tag dauern; obwohl bereits zweimal selektiert, vom Korrespondenten und vom Redakteur der Nachrichtenagentur, würden also mehr Informationen auf den Fernsehteilnehmer niederregnen, als er auch bei höchstem Interesse und äußerster Konzentration zur Kenntnis nehmen könnte und wollte.

Die zweite Klage der Redaktion: das blutleere, verschachtelte Deutsch. Nicht nur übermitteln die Agenturen getreulich die Floskelsprache der Politiker, sondern sie putzen sie noch auf, und sie fügen ihr die eigenen scheußlichen Sprachklischees hinzu. Dass ein Politiker etwas *sagt*, kommt bei den Agenturen fast nie vor; ununterbrochen hat er betont, erklärt, unterstrichen und bekräftigt. Und Vorwürfe *bestreitet* er nicht; auch wenn es in unverkrampftem Deutsch nur so heißen könnte: Er «weist sie zurück»; die Agenturen setzen ihn also auf einen Thron, von dem herab er seine Zurückweisungen vornimmt. De facto betreiben sie auf diese Weise Öffentlichkeitsarbeit für den Politiker; dass sie unbezahlt und fahrlässig erfolgt, macht nichts besser.

Lange unüberschaubare Sätze voller Substantive stehen am Beginn der Meldungen, weil die Agenturen ihren Redakteuren einbläuen: Nur diejenige Nachricht hat Abdruckchancen, die in 20 Sekunden die Sympathie des Redakteurs gewinnt, weil dem gehetzten Journalisten selten mehr Zeit zur Verfügung steht. So rechtfertigen die Agenturen den ritualisierten Unfug und packen alles, was wichtig scheint, in die ersten Wörter. Ein Beispiel vom 5. Oktober 1995 mit 35 Wörtern zwischen den beiden Verbteilen «blieb ... verschont», mit zwei Klammern, die acht Ziffern enthalten, und sieben Präpositionen:

> *Düsseldorf (dpa) – Bundestrainer Berti Vogts blieb auch vor den EM-Qualifikationsspielen der deutschen Fußball-Nationalmannschaft am Sonntag gegen Moldawien in Leverkusen (18.00 Uhr / ARD live) und am nächsten Mittwoch gegen Wales in Cardiff (19.30 Uhr / ARD live) nicht von Hiobsbotschaften verschont.*

Aber Agentur-Journalisten schreiben eben für Presse-, Radio- und Fernsehjournalisten und richten noch keinen großen Schaden an; die Pressejournalisten müssten nun für ihr Publikum redigieren und das verbiesterte Deutsch in ein lesbares verwandeln. Die Boulevardzeitungen beweisen, dass es möglich ist – auch mit Meldungen der Agenturen.

Und ein wenig Schadenfreude erlauben sich ab und an auch die Agentur-Journalisten. Wenn die Redakteure der Tageszeitungen ihre Exklusiv-Interviews und -Geschichten der Agentur anbieten, dann lassen sie kein Sprachklischee aus und schreiben oft grauslicher als jeder *dpa*-Redakteur.

Die dritte Klage der Redaktionen ist leise und selten: Ab und an sind sie voreilig, die Agentur-Redakteure, um vor der Konkurrenz auf den Nachrichtenmarkt zu kommen. Eine schwere Panne kommt indessen so selten vor, dass sie lange in Erinnerung bleibt:

Am 13. April 1964 meldete die *dpa* mit einer Blitzmeldung den Tod des sowjetischen Ministerpräsidenten Nikita Sergejewitsch Chruschtschow und korrigierte sich 14 Minuten später; Chruschtschow starb sieben Jahre später. Offenbar haben die Agenturen gerade mit russischen Politikern ihre Schwierigkeiten – so auch im August 1991: Einige mächtige Kommunisten versuchten, Präsident Gorbatschow zu stürzen, und sperrten ihn in seinem Ferienhaus auf der Krim ein. Währenddessen ging es auf einer Pressekonferenz in Moskau drunter und drüber. «Gorbatschew w Krymu» (Gorbatschow ist auf der Krim), antwortete ein Sprecher der Verschwörer auf die Frage eines Journalisten.

Der Korrespondent der Agentur *AP* verstand in dem Lärm: «Gorbatschew w Kremlje» (Gorbatschow ist im Kreml) und meldete dies der Zentrale, die sofort eine Blitzmeldung an alle Zeitungen, Radio- und Fernsehstationen schickte. Eine Falschmeldung war in der Welt. Der phonetisch hauchdünne Unterschied bedeutete politisch den Unterschied zwischen Bürgerkrieg und Putsch-Ende, erinnert sich der deutsche *AP*-Chefredakteur Peter M. Gehrig. Fünf Minuten später war der Irrtum aufgeklärt, die Falschmeldung aber uneinholbar in vielen Computern gespeichert. «Es ist der verzweifelte Versuch, die Zahnpasta wieder in die Tube hineinzubekommen», beschreibt Lore Lorentz die Tücken des Dementis.

Schnelligkeit zählt zwar, doch: «be first, but first be right» heißt das Prinzip der Agenturen; sei der Erste, aber der Erste, der's richtig bringt.

Die vierte Klage: Neue große Themen, etwa aktuelle wissenschaftliche, vor allem medizinische Forschung, geraten erst spät in die Dienste, und ganze Kontinente verschwinden in den Meldungsbergen, vor allem die Dritte Welt. Zwei Drittel des täglichen Nachrichtenanfalls kommen direkt oder indirekt aus New York; mehr als zwei Drittel der Journalisten der großen Nachrichtenagenturen sind Amerikaner oder Europäer und sehen die Welt mit ihren Augen.

Doch wenn die Redaktionen von Zeitungen und Sendern klagen, so sind ihnen ebenfalls zwei Vorwürfe zu machen: Zum einen könnten sie leicht jeden Tag zwei Seiten mit Berichten aus dem Ausland und der Dritten Welt füllen, wenn sie nur wollten; zum anderen pflegen sie ihre Agenturgläubigkeit. Selbst erfahrene Korrespondenten der Tageszeitungen kommen gegen die Übermacht der Agenturen kaum an. Ihnen gelingt es nur selten, einen Exklusivbericht bei ihrer Heimatredaktion durchzusetzen; stattdessen hören sie die Frage: «Das haben die Agenturen gar nicht gemeldet! Haben Sie kein anderes Thema?»

Mit den Korrespondenten klagen auch die Lokalredakteure, dass ihre Nachrichten kaum eine Gelegenheit erhalten, auf den ersten Seiten gedruckt zu werden: Je mehr die eigenen Redakteure recherchieren, desto schwerer haben sie es, sich gegen die Agenturen durchzusetzen. «Selbst Skandale haben keine Chance, auf die erste Seite zu kommen, wenn wir sie selber recherchiert haben», beschwerte sich eine Redakteurin aus dem Osten beim Zeitungskongress 1995 «Bieder oder bissig» und erzählte:

Die Lokalredaktion entdeckt einen Bauskandal und meldet ihn in die etwa 50 Kilometer entfernte Zentrale, wo sich aber keiner für zuständig erklärt. Der Bericht erscheint nur als Aufmacher im Lokalteil. Ein *dpa*-Redakteur im Landesbüro entdeckt bei Sichtung der Zeitungen den Bericht und macht daraus eine Meldung. So erscheint der Aufmacher der Lokalredaktion doch noch auf der Landesseite der Zeitung – als *dpa*-Meldung, mit einem Tag Verspätung und gleichzeitig mit den anderen Zeitungen aus der Region.

Und noch ein Grund zur Klage über die Redaktionen: Nicht einmal bei den Agenturen recherchieren sie; kaum Rückfragen oder gar Aufträge. Dabei springen selbst die großen Agenturen vor Freude auf, wenn eine Redaktion nachfragt, oder sie springen im Kreis, wenn sich eine Redaktion über Ungereimtheiten beschwert.

Ohne Agenturen wären Zeitungen als Massenmedien kaum denkbar: Die großen Nachrichtenagenturen liefern die Chronik der laufenden Ereignisse, sodass selbst die kleinste Zeitung ihre Leser mit den wichtigen Nachrichten aus allen Kontinenten versorgt. Redakteure können komplette Zeitungen mit den Agenturen füllen, viele tun es auch, doch sie sollten es nicht tun. Der größte Vorzug der Agenturen ist ihre Überparteilichkeit, sodass es ihnen gelingt, von allen Medien und allen Zeitungen, gleich welcher Richtung, akzeptiert zu werden.

Die fünf großen Agenturen in Deutschland

Wer ein Volontariat bei einer Nachrichtenagentur bekommt, kann sich glücklich schätzen; nur wenige Plätze stehen zur Verfügung. Wer ein Praktikum bekommen will, hat bessere Chancen in den Landesbüros, die selber über die Vergabe entscheiden. Noch besser sind die Chancen für eine freie Mitarbeit, entweder auf dem flachen Land, in dem eine Agentur keinen Korrespondenten stellt, oder auf einem Fachgebiet, sei es der Buchkritik oder Berichterstattung über Wissenschaft und Forschung.

Die Krise der Medien bedrängt auch die Agenturen. Die kleinen werden um ihre Existenz kämpfen, die großen um ihre Größe; Entlassungen, Schließungen von Büros und Abspecken des Angebots sind unvermeidlich.

1. *dpa (Deutsche Presse-Agentur)* ist die größte deutschsprachige Agentur: Nahezu alle deutschen Zeitungen haben sie abonniert; nur wenige, wie die *Freie Presse* in Chemnitz, verzichten darauf, zum Unbehagen der Zeitungsredaktion, die mit einem Teil des Geldes zwar Reporter-Stellen bezahlen kann, aber mühsam die Nachrichten zusammenkratzen muss, vor allem im Sport.

    Wie eine Genossenschaft gehört die 1949 gegründete Agentur

rund 190 deutschen Zeitungen, Zeitschriften und Rundfunkanstalten. Keiner der Gesellschafter kann sich eine Hausmacht aufbauen: mehr als 1,5 Prozent darf sich kein Verleger aneignen, alle Rundfunkanstalten zusammen dürfen nicht mehr als 25 Prozent besitzen; zudem kann nur der Aufsichtsrat den Chefredakteur abberufen.

«Mit diesen beiden wichtigen Regelungen war die vollständige Unabhängigkeit des Unternehmens von Einflüssen und Einwirkungen irgendwelcher Gruppen oder Interessenten und war die Unabhängigkeit des verantwortlichen Leiters von der Geschäftsführung gesichert», schreibt Fritz Sänger, der erste Chefredakteur von *dpa*.

dpa (Deutsche Presse-Agentur), Mittelweg 38, 20148 Hamburg. In 12 Landeshauptstädten unterhält dpa noch große Landesbüros sowie Korrespondentenbüros in vielen Städten von Flensburg bis Kempten, Neubrandenburg bis Tübingen.
www.dpa.de

2. *AP (Associated Press)* konnte sich nach dem Krieg eine gute Startposition sichern. Die ersten deutschen Zeitungen, von den Siegermächten lizenziert, bekamen schon 1946 die Weltnachrichten der größten Agentur des Westens, die 1848 in New York gegründet wurde. So ist *AP* mit Sitz in Frankfurt die typische Zweitagentur in deutschen Redaktionen: Zwei von drei Nachrichtenredaktionen in Deutschland beziehen *AP*, die sich vor allem mit ihren bunten Meldungen einen Ruf erworben hat.

    AP (Associated Press), Moselstraße 27, 60329 Frankfurt am Main
    www.ap.org

3. *Reuters* kam 1971 mit einem deutschen Dienst heraus und wird vor allem wegen der Wirtschaftsberichterstattung geschätzt.

    Reuters, Friedrich-Ebert-Anlage 49, 60327 Frankfurt am Main
    www.reuters.de

4. *AFP (Agence France-Presse)* gilt als die älteste Agentur der Welt: 1835 in Paris gegründet. Schon 1947 gab die französische Agentur einen deutschsprachigen Dienst heraus. Doch erst in den 1990er Jahren fasste *AFP* Fuß in Deutschland.

    AFP (Agence France-Presse), Adenauerallee 266, 53113 Bonn
    www.afp.com

5. *ddp* hat eine wechselhafte Geschichte. Sie begann 1971, als die große amerikanische Agentur *UPI* ihren deutschsprachigen Dienst einstellte. 1994 schloss sie sich mit *ADN* zusammen und gründete in Berlin eine gemeinsame Redaktion; *ADN* war als Monopol-Agentur der DDR das Propaganda-Instrument der SED. Ende der 90er Jahre wurde ddp Teil des Kirch-Imperiums, heute gehört die Agentur einem Finanzinvestor.

ddp, Friedrichstr. 108, 10117 Berlin; einige Landes- und Regionalbüros, vor allem in den östlichen Bundesländern.
www.ddp.de

Daneben gibt es einige Spezialagenturen, eine Auswahl:

sid (Sport-Informations-Dienst), gehört zu *AFP*; aktuelle Berichterstattung aus dem Sport; fünf Büros in Berlin, Frankfurt, Hamburg, Leipzig und München.
41460 Neuss, Hammfelddamm 10
www.sid.de

epd (Evangelischer Pressedienst), 1910 gegründet, ist die älteste deutsche Nachrichtenagentur; im Zentrum stehen Meldungen aus den Kirchen, dem Sozialen und der Dritten Welt sowie aus den Medien; acht Landesdienste und mehrere Bezirksredaktionen.
60439 Frankfurt am Main, Emil-von-Behring-Straße 3
www.epd.de

KNA (Katholische Nachrichten-Agentur) bringt Meldungen aus der katholischen Kirche; sieben Landesredaktionen in Berlin, Freiburg, Hamburg, Köln, München, Stuttgart und Wiesbaden.
53113 Bonn, Adenauerallee 134
www.kna.de

Wie eine Agentur-Meldung zu entziffern ist

Wer sein Praktikum in einer Nachrichtenredaktion beginnt, kapituliert schon vor der ersten Agenturmeldung: Eine Fülle unbegreiflicher Abkürzungen, Zahlen- und Buchstabenfolgen erscheint auf dem Bildschirm; die meisten sind unerheblich, dennoch sollte auch der Anfänger wissen, welche er kennen und nutzen muss. Zum Abenteuer wird es schon, herauszufinden, wann eine Meldung überhaupt gelaufen ist:

Das versteckt sich hinter den Kürzeln einer Agenturmeldung

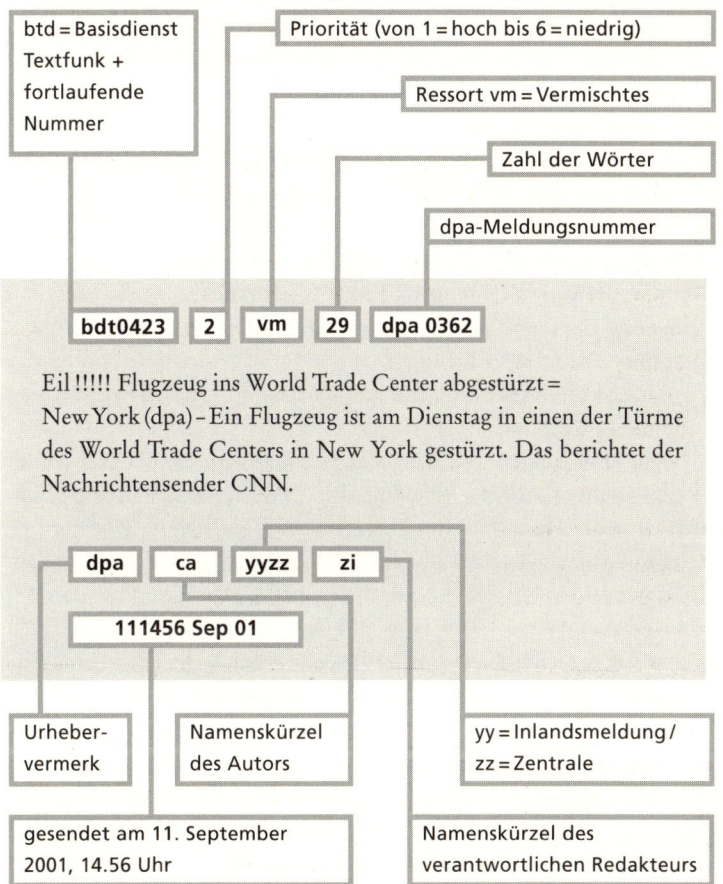

- btd = Basisdienst Textfunk + fortlaufende Nummer
- Priorität (von 1 = hoch bis 6 = niedrig)
- Ressort vm = Vermischtes
- Zahl der Wörter
- dpa-Meldungsnummer

bdt0423 | 2 | vm | 29 | dpa 0362

Eil !!!!! Flugzeug ins World Trade Center abgestürzt =
New York (dpa) - Ein Flugzeug ist am Dienstag in einen der Türme des World Trade Centers in New York gestürzt. Das berichtet der Nachrichtensender CNN.

dpa | ca | yyzz | zi

111456 Sep 01

- Urhebervermerk
- Namenskürzel des Autors
- yy = Inlandsmeldung / zz = Zentrale
- gesendet am 11. September 2001, 14.56 Uhr
- Namenskürzel des verantwortlichen Redakteurs

Sechs Ziffern in ungewöhnlicher Reihenfolge verraten es am Ende jeder Meldung.

291914 Jul 03 – ist so zu lesen: Die Meldung lief am 29. Juli 2003 um 19.14 Uhr.

Dies war der Wegweiser durch eine *dpa*-Meldung; die Meldungen anderer Agenturen sind ähnlich aufgebaut.

6 Der Waschzettel

Wer die Zeitung nur irgendwie füllen will, braucht nirgendwohin zu gehen und mit niemandem zu sprechen. Er muss nur warten – auf die Post oder die Agenturmeldung, auf den freien Mitarbeiter oder das Fax eines Pressesprechers, die Kopien aus dem Archiv oder einen Gedankenblitz.

Sogar Journalisten staunen, wenn sie als gewöhnliche Leser entdecken, wie ihre Kollegen arbeiten. Horst Pöttker beispielsweise, verantwortlicher Redakteur des Magazins *Medium*, suchte in seiner Lokalzeitung einen Bericht über ein internationales Turnier, das sein Sohn mit seiner Mannschaft gewonnen hatte. Der Vater fand den Bericht als Aufmacher nebst Foto, auf dem der Sohn gut zu erkennen war. Pöttker recherchierte: Die Eltern des Mannschaftskapitäns hatten, wie immer, einen Bericht an die Zeitung gegeben.

Der Redakteur als Vater staunt: «Bisher hatte ich angenommen, als redaktioneller Bestandteil der Zeitung werde die Sportseite mit Beiträgen journalistischer Mitarbeiter gefüllt. Ich hätte es freilich besser wissen müssen.» Aus dieser wie aus anderen Beobachtungen von Journalisten folgert Horst Pöttker: Sie sind auch nicht neugieriger als die übrigen Leute; sie fürchten die Entdeckung des Neuen: «Menschen recherchieren nicht gern.»

Journalisten sind in der Regel «Sitzredakteure»: So nennt die Zunft alle in der Nachrichtenredaktion, welche die Meldungen der Agenturen und die Berichte der Korrespondenten redigieren – derer also, die sich ihrerseits zwischen den Fronten, im Obdachlosen-Asyl oder auf Parteitagen umsehen. Nicht nur in den Nachrichtenredaktionen sitzen die Redakteure ohne Unterbrechung am Schreibtisch, sondern auch in den meisten anderen Ressorts, selbst im Lokalen.

Daran ist zunächst wenig auszusetzen, und der Vorwurf, Journalisten seien nicht neugieriger als andere Menschen, prallt am Sitzredakteur ab. Einer muss die Nachrichten sammeln und bewerten, muss redigieren und die Seiten produzieren; die Organisation des Blatts und das Redigieren der Texte sind anspruchsvolle journalistische Tätigkeiten.

Gerade dem Anfänger tut es gut, wenn er sich aufs Redigieren konzentrieren kann – und somit auf eine Sprache, die von allen verstanden werden muss. Kluge Ausbildungsredakteure setzen ihre Volontäre zunächst in die Nachrichtenredaktion; in den Journalistenschulen steht das Schreiben und Redigieren von Nachrichten in den ersten Wochen unentwegt auf dem Stundenplan, bis die Eleven es beherrschen.

Doch bei aller Hochachtung vor den Sitzredakteuren: Es ist bedenklich, dass der Anteil der Redakteure, die recherchieren, immer kleiner wird. Und woran liegt es, dass immer weniger Journalisten recherchieren und immer mehr stundenlang vor dem Computer sitzen? Mehrere Gründe kommen zusammen:

1. Die Redakteure kapitulieren vor dem Berg an Mitteilungen auf ihrem Schreibtisch. Selbst einer kleinen Lokalredaktion bringt der Postbote jeden Morgen zwischen 50 und 100 Waschzettel, Fotos und Graphiken, die keiner angefordert hat; zu allem Überfluss laufen unentwegt die E-Mails in den Computer.
2. Redakteure sind bequem. «Journalistische Lethargie, Trödelei, mangelnde Aktivität, ein Verzicht auf eigene Initiativen» entdeckt der Publizistik-Professor Wolfgang Langenbucher. Teure Agenturen, billige Pressedienste und kostenlose Waschzettel fördern die Bequemlichkeit, weil sie viel mehr Wörter und Bilder liefern, als je eine Zeitung drucken kann. Redakteure erliegen der Versuchung, andere für sich schreiben zu lassen. Die Zeitung ist leicht zu füllen mit Fremdtexten, die noch dazu den Vorteil bieten, dass

nach dem ungekürzten Abdruck keiner anruft und sich beschwert. Anzeigenblätter werden in der Regel so, das heißt ohne ausgebildete Redakteure, produziert.
3. Redakteure haben zu wenig Zeit, weil die Redaktion, vor allem im Lokalen, knapp besetzt ist. Nicht immer ist der Geiz oder die notwendige Sparsamkeit des Verlegers schuld; wem das Talent fehlt, effektiv zu organisieren, der kann sich und anderen die Zeit stehlen, die ein Journalist für Nachforschungen braucht.
4. Redakteure sind durch Furcht gelähmt, sei es vor dem Chef, der den Ärger scheut und sich längst arrangiert hat mit Funktionären und mächtigen Leuten; sei es durch Angst vor Reklamationen; sei es vor dem Liebesentzug des Bürgermeisters, der plötzlich grußlos auf dem Marktplatz vorübergeht; oder sei es aus Mangel an Zivilcourage.
5. Redakteure werden nicht angespornt durch Konkurrenz. Allzu viele Tageszeitungen müssen, anders als die meisten Zeitschriften, in ihrem Stammgebiet keinen Rivalen fürchten; selbst wenn einer auftaucht, findet der Leser «ein überraschendes Maß an Übereinstimmung», wie der Dortmunder Medienprofessor Günther Rager feststellte, nachdem er fünf konkurrierende Lokalteile und Hörfunksender in Rheinland-Pfalz untersucht hatte.

Trotz aller Kritik an solchem «Verlautbarungsjournalismus»: An Fremdtexten kommt keine Redaktion vorbei, viele schätzen sie sogar. Nicht selten ist ein PR-Text Anlass für eine erfolgreiche Recherche und spannende Geschichte.

Was sollte der Redakteur beherrschen, wenn sich solche Texte auf seinem Schreibtisch türmen? Ein bisschen Zivilcourage braucht er, um allzu dreister PR zu widerstehen; eine Spürnase für gute Themen braucht er – also muss er schnell die attraktiven Mitteilungen von den Massen des Informationsmülls scheiden.

Einige Chefredakteure oder Verleger nehmen ihren Redakteuren ein Stück der Mühe ab und geben Handbücher oder Richtlinien heraus, damit noch in der kleinsten Lokalredaktion die Verlagslinie beachtet wird. Wo es keine schriftlichen Handreichungen gibt, bleibt dem Anfänger nichts anderes übrig, als sich schnell über die Gewohnheiten zu informieren; andernfalls riskiert er, als unprofessionell angesehen zu werden – obwohl er nur Eigenarten verletzt, die von Redaktion zu Redaktion wechseln.

Er riskiert jedenfalls in den meisten Lokalredaktionen Ärger, wenn er die Mitteilungen von bekannten Politikern und Funktionären wegwirft; gar den Zorn der Anzeigenabteilung zieht er auf sich, wenn er gute Kunden nicht pfleglich behandelt und im Lokalteil ein Cordon bleu nicht preisen will, das anlässlich der Französischen Wochen im Kaufhaus-Restaurant serviert wird.

Doch Ärger bekommt nicht nur, wer Anzeigenkunden aus dem Weg geht, sondern auch der, der ihnen jeden Wunsch erfüllt. Anders als bei Politiker- oder Verbands-PR, für die sich kein Richter interessiert, gibt es Gesetze und Verordnungen, die den Redakteur an die kurze Leine nehmen.

«Wer zusätzlich zur Erteilung eines Anzeigenauftrages die Zugabe einer redaktionellen Besprechung anbietet oder gewährt, handelt unlauter», heißt es im Beschluss des Oberlandesgerichts Düsseldorf, nachdem eine Redaktion neben einer bezahlten Anzeige lobend über Maschinen geschrieben hatte. Der Test des neuen Mercedes neben der Anzeige des Händlers, das Foto zur Boutique-Eröffnung in derselben Ausgabe wie die ganzseitige Werbung mit Eröffnungs-Angeboten: So verbreitet diese Unsitte auch sein mag – wer nicht aufpasst, riskiert hohe Geldstrafen.

Das ist nach dem Wettbewerbsrecht und nach geltender Rechtsprechung verboten, daran muss sich ein Redakteur halten:
- Weder der Anzeigenvertreter noch der Redakteur dürfen einem Kunden einen Bericht in der Zeitung anbieten, um so leichter zu einer Anzeige zu kommen.
- Auch der Anzeigenkunde darf einen solchen Bericht nicht fordern.
- Firmen dürfen auch keine Vorlagen mit dem Hinweis schicken: Bei Abdruck des PR-Artikels werden wir eine Anzeige schalten. Der Bundesgerichtshof sprach von «getarnter Werbung», als ein Kaffee-Röster seine PR-Artikel an Kur-Zeitungen geschickt hatte – parallel zu Anzeigenaufträgen; die Richter meinten, er habe auf das Fehlverhalten der Redaktion spekuliert.

- Alle werbenden Formulierungen, alles Lob von Produkten und Dienstleistungen, das mehr ist als reine Information, hat in einem Bericht nichts zu suchen – es sei denn, die Redaktion testet verschiedene Produkte und vergleicht sie nach klaren, überprüfbaren Kriterien.
- Anzeige und Bericht sollten nicht auf derselben Seite stehen, möglichst auch nicht in derselben Ausgabe (was aber nicht immer zu vermeiden ist, wenn beispielsweise ein großes Kaufhaus eröffnet wird und sich die Massen drängeln).
- «Sonderveröffentlichungen» unterliegen laut Pressekodex der gleichen redaktionellen Verantwortung wie alle redaktionellen Veröffentlichungen, auch wenn sie von der Anzeigenabteilung gefüllt werden. Es gibt keine Grauzone zwischen Redaktion und Werbung. Allerdings darf in einem Kollektiv, zu dem es einen Anlass geben muss, der redaktionelle Bericht stehen, rein sachlich und ohne werbenden Inhalt.

Trotz dieser klaren Regeln geraten Redakteure, vor allem in kleineren Zeitungen und Zeitschriften, immer wieder unter Druck der Geschäfts- und Anzeigenleitung. Wie widerstehen sie ihm am besten? Die Kenntnis des Wettbewerbsrechts ist ebenso nützlich wie die Anwendung der Richtlinien, welche die Zeitungs- und Zeitschriften-Verleger, der Journalistenverband als Gewerkschaft und der Zentralausschuss der Werbewirtschaft (ZAW) gemeinsam beschlossen haben:

«Aufgabe des Redakteurs ist es, aus der Berichterstattung über ein Unternehmen und seine Leistung alles auszusondern, was über den Rahmen einer sachlichen Unterrichtung hinausgeht», heißt es im Vorwort zu den ZAW-Richtlinien. Sie legen fest: Wann darf über eine Modenschau berichtet werden? Gehören Gottesdienstordnungen in den Textteil? Dürfen Vorverkaufs-Adressen genannt werden? Reicht das zehnjährige Bestehen als Anlass für eine Berichterstattung? Diese Richtlinien sind seit Jahrzehnten unverändert, passen in Details nicht mehr in die Zeit und rufen nach einer Überarbeitung; doch der zentrale Passus im Vorwort ist klar und eindeutig:

> *Das Vertrauen der Leser kann dann nicht entstehen oder erhalten bleiben, wenn die Leser in den Textteilen der Zeitungen und Zeitschriften redaktionelle Hinweise finden, die, ohne äußerlich als bezahlte Wirtschaftswerbung in Erscheinung zu treten, privatwirtschaftlichen Belangen dienen.*

Unmissverständlich heißt es auch in Ziffer 7 des Pressekodex:

> *Die Verantwortung der Presse gegenüber der Öffentlichkeit gebietet, dass redaktionelle Veröffentlichungen nicht durch private oder geschäftliche Interessen Dritter beeinflusst werden. Verleger und Redakteure wehren derartige Versuche ab und achten auf eine klare Trennung zwischen redaktionellem Text und Veröffentlichungen zu werblichen Zwecken.*

Die Gesetze, Richtlinien und Standesrecht sind eindeutig. Und jeder Journalist bedenke, dass die Menschen der Tageszeitung von allen Medien das größte Vertrauen schenken. Wer dies Vertrauen aufs Spiel setzt, nur um eine Anzeige zu bekommen, der setzt auch die wirtschaftliche Existenz aufs Spiel: Der Ruf und die Glaubwürdigkeit der Redaktion leiden, wenn sie als käuflich gilt, die Leser glauben auch der politischen Berichterstattung nicht mehr, weil sie Abhängigkeit in allen Teilen befürchten; auch die Anzeigen verlieren ihren Wert, weil der redaktionelle Teil als billige Verlängerung des Anzeigenteils betrachtet wird und die teure Tageszeitung auf eine Stufe mit den Anzeigenblättern rutscht.

Und verpflichtet nicht sogar die Verfassung? Denn welchen Sinn macht der Schutz der Presse als quasi vierte Gewalt, wenn sie selber ihre Unabhängigkeit nicht mehr achten sollte? Was sind die Kontrolleure der Macht noch wert, wenn sie als käuflich gelten?

Waschzettel sind Texte, die unaufgefordert in die Redaktion kommen, aber dennoch von vielen Redakteuren benutzt werden; sie werden verschickt von Politikern, Pressesprechern und Öffentlichkeitsarbeitern, damit ihre Mitteilungen und Ansichten gedruckt

und gesendet werden. Sie fördern den «Verlautbarungsjournalismus», wenn Redakteure zu viele Waschzettel ohne Zusatzrecherche ins Blatt heben. Wer jedoch die Spreu schnell aussortieren kann und die wichtigen Nachrichten in dem Wust der Belanglosigkeiten entdeckt, der kann sie als Anregung für eine Recherche nutzen.

> **§ 1 Gesetz gegen den unlauteren Wettbewerb**
> Wer im geschäftlichen Verkehr zu Zwecken des Wettbewerbs Handlungen vornimmt, die gegen die guten Sitten verstoßen, kann auf Unterlassung und Schadensersatz in Anspruch genommen werden.
>
> **Oberlandesgericht Hamm** am 31. Juli 1984 (AZ: 4 U 200/84, rechtskräftig):
> Wie der Senat wiederholt ausgesprochen hat, verstößt eine Zeitung gegen § 1 UWG, wenn sie einen in der gleichen Ausgabe der Zeitung werbenden Inseratkunden durch einen redaktionellen Beitrag unterstützt, der bei wertender Betrachtung Werbung bedeutet. Dieser Grundsatz gilt auch für Anzeigenblätter.

7 Die Pressekonferenz

Selbst wenn Redakteure den Schreibtisch verlassen, opfern sie zu oft ihre Zeit, um den Inszenierungen anderer zu lauschen: Sie hören bei der PK zu, wie eine Pressekonferenz im Jargon heißt, und bemessen die Länge des Artikels nach der Zeit, die sie durchs Zuhören aufbringen mussten. Ideal wäre dagegen ein Zustand, den Erich Böhme, Ex-*Spiegel*-Chefredakteur, nicht ohne Hochmut beschreibt: Wir gehen nicht zu einer Pressekonferenz, damit wir etwas schreiben können; vielmehr schreiben wir, damit andere zu einer Pressekonferenz gerufen werden.

Solch Selbstbewusstsein ehrt den Chefredakteur eines Wochenmagazins, der nicht jeden Abend vor dem Redaktionsschluss zittern muss; jedenfalls täuscht es hinweg über den Alltag einer Zeitungsredaktion. Selbstverständlich geht sie zu jeder Pressekonferenz, auch wenn sie weiß: Dort wird den Journalisten meist etwas «verkauft»; sie weiß aber nie, ob nicht doch ein Knüller präsentiert wird, den die Konkurrenz, ob Zeitung oder Radio, sonst allein aufgreifen könnte. Die Chance, nur hinzugehen und nichts zu schreiben, gibt sie ja nicht auf – und am Rande der Konferenz ist manchmal ein Schmankerl aufzulesen, das zu einer Glosse animiert oder gar zu einer neuen Recherche führt.

Taugt der Begriff «Pressekonferenz» überhaupt für alle Veranstaltungen, die unter diesem Titel laufen? Kaum. So lädt der Sparkassendirektor zur Pressekonferenz und empfängt gerade zwei Redakteure der einzigen Zeitung und vielleicht noch einen Mitarbeiter des Anzeigenblatts, das ebenfalls der ortsansässigen Zeitung gehört; im geselligen Gespräch bei üppigem Mittagessen plaudert man miteinander und ist vergnügt; am Ende gibt es einen Waschzettel, auf dem die PR-Abteilung das Wichtigste aus der Jahresbilanz so geschrieben hat, dass es nur noch ins Blatt gehoben werden muss.

«Pressekonferenz» nennt auch die Polizei das nächtliche Treffen in einem kalten Mannschaftswagen, in dem sie über den mörderischen Ausgang einer Geiselnahme berichtet. Die Polizisten ersparen sich so eine Fülle von Anrufen, in denen sie immer dasselbe berichten müssten; sie verhindern den Eindruck, als wollten sie etwas verbergen, und sichern sich mit ihrer spontanen Offenheit eher eine positive Berichterstattung, als wenn sie eine Auskunftssperre verhängen.

«Pressekonferenz» heißt das Streitgespräch zweier Kontrahenten um den Parteivorsitz; sie laden ein, um Einigkeit zu demonstrieren, aber durch geschicktes Fragen der Journalisten geraten sie aneinander und produzieren eine Fülle von Nachrichten und Kommentaren.

Zur «Pressekonferenz» laden die Fußballtrainer nach jedem Bundesligaspiel, um den Journalisten ihre Interpretation unterzujubeln – als hätten nicht Journalisten und Trainer dasselbe Spiel gesehen und als wäre es nicht Aufgabe der Journalisten, aus ihrer Sicht zu schreiben; auch diese Pressekonferenzen kann keiner frühzeitig verlassen, denn in der ersten Wut über eine Niederlage kann mancher Rausschmiss öffentlich werden.

Deutschlands berühmteste Pressekonferenz tagt regelmäßig in Berlin und ist einmalig in ihrer Konstruktion: Nicht die Politiker laden ein, vielmehr sind die Berliner Korrespondenten die Gastgeber, welche Kanzler und Minister, Oppositionsführer und Verbandsfunktionäre zum Gespräch bitten und es selber moderieren – auch wenn der Regierungssprecher montags, mittwochs und freitags das Neueste aus Regierung und Kabinett verkündet.

Viel Routine bestimmt die Bundespressekonferenz, denn sie tagt, ob der Regierungssprecher etwas zu sagen hat oder nicht. Überraschungen sind selten: Am 15. Oktober 2000 hörten sich die Journalisten eher gelangweilt an, was der ehemalige Minister Reinhart Klimmt zu Verkehrsthemen zu sagen hatte. Plötzlich fragte ihn ein Journalist nach einer Finanzaffäre, in die er beim Fußballclub 1. FC Saarbrücken verstrickt war. Der Minister geriet in die Zange, verlor die Nerven, stand auf, verließ die Pressekonferenz und gab am nächsten Morgen seinen Rücktritt bekannt.

Berlin ist die Hauptstadt der Pressekonferenzen, weil in keiner anderen deutschen Stadt so viele Journalisten arbeiten. Nicht selten könnte ein Korrespondent von Konferenz zu Konferenz hetzen, 20 bis 30 Einladungen an einem Tag sind der Normalfall. Kann ein einzelner Journalist dies überhaupt leisten? Nein, er muss sich auf seine Erfahrung verlassen, wo Überraschendes oder Neues zu erwarten ist, er kennt die Vorlieben seiner Redaktion, und er tauscht die Texte mit einem Kollegen aus, der andere Konferenzen besucht hat.

Seit dem Umzug nach Berlin 1999 ist die Versuchung, viele Termine zu schwänzen, ungleich größer als zu Bonner Zeiten: Die Veranstaltungen der Bundespressekonferenz werden über einen eigenen TV-Kanal in die Büros vieler Korrespondenten übertragen, Sparten-Fernsehsender senden direkt und vollständig von Presseterminen in Ministerien oder Parteizentralen; die Zeitungsjournalisten können am Schreibtisch sitzen bleiben und verfolgen, wie die Kollegen Fragen stellen.

«Das Beschaffen von Hintergrundinformationen, das Gespräch in exklusiven Zirkeln gewinnt so noch größere Bedeutung», sagt Christian Kerl, Korrespondent der *Braunschweiger Zeitung*. «Der

Besuch von Pressekonferenzen ist dennoch häufig unverzichtbar: Viele Journalisten bekommen ihre Fragen nur hier direkt vom Minister beantwortet. Nicht zu unterschätzen ist die Möglichkeit, nachher unter vier Augen Dinge zu klären und vielleicht vertrauliche Informationen und Einschätzungen zu erhalten.»

Selbst Hintergrundgespräche laufen unter dem Titel der Pressekonferenz. In drei Kategorien teilt die Bundespressekonferenz ihre Veranstaltungen ein:

- Unter «1» werden die Gespräche angekündigt, aus denen alles berichtet werden kann;
- unter «2» laufen die Gespräche, bei denen zwar die Informationen benutzt, aber nicht der Name des Gastes genannt werden darf;
- unter «3» darf alles nur im Hinterkopf gespeichert, aber nichts zitiert werden.

In Fernsehfilmen werden gern hektische Journalisten gezeigt, die Funktionäre auf Pressekonferenzen ins Schwitzen bringen: Solche Gespräche sind eher selten. Überwiegend plätschern Pressekonferenzen dahin, weil weder Brisantes noch Informatives zu hören ist. Gerade in solchen Konferenzen kann sich der Anfänger profilieren, weil ihm die Platzhirsche nicht die Wortmeldung neiden und sogar froh sind, wenn einer Schwung mitbringt, vielleicht sogar ihnen durch kluge Fragen zu einem leidlich interessanten Artikel verhilft.

Denn wer in einer Pressekonferenz fragt, der bekommt die Antwort nicht allein, er muss sie mit allen Anwesenden teilen. Der Triumph, den Kanzler ins Stottern gebracht zu haben, verhilft ihm womöglich zu höherem Ansehen unter den Kollegen, doch Hörfunk und Fernsehen bringen des Kanzlers Antwort, bevor er seiner Zeitung überhaupt den Bericht gefaxt hat; und weder im Radio noch in seiner eigenen Zeitung wird ihm auf die Schulter geklopft.

Ist der Gast nicht sonderlich prominent und auch außerhalb der Konferenz leicht zu erreichen, so verkneifen sich Profis sogar ihre besten Fragen, weil eben alle anderen mithören; sie rufen nachher an und erhalten die Antwort exklusiv. Das verhilft ihnen zwar nicht zur Beliebtheit unter den Kollegen, sichert aber der Zeitung eine Geschichte, die kein anderer den Lesern anbietet.

Auch wer falsche Fragen stellt, macht sich schnell unbeliebt: der Umstandskrämer, der die Fragen nicht auf den Punkt bringt; der Besserwisser, der sich gern reden hört; der vorlaute Anfänger, der zwei oder drei Fragen auf einmal stellt und riskiert, nur eine beantwortet zu bekommen.

Pressekonferenzen sind höchst unterschiedliche Veranstaltungen: vertrauliche Gespräche in Berlin, Plauderstunden im Lokalen, langweilige Verkündigungen oder erstklassige Nachrichtenbörsen. Sie bieten Informationen an, die der Journalist sonst mühsam zusammenklauben müsste; sie produzieren Nachrichten. Aber zu oft sind sie reine Zeitverschwendung, weil die Veranstalter weder Neues noch Attraktives zu erzählen haben. Wer exklusive Informationen mag, der mag keine Pressekonferenz. Wer aber hingeht, sollte zu fragen verstehen.

8 Die eigene Recherche

Journalisten, die sich selber Informationen holen, gehören zu einer Minderheit. Üblich sind nicht der rasende Reporter und der hartnäckige Schnüffler in Computern und Archiven, sondern der Arbeiter im Berg der Verlautbarungen. Meistens werden Journalisten nicht selber aktiv:
- Wer Waschzettel und Agenturmeldungen redigiert, der erfährt etwas aus zweiter Hand; er kann es mit gutem Gewissen übernehmen, falls er der Agentur folgt, oder mit schlechtem Gewissen, wenn er PR-Texte umschreibt.
- Wer eine Pressekonferenz besucht, eine Bundestagsdebatte verfolgt oder am Rande einer Demonstration steht, der ist immerhin selbst dabei und kann dem vertrauen, was er sieht und hört. Doch er kann sich der Wahrheit nicht sicher sein, denn er sieht nur einen Teil des Geschehens. Hinter seinem Rücken prügeln sich vielleicht Jugendliche mit Polizisten, während er einen friedlichen Demon-

strationszug sieht; im Gang vor dem Plenarsaal einigen sich Regierungspartei und Opposition, während im Bundestag noch eine Debatte tobt.

Nur die dritte Art der Informationsbeschaffung kommt der Wahrheit nahe: Wer möglichst viele Details und Ansichten sammelt, sortiert, gewichtet und überschaubar präsentiert, der kann mit gutem Gewissen schreiben. Jede Mitteilung so zu überprüfen, wäre ideal; aber dies ist unmöglich, vor allem unbezahlbar, weil entweder die Zeit fehlt oder das Personal, der Wille oder die Lust.

Journalisten in Fernseh-Krimis oder -Seifenopern haben wenig Ähnlichkeit mit einem normalen Redakteur, auch wenn diese TV-Abziehbilder das Image der Journalisten prägen und den Wunsch bei Abiturienten und Germanistik-Studenten wecken, solch ein Redakteur zu werden. Mehr anfangen können Journalisten mit der Verfilmung der Watergate-Affäre, der spektakulärsten Recherche der Journalismus-Geschichte. Robert Redford und Dustin Hoffman zeigten 1976 in «Die Unbestechlichen» (All the President's Men), was Recherche bedeutet: Arbeit und Kleinarbeit, Hartnäckigkeit und Geduld, Raffinesse und List.

Recherchieren ist eine Fleißaufgabe, bisweilen aber auch ein trickreiches Spiel, bei dem der Journalist bluffen und täuschen muss – und bei einem verschlossenen Politiker oder Funktionär auch darf.

Hinreißend lesen sich oft die Ergebnisse von Recherchen, doch sie verbergen die Arbeit, die dahinter steckt, und sie lassen nur noch ahnen, wie banal die Quellen sein können: der Anruf eines Mannes, der als Querulant abgestempelt ist; der Blick in die Wiedervorlage-Mappe mit den wichtigen Artikeln der letzten Jahre; eine achtlos formulierte PR-Mitteilung; die Notiz in einem alten Stenoblock oder das ziellose Surfen in Computernetzen.

Schauen wir uns eine Recherche an, die den Computer nutzt, der oft als nützliches Hilfsmittel unterschätzt wird. Als vorbildlich für den Lokaljournalismus gilt immer noch eine Recherche aus den 1980er Jahren, organisiert von der Redaktion der *Anchorage Daily News*, der größten Tageszeitung in Alaska mit gut 70 000 Auflage; die daraus entstandene Serie «People in Peril» erhielt den Pulitzer-Preis.

Das ist die Vorgeschichte: Im März 1985 verlässt ein junger Mann das 550 Einwohner zählende Dorf Alakanuk an einer Schleife des Yukon-Flusses. In der Nähe des Dorfes, gelegen am Rande der Welt, schießt sich der Eskimo-Junge mitten ins Herz. Für die *Anchorage Daily News* ist der Selbstmord des 22-jährigen Louie Edmund eine Nachricht wert, dann gerät er in Vergessenheit.

Die aufregende Recherche beginnt anderthalb Jahre später. Einem Redakteur fällt auf, dass immer wieder Meldungen über Selbstmorde in Alakanuk eingehen. Er startet einen Sortierlauf im Computer und entdeckt, dass sich dort in 16 Monaten acht Jugendliche umgebracht haben. Wie gehen die Redakteure mit diesen Fakten um?

1. Sie verzichten auf eine kleine Sensation: Statt eine schnelle Aufregung in die Zeitung zu pusten, garniert mit einigen Experten-Zitaten, entscheidet sich Lokalchef Pat Dougherty für eine die Tiefe auslotende Recherche.
2. Sie beobachten genau: Da eine Theorie über die Häufung der Selbstmorde nicht auf der Hand liegt, schickt der Lokalchef die Reporterin Sheila Toomey ins Yukon-Delta; sie lebt drei Wochen unter den Einwohnern von Alakanuk und kommt erschüttert zurück: «Es ist die Hölle!»
3. Sie führen viele Gespräche und sammeln Fakten: Mehrere Reporter der Zeitung fahren 28 000 Meilen und sprechen mit allen, die etwas zu den Selbstmorden sagen können, Polizisten, Beamten in Gesundheitsbehörden oder Richtern.
4. Sie sortieren die Fakten: Die 500 Gespräche kommen jeweils als 250-Zeilen-Bericht in den Computer, der allen Beteiligten an der Recherche als Datenbank zur Verfügung steht. Eine lange Liste entsteht, ein Who's who der Experten zur Selbstmord-Epidemie; die Liste wird immer länger, weil jeder Experte nach Namen von weiteren gefragt wird.
5. Sie gewichten die Fakten: In nahezu allen Berichten ist von der Zerstörung der Eskimo-Kultur die Rede; vom Alkohol, dem die Ureinwohner verfallen sind; von der Verzweiflung, die die Einheimischen zu Fremden im eigenen Land macht; von den Ölgesellschaften, die den Boden ausbeuten.

6. Sie schreiben die Story: Die besten Autoren packen die Ergebnisse der Recherche in eine Serie. «Am zweiten Tag der Serie hing ich nur am Telefon; viele weinten, und ein Freund sagte mir: Ich kann nicht mehr atmen», erzählt der Lokalchef. «Das wollten die Redakteure erreichen, denn Geschichten voller Tragik, die die Menschen aufrütteln, müssen Gefühl haben.» Deshalb spielen Experten auch nur eine Nebenrolle in der Serie: «Experten taugen wenig, wenn wir Geschichten erzählen wollen, die von und mit Menschen handeln. Experten sind keine emotionalen Leute.»

Der Aufwand für diese Recherche ist ungewöhnlich und von vielen Redaktionen so nicht zu leisten; der Ablauf ist vorbildlich selbst für Einzelkämpfer, die nur wenig Zeit bekommen: Das Thema wird eingekreist durch Fragen, es folgt das Jagen und Sammeln von Fakten, das Aufspüren von Leuten, die Ahnung haben und wertvolle Tipps geben können, die Suche nach kontroversen Ansichten, die Gespräche, um alle Fakten zu bekommen und zu prüfen, und so viel eigene Beobachtung wie überhaupt möglich.

Nachahmenswert ist die Systematik der Recherche, die alle Informationen allen zugänglich macht. Ein Intranet, quasi ein Internet nur für Redakteure, ist leicht in jedem Verlag zu installieren und sammelt die nützlichen Informationen: Adressen sind allen zugänglich und nicht nur in privaten Kalendern oder Karteien als Geheimwissen versteckt; Rechercheplähne und -berichte können von allen gelesen und mit Hinweisen bedacht werden; die Organisation samt Dienstplänen der Redaktion ist ein offenes Buch, sodass jeder weiß, wann und wo er einen Redakteur erreichen kann.

Wer seine erste Recherche beginnt, darf durchaus davon träumen, dass er einmal einen dicken Fisch fängt wie die Unbestechlichen, die mit «Watergate» einen Präsidenten stürzten. Die Wahrscheinlichkeit ist gering, dass es ihm gelingt, die Republik zu erschüttern. In Lokalredaktionen findet der Recherche-Lehrling aber durchaus Gelegenheit, mit seinen Nachforschungen für Gesprächsstoff zu sorgen; die Themen liegen auf der Straße, er muss nur rausgehen und zuvor auf den guten Rat und die Tipps der Routiniers hören.

Zwei Beispiele beweisen, dass nicht nur die *Spiegel*-Redaktion spektakulär recherchieren kann, sondern auch Lokalredaktionen:
- Im September 2000 rufen Leser die Hagener Redaktion der *Westfalenpost* an; ihnen fallen schon seit Wochen orangefarbene Autos der Stadtwerke vor der Villa des Vorstands auf; offensichtlich helfen Mitarbeiter des Stromversorgers, der im Besitz der Stadt ist, beim Umbau der Villa. Die Redakteure Torsten Berninghaus, Martin Weiske und Ulrich Manasterni beginnen mit ihrer gründlichen Recherche und enthüllen einen Skandal, der auch die Staatsanwaltschaft zu Ermittlungen treibt: illegale Preisabsprachen, Untreue, Korruption. Am Ende sitzen der Vorstand und ein Bauunternehmer in Untersuchungshaft, Ermittlungs- und Enthebungsverfahren laufen.
- Jürgen Lauterbach, Ex-Redakteur der *Oberhessischen Presse* in Marburg, recherchiert 1989 den Leidensweg eines 36-jährigen Mannes, der nach einer Fehldiagnose über Jahre grundlos in psychiatrischen Kliniken eingesperrt war. Gegen die Behörden, die die Geschichte runterspielen wollen, ermittelt er; aus Gesprächen mit Experten aus der gesamten Bundesrepublik erfährt er, wie die 2,3 Kilo Psychopharmaka wirken, mit denen der Mann voll gepumpt worden war. Seine Recherche, die über Monate läuft, setzt einen großen Prozess in Gang, der dem unschuldig Eingesperrten eine halbe Million Euro an Schmerzensgeld bringt.

Beide Redaktionen erhielten den Lokaljournalistenpreis der Adenauer-Stiftung, eine Art Pulitzer-Preis für deutsche Lokalredaktionen. In jedem Jahr beweisen auch die Ehrungen des Wächterpreises, dass es sich lohnt, in Städten und Gemeinden mit Fleiß und Ausdauer zu recherchieren. Allerdings gilt in Hagen und Marburg dasselbe wie beim *Stern* in Hamburg: Wasserdicht muss eine Recherche sein, und wer erfolgreich eine Affäre durchziehen will, sollte immer einen Pfeil im Köcher halten und nicht im ersten Artikel gleich alle verschießen.

Wasserdicht war eben nicht die misslungenste Recherche des *Sterns*. Beim Aufstöbern der «Hitler-Tagebücher» verließ er sich auf die Aussagen von dubiosen Zeugen und holte nicht den Rat von Experten ein, die sich nicht von Sensationsgier leiten lassen, sondern geprüfte Fakten fordern.

Bei einer Verlautbarung, die nicht stimmt, kann der Redakteur die Verantwortung abwälzen auf den Urheber; bei einer Reportage kann er sich verteidigen mit der notwendigen Subjektivität; doch bei einer Recherche sind alle Fluchtwege versperrt: Der Redakteur ist für alles verantwortlich, was er ermittelt und was er auslässt, wie er die Indizien wertet, wem er vertraut und welches Urteil er fällt.

Wer recherchiert, der gehört zu den Wächtern der Demokratie, auch wenn er nur nachforscht, warum das Wasser in der Kläranlage umkippt. So lästig das Forschen und Fragen auch sein mag, es gehört zu den Pflichten des Journalisten. Damit er dieser Pflicht nachkommen kann, bekommt er Rechte wie kein anderer – und darauf berufen kann sich schon der Lehrling bei seinem ersten Anruf; sämtliche Pressegesetze in Deutschland verpflichten die Behörden, ihm jederzeit Auskunft zu geben. Dies Recht, abgeleitet aus dem Artikel 5 des Grundgesetzes, bekommt der Journalist für ein Gegengeschäft: Das Volk will wissen, was die Mächtigen treiben. Der Redakteur recherchiert nicht zu seinem Ruhm, erst recht nicht aus Gier nach der Sensation, sondern allein im Auftrag seiner Leser. So interpretieren Juristen unsere Verfassung.

Wer nicht nur Appetit auf das Graubrot der Recherche bekommt, sondern große Erwartungen hegt, die Moral preist und spektakuläre Erfolge, gar das Bundesverdienstkreuz, erwartet, der sei nochmals gewarnt – mit einem Beispiel. Hartnäckigkeit und Fleiß bringen nicht immer den Lohn, manchmal spielen eher unmoralische Motive die Hauptrolle, damit der Moral zum Siege verholfen wird. Hätte nicht der *Spiegel* einem Informanten eine horrende Summe bezahlt, so wüssten wir immer noch nicht, auf welche Weise sich die Chefs der «Neuen Heimat» bereichert haben.

Kein Reporter hatte sich geplagt, sondern ein gekränkter Angestellter der «Neuen Heimat» sein Wissen zu Geld gemacht. Weniger Gekränktheit beim Angestellten oder weniger Geld beim *Spiegel*, und die Öffentlichkeit hätte die Wahrheit vermutlich nie erfahren. Viele Skandale bleiben vermutlich unbeachtet, weil weder der Zufall noch die Geldgier siegen oder ein Erpresser einfach sein Schweigegeld bekommt, aber nicht bezahlt mit dem Scheck eines Journalisten.

> Die Recherche ist die Kür des Journalismus: Nur so erfahren die Menschen von Ereignissen, die ohne die Mühe des Journalisten niemals ans Licht gekommen wären. Keine journalistische Aufgabe ist schwieriger, aber auch so abhängig von Zufällen, vom Glück – und von einer detektivischen Kleinarbeit. Nur der Fleißige und Couragierte nimmt sie auf sich.

9 Wie man eine Recherche organisiert

Wer recherchiert, der sollte den Schreibtisch verlassen; aber er muss es nicht. Dem spektakulärsten Presse-Skandal Deutschlands, der *Spiegel*-Affäre, ging eine Archiv-Recherche voraus, bei der kein Journalist sein Büro verließ: Aus bekannten und schon veröffentlichten Nachrichten schrieb der *Spiegel*-Redakteur Conrad Ahlers 1962 eine Titelgeschichte über das Nato-Manöver Fallex 62 und die junge Bundeswehr. Die Archiv-Recherche war für die Staatsanwaltschaft dennoch so brisant, dass sie Redaktionen durchsuchen ließ, Redakteure verhaftete und eine Anklage formulierte wegen Geheimnis- und Landesverrats.

In der Tat kann das Verbinden von Nachrichten spektakuläre Zusammenhänge ergeben: So bat die CDU Anfang der 1990er Jahre den Sozialwissenschaftler Erwin K. Scheuch um eine Studie über die Kommunalpolitik. Scheuch stöberte vor allem in Kölner Tageszeitungen, verknüpfte die einzelnen Berichte zu einem Mosaik und entdeckte überall Filz der Parteien und Mächtigen, Vorteilsannahmen und Durchstechereien: «Cliquen, Klüngel und Karrieren».

Die Lokalzeitungen hatten die Chance vertan: Sie boten ihren Lesern immer nur Episoden an und suchten nicht nach Zusammenhängen durch Recherchen im Hinter- und Untergrund der Politik. Nur wer fragt, kann auch das System der Macht hinter den einzelnen Vorfällen entdecken und für seine Leser schildern.

Auf das Archiv, zumindest auf ältere Veröffentlichungen, greift jeder zurück, der recherchiert. Die reine Archiv-Recherche ist allerdings selten. Bis vor wenigen Jahren war sie einer kleinen Schar vorbehalten, die in einem reichen Verlag die Dokumentation nutzen konnte. Der Vorsprung von *Spiegel* oder *Stern* beruhte jahrzehntelang auf dem sprichwörtlichen Archiv, das gehütet wurde wie ein Staatsgeheimnis. Doch Archive zu unterhalten ist teuer. So kann heute jeder übers Internet die meisten Archive nutzen, wenn er bereit ist, dafür zu zahlen.

Fast alle deutschen Tageszeitungen präsentieren sich im «World Wide Web» des Internets (die Adressen sind im Anhang zu finden); die meisten Redakteure können an ihrem Schreibtisch im Internet recherchieren. So erfährt beispielsweise die Lokalredakteurin in Passau mit Hilfe der Suchmaschine «Paperball», welche deutschsprachige Zeitung etwas über Passau oder den Bayrischen Wald oder den Oberbürgermeister veröffentlicht hat; dies herauszufinden dauert Sekunden und erspart das lange Lesen anderer Zeitungen, ganz abgesehen davon, dass kaum jemand im Bayrischen Wald die «Glocke» aus dem westfälischen Oelde liest, die einen Gerichtsbericht mit einem Passauer als Angeklagten druckt.

Das Internet gibt Tipps für die Recherche und fördert sie auch. Petra Vogt, freie Journalistin in Bonn, beschreibt im «Redaktions-Almanach 1997» eine einfache, preiswerte 30-Minuten-Recherche zum Thema «Jugendgewalt»:

1. Die Suchmaschine *Lycos* bietet sieben Fundstellen. Die erste führt zur Arbeitsgruppe «Jugendgewalt» am Kriminologischen Forschungsinstitut Niedersachsen, in der das Projekt «Biographien gewalttätiger Jugendlicher» läuft. Die erste Suche ist gleich der erste Treffer.
2. Die zweite Fundstelle bietet die Pressemeldung der Uni Bremen zu einer erziehungswissenschaftlichen Studie. Die weiteren Fundstellen enttäuschen aber, etwa der Hinweis auf eine TV-Talkshow, die längst gelaufen ist.

3. Bei der Suchmaschine *AltaVista* gibt's zum Thema über 700 Fundstellen. Der zweite «Link» (Verbindung) verspricht viel: «Die wahren Ursachen von Gewalt und Rassismus». Doch die Suche läuft ins Leere: Die Seite gibt es nicht mehr.
4. Der vielversprechende Link zu «Gewalt und Schule» entpuppt sich als Auszug der «Zeitung für revolutionären Klassenkampf und Frauenkampf».
5. Immerhin führt ein Link noch zu einer Nachricht der Uni Göttingen: Am Zentrum Psychologische Medizin wird ein neues Modell für eine Beratungsstelle für Eltern gewaltbereiter Kinder entwickelt.

Petra Vogts Fazit der Internet-Recherche: «Sie kann sich sehen lassen: Adressen von möglicherweise interessanten Experten und einen groben Überblick über deren Meinungen.» Doch nur, wer Übung hat, Routine und Geduld besitzt, der verirrt sich nicht in dem Labyrinth der Informationen, in dem das meiste ungeordnet und veraltet ist, obskur, gefälscht oder unbrauchbar.

Immer mehr Missionare und selbst ernannte Experten, Schwindler und Hochstapler bieten ihre Seiten im World-Wide-Net an. Für fünf Euro im Monat, bisweilen sogar kostenlos, kann sich jeder seine Seiten basteln. Wenn diese Seite auch noch ansprechend gestaltet ist, liegt der Verdacht nahe, dem Autor könne man getrost vertrauen.

Der Internet-Dienst *mediamit* schreibt, was ein Rechercheur erlebte, der etwas über die alten Kelten wissen wollte:

Flugs erfährt er auf einer liebevoll aufgemachten Website definitiv, dass der keltische König Artus im 5. Jahrhundert gelebt und die nach Großbritannien eindringenden Sachsen in einer großen Schlacht im Südwesten Englands geschlagen habe. So leicht löst das Internet gelegentlich die großen Rätsel der Menschheit. Nur: Dass es sich bei dieser Darstellung allenfalls um eine kluge Theorie handelt, von der kein Wort endgültig bewiesen ist, wird im Text nicht einmal angedeutet. Kein seriöser Fachmann hätte diese Information jemals in solch absoluter Form veröffentlicht.

Auch wenn gut die Hälfte der Internet-Nutzer die Texte und Bilder für glaubwürdig hält, der Journalist hat allen Grund zum Misstrauen. Wenn ein Experte das Angebot durchforstet, stellt er mit Schrecken fest: Drei Viertel der medizinischen Nachrichten im Internet sind unvollständig, veraltet oder einfach falsch. Das ist das Ergebnis einer Studie Günther Eysenbachs, der die Forschungsgruppe Cybermedizin der Universität Heidelberg leitet.

Es ist nicht gut bestellt um die Seriosität der Nachrichten im Internet. Keine Suchmaschine stellt fest, was richtig ist und was falsch; selbst wer in den Archiven der großen Zeitungen und Zeitschriften sucht, muss auf der Hut sein: Zu dem Bericht, den man gefunden hat, kann es eine Gegendarstellung oder Korrektur geben, die nur bei exzellent geführten, aber meist teuren Archiven mit der Ursprungs-Nachricht verbunden ist.

Was macht einer, der neu in eine Stadt kommt und auf der Suche nach Themen ist? Solche Frage plagt nicht nur die Neuen, sondern ganze Redaktionen, die im ewigen Sommerloch hocken und keine Themen finden. Dabei liegen sie hundertfach herum: ein Nebensatz beim Gespräch auf der Straße, Beiläufiges in einer Pressekonferenz, Berichte in Zeitschriften und Tageszeitungen, die Ankündigungen für Talkshows und Magazine im Fernsehen. Allein aus dem Material der Agenturen, das die Nachrichtenredaktion achtlos wegwirft, angeln Lokalredakteure mühelos dreißig, vierzig Themen.

Wer eifrig zuhört, sogar ständig ein Notizbuch mitnimmt, wer neugierig ist und andere Zeitungen und Zeitschriften liest, der hat nicht die Qual, ein Thema zu finden, sondern die Lust der großen Auswahl. Ist das Thema der Recherche gefunden, beginnt die Mühe der genauen Formulierung.

Was will ich überhaupt entdecken? Der Journalist recherchiert nicht, bis er alles weiß (dann dauert's), sondern so lange, bis alle nahe liegenden Fragen plausibel beantwortet sind, rät Walther von La-Roche, der ehemalige Nachrichtenchef des *Bayerischen Rundfunks.* Daraus folgt: Wer mit dem Recherche-Auftrag in der Hand sofort losstürmt, braucht länger für seine Recherche oder verrennt sich sogar in eine unendliche Geschichte. Fünf bis fünfzig Minuten Vorbereitung machen den Profi aus; je weniger Zeit ich zur Verfügung habe, desto präziser muss ich meine zentrale Frage formulieren.

Auch wenn eine Recherche wenig mit einer wissenschaftlichen Arbeit zu tun hat, so sollte der Journalist doch von den Gelehrten lernen: das frühzeitige Ordnen der Gedanken, das Gliedern der Fragen, die Disziplin des Denkens. Ein Recherche-Plan hilft dabei:

a) Zwei Minuten für die nahe liegenden Fragen: Was will ich über das Thema wissen? Was interessiert meine Leser?

b) Zwei Minuten dafür, diese Liste zu ordnen in zweierlei Hinsicht: Gewicht und Erreichbarkeit. Das Erste meint: Was muss ich den Lesern unbedingt mitteilen? Worauf kann ich notfalls verzichten? Das Zweite meint: Wie erreiche ich meine Informanten? Da hilft die Erfahrung: Behördenanfragen nach 12 Uhr erübrigen sich; Pressesprecher wissen wenig und brauchen Zeit, um sich schlau zu machen.

c) Zwei Minuten dafür, die Liste den Kollegen zu geben mit der Frage: Was willst du über dieses Thema wissen?

d) Eine Stunde für die Recherchen-Konferenz, wenn mehrere zusammenarbeiten: Welche Aspekte wollen wir zeigen? Wer macht was? Wer spricht mit wem? Wer hält die Fäden? Wer schreibt's am Ende zusammen?

e) Nie darf an der Zeit gespart werden, um die Informationen zu überprüfen. Skepsis ist wichtiger als Vertrauen.

f) Alle Unterlagen bis hin zu Gesprächsnotizen auf einem Bierdeckel gehören in die Ablage: Wenn nach der Veröffentlichung die Klagen kommen, sieht jeder schlecht aus, der seine Unterlagen schlampig geführt hat.

g) Jedes Gespräch wird aus dem Gedächtnis knapp protokolliert, vor allem mit genauen Zitaten, Datum und Uhrzeit; alle Gesprächspartner werden mit Namen, Vornamen, Dienstrang und Adresse gesammelt und auch für spätere Recherchen gespeichert, am besten im Computer.

h) Wer beschuldigt oder verdächtigt wird, der muss sich wehren oder erklären können: Das ist der eherne Grundsatz nicht nur der Recherche. (Mehr zum Recht der Recherche im Kapitel 46.)

Und weil mein Text nachher möglichst viele Leute anziehen soll, lohnt schon früh der Gedanke an die Fotos, welche die Geschichte illustrieren können. Am besten liegt eine kleine Kamera stets im Handschuhfach, denn manche Türen werden nur einmal geöffnet.

Wer recherchiert, der braucht ein Thema, das die Leser interessiert, und einen gut durchdachten Plan, der ihn schnell und systematisch ans Ziel führt. Eine nützliche Hilfe sind die Archive und die Datenbanken im Internet, in dem selbst Anfänger schnell und relativ preiswert Hintergrund-Informationen bekommen. Doch ist Vorsicht geboten: Die meisten Angebote im Word-Wide-Web sind nicht aktuell, veraltet oder schlicht falsch.

Wie Journalisten Leser und Hörer informieren

10 Warum alles Informieren so schwierig ist

Angenommen, ich weiß etwas, was ein anderer wissen möchte oder wissen sollte, das heißt, ich bin im Besitz einer Nachricht. Dann lautet die populäre Vermutung: Kein Problem, ich sag es – er weiß es; oder für Journalisten: Ich schreibe es, ich sende es, und meine hunderttausend Leser oder Hörer verstehen es.

Doch an dieser Vermutung ist fast alles falsch. Nicht bei den simplen Zurufen, wenn wir erregt sind, nach Art von «Es brennt!» oder «2:0 für Bayern!». Falsch jedoch in den meisten Fällen, sobald der Sachverhalt ein bisschen komplizierter ist: Dann *können* die wenigsten schlankweg formulieren, was die anderen wissen möchten oder wissen sollten, und viele *wollen* es auch nicht.

Wer die Nachricht nicht eingängig formuliert – woran fehlt es dem? Er krankt an einer oder mehreren der folgenden Schwächen:
1. Er ist überwältigt von der Fülle dessen, was er für mitteilenswert hält, und sprudelt es unsortiert heraus – ein typisches Verhalten in spontaner Rede und ein Risiko für journalistische Anfänger, wenn sie von ihrer ersten Gerichtsverhandlung zurückkommen.
2. Überwältigt ist er zwar von gar nichts – reden will er aber doch. Seine Erzählung ist ein Wettlauf von Abschweifungen auf der vergeblichen Suche nach einem Thema; ebenfalls typisch für spontane Rede und häufig überdies bei Politikern, über deren Äußerungen der Journalist dann berichten soll.
3. Der Mitteilungswillige hätte zwar eine Kernaussage, ist aber nicht imstande, sie unmissverständlich auszudrücken. So hatte sich die Stadt Hamburg für Zehntausende von Euro an den Alster-Anlagen Schilder mit der Aufschrift geleistet: «Radfahren auf dem Fußweg verboten. Benutzen Sie den Radweg.»

Der erste Satz ist keine Nachricht, sondern eine zeitlose Lebensweisheit (ja, so ist das mit Fußwegen!); der zweite Satz lässt den Radfahrer ratlos, da er sich, inmitten vieler anderer, eben auf einem Radweg zu befinden glaubt und den wirklichen Radweg dort, wo die Schilder stehen, nicht sehen kann. Was die Behörde sagen wollte, aber nicht sagen konnte, war also: «Achtung, Radfahrer! Dies ist ein Fußweg. Zum Radweg 100 m rechts.»

4. Viele Zeitungsschreiber sind verliebt in ihre Schachtelsätze und verschwenden keinen Gedanken daran, dass sie damit abstoßend und unverständlich schreiben (Beispiele in Kapitel 35).
5. Die *Nachrichtenagenturen* haben sich einen Vorrat an krampfhaften Floskeln zugelegt, mit denen sie alles natürliche und dramatische Erzählen auf den Kopf stellen. Die *Tagesschau* (agenturhörig wie so viele Redaktionen) begann am 30. 11. 1994 mit dem Satz: «Bei einem Brand auf dem Kreuzfahrtschiff ‹Achille Lauro› kamen zwei Personen ums Leben» – obwohl es doch hätte heißen können und müssen: «Das Kreuzfahrtschiff ‹Achille Lauro› steht in Flammen. Sämtliche tausend Passagiere und Besatzungsmitglieder mussten auf Rettungsflöße flüchten. Zwei Menschen kamen dabei um.»

Das waren die fünf häufigsten Gründe, warum einer das, was er mitzuteilen hätte, nicht oder nur zwischen den Zeilen mitteilen *kann*. Sie werden ergänzt durch drei Gründe, warum einer, der sich in die Pose der Mitteilungswilligkeit begibt, seine Botschaft keineswegs verständlich und unzweideutig formulieren *will*:

6. Von Politikern, Pressesprechern, Öffentlichkeitsarbeitern und Angeklagten erwartet im Grunde keiner, dass sie rundheraus sagen, was andere wissen möchten oder wissen sollten; die Wahrheit geben sie, wenn überhaupt, stark frisiert und in unverfänglichen Portionen weiter – und erschreckend viele Journalisten gehen ihnen auf den Leim.
7. Experten bedienen sich mit Vorliebe eines Fachjargons, den Laien teils nicht verstehen können, teils nicht verstehen sollen – und erstaunlich viele Journalisten lassen ihnen das durchgehen; wenn sie sich nicht gar stolz auf die Seite der Experten schlagen, wie unter

Wirtschaftsredakteuren üblich (Fachleute unter sich – Leser sollen draußen bleiben).
8. Viele Journalisten machen von sich aus Politik. Was unter Hitler wie unter Honecker ein Zwang war – über Tatsachen nicht unparteiisch zu berichten, sondern mit ihnen zu agitieren im Dienst der Partei –, das betreiben heute viele hundert Journalisten auf eigene Rechnung, wenn sie im *Spiegel*, im *Stern*, in der *taz* und in ein paar anderen Redaktionen sitzen. Sie wollen nicht informieren, sondern missionieren; mindestens halten sie ihre Meinung von einer Sache allemal für wichtiger als die saubere Schilderung des Sachverhalts (vgl. Kapitel 2 und 44). Geschieht dies im Leitartikel, so ist es in Ordnung; findet es unter der Dachzeile «Nachrichtenmagazin» statt, so liegt eine vorsätzliche Irreführung vor (mehr darüber in Kapitel 17).

In der *Frankfurter Rundschau* las sich eine so genannte Nachricht über eine Rede des CSU-Bundestagsabgeordneten Günther Müller so: «Müller ließ sich dazu hinreißen, Einzelbeispiele als typisch hinzustellen, obwohl sie Ausnahmen sind» (hier fällt also der Kommentator dem Berichterstatter sogleich ins Wort). Weiter wurden dem Redner «grobschlächtige Verallgemeinerungen» und ein «primitiver Hinweis» angekreidet. Im Nachrichtenteil, wie gesagt. Diese Mischung aus Berichterstattung und Kommentar ist für jede Form des seriösen Journalismus inakzeptabel.

Und nun sage noch einer: Etwas weiterzugeben, was andere wissen möchten oder wissen sollten, sei kein Problem! Es ist das Problem aller Probleme, das Herzstück eines aufgeklärten Journalisten, der seine Mitmenschen ernst nimmt; es ist der wichtigste und schwierigste Teil des Redakteurshandwerks.

Haben Sie den Willen, Ihre Leser redlich zu informieren! Aber wenn Sie ihn haben, folgt aus Ihrer Absicht noch lange nicht, dass der Effekt der Informiertheit eintritt. Wenn Sie wirksam informieren sollen, müssen Sie Ihre Gedanken ordnen, allen akademisch-bürokratischen Jargon über Bord werfen (egal, ob er von den zi-

tierten Politikern, von der Agentur oder von Ihnen selber stammt), und Sie müssen sich plagen, bis in schlichten Worten und klaren Sätzen genau und unmissverständlich das dasteht, was Leser oder Hörer wissen wollen oder wissen sollten.

11 Was ist eine Nachricht?

Was also macht die Nachricht aus, und wie schreibt man sie?

Die Nachricht ist eine faire und verständliche Information über Tatsachen, die für Leser oder Hörer erstens **neu** sind (zugespitzt im englischen Wort für die Nachricht, *news*) und zweitens eines von beiden: **wichtig** (und das heißt oft auch: interessant, doch durchaus nicht immer) oder **interessant**, selbst wenn das Ereignis mich nicht betrifft, zum Beispiel ein Schneesturm in Florida.

Was heißt «neu»?

Was neu ist, entscheidet sich verhältnismäßig leicht – vorausgesetzt, der Journalist hält sich pausenlos informiert, liest selbstverständlich mehrere Zeitungen und sieht sich täglich mindestens eine der Hauptnachrichtensendungen von ARD oder ZDF an. Wenn er sich nicht sicher ist, fragt er Kollegen.

Neu kann ausnahmsweise auch schon etwas oft Gesagtes sein, etwa wenn ein stellvertretender Parteivorsitzender eine Äußerung, für die er vom Vorsitzenden öffentlich gerügt worden ist, öffentlich wiederholt.

Nicht so leicht ist die Entscheidung über den Neuigkeitsgehalt, wenn Politiker die immer gleiche Absichtserklärung gebetsmühlenhaft durch ihre Reden leiern: jahrzehntelang das «Bekenntnis zur Wiedervereinigung in Frieden und Freiheit», jahrzehntelang die UN-Resolutionen gegen den Diktator in Bagdad, sein Waffenarsenal kontrollieren zu lassen, widrigenfalls man ihm mit weiteren Absichtserklärungen das Leben zur Hölle machen werde.

Die hartnäckige Wiederholung des Aussichtslosen (und als das galt ja die Wiedervereinigung bis 1989), verdient sie «neu» zu heißen, *news* also, oder nicht? Der vernünftigste Ausweg ist: registrieren, falls der Sprecher oder der Anlass prominent sind, aber kurz, kühl und nicht zu weit oben.

Dringend zu warnen dagegen ist vor der Standardfloskel, zu der die Agenturen in solchen Fällen neigen: «X bekräftigte seine Entschlossenheit ...» (die Steuern zu senken, die Subventionen abzubauen). Damit wird zwar ehrlich eingeräumt, dass es sich um durchaus nichts Neues handelt; zugleich aber wird das Alte erstens gravitätisch aufgeputzt (was man den Pressesprechern überlassen sollte) und zweitens gegen alle Lebenserfahrung mit der Aura der Wahrhaftigkeit umgeben – als ob hier eine Entschlossenheit vorläge, die nur der Bekräftigung bedürfte!

Was heißt «wichtig»?

Wichtig ist erstens das, wonach sich Leser oder Hörer richten *müssen* (neue Gesetze und Verordnungen, Ferientermine, Straßensperren) – die «Nachrichten» also im ursprünglichen Wortsinn: die Handlungsanweisung, der Befehl.

Wichtig ist zweitens das, wonach Leser oder Hörer sich richten *können* (z. B. Handlungen oder Reden von Politikern, die möglicherweise zu künftigen Wahlentscheidungen beitragen, oder Hinweise auf Ferien-Staus auf Autobahnen) – die «Nachricht» im heute überwiegenden Sprachgebrauch.

Wichtig sind drittens Hintergrund-Informationen aus aller Welt, wenn sie dazu beitragen, Lesern und Hörern eine vernünftige Einschätzung der irdischen Verhältnisse zu ermöglichen. Je ferner und je weniger bekannt die Weltgegend ist, desto mehr ist dem Leser mit einer *analytischen* Aufbereitung des Nachrichtenstoffs gedient (dazu Kapitel 18) – desto fragwürdiger also ist es, einen Regierungswechsel in der Mongolei oder einen Putsch in Bolivien als nackte Nachricht zu präsentieren.

Nur die gescheite Analyse bietet überdies die Chance, dass der Leser das, was für ihn möglicherweise wichtig ist, auch interessant genug findet, um es zu lesen. Die Rente, der kommunale Finanzausgleich und die wirtschaftliche Entwicklung Chinas betreffen über kurz oder lang uns alle; die lieblose Aneinanderreihung von Informationsbrocken darüber oder eine ebenso lieblose, im Fachjargon verharrende Übersicht jedoch lassen das Wichtige als uninteressant erscheinen, sodass der Redakteur seine Aufgabe verfehlt und sich an seinen Lesern oder Hörern versündigt.

Was heißt «interessant»?

Das Wichtige und das Interessante gehen nur bei einer Minderheit der Nachrichten Hand in Hand. Man kann da unterscheiden:
- Die 639. Resolution der UN zu Israel ist weder wichtig noch interessant.
- Die Ergebnisse von Bundestags- und Landtagswahlen sind sowohl wichtig als auch interessant.
- Ein Umschwung in China ist immer wichtig, interessant für die meisten aber nur dann, wenn sachkundig, analytisch und farbig darüber berichtet wird.
- Ein großer Teil des Nachrichtenangebots ist für die meisten hochinteressant, aber alles andere als wichtig, das heißt, es hilft weder, Entscheidungen zu fällen, noch vermittelt es Wissen über den Zustand der Erde: Kuriositäten, Verbrechen, dramatische Unglücksfälle in aller Welt; Sportergebnisse; Klatsch, zum Beispiel aus dem englischen Königshaus.

Mit dem, was interessant ist, ohne zugleich wichtig zu sein, pflegen die beiden häufigsten Zeitungstypen einen jeweils anfechtbaren Umgang: Die Boulevardzeitungen scheren sich den Teufel um die Bedeutsamkeit; in den seriösen Abonnementszeitungen grassiert umgekehrt die Angst, man könne unseriös sein, wenn man das, was die meisten Leser am meisten interessiert, anderswo brächte als im Vermischten (auf der bunten Seite, unter «Aus aller Welt» und wie die Verlegenheitsrubriken alle heißen), schon gar nicht auf Seite 1.

Als 1990 eine Brücke der Inntal-Autobahn zusammenkrachte, traf eine Blamage der Technik mit einer Katastrophe für Urlauber und Ausflügler zusammen, zumal in München; folgerichtig bot die Nachrichtenredaktion der *Süddeutschen Zeitung* das Thema als

Aufmacher an; der Chefredakteur untersagte dies mit der Begründung: «Wir sind eine politische Zeitung.» Ein Drama der Ingenieurskunst – ein Drama für den Last- und Reiseverkehr – ein Gesprächsstoff ersten Ranges – *und* etwas, wonach Zehntausende sich richten konnten und richten mussten – aber kein Aufmacher!

Abweichend von der überwiegend herrschenden Sitte ergeht an alle derzeitigen und künftigen Journalisten hiermit die Einladung: Vergesst das Wichtige nicht ganz, wenn ihr eine Boulevardzeitung, und lasst auch das Interessante auf die erste Seite, wenn ihr eine Abonnements-Zeitung macht. Mindestens sollte das Wichtige nicht ebendeshalb nach hinten rutschen, weil es zugleich aufregend ist und folglich einem verschrobenen Seriositäts-Ideal widerspricht. Mehr dazu im Kapitel 48 «Die neue Seite 1».

Neu – wichtig – interessant: Das sind die drei Eckpfeiler der Nachricht. In Boulevardzeitungen und auf der bunten oder vermischten Seite der Abonnementszeitungen regiert das Interessante, auch wenn es unwichtig ist.

Das Wichtige auch dann zu drucken, wenn es die wenigsten interessiert, ist oft vernünftig, wird aber in seriösen Zeitungen ebenso oft übertrieben. Idealerweise versucht der Journalist, das zunächst nur Wichtige so aufzubereiten, dass es zugleich interessant wird.

Was bedeutet «Aktualität»?

Zeitungen und Zeitschriften suchen zu jedem Text einen *Aufhänger*, einen aktuellen Anlass. Texte ohne Aufhänger werden nur ausnahmsweise gedruckt. Dabei lassen sich unterscheiden (mit Begriffen, die etwas zu benennen versuchen, was in der Branche meist *keinen* Namen hat):

Tagesaktualität: Etwas ist gestern oder heute passiert. (Grenzfall: Etwas früher Passiertes ist gestern oder heute bekannt geworden.) In der *Tageszeitung* der stets angestrebte und meist übliche Fall.

Schwebende, latente Aktualität: Eine Entwicklung ist im Gange; man hätte schon vor Wochen darüber berichten können oder könnte auch Wochen später darauf eingehen; aber ein Redakteur hatte den Einfall *jetzt*, oder *jetzt* ist Platz dafür – oder, und das wäre der ideale Fall: Eben darüber bringen wir einen Hintergrundbericht (Kapitel 18).

Scheinaktualität: Die Entwicklung ist mehr erfunden als im Gange, obskure Tendenzen werden in die Welt gesetzt – eine Versuchung aktueller *Zeitschriften*. Typisches Kennzeichen: Der *Immermehrismus* («Immer mehr Deutsche ...», was so viel heißt wie: Zahlen, um dies zu belegen, sind dürftig oder nicht vorhanden).

Kalenderaktualität: 50-jähriges Geschäftsjubiläum, 700-jähriges Stadtjubiläum, Goethes 200. Geburtstag. Geschäfte und Städte pflegen Feiern zu veranstalten, die ihrerseits Tagesaktualität schaffen; die Geburts- und Todestage großer Männer dagegen (ein überaus dürftiger Anlass) könnte man ebenso als *Scheinaktualität* einstufen oder als:

Selbst geschaffene Aktualität. Deckt sich überwiegend mit dem bekannteren Begriff *Aktionsjournalismus*. Aus dem Drang nach echter oder scheinbarer Aktualität folgt unter anderem:

- Verschiebung der Gewichte in der Nachricht und noch mehr Plusquamperfekte: Im ersten Absatz steht oft die Reaktion auf das Ereignis, weil sie stets jünger ist als das Ereignis; das wird erst im zweiten Absatz referiert. (Dies ist keine Empfehlung, sondern der Hinweis auf eine Sitte.)
- Wenn Sie keinen echten oder geschickt konstruierten Aufhänger anbieten, haben Sie kaum Chancen, einen Text loszuwerden.

Sprachgebrauch in Redaktionen

Die Nachrichten werden in den meisten Redaktionen unterschieden nach:

Meldung – einem unscharfen Begriff, der (je nach Redaktion) abgrenzen soll:
1. die *Kurzmeldung* von ein- und mehrspaltigen Nachrichten,
2. die *einspaltige Nachricht* vom mehrspaltigen *Bericht* (häufigste Verwendung),
3. die *nüchterne Nachricht* von *Feature, Reportage, Story*.

Bericht
1. In manchen Redaktionen: Synonym für die zwei-, drei- oder vierspaltige Nachricht (länger und oft mit mehr Deutung oder Hintergrund als die Meldung, aber sachlicher als *Feature*, *Story* oder *Reportage*); angelehnt an «Korrespondentenbericht» oder «Hintergrundbericht». «Der Bericht ist der anspruchsvollere Zwillingsbruder der Nachricht.» (LaRoche)
2. In anderen Redaktionen: Universalwort für alle Lauftexte.
3. Im Hörfunk: ein Text, der abgelesen wird, soweit es sich *nicht* um Nachrichten oder Verkehrsfunk handelt. *Bericht mit Einblendungen* (BmE), O-Ton-Bericht: abgelesener Text mit O-Tönen.

Die innerredaktionelle Unterscheidung zwischen Meldung und Bericht ist vernünftig, wenn sie Einspalter (= Meldung) vom Mehrspalter (= Bericht) unterscheiden soll. Sie ist jedoch anfechtbar, wenn sie unterstellt, dass es außer dem Unterschied in der Länge auch einen in Form oder Inhalt gäbe. Denn eine Nachricht ist eine Nachricht – ob sie aus zwei Wörtern besteht («Kennedy ermordet!») oder eine ganze Zeitungsseite füllt, zum Beispiel mit der Langfassung einer Bundestagsdebatte.

Zur Kennzeichnung von Layout oder Platzierung sind ferner folgende Wörter in Gebrauch:

Kasten
1. In den meisten Redaktionen: ein durch Linien eingerahmter und abgehobener Text.
2. In einzelnen Redaktionen: Synonym für den normalen Zweispalter.

Flachmann
In einigen Zeitungen: ein flacher drei- oder vierspaltiger *Kasten*, meist mit einem Hintergrundbericht.

Fußkasten
In manchen Redaktionen: ein unten auf der Seite stehender (aufsitzender) Drei- oder Vierspalter, auch wenn er nicht eingerahmt, also eigentlich kein Kasten ist.

Keller
Anderer Begriff für den Fußkasten. *Die Welt* packt unten auf die Titel-

seite stets eine ungewöhnliche Geschichte oder gar eine Satire; die Überschrift ist gesetzt im leichten Stil der Feuilleton-Typographie.

Aufsetzer
1. In der *Frankfurter Rundschau*: der Vierspalter, der immer auf S. 1 unten steht (von «aufsitzen lassen» = einen Text unten auf die Seite stellen).
2. In der *FAZ* jedoch: der Dreispalter über dem Bruch, der Zweit-Aufmacher.

Eckenbrüller
In der *Frankfurter Rundschau* eine einspaltige Nachricht ganz oben rechts oder ganz oben links auf der Seite, zumeist auf Seite 1. Die Institution (nicht das Wort) ist am häufigsten auf Seite 1 in der *FAZ*.

12   Woraus wird eine Nachricht?

Bringe ich überhaupt eine Nachricht über den Vorgang X – und wenn eine Parlamentsdebatte sieben Stunden dauert oder eine Wahlrede zwanzig Themen berührt: Was wähle ich aus? Neu ist ja bei einer Wahlrede fast nie etwas, wichtig auch nicht, und die Spannweite einer Bundestagsdebatte reicht von hartnäckiger Langeweile bis zu einer Sternstunde der parlamentarischen Demokratie, bei der jede Auslassung ein Jammer ist.

Fall 1 also: berichten müssen, obwohl der Redner nichts von Belang gesagt hat – denn ein Bundesminister in unserem Städtchen hat nun einmal gewürdigt zu werden, und ein vorgegebener Platz ist zu füllen. Und Fall 2: Ich bin erschlagen von der Fülle dessen, was ich berichten möchte, aber ich habe nicht mehr als 60 Zeilen Raum. Beides ist journalistischer Alltag.

Die größte Hilfe in dieser Not bietet eine professionelle Sitte an, die zu befolgen den meisten Anfängern Mühe macht, zumal sie gegen akademische Bräuche ebenso verstößt wie gegen die guten Sitten: Das Anliegen des Redners, der Schwerpunkt der Debatte haben mir egal zu sein. Ohne Rücksicht auf die Absichten und Gewichtungen derer, die den Rohstoff für die Nachricht liefern, picke ich vielmehr das heraus, was die drei Kriterien neu – wichtig – interessant am deutlichsten oder am ehesten erfüllt.

Das klingt hochmütig, ja brutal, und in der Tat hat Ex-Bundespräsident Richard von Weizsäcker die Presse beschuldigt, dass die willkürliche Auswahl von Ausschnitten aus seinen Reden die «Zensurierung» streift; der Politiker habe einen Anspruch darauf, dass seine Überzeugungen übermittelt werden, und wenn der Journalist im Zweifel ist, «dann sollte er mich fragen, was ich für besonders treffend halte».

Gerade Lokaljournalisten kennen solche Forderungen: Bürgermeister und Landräte, Abgeordnete aus Brüssel und Berlin wollen jede noch so dünne Rede im Blatt gewürdigt sehen, sie fordern ohne Maß die fotografische Dokumentation jedes Besuchs beim Kaninchenzuchtverein oder in Unternehmen oder Krankenhäusern. «Die Bürger verlangen Arbeitsnachweise von ihren Politikern, sie wollen wissen, was wir für sie tun», schrieb ein hoher Bundespolitiker an seine Lokalzeitung, als diese die Zahl seiner Auftritte im Blatt reduziert hatte.

Die Begründungen hören sich im ersten Augenblick vernünftig an, aber es wäre eine gefährliche Annäherung an die Art, wie in der DDR das Zentralorgan der SED, das *Neue Deutschland,* mit den Reden von Erich Honecker umging – also der Tod der freien Presse. Wer das Anliegen des Politikers unverfälscht gewürdigt sehen möchte, der höre sich die Neujahrsansprache der Bundeskanzler im Fernsehen an; die Zeitungen sind dazu da, aus dieser mutmaßlichen Ansammlung nobler Langeweile das bisschen herauszufiltern, was allenfalls als wichtig betrachtet werden kann. Auf Neues oder Interessantes wagt ja ohnehin keiner zu hoffen.

Der Journalist selektiert also radikal und setzt die Akzente selbst. Spricht der Redner eine Stunde über X und eine Minute über Y, so hat der Journalist trotzdem die Freiheit, vorzugsweise oder ausschließlich über Y zu berichten. Wahrer Satz aus unbekannter Quelle: «Der Journalist ist ein Mensch, den das Haar in der Suppe mehr interessiert als die Suppe.»

Es war ein Fall radikaler Auswahl in diesem Geist, der es Professor Ludwig Erhard ermöglichte, von 1949 bis 1963 Bundeswirtschaftsminister zu sein und so der Vater des deutschen Wirtschaftswunders zu werden. Vor der Gründung der Bundesrepublik gab es den so genannten Zwei-Zonen-Wirtschaftsrat, dessen Direktor bis 1949 Johannes Semler war. Im Rahmen einer Rede, die vielerlei Dank an die amerikanische Besatzungsmacht für ihre Wirtschaftshilfe enthielt, erlaubte sich Semler die winzige Bosheit, den Mais in den Care-Paketen, «dieses Hühnerfutter», als einen eher entbehrlichen Bestandteil dieser Hilfe zu bezeichnen.

Das war sein Ende. «Deutscher Politiker nennt amerikanische Hilfsgüter Hühnerfutter!», hieß die Schlagzeile in Amerika, Semler wurde von den Militärgouverneuren entlassen, und Erhard rückte nach.

Eine Stunde Dank an die Amerikaner, eine Minute Abschweifung davon – und ebendies die Nachricht! So ist sie. Anfechtbar wäre die Nachricht nur gewesen, wenn sie unerwähnt gelassen hätte, dass das Hühnerfutter in fast endlosen Dank eingebettet war; das hatte erwähnt zu werden, im zweiten oder dritten Satz. Aber unprofessionell und lächerlich wäre es, den Dank um so viel länger darzustellen, wie er war, oder das Hühnerfutter, wenn es denn im dritten Viertel der Rede vorkam, erst im dritten Viertel der Nachricht zu erwähnen: Es steht am Anfang, ohne Wenn und Aber – neu, provokant und natürlich auch wichtig, 1948.

Schließlich ist dem wohlerzogenen Akademiker in uns und ist den quengelnden Weizsäckers entgegenzuhalten: Wie viele Leser oder Hörer würden eure Reden wohl zur Kenntnis nehmen, wenn wir *nicht* nach dem Interessanten in ihnen fahndeten? «Sehr viel öfter dient es der Veredelung eines Politikertextes als der Verfälschung, wenn etwas ‹aus dem Zusammenhang› gerissen wird», schrieb die *Süddeutsche Zeitung* in einem «Streiflicht» von 1987. «Dieser ist ja meist unerträglich langweilig, und es ist eine entsagungsvolle Arbeit, aus dem Schotter dreistündiger Grundsatzreferate die wenigen Goldkörner zu waschen und zu polieren ... Journalismus als unverstandene Kunst der Sinngebung des Sinnlosen.»

Was der Redner, der Verfasser, der Veranstalter gern in den Vordergrund gestellt sähe, interessiert den Journalisten nicht. Gegen alle akademischen Sitten, aber im wohlverstandenen Interesse seiner Leser oder Hörer legt der Journalist den Nachdruck auf diejenigen Teile des Stoffes, die die Kriterien neu – wichtig – interessant am ehesten erfüllen.

13 Wie schreibt man eine Nachricht?

Man gliedert sie hierarchisch.
Wenn ich die Freiheit und zuweilen die Pflicht habe, mit dem zu beginnen, was in der 47. Minute geschah, so wird damit klar: Der wirkliche Zeitablauf spielt in der Nachricht überhaupt keine oder eine untergeordnete Rolle. Die Nachricht ist nicht chronologisch, sondern hierarchisch aufgebaut: Die Elemente der Information werden in der Reihenfolge ihrer Bedeutung aufgeführt.

Einerseits ist das einleuchtend und unumgänglich: Wenn ich den Absturz eines Flugzeugs zu melden habe, kann ich nicht mit dem Start des Flugzeugs beginnen. Andererseits schafft die Zertrümmerung der Chronologie Probleme: Alles natürliche Erzählen stellt sie auf den Kopf. In aller urtümlichen Literatur – in der Ilias, in der Bibel, in den isländischen Sagas – kommt niemals ein Vorgriff oder Rückgriff vor, nicht einmal einen Halbsatz lang. Folglich gibt es in ihnen auch kein Plusquamperfekt, dieses gestelzte Tempus, von dem die Agenturnachrichten überquellen.

Hat ein Erzähler indessen etwas mitzuteilen, was ihn selber aufregt («Kennedy ermordet!»), so wird er dies nicht chronologisch tun. Umgekehrt: Wenn mir einer umständlich den Ablauf einer Gerichtsverhandlung erzählt und mit dem Urteil, das längst gesprochen ist, erst nach zehn Minuten herausrückt, macht er mich ungeduldig. An dieses ebenfalls natürliche Verhalten knüpft die Nachrichtensprache an.

Unbestritten ist, dass der Einstieg (das Lead, der erste Absatz, der

Vorspann) jede Chronologie zertrümmert. Ausnahmen gibt es noch in Lokalredaktionen: «... hielt eine festliche Sitzung ab. Zu Beginn begrüßte ...»

Umstritten ist, ob die Nachricht auch vom zweiten Absatz an hierarchisch, also antichronologisch aufgebaut sein muss. Nach der strikten Regel zumal der amerikanischen Agenturen: ja, man soll ja beliebig vom Ende her streichen können. Diese strikte Auslegung hat aber mindestens *drei Nachteile*:

- Sie führt dem Leser den wirklichen Ablauf nirgends vor Augen, ja oft ist dieser Ablauf aus der Nachricht auch mit analytischer Mühe kaum rekonstruierbar.
- Sie führt zur ärgerlichen Häufung von Plusquamperfekten.
- Sie hat die Agenturschreiber dermaßen durchdrungen, dass selbst die *dpa*-Langfassung von Bundestagsdebatten (für Sonderseiten) meist nicht mit dem ersten Redner beginnt; es ist, als ob der Schreiber Entzugserscheinungen hätte, wenn er nicht wenigstens *einen* Plusquamperfekt unterbringen kann («Zu Beginn hatte ...»).

Das beschreibt die überwiegend herrschende Sitte. Unser Rat dagegen lautet: Wer die Freiheit dazu hat, der versuche einen vernünftigen Kompromiss – möglichst früh nach dem ersten Absatz, idealerweise schon im zweiten, platziert er sein einziges Plusquamperfekt und springt in die Chronologie.

Das gilt für Unfälle, Verbrechen, Prozesse, Debatten, politische Ereignisse; es gilt nicht, wenn es lediglich um den Inhalt einer Rede oder eines Vortrags geht. In welcher Reihenfolge ein Politiker seine Themen abspult, ist völlig egal; also braucht man ohnehin kein Plusquamperfekt.

Bei Kriegsausbrüchen, größeren Unglücksfällen, Geiseldramen usw. sollte der Journalist auf der Lauer liegen, zusätzlich zur Nachricht ein *Minutenprotokoll* zu produzieren, so schwer es auch aus den Agenturen zu rekonstruieren sein mag. Das liest jeder immer gern. Alle Reize der «Ilias» sind sofort zur Stelle.

Wie schreibt man eine Nachricht?

Man hält sich an die 6 W's.
Die Nachricht soll Antwort auf folgende Fragen geben:
>WER hat WEM ist
>WAS getan? WAS widerfahren?
>>WANN?
>>WO?
>>WIE?
>>WARUM?

WER heißt: Vorname, Titel, Funktion (auch diese; denn «Regierungsrat im Ministerium X» sagt noch nicht, wofür er zuständig ist). Die meisten Redaktionen bestehen auf allen drei Elementen auch bei solchen Politikern, die jeder kennt («Der amerikanische Präsident George W. Bush»). Andere halten «amerikanisch» und «George W.» für überflüssig, ja penetrant.

Die alte Faustregel der 6 W's hat jedoch zwei Nachteile:
- Sie hat *das Q* vergessen, die Quelle, den Informanten – oder in der W-Sprache: WELCHE QUELLE? WOHER? Die Quelle *muss* erwähnt werden, wann immer der Reporter nicht aus eigener Anschauung berichten kann. Es gibt also 7 W's (und nicht 6, wie die Faustregel behauptet).
- Sie behandelt das WIE und das WARUM gleichberechtigt, obwohl es ein WARUM oft gar nicht geben kann, zum Beispiel bei einem Erdbeben, und obwohl das WIE nicht immer bekannt, nicht immer von Interesse, nicht immer in der vorgegebenen Länge unterzubringen ist.

Ergänzend dazu empfiehlt «Reuter's Style Book» (eine vorzügliche Nachrichtenfibel), «das WARUM und das WIE im zweiten und dritten Satz der Meldung zu beschreiben, statt zu versuchen, es neben den vier anderen W's in den ersten Satz zu quetschen». Als *bereinigte Faustregel* bietet sich also an:

>*Zwingend* sind: WER
>>WAS
>>WANN
>>WO

Bei fehlendem Augenschein
nötig ist: WOHER

Erwünscht sind: WIE
WARUM

Erstrebenswert wäre sogar ein achtes W: Was bedeutet das? Was folgt daraus? Das würde die Nachricht zur *Analyse* steigern. Darüber mehr in Kapitel 18.

Man ringt um den optimalen ersten Satz.
Von diesem berühmten ersten Satz – dem Einstieg, dem Lead – war schon zweimal die Rede: Er muss das WER – WAS – WANN – WO enthalten, und den natürlichen Zeitablauf stellt er fast immer auf den Kopf: erst der Absturz, dann der Start.

Nun ist vom dritten Element des ersten Satzes die Rede: Interessant hat er zu sein, ohne Wenn und Aber. Den Leser oder Hörer soll er fangen, also ihn dazu verführen, dass er sich auch den folgenden Sätzen zuwendet oder idealerweise dem gesamten Text.

Folglich ist der erste Satz – ein weiterer Bruch mit allen Sitten von Schule und Universität – niemals eine «Einleitung», sondern er springt dem Leser oder Hörer mit der Hauptsache ins Gesicht. Und die Hauptsache ist immer eins von drei:

- entweder der krönende Abschluss eines Vorgangs – das Ergebnis der Abstimmung, das Resultat des Spiels, das Urteil im Prozess
- oder die aufregende Passage in der langen Rede, das «Hühnerfutter»
- oder das Haar in der Suppe, das Ungewöhnliche, das Dramatische – der Tumult im Parlament, der Krawall bei der Demonstration, im Zirkus der Todessturz.

Dass diese Auswahlkriterien auch ihre bedenklichen Seiten haben, davon handelt Kapitel 16.

Wo steht die Quelle?

Bei der Wiedergabe von Reden und Verlautbarungen müssen Leser und Hörer noch im ersten, spätestens im zweiten Satz erfahren, von welcher Person oder Institution die zitierte Äußerung stammt. Das ist allgemeine Sitte und ist vernünftig. Einigkeit herrscht auch darüber, dass die Quellenangabe (als eine formale Nebensache) nie die einzige Aussage eines Satzes sein darf; ein Satz wie «Schröder sprach in X vor dem Y-Verband über das Thema Z» gilt als unzulässig. Unterschiedlich beantwortet werden dagegen zwei Unterfragen:

- Wenn die Quelle im ersten Satz steht – dann gleich mit dem Namen beginnen? Nie mit dem Namen eines Unbekannten («Die SPD-Bundestagsabgeordnete Gabriele Lösekrug-Möller aus Hameln sagte ...»). Lösekrug-Möller kann nur dann zur Nachricht werden, wenn sie etwas gesagt hat, was interessant ist, obwohl nur sie es gesagt hat («Eine baldige Ablösung von Bundeskanzler Gerhard Schröder forderte ...»).

Ist der Name prominent, so ziehen Agenturen meist trotzdem im ersten Satz die Sache vor. Darüber kann man verschiedener Meinung sein: Alles, was der Kanzler in seiner Neujahrsansprache sagt, ist vermutlich weniger interessant als sein Name.

- Wann ist die Nennung erst im zweiten Satz erlaubt? Betrieben wird sie häufig («Die SPD wird auch die nächsten Bundestagswahlen gewinnen. In einer Rede vor Wirtschaftsführern sagte Bundeskanzler Gerhard Schröder in Duisburg, er sei überzeugt ...»). Auf diese Weise entsteht jedoch zunächst der Eindruck, dass die Zeitung eine Wahrheit verkündet. Folglich meinen die Autoren, dass bei Meinungsäußerungen und Absichtserklärungen schon der erste Satz die Quelle enthalten muss.

Ganz anders, wenn eine Quelle, deren Zuständigkeit offenkundig ist, eine Sachmitteilung macht. Gibt der Sprecher der Bundesbahn eine Fahrplanänderung bekannt, so kann man ihm unbesehen glauben; also muss er zwar genannt werden, jedoch weder im ersten noch im zweiten Satz.

Und wie oft muss ich in einer längeren Nachricht die Quellenangabe *wiederholen*? Auch hier ist zu unterscheiden:

- bei einer Meinungsäußerung in jedem Absatz,
- bei einer Sachmitteilung aus berufenem Mund überhaupt nicht.

Ein möglicher Grenzfall liegt dann vor, wenn der Sprecher der Bundesbahn seine Mitteilung über einen neuen Fahrplan dazu benutzt, Meinungen über die Zukunft der Bahn zu verbreiten – sofort wird die Quelle wichtig, und die Aussage gehört in den Konjunktiv.

Was ist mit dem Konjunktiv?

Der Konjunktiv der indirekten Rede ist eine noble und im Journalismus überaus zweckmäßige Form: Satz für Satz hält er die Erinnerung wach, dass ich bloß zitiere und durchaus nicht hafte für den Unfug, den der Zitierte möglicherweise verbreitet hat. Diesem Vorzug stehen zwei Nachteile gegenüber:

- Viele gebildete Deutsche stehen mit dem Konjunktiv auf Kriegsfuß.
- Auf Leser und Hörer, zumal ungebildete, wirkt der Konjunktiv der indirekten Rede, zumindest in der Häufung, penetrant.

Also sollte der Redakteur auf Mittel sinnen, den Konjunktiv zwar stets korrekt zu verwenden, aber sich auch seine hartnäckige Wiederholung zu ersparen. Drei solcher Mittel stehen zur Verfügung:

- *die direkte Rede,* das Zitat in Gänsefüßchen. Ein angenehmer Lesefluss ergibt sich dann, wenn der Schreiber im Großen und Ganzen in jedem Absatz zwei Sätze in indirekter Rede mit einem Satz in Anführungszeichen kombiniert (was freilich oft daran scheitert, dass die wenigsten Reporter stenographieren können).

  Das wörtliche Zitat muss stets mit der Nennung des Urhebers einhergehen. Sie würde auf diese Weise automatisch einmal pro Absatz erfolgen, wie es ohnehin geboten ist.

  Vorsicht mit der Zitierung einzelner Wörter oder kurzer Wortgruppen: Geschieht sie zu oft hintereinander, so entsteht «Gänsefüßchen-Salat», ein abstoßendes Schriftbild mit gehemmtem Lesefluss. Außerdem könnte das Kurzzitat für eine Ironisierung gehalten werden, der die Gänsefüßchen ja oft dienen (der «bedeutende» Wahlerfolg).

  Problem in Radio und Fernsehen: Da Anführungszeichen sich

nicht sprechen lassen, ist die Redaktion hier auf Hilfskonstruktionen wie «sagte wörtlich» angewiesen. Das macht das Zitat in direkter Rede seltener.

- Zweites der drei Mittel, sich trotz einer Zitierung in indirekter Rede den Konjunktiv auf korrekte Weise zu sparen: Die Hilfskonstruktionen «Wie Meier sagte ...», «Nach Meiers Worten» oder «Laut Meier» verbieten den Konjunktiv in dem Satz, in dem sie stehen.
- Dabei ist allerdings zu bedenken: Logisch und grammatisch besteht zwar kein Unterschied zwischen den Aussagen «Schröder sagte, die SPD werde die nächste Wahl gewinnen» und «Nach Schröders Worten wird ...» Psychologisch aber enthält der erste Satz eine stärkere Distanzierung, wie sie bei einer so exponierten Meinung wohl angemessen ist.
- Das dritte Mittel zur korrekten Ersparung von Konjunktiven ist eine *salvatorische Klausel* von der Art: «Nach Darstellung des Zeugen hat sich der Unfall folgendermaßen abgespielt: ...» Sie erspart den Konjunktiv nicht nur im selben Satz, sondern einen ganzen Absatz lang.

Die Sprache der Nachricht
Die Nachricht soll aus schlichten, geläufigen, unmissverständlichen Wörtern in unverschachtelten, durchsichtigen Sätzen bestehen.

Fachjargon («Postwertzeichen») wird selbstverständlich ins Deutsche übersetzt («Briefmarke»). Fachwörter ohne geläufige Entsprechung werden möglichst vermieden, im Grenzfall mit einer Erklärung versehen.

Fachjargon, ein bloßes Alibi der Redaktion, ist auch die Standardfloskel bei der Sendung der Lottozahlen: «Alle Angaben wie immer ohne Gewähr.» Wollte man erreichen, dass wirklich alle Hörer das volle Bewusstsein für den Inhalt dieser Aussage hätten (und das sollte man), dann müsste sie etwa lauten: «Ob wir Ihnen die richtigen Zahlen genannt haben, das können wir leider nicht garantieren.»

Schachtelsätze des Redners werden zertrümmert, ausnahmsweise in Gänsefüßchen zitiert: entweder, weil es sich um eine dramatisch wichtige Aussage handelt, oder um dem Leser einen Begriff vom Stil des Redners zu geben.

Überflüssige Wörter – immer schlecht – sind in der Nachricht unerträglich; die Aufgabe lautet ja umgekehrt, in möglichst wenigen Zeilen möglichst viele Informationen unterzubringen. Also verbieten sich Floskeln wie «in seinem Vortrag» (worin denn sonst?) oder «in diesem Zusammenhang» (da wir doch dem Redner den Kredit geben, dass er im Allgemeinen nicht gänzlich ohne Zusammenhänge spricht).

Eine ausführliche Fassung der Stilratschläge, die alle journalistischen Formen erfasst, enthält das Kapitel «Schreiben und Redigieren».

Die Nachricht wird so gegliedert, dass das Neue, Wichtige und Interessante im ersten Satz konzentriert ist. Ein Erzählen in der natürlichen Abfolge kann so nicht stattfinden. Die amerikanischen Agenturen halten das Gefälle vom Wichtigen zum weniger Wichtigen bis zum letzten Satz durch; Leser und Hörer aber freuen sich, wenn der Schreiber mit dem zweiten Absatz in die Chronologie gesprungen ist.

Im ersten Satz der Nachricht müssen die Fragen WER – WAS – WANN – WO beantwortet werden. Handelt es sich um ein Zitat, so gehört auch der Urheber in den ersten Satz, spätestens in den zweiten (WOHER?). Auch die Fragen WIE und WARUM zu beantworten ist vom zweiten Satz an erwünscht.

Der erste Satz ist niemals eine Einleitung, sondern die Hauptsache selbst oder die aufregendste Einzelheit – das Haar in der Suppe, nicht die Suppe.

Wenn der Journalist zitiert, muss diese Tatsache im Leser oder Hörer stets wachgehalten werden. Der Konjunktiv der indirekten Rede ist dafür das typische Mittel, aber nicht das einzige.

Die Sprache der Nachricht ist knapp und präzise. Aus den schlichtesten möglichen Wörtern werden gut überschaubare Sätze gebaut. Fachjargon ist verpönt; wo es für einzelne Fachwörter in der Alltagssprache keine Entsprechung gibt, werden sie erklärt.

14 Das Interview

Zunächst bedeuten das französische *entrevue* und das englische *interview* (davon abgeleitet) nur, dass zwei Personen sich sehen, wahrscheinlich auch miteinander reden wollen. Sprachlich kurios sind demnach das Telefon-Interview, wie es im Radio häufig zu hören ist, und das Interview mit schriftlich gestellten Fragen und geschriebenen Antworten, wie Diktatoren es bevorzugen, weil sie Angst vor peinlichen Fragen oder spontanen Reaktionen haben, und Filmstars, weil ihr Manager die zumeist richtige Einsicht hat, dass sie am besten den Mund halten sollten.

Für das Interview im engeren Sinn also ist es erforderlich, dass die Gesprächspartner sich sehen. «Interview» heißt dann erstens ihre Begegnung, zweitens der zur Veröffentlichung bestimmte Teil ihres Gesprächs und drittens das, was davon gedruckt und gesendet worden ist.

Wird das Gespräch live vor geöffnetem Mikrophon geführt, so erfahren Radiohörer und Fernsehteilnehmer, was der Interviewte wirklich gesagt hat, Wort für Wort, mit allen Versprechern oder mit einem Halbsatz, den ausgesprochen zu haben der Befragte oft alsbald bereut. Nur das gehörte Live-Interview entspricht der Vorstellung, die die meisten Laien von allen publizierten Interviews besitzen: Genau so hat er's gesagt.

Schon das zunächst aufgezeichnete und *später* ausgestrahlte Interview weicht vom Original fast immer ab: Versprecher werden getilgt, Passagen geschnitten und oft beim Kürzen fahrlässig oder mutwillig um einen Aspekt vermindert, auf den der Interviewte besonderen Wert gelegt hätte – also ein bisschen verfälscht.

Sehr wenig verfälscht indessen, verglichen mit dem so genannten Interview, das wir in Zeitungen und Zeitschriften lesen. Das gedruckte Interview ist immer ein Kunstprodukt: Von den Notizen, vom Stenogramm oder vom Tonbandprotokoll des ursprünglich geführten Gesprächs weicht es um mindestens 30 Prozent ab; häufig aber hat es fast nichts mehr mit dem gesprochenen Wort zu tun.

Ehe wir erklären, warum die 30 Prozent unvermeidlich sind und wie man die Abweichung übertreiben kann, wollen wir einige Punkte klären.

1. *In der Vorbereitung* haben gedrucktes und gesendetes Interview das Entscheidende gemeinsam: Der Journalist muss sich erstens vorzüglich präpariert haben und zweitens mit einer klaren Zielvorstellung – Was vor allem will ich wissen? – ins Gespräch gehen und sie im Gespräch durchhalten (falls er nicht eine unvermutete Sensation ausgräbt). Auch hier jedoch ist das gesendete Interview die strengere Form – mangelndes Vorwissen und diffuse Gesprächsführung gehen mit über den Sender; der Zeitungsredakteur kann seine Durchhänger rausredigieren und das Gespräch nachträglich auf ein Ziel zuspitzen, das zuvor kaum erkennbar war.
2. Auch in der *Gesprächsführung* gibt es zwischen Gedruckt und Gesendet Gemeinsamkeiten:
- Die Fragen sind kurz und präzise, jedenfalls kürzer als die Antworten.
- Der Interviewer ist ein Fragesteller und kein Kommentator, der den Befragten mit seinen Meinungen zu behelligen hätte; nur was als Streitgespräch deklariert ist (wie das «*Spiegel*-Gespräch»), darf davon eine Ausnahme machen.
- Der Interviewer hat rhetorisch die Gegenposition zu beziehen. Einverständnis macht das Interview langweilig, liebedienerisches Entgegenkommen bringt es um (ein abschreckendes Beispiel dafür im Anhang dieses Kapitels). Natürlich muss sich der Journalist nicht verbiegen: Stimmt er mit der Meinung des Gesprächspartners völlig überein, so kann er die Gegenposition wahren, indem er sagt: «Nun wenden aber viele Leute dagegen ein ...» oder «Dazu hat doch Ihr Parteifreund X gesagt ...»
3. In allen anderen Elementen der Gesprächsführung haben das gedruckte Interview und das Live-Interview in Radio und Fernsehen fast nichts miteinander zu tun. Sie sind zwei grundverschiedene Genres, die unter dem Oberbegriff «Interview» zusammenzufassen eine Irreführung aller Laien, insbesondere der Leser ist. Sie unterscheiden sich wie Original und Fälschung und setzen

beim Journalisten zwei radikal verschiedene Arbeitstechniken voraus.

Vor laufender Kamera einen Prominenten zu befragen und dabei binnen eineinhalb, zwei, selten mehr als vier Minuten etwas Interessantes über den Sender zu schicken ist eine der schwierigsten journalistischen Formen überhaupt. Sie setzt neben Sprachtalent auch Wortökonomie und die Fähigkeit zu blitzartigem Reagieren voraus, die, wenn überhaupt, nur in einer Fülle praktischer Übungen trainiert werden kann; eine schriftliche Darstellung ist da fehl am Platz. Im Folgenden wird daher nur noch das gedruckte Interview behandelt.

Reisende Interview-Trainer, die Rezepte für beide Genres anzubieten behaupten, müssen im Unrecht sein. So lautet ein nicht umzubringender Ratschlag, das Interview mit einer «Eisbrecherfrage» zu eröffnen, also nicht mit der Tür ins Haus zu fallen, sondern erst einmal eine harmlose, Sympathie schaffende Frage zu stellen. Was ein ausgemachter Unsinn ist.

Denn wenn ich vor dem Mikrophon zwei Minuten Zeit habe, falle ich selbstverständlich mit der Tür ins Haus, und hätte ich ausnahmsweise zehn Minuten, so sollte ich immer noch mit einer Provokation beginnen und nicht mit einem Liebeswerben. Denn mein Publikum soll ja zuhören.

Bin ich aber mit einem Prominenten eine Stunde oder länger für ein Interview verabredet, das gedruckt werden soll, so werde ich umgekehrt nicht mit *einer* Frage das Eis zu brechen versuchen, sondern etliche Minuten Interesse zeigen oder heucheln für die Kinder, die Hunde, den Garten, die Fayencen-Sammlung des Gesprächspartners. Wenn die Provokation erst in der 47. Minute folgt, so ist das kein Problem: Ich kann sie ja beim Redigieren leicht an den Anfang rücken.

Damit sind wir bei der Kernfrage. Inwieweit darf ich – inwieweit muss ich sogar – in den originalen Wortlaut eingreifen? Ein *Muss* liegt in zwei Fällen vor:
- Der Befragte erklärt, er wünsche nicht, dass der soeben von ihm gesprochene Satz verwendet wird. Bei einem Austausch von Zu-

rufen vor der Tür des Fraktionszimmers hat er diese Chance nicht, bei einem verabredeten, förmlichen Interview muss er sie haben. Der Journalist, der sich nicht daran hält, bekommt von diesem Partner nie wieder eine Auskunft, ja der Düpierte wird dafür sorgen, dass der Vertrauensbruch sich herumspricht, also berufsschädigend wirkt.

- Der Befragte hat sich mehrfach verhaspelt und seine Sätze nicht zu Ende gebracht. Dies exakt wiederzugeben wäre ein Affront. Selbst Parlamentsstenographen, die die Grundlage für Dokumente schaffen sollen, haben einen Kodex, der ihnen solche Ausrutscher des Redners zu zitieren verbietet.

Was *sollte* der Journalist darüber hinaus ändern? Schiere Wiederholungen. Vielleicht ist der Befragte redselig und äußert denselben Gedanken in fast denselben Worten dreimal nacheinander. Oft kommt das Gespräch auf einen schon vorher diskutierten Punkt zurück, ohne dabei eine neue Wendung zu nehmen.

Addiert man das, was beim Redigieren geschehen muss, mit dem, was dabei geschehen sollte, so kommt man leicht auf jene 30 Prozent, von denen das gedruckte Interview vom Original mindestens abweicht.

Der Journalist darf aber noch viel mehr. Radikal kürzen darf er, ja muss er eigentlich, wenn das Gespräch eine Stunde oder länger dauerte, die Chronologie des Gesprächs darf er zertrümmern, um es dramaturgisch zu gliedern: die Aspekte wohl geordnet, obwohl sie im Gespräch durcheinander gingen, die aufregendsten Feststellungen des Befragten am Anfang und am Schluss.

Bis hierher mag das Verständnis des Laien noch reichen. Doch was nun noch alles geschehen kann – in Tageszeitungen weniger, in Wochenblättern wie *Spiegel, Focus, Stern* umso mehr –, das würde den Leser wahrscheinlich irritieren, ja empören, wenn er es wüsste.

Der Journalist darf Formulierungen des Befragten, die ihm als schlaff erscheinen, ein bisschen zuspitzen. Seine eigenen Fragen darf er nachträglich flotter, intelligenter formulieren. Ja, es kommt vor, dass er sich die Freiheit nimmt, dem Befragten Behauptungen in den Mund zu legen, die der gar nicht aufgestellt hatte.

Wie das? Lässt der Interviewte sich das denn gefallen? Das liegt an ihm, und ein Risiko geht er nicht ein. Denn zum verabredeten Interview gehört automatisch das Recht des Befragten, die redigierte Fassung zu sehen und in sie einzugreifen (das so genannte Autorisieren ist ein Recht, das der Journalist bei jeder anderen journalistischen Form dem Betroffenen keinesfalls einräumen darf). Prominente kennen dieses Recht und machen fast immer von ihm Gebrauch; befragt der Journalist einen unerfahrenen Partner, so ist es fair, ihn auf dieses Recht hinzuweisen.

Nur ausnahmsweise ist es möglich, von einer Autorisierung abzusehen. «Unter besonderem Zeitdruck ist es auch korrekt, Äußerungen in unautorisierter Interviewform zu veröffentlichen, wenn den Gesprächspartnern klar ist, dass die Aussagen zur wörtlichen oder sinngemäßen Publikation gedacht sind», so steht es im Pressekodex.

Nun kann es vorkommen, dass der Interviewte sich freut, sich so viel farbiger und pfiffiger geäußert zu haben, als er glaubte – dann sind alle Beteiligten zufrieden. Wahrscheinlicher ist, dass er mindestens einen Teil des ihm in den Mund Gelegten mildert oder streicht. Und nicht selten streicht er – und das darf er eben – Sätze, die er unstreitig genau so gesprochen hat. Dann ist der Journalist sauer und versucht, ihm oder seinem Pressesprecher wenigstens einen Teil dieser nachträglichen Aufweichung abzuhandeln.

Dabei hat er ein starkes Druckmittel: «Wenn Sie alles Kraftvolle streichen wollen, können wir das Interview leider nicht drucken, oder verstecken es auf Seite 17.» Nur, so stark ist das Mittel auch wieder nicht; denn der Interviewte, um seine Zeit und um seine Chance betrogen, gibt diesem Journalisten und dieser Zeitung nie wieder ein Interview (und wird dafür sorgen, dass sich das herumspricht).

So pokern sie denn nicht selten, die Frager und die Befragten, und das Endprodukt ist eine einvernehmlich betriebene Irreführung des Lesers. Ja, hartnäckig hält sich das Gerücht, eine der berühmtesten Interviewerinnen der Welt habe einige ihrer Gespräche gar nicht erst geführt, sondern sich geistreich ausgedacht (wie Shakespeare oder Schiller es schließlich auch konnten), dann dem angeblich Interviewten zugeschickt und um einen Fototermin gebeten; und der libysche Diktator zum Beispiel sei sehr beeindruckt gewesen, wie glänzend er argumentiere.

Selbst wenn das Gerücht nicht stimmt: Es bleibt bemerkenswert, dass sogar ein nie geführtes Interview nach den Sitten der Branche gedruckt werden dürfte, falls der Partner es abgesegnet hat. Die Chance, dass ein Interview eine aufregende Lektüre bietet, nimmt mit zunehmender Ehrlichkeit vermutlich ab.

Das reizte den Journalisten Tom Kummer so sehr, dass er völlig auf die Ehrlichkeit verzichtete, Interviews mit Prominenten komplett erdichtete und sogar Chefredakteure fand, die sie im Magazin der *Süddeutschen Zeitung* abdruckten. Als es ruchbar wurde, war die Süddeutsche entsetzt, dokumentierte den «Fall Kummer» am 29. Mai 2000 auf einer Sonderseite und entließ die verantwortlichen Chefredakteure. Damit war der Fall nicht erledigt. Markus Peichl erregte sich in der *Zeit*, dies grenze an Hexenjagd, Tom Kummer feierte sich in Talkshows und (echten) Interviews als Erfinder des «Borderline-Journalismus», erklärte, er habe die Wahrheit «choreographiert», und ließ sich in eine Reihe mit großen Dichtern stellen. Nur – wenn der Journalist die Grenze zur Dichtung überschreitet und die Wahrheit hinter sich lässt, täuscht er sein Publikum und wird zum Fälscher.

Das Interview ist eine schillernde journalistische Form, die den Vorstellungen des Publikums nur dann entspricht, wenn sie live über den Lautsprecher geht. Beim gedruckten Interview muss und sollte der Journalist eine Menge ändern, ja er darf das Endprodukt dicht an die Verfälschung des Originals herantreiben, falls der Befragte damit einverstanden ist.

Doch gibt es zwischen Gedruckt und Gesendet auch Gemeinsamkeiten: Auf alle Interviews sollte der Journalist sich gründlich vorbereitet haben; eine Zielvorstellung muss er mitbringen und durchzusetzen versuchen; Fragen soll er stellen und nicht den Befragten kommentierend zurechtweisen. Die Fragen müssen dabei jenen Widerspruch enthalten, den vermutlich mindestens ein Teil der Leser oder Hörer gern geäußert hätte – und der allein das Gespräch lebendig macht.

Zwei Tiefpunkte der Interviewtechnik

Welt am Sonntag, 19. 12. 82
Die IG Metall fordert in einigen Tarifgebieten, die Löhne im nächsten Jahr um bis zu 7,5 Prozent anzuheben. Die Metall-Lohnrunde hat Signalwirkung für die Lohnerhöhung auch in anderen Branchen und im öffentlichen Dienst.

WELT am SONNTAG fragte Dieter Kirchner, Hauptgeschäftsführer des Arbeitgeberverbandes Gesamtmetall: In der schwersten Wirtschaftskrise der Nachkriegszeit solche Forderungen aufzutischen, ist doch wohl ein Scherz?

Kirchner: Da haben Sie ein mildes Wort gewählt.

WELT am SONNTAG: Warum verhandeln Sie überhaupt über solche unsinnigen Forderungen?

Kirchner: Wir müssen verhandeln. Dazu sind wir vertraglich verpflichtet. Die Firmen und ihre Belegschaften würden ein anderes Verhalten auch nicht verstehen.

Die Zeit, 22. 8. 80
Fritz J. Raddatz, der damalige Feuilletonchef der *Zeit*, eröffnete ein Interview mit dem damaligen Bundeskanzler Helmut Schmidt mit folgender Frage:

Raddatz: Herr Bundeskanzler, ich möchte die Frage zu unserem Gespräch über Ihren – und damit der Sozialdemokratie – Kulturbegriff gleich mit einem mißtrauischen Satz beginnen: Ist es nicht so, daß, obwohl die Sozialdemokratie sozusagen aus der Arbeiterbildungsbewegung hervorgegangen ist, heute ganz generell ein sehr konservativer, manchmal gar reaktionärer Kulturbegriff auch bei Ihnen vorherrscht; kann man gar sagen, daß ein Mißtrauen gegen Intellektuelle und Künstler überwiegt, daß man Kunst – welche Genres immer – begreift als Applikation, als das Nette und Schöne, gar für den Feierabend zu Reservierende, nicht als Störfaktor, nicht als das Aufreizende, auch den einzelnen Verstörende?

Schmidt: Das war ja nun eine ganze Menge auf einmal, ich bin nicht sicher, ob ich alle diese vielen Urteile und Vorurteile in einem Atemzuge beantworten kann.

Obwohl also vom Interviewten auf die Torheit seiner Einleitungsfrage hingewiesen, sah Raddatz darin keinen Anstoß, diese unsägliche Frage zu redigieren. Daran sieht man, welche Wohltat im Redigieren liegen kann.

Ein Höhepunkt
«Graf Schönburg, wann wollten Sie sich das letzte Mal umbringen?» Mit dieser Frage eröffnete das *SZ-Magazin* 1993 in seiner Reihe «Lassen Sie uns über Geld reden» ein Interview mit dem Vater zweier milliardenschwerer Töchter, Gloria von Thurn und Taxis und Maya Flick.

Natürlich muss eine derart provokante Frage durch Fakten gedeckt sein; hier war sie es durch den Hinweis des Interviewers, der Graf habe doch vor vier Jahren in der Presse seinen Selbstmord angekündigt (was Schönburg bestätigte).

Weitere Fragen: «Sind denn so viele Adlige Versager?» («Ja», erwidert der Graf.) Und: «Was ist eigentlich an Ihnen adelig?» Antwort: «Nur der Name, sonst nichts.»

Schöne Aggressivität in brillanter Kürze! Ob das schon beim Gespräch so war oder erst durchs Redigieren hineinkam, ist dem Leser egal.

Goebbels und Gorbatschow
1986, als Helmut Kohl und Michail Gorbatschow noch nicht befreundet waren, druckte das amerikanische Nachrichtenmagazin *Newsweek* in einem Interview mit Kohl die Sätze: «Gorbatschow versteht was von PR. Goebbels, einer der Verantwortlichen der Hitler-Ära, verstand auch was davon.» Diese Äußerung erregte internationales Missfallen, und sogleich dementierte Kohls Pressesprecher Friedhelm Ost, dass der Bundeskanzler sie getan habe.

Hatte er nun, oder hatte er nicht? Er hatte. Aber allein bei Friedhelm Ost lag die Schuld für die Panne. Selbstverständlich hatte der *Newsweek*-Korrespondent ihm den redigierten Text vor dem Abdruck zugeschickt. Hätte nun Ost – wie es seine Pflicht gewesen wäre – erkannt, dass dieser Passus Unheil stiften würde, so hätte er ihn gestrichen, und nie und in keiner Form hätte der amerikanische Journalist ihn zitieren dürfen.

Ost aber hatte den Satz nicht gestrichen, sondern verbreitete unter dem Anprall der Kritik die Lüge, dass er gar nicht gesprochen worden sei. Nun erst berief sich der *Newsweek*-Korrespondent darauf, dass er mit seinem Tonband den Beweis führen könne. Das durfte er – denn der deutsche Regierungssprecher hatte versucht, sein eigenes Versagen mit einem Angriff auf die Berufsehre des amerikanischen Journalisten zu kaschieren.

15 Vorsicht, Zahlen!

Nichts lieben Redakteure mehr als Zahlen. Sie wirken exakt und aktuell, sie sind rekordverdächtig, sie passen in jede Überschrift.

Die Einübung in den real existierenden Journalismus ist hier rasch vollzogen: Übernehmen Sie alle Zahlen, die Agenturen und Pressestellen Ihnen anbieten; eine kritische Prüfung gilt allenfalls dann als erforderlich, wenn Statistiken oder Meinungsumfragen von krass parteiischer Seite kommen: Zahlen über Lungenkrebs-Tote, die die Tabakindustrie publiziert, werden mit spitzen Fingern angefasst.

Das ist in Ordnung. Zahlen jedoch, bei denen der Interessenstandpunkt nicht ganz so offenkundig ist, werden in fast allen Redaktionen gern gedruckt: Wahlprognosen, die von einer Partei in Auftrag gegeben worden sind, oder die Behauptung des Orthopäden-Verbandes, 80 Prozent der Deutschen hätten krumme Füße, oder die Erfolgsmeldung der Polizei, sie habe 44 Prozent aller Straftaten aufgeklärt. (Im Anhang zu diesem Kapitel wird vorgerechnet, dass die Polizei, wenn sie dies mitteilt, in Wahrheit wahrscheinlich nur 11 Prozent «aller» Straftaten aufgeklärt hat und dass vermutlich nur auf 4 Prozent aller begangenen Straftaten ein rechtskräftiges Urteil folgt.)

Redakteure, die einen besseren Journalismus als den üblichen anstreben, sollten folglich *sämtliche* Zahlen, die auf ihren Tisch gelangen, mit spitzen Fingern anfassen – Wahlergebnisse aus demokratischen Staaten ausgenommen. Drei von vier Zahlen (Vorsicht! Auch diese Zahl ist natürlich anfechtbar, aber die Tendenz stimmt) – drei von vier Zahlen also sind entweder falsch oder irreführend oder fragwürdig oder unzulässig oder läppisch, und wenn all dies nicht, dann werden sie oft in törichter Maßeinheit serviert – Russland in Hektar vermessen, Meter in Millimetern ausgedrückt (mehr zu diesem Punkt ebenfalls im Anhang des Kapitels).

Dass es unmöglich ist, einer Kältewelle eine exakte Zahl von Todesfällen zuzuordnen, davon war schon in Kapitel 2 die Rede, aber keine Zeitung lässt sich diese zwangsläufig unseriösen und irreführenden Zahlen entgehen, die *FAZ* nicht und die *taz* nicht. Den Gipfel dieser Zähl-Manie erklomm die Münchner *Abendzeitung* im Februar 1956, dem kältesten Monat der deutschen Wettergeschichte: «Schon wieder ein Todesopfer der Kältewelle» hieß die Schlagzeile, und der Text dazu: Ein 15-jähriger Lehrling wurde im Englischen Garten tot auf einer Bank gefunden, auf die er sich nach Einnahme von zwanzig Schlaftabletten gelegt hatte. Es war so kalt, dass der Tod durch Erfrieren eintrat, noch ehe die Tabletten gewirkt hatten.

Frost wird nach internationaler Übung in zwei Metern Höhe gemessen. Liegt Schnee, so kann es zwei Zentimeter über dem Boden erheblich kälter sein – für die Nachrichtenagenturen ein gefundenes Fressen: «In Bodennähe erreichte der Frost minus 20 Grad» macht die Nachricht fetter. Eine seriöse Information aber ist es nur für Bauern und Gärtner und Autofahrer.

Nicht nur irreführend, sondern physikalisch unsinnig ist die ebenfalls beliebte Temperaturangabe: «In der Sonne wurden sogar 50 Grad registriert.» Die Lufttemperatur wollen wir kennen lernen, und die lässt sich nur im Schatten ermitteln; in der Sonne messen lässt sich lediglich diejenige Temperatur, die die Sonne auf dem Gegenstand erzeugt, den sie trifft: auf dem Glas des Thermometers mehr als auf Holz und Haut, weniger als auf Stein und Eisen. Superlativ! Rekord! Das lieben wir, und da können wir auf die Physik keine Rücksicht nehmen.

Wenn wir aber korrekte Zahlen drucken, so wollen wir sie wenigstens falsch interpretieren. Aufmacher des *Hamburger Abendblatts*: «DAS JAHR DER AUTODIEBE / Schon 63 000 Wagen verschwunden». Text: Die Diebstähle haben drastisch zugenommen, auf 63 000 im letzten halben Jahr.

Doch an dem Punkt hätte der Redakteur kurz innehalten müssen, um mal eben nachzudenken. In Deutschland fahren rund 40 Millionen Autos, diese Zahl sollte man im Kopf haben. Wenn von denen 63 000 gestohlen worden sind, so heißt das: 1,6 Promille; anders ausgedrückt: Mehr als 998 von 1000 Autos blieben im letzten halben Jahr ungestohlen. Oder: Im Halbjahr 1,6 Promille, das macht 3,2 Promille im ganzen Jahr, das heißt: Nur einmal in 312 Jahren ist mein Auto dran.

Eine erstaunliche, eine ziemlich *beruhigende* Zahl! Wie viel Rekordsucht, wie viel Betriebsblindheit, welche Unlust oder Unfähigkeit zu rechnen haben sich da gegen den Leser verschworen, wenn er der Überschrift «Das Jahr der Autodiebe» jene Beruhigung entnehmen soll, auf die er Anspruch hat! Nicht gerechnet, dass vermutlich einer von drei Autodiebstählen vorgetäuscht ist, wie Bundesverkehrsminister Matthias Wissmann 1995 mitteilte: Die Eigentümer seien bei der Verschiebung nach Osteuropa Komplizen (*dpa/Süddeutsche Zeitung*, 22.9.95). Wer da nicht mitspielt, wird demnach sogar nur alle 416 Jahre von einem Diebstahl betroffen.

Zahlen falsch zu interpretieren gehört leider auch dann zum Redaktionsalltag, wenn ein Rekord gar nicht in Sicht ist. Überschrift: «Deutsche reisen am liebsten in Deutschland». Text: 38 Prozent der Deutschen haben im Vorjahr Urlaub in Deutschland gemacht, mehr als in jedem anderen Land.

Und wieder hat der Redakteur die triste Routine walten lassen, wo er zwei Sekunden hätte stutzen und seine Lebenserfahrung befragen sollen. Gibt es nicht vielleicht Millionen Deutsche, die ungleich lieber auf die Bahamas reisen würden, sich aber mehr als Ruhpolding nicht leisten können? Und muss die Statistik nicht auch diejenigen Mitbürger umfassen, die ihren Zweiturlaub im Sauerland verbringen, da sie auf Mauritius schon gewesen sind? *Am häufigsten* also reisen die Deutschen in Deutschland; am liebsten nach aller Wahrscheinlichkeit nicht.

Hier ist die *Plausibilitäts-Kontrolle* unterblieben, der jede Zahl unterzogen werden sollte, ehe man sie an Millionen Leser oder Hörer weitergibt: Ist diese Zahl plausibel?, muss der Redakteur sich fragen, jedes Mal. Plausibilität bedeutet zweierlei:

1. Stimmigkeit *in sich*. Wenn die Zahl der Arbeitslosen sich von 2,1 Millionen auf 2,3 Millionen erhöht hat und die Vorlage von einer Erhöhung um 5,9 Prozent spricht, muss ich merken, dass das nicht stimmen kann (denn es muss sich um einen Wert dicht bei 10 Prozent handeln). Hier könnte in der Vorlage ein Zahlendreher für 9,5 Prozent unterlaufen sein.
2. Stimmigkeit *an sich*. Stimmen die in der Vorlage genannten Zahlen mit meiner Lebenserfahrung überein? Kann es sein, dass die Zahl der Arbeitslosen von 2,1 Millionen im Januar auf 3,2 Millionen gestiegen ist – oder liegt hier wieder der berüchtigte Zahlendreher vor?

Schwieriger ist der Fall, wenn eine Agentur meldet, Kuwait sei deshalb ein Schlüsselstaat, weil seine Erdölvorräte *3 Milliarden Liter* betragen. Da sollte ich wissen, dass ein typisches deutsches Einfamilienhaus einen Öltank von 10 000 Litern hat. Dann muss ich 3 Milliarden durch 10 000 teilen, das ergibt 300 000 Tankfüllungen – also vermutlich weniger als den Bedarf der Stadt Hamburg in einem einzigen Winter. Sollte dafür Amerika Krieg geführt haben?

Die Zahl *3 Milliarden Liter* ist also mit höchster Wahrscheinlichkeit falsch. Was könnte stattdessen gemeint sein?

- 3 Milliarden Fass *(barrel)* = das 160fache
- 3 Milliarden Kubikmeter = das 1000fache
- 3 Milliarden Tonnen = ca. 3,5 Milliarden cbm (denn 1 cbm Erdöl wiegt nur ca. 0,86 t, also braucht 1 t mehr Platz als 1 cbm).

So viel Mathematik wäre nicht zumutbar und die Zeit für eine eigene Recherche nicht vorhanden? Gut. Es genügt ja vollständig, wenn ich merke, dass die 3 Milliarden Liter falsch sein müssen. Dann alarmiere ich die Agentur, die mir den Unsinn geliefert hat, und bekomme entweder noch rechtzeitig eine plausible Zahl von ihr, oder ich streiche die Zahl, unterlasse es also, meinen Lesern oder Hörern Quatsch ins Haus zu liefern.

Solche Unterlassung könnte man durchaus den journalistischen Kardinaltugenden zuschlagen. Was das amerikanische Nachrichtenmagazin *Time* 1971 vorrechnete, bleibt zeitlos gültig: «Auf fast jedem Gebiet wäre die beste – und sicher die ehrlichste – Antwort auf die Frage nach Zahlen: Nobody knows. Nur erweckt das den Eindruck, jemand habe vor seiner Aufgabe versagt; es müsse eine richtige Antwort geben – also legen wir uns eine richtige Antwort zurecht. Wir schaffen uns die Zahlen, an die wir glauben wollen.»

So tief steckt dieser Aberglaube in den meisten Redakteuren, so groß ist die Verführung durch die griffige Behauptung, dass der Neuling gut beraten ist, sein Misstrauen gegen den Zahlenwahn zart zu dosieren. Die meisten bleiben ja mehr als dreißig Jahre Journalisten, und für den, der es ernstlich will, wird der Tag schon kommen. Bis dahin möge er sich merken:

Nichts, was Redakteure auf den Tisch bekommen, ist so eng mit Irrtum, Blindheit oder Lüge verschwistert wie die Zahl. Politiker, Pressesprecher, Verbandsfunktionäre lieben es, mit Zahlen zu manipulieren, und Journalisten lieben es, das Unzählbare zu zählen – oft verschlimmert durch schiefe Interpretation oder den Zusammenbruch der Grundrechenarten, sobald es sich um Milliarden handelt.

Scharpings Beliebtheit steigt und sinkt
Unter dieser vorbildlichen Überschrift berichtete die *FAZ* vom 22. 7. 93 über zwei Meinungsumfragen mit gegenteiligem Inhalt. Der von der *FAZ* zitierte *dpa*-Text lautete:

«Zwei Umfrageinstitute haben widersprüchliche Befunde über die Beliebtheit des SPD-Vorsitzenden Scharping vorgelegt. Während das Forsa-Institut festgestellt hat, daß nur noch 29 Prozent der Deutschen Scharping sympathisch finden, das wären elf Prozent weniger als vor vier Wochen, behauptet Emnid, er werde immer beliebter. 50 Prozent der Befragten wollten, daß er Bundeskanzler werde, so das Institut; das sei etwas mehr als im Juni. Helmut Kohl verbesserte sich Emnid zufolge von 38 auf 41 Prozent. Bei Forsa dagegen schnitten Scharping und Kohl gleich schlecht ab: jeweils 29 Prozent würden sich für einen der beiden entscheiden, hieß es. 42 Prozent lehnten beide ab.»

Das ist die richtige Art, mit Meinungsumfragen umzugehen. Zwei Umfragen zur selben Sache widerlegen sich häufig selbst, liegt nur eine Umfrage vor, so sollte der seriöse Journalist vorsorglich unterstellen, dass sie vermutlich ebenfalls jederzeit widerlegt werden könnte – das heißt: sie, wenn überhaupt, dann klein zitieren und mit einer vorsichtigen Überschrift versehen.

Irreführung durch Polizeistatistik

«Die Polizei hat *44 Prozent aller Straftaten aufgeklärt*», meldet *dpa*. Was heißt das?

1. Sie hat 44 Prozent derjenigen Straftaten aufgeklärt, *die ihr bekannt geworden sind*. Wie viel Prozent aller wirklich begangenen Straftaten werden bekannt? Wie viele Fahrraddiebstähle werden niemals angezeigt, wie viele Unterschlagungen werden nicht entdeckt, wie viele Verbrechen an Kindern kommen niemals einem unbeteiligten Erwachsenen zur Kenntnis? Die Schätzungen von Juristen gehen bis zu 95 Prozent – von 95 Prozent aller begangenen Straftaten erhält die Polizei keine Kenntnis. Schätzungen unter 50 Prozent gibt es gar nicht. Sagen wir 75 Prozent – so bedeutet das in Bezug auf die zitierte Statistik: Die Polizei hat *11 Prozent aller Straftaten aufgeklärt*.
2. Was heißt: «Die Polizei hat 11 Prozent aller Straftaten *aufgeklärt*»? Sie hat einen Tatverdächtigen ermittelt und gibt die Ermittlungsakten an die *Staatsanwaltschaft* weiter.
3. Der Staatsanwalt erhebt aber oft keine Anklage – weil er die Beweise für nicht ausreichend hält oder weil die Schuld des Täters gering ist. (Bleiben von 11 vielleicht 7 Prozent.)
4. Wo der Staatsanwalt Anklage erhebt, kommt es oft nicht zu einer Verurteilung, sondern zur Einstellung des Verfahrens oder zum Freispruch. Freispruch kann bedeuten, dass keine Schuld vorlag, aber ebenso, dass der Schuldige unentdeckt geblieben ist. (Bleiben von 7 vielleicht 4 Prozent.)
5. Was also besagt der Satz «Die Polizei hat 44 Prozent aller Straftaten

aufgeklärt»? Auf eine unbekannte Zahl von Straftaten folgt eine Zahl von rechtskräftigen Verurteilungen, deren Anteil an den begangenen Straftaten wiederum unbekannt ist, der aber *bei 4 Prozent* liegen dürfte. Der Anteil der rechtskräftigen Verurteilungen an den von der Polizei als «aufgeklärt» gemeldeten Straftaten läge nach dieser Schätzung bei 16 Prozent.

Dabei ist die Zahl der Straftaten, die der Polizei nicht bekannt werden, vermutlich stark im Steigen – vor allem durch die *abstrakten Gefährdungsdelikte*, bei denen es kein Opfer gibt, also meist auch keinen, der die Straftat anzeigt: Trunkenheit am Steuer, Fahren ohne Führerschein, Luft- und Gewässerverunreinigung.

Wie viele Einwohner hat Leverkusen?
Natürlich *nicht* jene 161 817, die das Rathaus meldet oder das Statistische Bundesamt. Denn zwischen der Erhebung der Zahl und ihrer Veröffentlichung sind ja Tage, Wochen oder Monate verstrichen, mit Hunderten oder Tausenden von Geburten, Todesfällen, Zu- und Wegzügen.

Doch schon bei der Erhebung muss die Zahl falsch gewesen sein: Wie viele Zu- oder Abwanderer haben das dem Einwohnermeldeamt noch nicht mitgeteilt, wie viele Schwarzarbeiter wollen es ihm nie mitteilen, und ist einer, der das halbe Jahr auf Mallorca verbringt, nun ein Einwohner oder nicht? Und wenn bei sechs Monaten gerade noch – wie steht's mit fünf oder sieben?

Für Volkszählungen gilt der Erfahrungssatz, dass sie von der Wirklichkeit um durchschnittlich 5 Prozent abweichen. Für die Fortschreibung der letzten Volkszählung mit Hilfe von Standes- und Meldeämtern ist das eher die Untergrenze.

Also ist es irreführend und ziemlich albern, durch die Nennung auch der letzten Ziffer den Eindruck zu erwecken, als habe man eine exakte Zahl zu bieten. Und selbst, wenn sie stimmte: Von der Hauptsache lenkt sie ab, nämlich von der runden Zahl, die man sich allenfalls merken kann: 162 000.

Wenn nun der Bürgermeister ein Neugeborenes als 200 000. Einwohner seiner Stadt begrüßen möchte? Dann begrüßt er zwar mit absoluter

Sicherheit den Falschen, denn den Richtigen kennt kein Mensch – aber keine Lokalzeitung wird sich das Jubelbild entgehen lassen. Journalisten, die es gleichwohl vorziehen, ihre Leser *nicht* zu Objekten billiger Spielchen zu machen, sollten versuchen, in der Nähe des Bildes eine Glosse über die Unzählbarkeit zu platzieren.

Wie viel Hektar hat die Erde?
Die Agenturen lieben es, Maßeinheiten zu verwenden, die im Zunftjargon üblich, für Leser aber schwer erträglich sind. Dass sie sich dabei oft verrechnen, wundert keinen.

Es ist natürlich albern, bei großen Regenmengen (Agenturjargon: «ergiebigen Niederschlägen») die unter Meteorologen gebräuchlichen *Millimeter* zu zitieren: Es fielen nicht 60 Millimeter, sondern 6 Zentimeter Regen. Doppelt falsch ist dann die beliebte Formulierung «60 Millimeter pro Quadratmeter»: Denn 6 cm Regen fielen in der ganzen Region; auf den Quadratmeter aber fielen 60 Liter.

Eine andere törichte Maßeinheit sind die *Hektar*, wenn es sich um Flächen von vielen Quadratkilometern handelt. In Hektar rechnen Förster, Bauern, Katasterämter und Inhaber von Gärtnereibetrieben; Leser und Hörer (und auch Redakteure) haben zu 90 Prozent keine Ahnung, wie groß ein Hektar ist (10 000 Quadratmeter = ein Hundertstel Quadratkilometer) und werden, wenn sie lesen «154 Millionen Hektar Regenwald vernichtet», mit einem für sie völlig sinnlosen Zahlenbrocken beworfen.

So lieferte das *dpa*, so druckte es die *FAZ* am 9. 3. 93: in neun Jahren 154 Millionen Hektar. Auf Deutsch sind das 1,54 Millionen Quadratkilometer – wozu natürlich ein Vergleich gehört, den die *FAZ* nicht lieferte: mehr als das Vierfache der Fläche Deutschlands zum Beispiel.

Damit, so die *FAZ* weiter, sei der Regenwald-Bestand auf 1,756 Milliarden Hektar zurückgegangen. Das wären 17,56 Millionen Quadratkilometer, das heißt mehr als die Fläche Russlands. Leider hat nun weder der *dpa*- noch der *FAZ*-Redakteur gewusst, dass die Zahl falsch sein muss: Das wäre ja mehr als das Doppelte von ganz Brasilien, und dabei wird nur ein Teil von Brasilien von dem bei weitem größten Regenwald auf Erden bedeckt.

Nicht genug damit: Über diese offenkundig falsche Zahl sagt die *FAZ*, sie mache 37 Prozent der Landfläche der Erde aus. Die würde dann 47 Millionen Quadratkilometer bedecken. Was auch wieder Unsinn ist: Es sind 176 Millionen Quadratkilometer.

Solchen Unfug lassen große Agenturen und renommierte Zeitungen auf ihre Leser los! Sie sind unfähig oder zu faul zum Rechnen und haben keine Ahnung von irdischen Größenverhältnissen. Die *Süddeutsche* vom selben Tag verrechnete sich, gestützt auf den *Evangelischen Pressedienst (epd)*, zusätzlich um das Tausendfache: Bei ihr war die Landfläche der gesamten Erde 47 000 Quadratkilometer groß, das ist exakt die Fläche von Niedersachsen.

Was sind Prozentpunkte?

Wenn die FDP ihr Wahlergebnis von 4 auf 6 Prozent verbessert hat, so ist das für sie eine Steigerung um 50 Prozent. Alle Welt spricht jedoch von 2 Prozent – denn unser Interesse gilt viel mehr dem Anteil der FDP am Gesamtergebnis.

Diesen Unterschied von 2 Prozent «Prozent» zu nennen ist indessen nicht korrekt. Es handelt sich um *Prozentpunkte*, die Differenz von zwei Prozentzahlen also. In den Wahlstudios von ARD und ZDF wird das auch meistens richtig ausgedrückt.

Nur dass Hörern und Lesern damit nicht viel geholfen ist: Die meisten können das Wort nicht einordnen oder kennen es nicht einmal. Die korrekte Verwendung der «Prozentpunkte» dient also nur als Alibi.

Was tun? Den Unterschied ausdrücklich erklären – in der Zeitung beispielsweise in einem Kasten (und zwar bei jeder Wahl wieder), in der Wahlsendung getrost fünfmal pro Abend. Die uferlose Geschwätzigkeit von Moderatoren, Kommentatoren und Politikern würde dadurch nur sehr wenig (viel zu wenig!) eingeschränkt.

16 Die meisten Journalisten sind unkritisch

«An dem Absturz eines russischen Airbus Ende März über Sibirien, bei dem alle 75 Insassen ums Leben kamen, ist der 15 Jahre alte Sohn des Piloten schuld», meldete die *FAZ* 1994. Wieso der Sohn? Weil er nicht der Weisung seines Vaters gefolgt war, sämtliche Knöpfe in Ruhe zu lassen – nachdem der Vater ihm erlaubt hatte, auf dem Pilotensitz Platz zu nehmen.

Wie ist es nur möglich, dass ein Redakteur ein solches Zerrbild nicht berichtigt? Juristisch, disziplinarisch und nach allen Maßstäben zivilisierter Völker war natürlich allein der Vater schuld, indem er seinen Platz dem 15-Jährigen überließ.

«Das Kolosseum ist von Verfall bedroht», meldete die *Welt am Sonntag* 1993. Auch wer noch nie in Rom war, sollte wissen, dass das Kolosseum eine seit anderthalb Jahrtausenden im Verfall begriffene Ruine ist. Die Nachricht könnte also höchstens lauten, dass der Verfall nun schneller fortschreitet als bisher oder dass derjenige Verfallszustand nicht haltbar ist, den Denkmalpfleger und Tourismusbehörde zu konservieren wünschen.

«Die schlechte Wirtschaftslage hat jetzt voll auf den Krankenstand in den Betrieben durchgeschlagen: Aus Angst vor Kündigungen schleppen sich immer mehr Deutsche trotz Krankheit zur Arbeit» (*Hamburger Abendblatt*, 1994). Was ist das Faktum? Der Krankenstand ist gesunken. Wie lautet eine gerade noch zulässige Vermutung über die Gründe? Wegen der schlechten Wirtschaftslage haben viele Arbeitnehmer mehr Angst vor Entlassung. Welche unzulässige, weltfremde Vermutung mischt die Redaktion hinein? Dies bedeute nichts anderes, als dass Kranke sich zur Arbeit schleppten.

Hat der Redakteur noch nie etwas von Simulanten gehört oder von Angestellten, die einen Schnupfen fröhlich als Krankheit einstufen? Lebenserfahrung und Zeitungslektüre gebieten, davon auszugehen, dass die Senkung des Krankenstandes in Zeiten der Existenzangst auf mindestens drei Gruppen von Arbeitnehmern zurückgeht: Simulanten, Verschnupfte und solche, die in der Tat besser zu Hause geblieben wären. Welchen Anteil diese Gruppen an der Senkung haben, darüber lässt sich streiten; nicht strittig kann sein, dass alle drei beteiligt sind.

Das *Hamburger Abendblatt*, die *Welt am Sonntag* und die *FAZ* haben also Unsinn gedruckt. Was Agenturen, Korrespondenten oder Mitarbeiter ihnen vorlegten, haben sie unkritisch übernommen. An *Weltkenntnis* hat es ihnen gefehlt, der in Kapitel 4 gerühmten Journalistentugend – und an *Misstrauen* vor allem. Bei dem sollten wir noch verweilen.

Im vorigen Kapitel war die Rede von der oft verhängnisvollen Zahlengläubigkeit; Kapitel 10 hat davor gewarnt, Politikern, die zum zehnten Mal ein Versprechen abgeben, die Floskel zu gönnen, dass sie damit «ihre Entschlossenheit bekräftigt» hätten – in Ermangelung jedes Beweises, ob Entschlossenheit je vorgelegen hatte.

Misstrauisches Stutzen ist auch erforderlich, wenn ein Kommuniqué vier Punkte enthält, über die die Staatsmänner sich angeblich geeinigt haben: War da nicht ein fünfter Punkt, über den sie vorher die größten Versprechungen gemacht hatten? Der Redakteur sollte das merken, es prüfen und dann ausdrücklich in seine Nachricht schreiben: «Nicht im Kommuniqué erwähnt ist ...» So, wie alle Mitglieder des sowjetischen Politbüros, die am 1. Mai auf der Kremlmauer standen, nicht halb so interessant waren wie das eine Mitglied, das fehlte; so, wie der abwesende Wirtschaftsminister beim Treffen des Kanzlers mit Unternehmern und Gewerkschaftern interessanter ist als alle Teilnehmer.

Alles bisher Erwähnte macht nur den kleineren Teil dessen aus, was Lesern und Hörern an Desinformation zugemutet wird, weil es Redakteuren allzu oft an Kritikfähigkeit oder Kritikwilligkeit gebricht. Der größere Teil der Irreführung entsteht dadurch, dass die meisten Journalisten von der Kardinaltugend des Misstrauens dort zu wenig Gebrauch machen, wo sie am meisten gefordert wäre: Argwohn gegen das Nachrichtenkarussell, wie die Agenturen es in Bewegung setzen, Misstrauen gegen das *news management*, wie Parteien, Verbände, Unternehmen es betreiben, auch Chaoten, Skinheads und Vermummte, indem sie nicht zuletzt deshalb Krawall machen, damit sie ins Fernsehen kommen.

Nachrichtenkarussell – das ist unser Versuch, eine herrschende, überwiegend von den Agenturen gesteuerte Sitte zu benennen: Was sie als «Eilmeldung» oder unter «Vorrang» laufen lassen und mit Mittags-, Tages- und Abendzusammenfassung versehen, also den Zeitungs- und Funkredakteuren mehrfach mundgerecht servieren, gilt als wichtig und wird gesendet und gedruckt. Der Putsch in einem kleinen afrikanischen Staat – groß oder klein? Ein Walfischbaby in der Elbmündung – vorrangig oder nicht? Immer noch amerikanische Sanktionen gegen Kuba – wichtig oder nicht? Greenpeace führt eine Privatfehde gegen Shell oder wen auch immer – wie viel PR für Greenpeace sollen wir eigentlich betreiben?

Vor einem Dutzend solcher Entscheidungen stehen Nachrichtenredakteure jeden Tag, und in neun von zehn Fällen orientieren sie sich daran, was die Agenturen als wichtig herausstellen. Die berufen sich natürlich ihrerseits auf die Abdruck- und Sendequoten; so bleibt das Karussell in Schwung, und keiner will's gewesen sein.

News management: Das ist der Versuch von allen, die in die Zeitung kommen oder politisch etwas bewegen wollen, die Berichterstattung so zu steuern, wie es ihren Interessen entspricht. Ein perfektes *news management* betrieben die Amerikaner im Golfkrieg von 1991: Was die Militärs nicht freigaben oder mitteilten, fand nicht statt; und fast alles, was sie sagten und zeigten, wurde gedruckt, gesendet und geglaubt.

Doch ist der Golfkrieg vermutlich nicht primär dafür ausgetragen worden, dass die Presse über ihn berichten sollte. Viele Ereignisse aber werden eigens inszeniert, damit über sie berichtet werden kann – *Medien-Ereignisse* nennt man sie dann; vor allem Kundgebungen und Demonstrationen, solche eingeschlossen, bei denen die Krawallwilligen auf die Uhr schauen, damit die Bilder von ihren Untaten noch die Tagesschau erreichen.

Zu einer Mischung aus hoher Sachkenntnis, tiefem Misstrauen und steifem Rücken ist der Journalist aufgerufen, wann immer der neueste «Skandal» die Schlagzeilen erobern will. Hier trifft ja das Interesse politischer Gruppierungen, mit wahren oder aufgedonnerten Skandalen ihre Geschäfte zu besorgen, auf die journalistische

Vorliebe für alles Dramatische und Regelwidrige – und wer an einem Sonntag im August ziemlich verzweifelt nach einem Aufmacher sucht: Wie sollte der *nicht* auf die neueste Behauptung anspringen, dass hier wieder einmal ein Skandal aufgedeckt worden sei?

Zum Beispiel der so genannte Hormonskandal von 1988 in Nordrhein-Westfalen: Da wurden 18 000 Kälber notgeschlachtet, weil sie mit Hormonen gefüttert worden waren, die in Deutschland verboten sind. In Frankreich, Italien und den USA wurden und werden solche Kälber laufend gegessen, und das ZDF behauptete, jedes deutsche Hühnerei enthalte so viele von den verbotenen Hormonen wie 80 Kilo hormonbehandeltes Fleisch.

Gab es hier also vielleicht in Wahrheit einen Kälbermordskandal? Herrlich, wenn ein Redakteur ein fachlich fundiertes Urteil darüber hätte; aber befriedigend wäre es schon, wenn er sich zu dem Gedanken aufraffte: «Mit einer Regelmäßigkeit, die uns allmählich misstrauisch machen muss, taucht der ‹Skandal der Woche› auf. Also kommt das Wort *Skandal* uns nicht ins Blatt, solange wir nicht ausführliche Informationen haben.»

Wo blieb die innerdeutsche Reform-Debatte, als die USA 2003 den zweiten Irak-Krieg führten? Wo blieben denn die so genannten Umweltskandale, als 1989 die Mauer gefallen war? Da war das Bedürfnis der Presse nach zugkräftigen Aufmachern für Monate ziemlich gedeckt, und plötzlich gab es über Hormone keine Schlagzeilen mehr und keine über das Waldsterben und keine über Aids – ein etwas unheimlicher Zusammenhang.

So ist dieses Kapitel eine Einladung an alle Redakteure, mit dem Rohstoff der Nachricht distanzierter umzugehen, nicht aufs Nachrichtenkarussell zu springen, nicht vom Schlagwort «Skandal» fasziniert zu sein – und alles, was Menschen oder Gruppierungen unternehmen, nur um sich gedruckt oder gesendet zu sehen, ebendeshalb kleiner und kürzer zu bringen.

Der Berufsanfänger hat da freilich einen schweren Stand. Vielleicht kann er sich noch die Frage erlauben, ob nicht eher der Pilot schuld war als sein 15-jähriger Sohn, oder den Hinweis, dass der Verfall des Kolosseums unmöglich gestern begonnen haben kann.

Ziemlich hoffnungslos aber ist es, gegen den Redakteur zu argumentieren, dem die Pointe eingefallen ist, dass Kranke sich zur Arbeit schleppen; oder von den aufgeregten Eilmeldungen der Agenturen *nicht* beeindruckt zu sein; oder gar von einem Vorgang, der als «Skandal» auf den Schreibtisch schneit, zu fordern, man solle erst mal prüfen, ob er Skandal zu heißen verdient.

Bei Boulevardzeitungen würde der Berufsanfänger mit solchen Argumenten zum Gespött, in politisch engagierten Zeitschriften wie *Spiegel* oder *Stern* würde er allerhöchstens Zorn auf sich ziehen, und auch in seriösen Tageszeitungen stehen ihm verfestigte Sitten, arge Versuchungen und eine schlimme Hörigkeit gegenüber den Agenturen entgegen.

Was bleibt ihm also, dem gutwilligen, klar denkenden Neuling? Schweigend ein bisschen in der vorgeschlagenen Richtung zu agieren, dort, wo er selbständig arbeiten kann, und auf den Tag zu hoffen, an dem er selber Entscheidungen fällt.

Wer sich Lesern oder Hörern verpflichtet fühlt, der sollte möglichst wenig an Agenturen, an Zahlen, an Interessenvertreter, an Demonstrationen und an Skandale glauben. Dem Anprall gezielter Desinformation sollte er mit Rückgrat und kühlem Kopf entgegentreten.

17 Viele Journalisten manipulieren

Das vorige Kapitel handelte von solchen *Medien-Ereignissen*, die den Redaktionen serviert werden. Dieses Kapitel beleuchtet Medien-Ereignisse, die Journalisten selbst herstellen: Etliche manipulieren den Rohstoff «Nachricht» so lange, bis er ihrem Sensationsbedürfnis oder ihrem missionarischen Drang oder beidem entspricht.

Vom Sensationsbedürfnis leben nicht die Boulevardzeitungen allein; es ist halt menschlich, lieber von Unwettern zu lesen als von blauem Himmel, und auch den Redakteuren seriöser Zeitungen fällt zum Hurrikan leichter eine Schlagzeile ein als zur Schönwetterperiode.

So war bei der Hamburger Hochwasserkatastrophe von 1962 für fast alle Zeitungen «Hamburg eine Wasserwüste». In Wahrheit war ein Siebentel von Hamburg überschwemmt, bewohnt von einem Zwanzigstel der Hamburger (weil es sich größtenteils um die Elb- und Hafengegend handelte). Dass die meisten Hamburger gar nicht betroffen waren, teilte die *Süddeutsche Zeitung* durchaus sauber mit – genau einmal, am zweiten Tag der mehrtägigen Berichterstattung, im 15. Absatz der Nachricht.

Über das Erdbeben, das 1989 in San Francisco stattfand, schrieb der *FAZ*-Korrespondent in einer nachträglichen Analyse: Es bebte an zwei Stellen der Stadt, besonders ein Slum und ein Schrottplatz wurden heimgesucht. Dort kamen sechzig Menschen um. Dass in 95 Prozent der Stadt das Leben seinen normalen Gang nahm, konnte man aus den Zeitungen nicht erfahren – und erst recht nicht aus dem Fernsehen: «Die eigentliche Katastrophe fand nicht auf den Straßen von San Francisco statt», schrieb die *FAZ*. «Sie wurde in den Mischpulten der Bildregie in den Fernsehhäusern Amerikas zusammengemischt.»

Bei der beliebten Aufbauschung der so genannten Umweltskandale, von der im vorigen Kapitel schon die Rede war, trifft die Sensationslust der meisten Journalisten bei einer einflussreichen Minderheit ideal mit ihrem Missionsdrang zusammen: Sie ist grün engagiert und daher doppelt begeistert.

Nichts gegen politisches Engagement, jedenfalls wenn es sich im Rahmen der Verfassung bewegt. Nur alles gegen die beliebte Technik – vor allem im *Spiegel*, im *Stern*, im Fernseh-Magazin *Monitor* –, die Meinung gerade nicht als Meinung kenntlich zu machen, sondern ihr den Anschein der Berichterstattung, der Übermittlung unstrittiger Wahrheit zu geben. (In den Kapiteln 2 und 10 war davon schon kurz die Rede.)

1995, in Heft 38, stand auf der Titelseite des *Spiegel*: «Diese Woche im Bundestag: Verfassungsbruch aus Geldgier», und der Vorspann der Titelgeschichte lautete:

Mit einem Verfassungsbruch will eine große Koalition von Bonner Parlamentariern den jährlichen Streit um höhere Diäten klammheimlich für alle Zeiten entscheiden. Diese Woche soll das Parlament einer Mauschel-Regelung zur automatischen Gehaltsvermehrung der Abgeordneten zustimmen. Nur die FDP hat Skrupel.

Hätte es sich um einen Leitartikel gehandelt, so wäre die Redaktion zu schwierigen Erklärungen aufgerufen gewesen: Wieso «Verfassungsbruch», wenn der Bundestag eine verfassungsändernde Mehrheit mobilisiert? Wieso «klammheimlich» und «gemauschelt», wenn nach öffentlichen Debatten eine Abstimmung stattfindet?

Es liegt also eine Behauptung vor, die sich niemals erträglich begründen ließe – als Meinung unhaltbar, ein schäumender Unsinn. Nicht genug damit, glaubt sich dieser Text jeder Begründung enthoben, weil er ja der Vorspann der Titelgeschichte eines Nachrichtenmagazins ist! («Wir sagen das einfach mal so, irgendwas wird schon hängen bleiben.») Das *Neue Deutschland* hätte es auch so gemacht.

Manchmal drehen solche manipulierenden Redaktionen ihre Kampagnen einfach um. Der *Stern* distanzierte sich in Heft 38 von 1994 von seinen zahllosen aufgeregten Geschichten über das Ozonloch («ökopawlowsches Wehgeschrei») und über die Notwendigkeit eines Tempolimits auf der Autobahn («ein Scheingefecht von Ökopolitikern, denen es an realen Erfolgen gebricht»), und nebenher ließ das Blatt noch wissen, 1994 tummelten sich an deutschen Küsten mehr Robben als vor dem sensationell aufgemachten Robbensterben von 1988.

Der *Spiegel* widerrief in Heft 39 von 1995 in einer achtseitigen Titelgeschichte fast alles, was er an Umwelt-Angst zwanzig Jahre lang in die Welt gesetzt hatte: Die Deutschen litten an «Öko-Zipperlein» oder «Ökochondrie», das heißt der Angst vor eingebildeten Umweltleiden, und wer keinerlei Beschwerden habe, sehe in seinem Körper immer noch «eine Art Sondermülldeponie, die es zu entsorgen gilt». Auch die Frage, ob wir auf eine Klima-Katastrophe zusteuerten, sei noch keineswegs beantwortet, und Schulsport sei 2000-mal gefährlicher als eine asbestverseuchte Schule.

Schön, wenn auch missionierende Journalisten die Kraft finden, gegen ihre eigene vieljährige Tätigkeit zu polemisieren. Der *Stern* machte den Widerspruch zur eigenen Berichterstattung immerhin in einem Nebensätzchen deutlich; im *Spiegel* dagegen war die permanente Stoßrichtung «O ihr Narren!» nicht mit dem geringsten Hinweis darauf versehen, dass keiner närrischer gewesen war als der *Spiegel*.

Regt euch nicht so furchtbar auf, Kollegen!, möchte man rufen – dann braucht ihr euch nicht so blamabel abzuregen.

Wer es damit halten will, muss sich die richtige Redaktion aussuchen – und auch in ihr wird er zähe und listige Kleinarbeit leisten müssen, wenn er das Ringen um die Wahrheit wichtiger findet als die schönste Kampagne.

> **«Einen guten Journalisten erkennt man daran, dass er sich nicht gemein macht mit einer Sache, auch nicht mit einer guten Sache.»**
> **(Hanns Joachim Friedrichs)**

18 Analyse – Synthese – Hintergrund

Inmitten dieses uferlosen Angebots an wichtigen, verwirrenden und schrecklich überflüssigen Informationen, an politischen Lügen und Schönfärbereien, an albernen, irreführenden oder falsch gedeuteten Zahlen, an listigen oder perfiden Versuchen mediengeiler Personen oder Institutionen, sich um jeden Preis gedruckt oder gesendet zu sehen – was kann der Redakteur da tun, wenn er seinen Lesern oder Hörern dienen will?

Er sollte, nach Beherzigung aller anderen Ratschläge dieses Buchs, eine journalistische Form pflegen, deren Zahl und deren Ansehen in den meisten Zeitungen zu gering und deren Platzierung zu schlecht ist: die *news analysis*, wie sie in der angelsächsischen Presse heißt – ein Oberbegriff für Texte, die streng genommen nur zum Teil *Analyse* sind, also Zergliederung, teils aber *Synthese*, nämlich Zusammenschau; in vielen Redaktionen heißen sie auch *Hintergrundbericht*. Egal, wichtig ist, was sie gemeinsam haben: den Versuch, die Überfülle an Information und Desinformation zu gliedern, zu durchleuchten, verständlich zu machen.

Die meisten Redaktionen betreiben das durchaus, zum Teil vorzüglich: auf der Kommentarseite, in den Berichten der eigenen Korrespondenten, durch Abdruck der oft sehr guten Namensartikel, die die Agenturen anbieten. Auch sind viele Leitartikel nicht das, was man primär von ihnen erwarten sollte, nämlich Meinungsäußerungen, vielleicht auf Analysen gestützt – sondern schiere Analyse, Gebrauchsanweisung für einen komplexen Sachverhalt.

Daran wird das Problem deutlich: Die meinungsfreie Analyse versteckt sich hinter der Bezeichnung «Leitartikel», der für sie vorgesehene Platz ist damit oft schon erschöpft, sie steht nicht im Vordergrund der journalistischen Aufmerksamkeit und nicht oft genug im Blatt. Und sie ist doch die königliche Form des Journalismus.

Was besagt schon ein Kommuniqué, wenn es nicht von einem kundigen Kopf zergliedert und auf seinen eigentlichen Gehalt abgeklopft wird? Sollten wir nicht hinter einer überraschenden politischen Forderung die taktische Absicht aufzuspüren suchen – die Lohnforderungen der Gewerkschaft durchrechnen und ihre mutmaßlichen Konsequenzen ausleuchten – aus 741 Einzelmeldungen über einen exotischen Kriegsschauplatz die Zusammenschau herstellen?

Und das ist eben nicht dasselbe wie der Kommentar und auch nicht dessen Aufgabe. Der Kommentar, der Leitartikel soll mir mitteilen, ob die Redaktion das neue Abkommen zwischen Arafat und Israel gut oder schlecht findet. Die Analyse soll mir sagen, wie viel oder wie wenig die Palästinenser bisher erreicht haben und wie es dort vermutlich weitergeht. Der Kommentar soll mir sagen, ob die Gewerkschaft nach Ansicht meiner Zeitung eine vernünftige Lohnforderung gestellt hat oder nicht; die Analyse könnte folgende Elemente enthalten:

Wenn eine Gewerkschaft zum Beispiel sechs Prozent mehr Lohn fordert, dazu einen einheitlichen Sockelbetrag von 50 Euro im Monat und ein Urlaubsgeld von 250 Euro im Jahr – dann hat sie offensichtlich mehr als sechs Prozent gefordert. Und zwar für Arbeitnehmer mit geringem Einkommen bis zu zwölf Prozent, für solche mit größerem Einkommen zum Teil nur acht Prozent. Zwischen diesen Grenzwerten bewegt sich die durchschnittliche Einkommensverbesserung. Nach Auskunft der Gewerkschaft liegt sie unter zehn Prozent. Jedoch würden die zusätzlichen Personalkosten der Arbeitgeber höher sein als zehn Prozent, weil sie zugleich höhere Sozialabgaben zahlen müssen.

Nach alldem wäre es erhellender und der Wahrheit näher, in der Überschrift von zehn Prozent statt von sechs Prozent zu sprechen. Das wäre die legitime Aufbereitung des Rohstoffs der Nachricht, die, gespeist aus Funktionärsroutine oder taktischem Kalkül, de facto eine Irreführung ist. Mit Meinung hat das nichts zu tun – es ist ein Ausleuchten des Sachverhalts.

Nach vier Jahren einer Jugoslawienberichterstattung, die jedem Laien nur noch vor den Augen tanzte, eröffnete die *International Herald Tribune* im Oktober 1995 eine *news analysis* mit folgenden Sätzen:

> *Die Kroaten haben, was sie wollen. Die Serben sind erschöpft. Die Muslime finden keine bessere Option. Das ist, vier Jahre nachdem die Zerstörung Jugoslawiens begonnen hatte, die Basis, auf der die USA einen Weg zum Frieden auf dem Balkan skizzieren konnten.*
>
> *Es ist eine steinige und vielleicht zerbrechliche Basis. Amerika hat sich erst dann an die Spitze der Friedensbemühungen gesetzt, als rund drei Millionen Menschen ihre Heimat und mehr als 200 000 ihr Leben verloren hatten.*

Und diese Zusammenschau steht in der *International Herald Tribune* wo? Auf Seite 1, als fünfspaltiger Aufmacher. Das ist der Rang, den die Angelsachsen der Analyse zubilligen. Vierspaltig aufgemacht war 1995 ein Text, dessen erster Absatz lautete:

> *Fünfzig Jahre nach seiner Kapitulation wird Japan von seinen Nachbarn in Asien und im Pazifik als ein Staat betrachtet, der wieder eine starke Militärmacht werden könnte, falls sein Bündnis mit den USA sich abnutzt oder China noch selbstherrlicher wird.*

Da haben wir das äußerste Gegenteil von den Info-Fetzen, die uns in den meisten Zeitungen um die Ohren sausen. Unsere Abo-Zeitungen brüsten sich damit, dass sie viel ausführlicher als das Fernsehen berichten. Aber überwiegend entsteht die überlegene Länge durch Einzelheiten, die der Leser wiederum nicht einordnen kann, oder durch liebevolles Verweilen bei politischen Erklärungen, auf deren Redlichkeit doch niemand fünf Euro wetten würde. Länge ist kein Wert an sich; sie ist es nur dann, wenn sie prall von Fakten ist, also sich der Reportage nähert – oder wenn sie Analyse bietet.

Nun lautet der Standard-Einwand: Selbst die «objektive Nachricht» gibt es nicht – und da sollte ein Text mit so vielen, notgedrungen subjektiven Deutungen objektiv sein?

Natürlich: Das Wort *objektiv* lässt sich mit philosophischer Gründlichkeit so definieren, dass jede Nachricht davor durchfällt: Indem die Zeitung ein Omnibus-Unglück in Deutschland wichtiger findet als ein ebenso schweres in Thailand, ist sie nicht objektiv; indem der Reporter von den siebzehn Rednern einer Bundestagsdebatte elf überhaupt nicht erwähnt und die anderen sechs keineswegs in gleicher Länge, hat er sein subjektives Urteil über das Gewicht der Redner und den Neuigkeitsgehalt der Reden einfließen lassen.

Also gut: Die objektive Nachricht gibt es nicht. Was es indessen gibt, ist die unparteiische Berichterstattung – nach der Agenturregel: Dem Bericht über einen Parteitag darf nicht anzumerken sein, ob der Reporter für oder gegen die Partei ist. Und ganz offensichtlich schaffen das die Agenturen; andernfalls würden sie ja jeweils einen Teil ihrer Kunden verärgern.

Meinen Lesern vorzurechnen, was eine Lohnforderung eigentlich bedeutet, ist schon gar nicht subjektiv – vorausgesetzt, ich bin bereit und finde die Gelegenheit, ein Angebot der Arbeitgeber ebenso zu analysieren. Sich der Meinung zu enthalten, mag bei der Analyse noch schwieriger als bei der nackten Nachricht sein; möglich ist es. Dass es die unparteiische Analyse nicht gäbe, ist die Schutzbehauptung von Journalisten, die entweder das Analysieren mühsam finden (und das ist es!) oder die dazu neigen, für das eigentlich Mitteilenswerte ihre Ansichten zu halten, zwischen missionarischem Auftrag und branchentypischer Selbstüberschätzung.

Analyse, Synthese, Hintergrund – Interpretation, Zusammenschau, Gebrauchsanweisung: Das sind die Königsformen des Journalismus. Sie erfordern Zeit, Engagement, Misstrauen und vor allem den Willen, Lesern oder Hörern diesen Dienst zu erweisen. Sich als bloßen Verschiebebahnhof für Agenturnachrichten zu betrachten, ist bequemer; seine Mitmenschen mit den eigenen Wertvorstellungen zu behelligen, macht mehr Spaß.

Marathon-Mann im k.u.k. Festreigen

Unter dieser Überschrift hat ein kritischer Kopf Sand ins Getriebe des Nachrichtenkarussells geworfen und dem Leser Hintergrundinformation nebst Lesevergnügen verschafft: Peter Sartorius, dreifacher Kisch-Preisträger, in der *Süddeutschen Zeitung* am 22. November 2002. Er bekam zumeist die Chance, mit seinen Reportagen die gesamte dritte Seite der *Süddeutschen Zeitung* zu füllen. Hier ein Beispiel, wie viel Schwung ein solcher Autor auch einem kurzen Text zu geben vermag.

«Am Donnerstag der vergangenen Woche brach Herr von Habsburg von seinem Wohnsitz am Starnberger See auf nach Madrid zur Entgegennahme eines hohen Ordens. Er verband den Aufenthalt am Freitag und Samstag mit Vorträgen auf Spanisch. Solche Reden dauern bei ihm oft stundenlang, und diejenigen in Madrid handelten, so darf unterstellt werden, von der Zukunft Europas. Am Samstag kam Otto von Habsburg fast um Mitternacht wieder daheim am Starnberger See an, um sich auf seinen Geburtstag vorzubereiten.

Rechtzeitig am Sonntag fand er sich um neun Uhr in München in St. Peter ein, wo ihm zu Ehren ein Festgottesdienst zelebriert wurde. Danach eilte er in die Industrie- und Handelskammer zu einem festlichen Empfang und abends in die Residenz, wo für ihn ein Diner veranstaltet wurde, bei dem er aus dem Stegreif eine längere Rede hielt, die zweite an diesem Tag. Gegen Mitternacht erhob er sich von der Tafel. Es war höchste Zeit, denn am nächsten Tag, dem Montag, musste der langjährige Europaparlamentarier in Straßburg sein, um nicht den Auftritt von Abgesandten jener zehn Länder zu versäumen, die in Kürze in die EU aufgenommen werden.

Am Dienstag bediente er die Medien mit Statements, flog nach Österreich weiter, erreichte Wien in der Nacht und hatte noch ein paar Stunden Zeit zum Schlafen, um einen stressigen Tag durchzustehen. Denn der Mittwoch war sein richtiger Geburtstag, der in Wien wie bei der Generalprobe in München gefeiert wurde, nur ein bis zwei Dimensionen größer mit einem vom Wiener Kardinal gehaltenen Pontifikalamt im Stephansdom am Morgen, einem Festakt und Empfang in der Hofburg, wo Otto von Habsburg wieder einmal eine Rede hielt, wie stets aus dem Stegreif, auf Deutsch und Französisch zu Ehren Valerie Giscard d'Estaings, von dem er zuvor gerühmt worden war. Dann blieb nur noch Zeit, sich in den Smoking zu werfen, um aus dem sonst im Museum zur Schau gestellten Tafelsilber der Habsburger Kaiser das Geburtstagsmenü im Spiegelsaal von Schloss Schönbrunn mit gekrönten und ungekrönten Häuptern einzunehmen. Am Donnerstagmorgen feierte er in der Großfamilie in Niederösterreich. Jetzt, am Freitag, begibt er sich nach Budapest, wo er in Schloss Gödölö nochmals den Geburtstag begeht, schließlich ist er von Geblüt auch Magyar.

Ach ja, noch was: Es ist ein runder Geburtstag. Der Kaisersohn Otto von Habsburg wurde 90.»

Die unterhaltende Information

19 Das Feature

«Feature», schon auf Englisch vieldeutig, ist ein schillerndes Allerweltswort für interessante, lebendig geschriebene Texte oder munter gestaltete Sendungen. Je nach Redaktion ist «Feature» zugleich ein Oberbegriff für Reportagen und Korrespondentenberichte oder eine Bezeichnung dafür, dass der Stoff vollständig aus Archivmaterial zusammengeschrieben worden ist.

Zwar ist das Feature nicht an die Strenge der Nachricht in Sprache und Aufbau gebunden. Doch wäre es völlig falsch, daraus zu folgern, dass der Schreiber neckisch formulieren oder gar fabulieren und kommentieren dürfte. Wie die Nachricht berichtet das Feature ausschließlich über Tatsachen.

Ein klassisches Feature – aktuell, interessant, lebendig und aus Archivmaterial geschrieben – brachte die *Süddeutsche Zeitung* im November 1957, als mit dem sowjetischen Sputnik das Raumfahrtzeitalter begonnen hatte: eine nun plötzlich spannend gewordene Übersicht über die grässliche Beschaffenheit unserer Nachbarplaneten, unter der Überschrift «Vom Umzug auf einen anderen Stern ist abzuraten».

Ein klassisches Feature in diesem Sinn machte der *Spiegel* sogar zur Titelgeschichte, als Bundeskanzler Schröder 100 Tage nach seiner Wiederwahl in den Umfragen abstürzte und sich alle fragten, wie er noch Amt und Einfluss behalten könne: Wie organisiert er das System der Macht? Heute im Berliner Kabinett («Die einzige Konstante im System Schröder ist der Richtungswechsel, und das einzige Ziel heißt: oben bleiben») und früher, in revolutionären 68er-Zeiten, in der Bonner Kneipe «Provinz» («Eines Nachts saßen Gerhard Schröder und Joschka Fischer an einem Tisch in der ‹Provinz› und entwarfen auf Bierdeckeln das Kabinett der Zukunft. Auf den Bierdeckeln war Schröder Bundeskanzler, Fischer war Außenminister und Schily war Justizminister») – das Ganze aus dem Archiv, aus Dokumenten und Hintergrundgesprächen geistreich und geschickt zusammengeschrieben.

Im *Spiegel* und in Zeitschriften überhaupt ist das Wort «Feature» gleichwohl nicht gebräuchlich – vermutlich deshalb, weil Zeitschriften niemals trockene Nachrichten, sondern ausschließlich Features (im weitesten Wortsinn) bringen, sodass sich eine Abgrenzung erübrigt.

Jede Tageszeitung aber hat jeden Tag einen Platz, auf dem sie Features in ihrem Sinn versammelt: die bunte oder vermischte Seite. Einerseits stehen dort auch harte Nachrichten (*hard news* im Jargon der amerikanischen Agenturen), zumeist tragische oder dramatische Unglücksfälle. Andererseits braucht das Vermischte Stoff, auch wenn nichts Aufregendes passiert ist – und da finden dann die «weichen» Nachrichten ihren Platz, die *soft news*, die Features im engeren Wortsinn.

«Am pelzigen Schneemenschen Yeti lassen sie kein gutes Haar, und wahre Ufo-Gläubige haben ihrer Ansicht nach oft nicht mehr alle Untertassen im Schrank», so der erste Satz einer typischen *dpa*-Meldung fürs Vermischte, die die *Süddeutsche* zweispaltig druckte. Danach erfuhr man, dass es sich um eine Tagung der Gesellschaft zur Untersuchung von Parawissenschaften handelte.

Aus Rechtsfragen Features zu machen ist besonders schwierig – und besonders dankbar. *Süddeutsche Zeitung:* «Der eine Gast wurde mit einer Schnecke im Salat, der andere mit einem Pfeifenrauchverbot konfrontiert – beide zahlten nicht und gingen. Die betroffenen Gastwirte zogen vor Gericht und bekamen teils ganz, teils zur Hälfte Recht.»

Die Zürcher Zeitschrift *Beobachter*: «Wanzen, Wespen und Würmer sind juristische Leckerbissen, über die sich trefflich streiten lässt. Schon die rechtliche Zuordnung verursacht Probleme. Züchtet ein Mieter fürs samstägliche Anglervergnügen Maden, so sind diese als Haustiere zu betrachten. Treten die gleichen Lebewesen aber vereinzelt im Putzkämmerli auf, handelt es sich eher um einen Mangel.

Schwierig wird es beim Hundefloh. Ist er – wie der dazugehörende Dackel – ein Haustier? Oder ein Untermieter? Oder bewegt er sich gar in rechtsfreiem Raume?»

Zweimal klassisches Feature, dazu neu und interessant. An ereignisarmen Tagen bieten die Agenturen jedoch auch Features an, an denen nichts neu und oft ziemlich wenig interessant ist; denn die bunte Seite hat gefüllt zu werden, und vermutlich hat es noch nie nach 1945 ein Ereignis gegeben, das eine Zeitung veranlasst hätte, diese Seite zu kippen. Da liest man dann (zweimal *dpa / Süddeutsche Zeitung*): «Zum Kampf gegen den ‹Roten Hahn› stehen in Deutschland rund 1,5 Millionen Feuerwehrleute bereit. Sie bewahren in Tausenden von Einsätzen alljährlich Milliardenwerte ...»

Oder gar: «Nur etwa 30 Kilometer südlich von Teneriffa liegt die fast runde Kanareninsel La Gomera. Sie ist 378 Quadratkilometer groß ...» Und nach diesem Einstieg, der alles von einem Lexikon-Eintrag und nichts von einer Nachricht an sich hat, kommt als Clou, dass auf La Gomera die uralte «Pfeifsprache» El Silbo noch nicht ganz ausgestorben ist.

Features sind leichter Lesestoff abseits der strengen Nachrichtensprache, jedoch wie die Nachricht ausschließlich auf Fakten gestützt und frei von subjektivem Schmus. Sie werden in jeder Redaktion immer gebraucht. Wer entsprechende Themen findet und sie halbwegs elegant bewältigt, ist hochwillkommen. Wenn überhaupt nichts los ist, darf man sogar das Wesen der Feuerwehr definieren.

Das *dpa*-Feature

Morgens, wenn die Nachrichten noch tröpfeln, pflegt *dpa* mehrere Namensartikel unter der Dachzeile «*dpa*-Feature» zu verbreiten, meist 40 bis 70 Zeilen lang; im März 2003 beispielsweise diese:

- Eleganz statt Krankenhausatmosphäre: Neue Ideen für Seniorenbäder
- Weiße Socken und Kojak-Schlips: Modische Missgriffe unter Männern

- Auf der Suche nach der Schulhofliebe: Das Internet kann helfen
- Kampf dem inneren Schweinehund: Arbeitshemmungen erfolgreich angehen
- Trauung am Traumstrand: Heiraten auf Mauritius

Das *dpa*-Nachrichtenfeature
So nennt die Agentur einen lebendig geschriebenen Text, der bei größeren Unglücksfällen oder anderen wichtigen vermischten Nachrichten auf die reine Nachricht folgen kann und soll. «Das Nachrichtenfeature beginnt ausdrücklich nicht mit der Nachricht, sondern am leichtesten mit einem szenischen Einstieg», heißt es in einer *dpa*-Dienstanweisung vom März 1995 – zum Beispiel so:

Nachricht: «Beim Einsturz eines viergeschossigen Wohnhauses im Kölner Stadtteil Ehrenfeld sind am Montagabend fünf Menschen leicht verletzt worden.»

Nachrichtenfeature (drei Stunden später): «Im ersten Stock hängt noch ein Hochzeitsfoto samt Tapetenrest einsam im Freien, zwei Etagen höher versucht sich ein Regal an die nicht mehr vorhandene Wand zu lehnen: In der Venloer Straße 35 im Kölner Stadtteil Ehrenfeld sah es zwölf Stunden nach dem Wohnhauseinsturz immer noch aus wie nach einem Bombenangriff.»

Zur Qualität des Mustertextes: Der erste Satz vermittelt sofort einen starken und unvermuteten Sinneseindruck und ist insoweit gut. Es bleibt jedoch offen, *woran* ein Hochzeitsfoto hängt, wenn es «einsam im Freien» baumelt; und dem Regal wird in dichterischer Freiheit ein durch nichts bewiesener Anlehnungswille unterstellt. Auf ein unvollständiges Bild folgt also ein gequältes.

Zur Begriffsbestimmung: *Nachrichtenfeature* heißt ein solcher Text nur *dpa*-intern. Gegenüber den Redaktionen läuft er als *Korrespondentenbericht* mit Namenszeile. In vielen Redaktionen würde er *Reportage* heißen. Das Wort *Feature* bleibt von den Gewohnheiten einer Nachrichtenredaktion her insofern treffend, als sich der Text in Aufbau und Sprache klar von der nüchternen Nachricht absetzt.

Das *dpa*-Handbuch von 1998 sieht den szenischen Einstieg nicht mehr zwingend vor und geht sogar vorsichtig auf Distanz zu dem Genre, das für viele eng mit dem Agentur-Journalismus verbandelt ist:

Die Erfahrung lehrt, dass das Mittel des Nachrichtenfeatures nur sparsam einzusetzen ist und sich vor allem im vermischten Bereich anbietet. Der lockere Einstieg darf nicht dazu führen, dass die dpa-Fassung für einen Teil der Kunden gar nicht mehr druckbar ist, weil sie zu locker geschrieben erscheint oder nicht zum Einspalter gekürzt werden kann.

Kann aus dem neuen Telefonbuch unserer Stadt ein Feature werden?
Aber natürlich! Etliche Fragen dazu beantworten sich beim Blättern, andere richtet der Journalist an die Pressestelle der Oberpostdirektion. Nur sollte er, ehe er dort anruft, eine Liste mit möglichst allen Fragen zusammengestellt haben, denn Pressesprecher werden ungern viermal angerufen, zwischen 11.30 Uhr und 15.00 Uhr können sie beim Essen sein, und ob sie nach 16.00 Uhr noch arbeiten, ist ungewiss.

Was kann ich selber prüfen? Seitenzahl im Vergleich zum vorigen. Satzspiegel oder Schriftgröße verändert? (Wenn ja, eine Frage auf der Liste.) Art der Eintragungen verändert: mehr Abkürzungen – mehr / weniger Einzelheiten? Erster Name – letzter Name (hat sich da was geändert?). Beispiel für Ärgernisse mit dem Alphabet (Hamburgs Schulen stehen nicht unter ihrem Namen drin, nicht unter Schulen, nicht unter Hamburg, nicht unter Freie und Hansestadt Hamburg, sondern unter B wie Behörden). Gibt es bei uns einen Friedrich Schiller, Richard Wagner, Helmut Schmidt? Gibt es regionaltypische Witznamen wirklich? (Köln: Tünnes und Schäl. München: Hafenbrädl und Käsbatzinger.)

Fragen an den Pressesprecher: Zahl der Eintragungen erhöht – vermindert – wodurch? Falls mehr Anschlüsse bei selber Seitenzahl: Wie haben Sie das gemacht? Auflage, wie zum Vorjahr? Gewicht, wie zum Vorjahr? Wie viel wiegen alle zusammen, die in der Stadt ausgeliefert werden? (Vergleich suchen!) Wie viele Druckfehler und Beschwerden gab es im Vorjahr? Wie viel Geheimnummern – mehr als im Vorjahr –

warum? Was unterscheidet das Buch von der CD-ROM? Wie lange gibt es das Buch überhaupt noch? Wann erschien bei uns das erste Telefonbuch überhaupt, wann das erste nach Kriegsende, wie viel Eintragungen? Kann ich's einsehen? Fotomotiv: Gabelstapler – erster Abholer – bekommt's der Bürgermeister überreicht?

Und nun das Hübscheste oder Verblüffendste in den ersten Satz – und ab geht die Post!

20 Die Reportage

Homer erzählte von den Irrfahrten des Odysseus, die Brüder Grimm erzählten von den Träumen und Albträumen des einfachen Volks. Nicht nur die Dichter erzählen, auch die Journalisten: Sie dürfen und sie sollen es tun – etwa so: «Ich erinnere mich an eine aufreibende Busfahrt im mexikanischen Hochland mit einem verkrüppelten Chauffeur, der vor kritischen Stellen das Lenkrad mit dem verstümmelten linken Arm führte und sich mit dem rechten bekreuzigte.» Wer so von seinen schlimmsten Reisen erzählt, der braucht sich nicht zu sorgen, ob seine Erzählung gelesen wird.

Erzählen kann jeder Journalist. Er muss nur die Pressemitteilungen in den Papierkorb werfen, das Telefon vergessen und den Schreibtisch verlassen. Wenn über die nächste Gesundheitsreform gestritten wird, macht er sich auf den Weg ins Krankenhaus; wenn die Agentur den Bericht des Wehrbeauftragten vorstellt, besucht er die Kaserne.

Wenn Dichter erzählen, werden ihre Texte zu Kurzgeschichten oder Romanen; wenn Journalisten erzählen, schreiben sie eine Reportage. Ihre Themen stecken in nahezu jeder Nachricht. Die in eine anschauliche Erzählung zu verwandeln, das sollte jedem gelingen, der seine Sinne gebraucht; er muss schauen und riechen, hören und schmecken; er muss Sprachklischees beiseite schieben, den kräftigen Bildern vertrauen und den Zitaten. Gelingt dies jedem?

Beobachten wir eine Gruppe von Volontären, die ein Zuchthaus besuchen darf, mit der Erlaubnis, selbst in die Zellen der Häftlinge zu schauen. Ein zuvorkommender Beamter führt sie vier Stunden lang herum, er plaudert angenehm und füllt ihre Notizblöcke mit anschaulichen Anekdoten und treffenden Zitaten. So scharen sich alle um den Mann und stellen immer neue Fragen. Als am Ende der Direktor mit drei Vorzeige-Häftlingen zum Gespräch lädt, flitzen die Kugelschreiber noch schneller über das Papier.

Nur selten trennt sich ein Volontär von der Gruppe, blickt in eine Zelle hinein oder spricht mit einem Häftling, der auf dem Gang herumschleicht.

Als die Volontäre am Nachmittag ihre Reportagen schreiben, besitzen sie Material für mehrere Hintergrund-Artikel. Doch die meisten bringen ein Gesprächsprotokoll zu Papier; die besten Arbeiten bestehen aus einem lesbaren Bericht über ein langes Interview, garniert mit ein paar Impressionen aus einer fremden Welt. Dafür hätte es gereicht, wenn sie im Archiv gekramt und sich mit dem netten Beamten in einer Kneipe getroffen hätten.

Hätten sie doch ihre Schreibblöcke auf der Rückbank ihres Autos vergessen! Hätten sie Augen, Ohren und Nasen aufgesperrt in der fremden Welt, zu der nur wenige Zutritt bekommen! Stattdessen hatten sie sich ihre Eindrücke und Beobachtungen vorschreiben lassen von einem Vollzugsbeamten; statt authentischer Reportagen entstanden Berichte mit Nachrichten aus zweiter Hand.

Die Augen öffnen und dann schlicht und geradeaus erzählen, genau das, was eine Reportage verlangt – das fällt denen schwer, die auf der Schule und erst recht auf der Hochschule jahrelang das Gegenteil betreiben mussten: abstrakt und kompliziert schreiben. Doch nicht nur Anfängern und akademisch Verbildeten missrät das Erzählen, selbst Könner geraten ins Schwitzen.

Gerade die Reportage reizt die jungen Leute – vor allem wegen der Subjektivität, die sie als hervorstechendes Merkmal preisen. Endlich, so glauben sie, können sie alle Fesseln des Handwerks abstreifen. Doch weit gefehlt: Die Reportage ist das Gegenteil von journalistischer Anarchie.

Subjektivität – das ist nicht das hemmungslose Auswalzen der eigenen Gefühle; die interessieren Leser kaum. Subjektivität meint die Auswahl der Tatsachen durch den Autor, der sie selber erlebt und für seine Reportage nutzt. Selbst das «Ich» wird in den meisten Redaktionen nicht geduldet. Der Reporter soll Distanz halten zu seinem Ich, es sei denn, er gerät in eine extreme Situation oder dringt in verbotene Zonen ein. Dann darf er nicht nur, dann muss er das «Ich» gebrauchen. Wer im Bürgerkrieg überfallen wird und überlebt, oder wer die Hitze eines Großfeuers spürt, der wird zum Ich-Erzähler, wie Egon Erwin Kisch 1933:

> *Am Abend brannte das Reichstagsgebäude, und am Morgen wurde ich verhaftet. Das Zimmer in der Mozartstraße hatte ich genau vier Wochen vorher bezogen, an dem Tage, an dem Herrn Hitler die Macht über Deutschland von Hindenburg übergeben worden war.*

Doch selbst der «Rasende Reporter», als der Kisch bekannt wurde, schrieb mehr leise als laute Reportagen: Unter den Obdachlosen; Der Flohmarkt; Faschingskostüme; Jiddisches Literaturcafé; Wat koofe ick mir for een Groschen?

«Dieser Reporter ist nicht rasend, sondern im Gegenteil besinnlich», schrieb Bruno Frei 1934. «Kisch hat die Exotik der Nähe entdeckt, die weiten und unbekannten Länder in den Nebenräumen des Alltags.» So überschreiten Reporter oft Grenzen, die ihre Leser auch überschreiten könnten, aber nicht zu überschreiten wagen.

Nehmt den Leser mit und lasst ihn euch über die Schulter schauen!, rät der Volontärsausbilder Hans-Joachim Schlüter. So geht der Reporter in die Vorstandsetage des Weltunternehmens, ins Gen-Labor oder auf den Fischkutter zum Hochseefang; und er lässt seine Leser erleben, was ganz in ihrer Nähe passiert, aber ihnen fremder erscheint als ein exotisches Land: die Menschen im Asylantenheim und im Obdachlosen-Asyl, in der Türkenkneipe und im Frauenhaus.

Je jünger die Schreiber, desto lieber suchen sie Menschen am Rand der Gesellschaft. Juroren von Wettbewerben für junge Journalisten kennen dies: In der Regel bestehen drei Viertel der Bewerbungen aus

Sozialreportagen. In denen bekommen diejenigen eine Stimme, die sonst schweigen; und wenn Zeitungen die gesamte Gesellschaft spiegeln sollen, dann eben auch die schweigende Minderheit.

So will die Jury eines der angesehenen Journalistenpreise, des Theodor-Wolff-Preises, «den Typus des unbequemen Journalisten ermutigen», der auch an den Rand der Gesellschaft blickt. Doch viele Chefredakteure und Lokalchefs mögen ebensolche Geschichten nicht, sie wittern «Sozialmief».

Wer also eine unbändige Lust aufs Erzählen bekommt, und diese Lust ehrt den Journalisten, der sollte die nüchtern geschriebene Sozialreportage anbieten, und nicht nur zur Weihnachtszeit; aber er sollte auch in andere Ecken schauen, die nahezu unentdeckt sind und in die Journalisten nur selten eindringen: die Fließbänder der Fabriken beispielsweise oder die Karriere-Kurse der jungen Aufsteiger.

Wer erzählen will, vor allem, wer erzählen kann, der hat gute Chancen in jeder Redaktion. Die Leser wollen Reportagen, das wissen die Leitenden Redakteure. «Unser Problem ist allerdings oft, Kollegen zu finden, die nicht nur motiviert sind, so viel Zeit in ein Thema zu stecken, sondern aus den Beobachtungen ein unterhaltsames Drehbuch und fundierte Aussagen herauszuarbeiten», klagte Irene Jung, als sie das Wochenjournal des *Hamburger Abendblatts* leitete.

Michael Reinhard, Chefredakteur der *Main Post* in Würzburg, schließt sich an: «Wir liegen an der Kette des Alltagstrotts und wehren uns nicht dagegen, weil sie uns keineswegs unbequem ist. Oder ist es etwa nicht angenehmer, eine Pressekonferenz zu besuchen und anschließend auf sechzig Zeilen den dort druckgerecht servierten Waschzettel zu veredeln, als sich Gedanken über ein Reportagethema zu machen, es vergleichsweise aufwendig zu recherchieren und zu schreiben?»

Alle sagen, sie mögen die Reportage, selbst in den Politikredaktionen. «Die reine Nachricht druckt doch keiner mehr!» Das beobachtet Peter M. Gehrig, *AP*-Chefredakteur in Deutschland, und schickt die reine Nachricht zwar noch in die Computer seiner Kunden, doch nur als schnelle Meldung, die vor allem von den Radiosendern zur vollen Stunde genutzt wird.

Nach der Eilmeldung folgt, sooft es geht, die Reportage. Die Leser möchten neben dem Kanzler am Kabinettstisch sitzen oder mit dem Polizisten die Bank stürmen, in der die Gangster ihre Geiseln quälen. Wenige Stunden nach dem Ende des Berliner Geiseldramas von 1995, bei dem die Täter durch einen Tunnel flohen, berichtete *AP*:

> *Im Morgengrauen kracht es neun, zehn Mal vor der Commerzbank in Berlin-Zehlendorf. Tränengasschwaden ziehen über die Kreuzung Breisgauer/Matterhornstraße. Mit schwarzen Stoffkappen vermummte, schwerbewaffnete Beamte des Sondereinsatzkommandos stürmen durch die Tür in die Bank ...*

Ein Reporter schreibt als Augenzeuge – das ist die einfache Reportage; Puristen lassen sie ungern als Reportage gelten. Die klassische Reportage setzt eine aufwendige Recherche voraus und füllt eine Zeitungsseite oder eine Heftstrecke in den Magazinen. Aber ist sie wirklich klassisch, die große Reportage?

Sie beginnt nicht erst im Basislager einer Himalaya-Expedition, sondern gleich um die Ecke: Erzählen muss er, der Reporter, und nicht nur eine nüchterne Nachricht schreiben. Das genügt, und das erfreut den Leser.

Wer schlicht, anschaulich und wahr erzählt, der schreibt eine Reportage. Ihr Spektrum reicht von der literarischen Reportage bis zur chronologisch erzählten Kurzreportage, die unmittelbar nach einem spektakulären Ereignis eilig geschrieben wird. Leser schätzen die Reportage mehr als die Nachricht, weil die Reportage ihnen die Chance bietet, ein Geschehen zu verfolgen, als wären sie selber dabei. So lässt der Reporter den Leser über die Schulter schauen.

Reportagen für Journalistenschulen

Wer journalistische Talente entdecken will, der lässt die jungen Leute eine Reportage schreiben. Nahezu alle bedeutenden Journalistenschulen machen es so: Sie schicken den Bewerber raus, damit er seine Fähigkeit offenbaren kann, zu beobachten und die Beobachtungen einem Dritten so mitzuteilen, als wäre er selber dabei gewesen. Die Reportage gilt als untrüglicher Test: Wer sie nicht so schreiben kann, dass sie den Leser erfreut, der taugt nicht zum Beruf.

Mehrere tausend Bewerbungen gehen jährlich bei den Journalistenschulen ein; nicht einmal ein Prozent bekommt einen der begehrten Plätze. Um überhaupt in die Vorauswahl zu kommen, muss in der Regel neben einem Kommentar eine Reportage geschrieben werden. Dies sind die Themen, welche die Henri-Nannen-Schule 2001 vorgegeben hatte:

1. Armenküche: Wo Bedürftige sich satt essen können.
2. Suche nach neuen Gesichtern: Casting-Termine der Werbe- und Unterhaltungsindustrie.
3. Studentenjobs: Was man alles macht, um ein paar Mark zu verdienen.
4. Schönheitsfarmen und Wellness-Hotels: Wo Gestresste sich verwöhnen lassen.
5. Nervenkitzel: Was die moderne Zeit noch an Abenteuern zu bieten hat.

21 Wie man eine Reportage schreibt

Wie fange ich an? Wie bekomme ich eine unüberschaubare Stoff-Fülle in den Griff? Mit diesen Problemen beginnt das Schreiben der Reportage.

Warum ist gerade der erste Satz jeder Mühe wert? Schauen wir zurück auf die Nachricht (Kapitel 13): Der Einstieg soll den Leser verführen, diese Regel gilt für jeden journalistischen Text – also auch für die Reportage. Und der Unterschied?

Die Nachricht formuliert sachlich, kommt sofort zur Hauptsache und lässt niemals die Glocken läuten; die Reportage *erzählt* gleich im ersten Satz und schlägt den Ton an, auf den der ganze Text gestimmt ist. Doch darf der erste Satz nicht zu laut sein: Wer mit einem Schrei beginnt, der kann nicht mehr steigern; er muss ja gerecht bleiben gegenüber seiner Geschichte, den Tatsachen und den Menschen, von denen er schreibt.

Da bietet sich die Beschreibung einer Szene an, die typisch ist für die Geschichte, die in die Handlung hineinzieht und die gut zu lesen ist. So begannen zwei Sieger-Reportagen des Kisch-Preises:

> *Jetzt beten sie, der Kardinal, die Gemeinde und ganz vorn in der ersten Reihe Wolfgang Schrempp, Chef von DaimlerChrysler Italien und Bruder des Vorstandsvorsitzenden Jürgen Schrempp. Sanctificet nos, hallt es durch die Kirche, heilige uns. Amen, haucht die Gemeinde. Dann singt der Chor, das Requiem von Mozart, und über allem strahlt der Stern, aber erstmals in einer Kirche nicht der von Bethlehem, sondern der aus Stuttgart. Dies ist eine Premiere, ein Gottesdienst, gesponsert von DaimlerChrysler. Ein Gottesdienst der S-Klasse versteht sich, nicht in einer Dorfkirche, sondern in Rom in der prächtigen, herrlichen Basilika San Paolo, wo alle Päpste seit Petrus im Bild verewigt sind ... (Dietmar Hawranek und Dirk Kurbjuweit in «Die Drei-Welten-AG», 1. Kischpreis 2002)*

> *Einen Trucker zu verstehen ist leicht. Trucker sitzen den ganzen Tag vor ihrem Bett und gucken aus dem Fenster. Sie schaffen in 45 Minuten Pause sechs Dosen Bier und eine Nutte. Trucker tragen Stiefel, Jeans und Fransenwesten und fühlen sich wie die letzten Cowboys, denn Trucker sind Typen, die nie gewinnen und deshalb nichts mehr zu verlieren haben. Die Frage ist nur, wer ein Trucker ist ... (Klaus Brinkbäumer in «Ein bizarrer Krieg», 1. Kischpreis 2000)*

In nahezu allen Magazinen, auf der dritten Seite der *Süddeutschen Zeitung*, aber auch in den Lokalreportagen scheint der szenische Einstieg zur Regel erhoben. Doch zur Regel taugt er nicht: Meist ist er so beliebig, dass er auch am Beginn einer anderen Reportage stehen könnte, und er schafft das Problem, dass der Autor die Kurve zu seiner Sache oft zu spät oder gar nicht nimmt.

Statt des szenischen Einstiegs ist eine verblüffende These denkbar, eine kühne Raffung, ein ausgefallenes Bild – wie es vorbildlich Marie-Luise Scherer 1977 in einer preisgekrönten Reportage im *Spiegel* tat:

Abstieg ist zu bedächtig. Sofie Häusler ist nicht sozial abgestiegen, sondern sie machte eine Schussfahrt durch eine zielgenaue Schneise, deren Markierungen ein Saboteur hätte gesteckt haben können. Jemand, der ein Händchen hat für die dramaturgische Beschleunigung vom bösen Ende.

Es folgt die Schilderung des Lebenswegs einer Trinkerin. Wer den rechten Einstieg gefunden hat, der schreibt leicht die gesamte Reportage in einem Zug runter: So erzählen es Reporter gern und malen wilde Szenen aus, in denen sie ihre Familie tyrannisieren, vor die Wand laufen oder den Whisky literweise schlürfen. Nach der Mühe des ersten Satzes kommt die Mühe der Gliederung. Wohin mit all den Eindrücken, Notizen und Stimmungen? Wie schlage ich eine Schneise in den Wirrwarr, um den Leser nicht ebenfalls zu verwirren?

Erzähle ich ein Ereignis, das in der Zeit abläuft, einen Hergang, so ist dies das zugleich simpelste und dankbarste Rezept: Mit dem Anfang anfangen und mit dem Schluss aufhören; mit dem ersten Absatz als einziger Ausnahme, falls die Geschichte in ihrem natürlichen Ablauf keinen genügend interessanten Anfang hat. (Über den Reiz der Chronologie vgl. Kapitel 13.)

Ungleich schwieriger schreibt es sich über Gegenstände, die nicht in der Zeit ablaufen, wie das Porträt einer Stadt oder eines Flughafens, oder bei denen nur ein ziemlich zufälliger Ablauf stattfindet, beim Rundgang des Reporters durchs Gefängnis beispielsweise.

Dann ist der journalistische Einfall gefragt: Was lässt sich *bewegen*, wenn es die Zeit nicht ist? Denn Bewegung muss sein, ich muss den Leser nach B mitnehmen, wenn ich in A begonnen habe. Die nächstliegende Lösung dieses Problems liegt in zwei Methoden:

Entweder ich stelle eine überraschende Feststellung an den Anfang («Nirgends wird so viel gelacht wie in Waisenhäusern» – wenn's denn stimmt) und führe den Leser Schritt um Schritt dahin, mir schließlich zu glauben.

Oder ich eröffne die Reportage, indem ich mich zu einer populären Meinung bekenne, dies aber sogleich mit dem Hinweis, dass ich schmerzlich hätte umlernen müssen – und nun mache ich den Leser zum Zeugen meines Lernprozesses. Sogleich ist eine Dramaturgie entstanden, die es mit der Chronologie aufnehmen kann, und die Fülle der Fakten ordnet sich fast von allein der General-Idee unter.

So begann eine Reportage im *New Yorker* mit den Sätzen: «Oft habe ich mich gefragt, woraus ein hot dog eigentlich besteht. Nun weiß ich es, aber lieber wüsste ich es nicht.» Und schon ist die Bewegung da: nämlich die Stationen, auf denen der Reporter Zug um Zug sein Wissen und gleichzeitig seinen Ekel erwarb.

Das reicht für den Anfang: ein erster Satz, der verblüfft; die Chronik der Ereignisse oder ein anderer Weg von A nach B; die Lust am Erzählen, verbunden mit dem Willen, auf abstrakte Darstellung zu verzichten, auf verschachtelte Sätze und unverständliche Wörter (dazu das Kapitel *Schreiben und Redigieren*): Was sonst noch die Reportage veredelt, das sind die höheren Weihen, die man lernen kann, aber nicht gleich beherrschen muss. Eine Auswahl:

Den Wechsel der Perspektive preist Hans-Joachim Schlüter als wichtigstes Merkmal der Reportage: «Es muss wie in einem elektrischen Feld Spannung erzeugt werden.» Dieser Wechsel prägt eine Reportage, die Gerhard Krug 1980 schrieb, als Beatrix zur Königin der Niederlande gekrönt wurde. Krug kontrastierte das königliche Protokoll für das Fest mit der brutalen Straßenschlacht in Amsterdam, die der Reporter als Augenzeuge erlebt.

Der Hintergrund einer Geschichte ist selten aufregend, aber er ist oft nötig zum Verständnis. Wer zwischen den Fronten eines Bürgerkriegs herumirrt, der sollte auch die Geschichte der streitenden Völker erzählen, aber er sollte es nicht am Anfang tun, sondern geschickt zwischen zwei Episoden – wie ein Atemholen, bevor die Spannung wieder ansteigt. Manche Zeitungen oder Zeitschriften nehmen den Hintergrund aus der Reportage heraus und packen ihn in einen Kasten, den sie neben den Artikel stellen.

Vor einem Irrtum sei bei alldem gewarnt: Auch wenn die Reportage einen literarischen Anspruch erheben kann, so steht doch die Wahrheit niemals zur Disposition. Der Anfänger möchte, um den Text attraktiver zu machen, ein bisschen die Fakten biegen. «Der

Stein der Wahrheit, der nur um einen hohen Preis zu erwerben ist, ist von seiner billigen Imitation nicht zu unterscheiden», sagt Egon Erwin Kisch – als Abschreckung für alle Anfänger, die als Reporter auf die Straße gehen und als Märchenerzähler am Schreibtisch sitzen.

Kisch erzählt von seiner ersten Reportage: Er lief zum großen Brand einer Mühle – und sah nichts als Flammen. Der Notizblock blieb leer wie der Kopf, und, seine Blamage vor Augen, kehrte er in die Redaktion zurück.

> «Gott sei Dank, dass Sie endlich kommen», empfing mich der Nachtredakteur, «ich habe Ihnen anderthalb Spalten reserviert. Schreiben Sie schnell, damit wir recht viel davon noch in die Postauflage bekommen!» ... Anderthalb Spalten – das waren hundertfünfzig Zeilen! Ich hatte nicht einmal eine. Oder doch, eine hatte ich: den Titel «Brand der Schittkauer Mühlen». Der stand fest. Unter ihm klaffte leere Öde ... hundertfünfzig Zeilen tief. Da gab's keine Wahl, ich musste mich hinablassen in die öde Leere. Ich schrieb ... schrieb von den Flammen und wieder von den Flammen ... ich ließ sie lodern, leuchten, züngeln, prasseln, aufflackern ... Das Gebälk ließ ich knistern, krachen, bersten ... Die Mehlsäcke ließ ich glimmen und platzen und qualmen und dampfen und rauchen ... Die Wasserstrahlen ließ ich stechen wie Dolche und niedersausen wie Säbelhiebe ... und all das zusammen ergab erst zwanzig Zeilen.

In seiner Not vertraute Kisch nicht mehr seiner Beobachtung, er floh in die Phantasie. Obdachlose ließ er zur Mühle marschieren und sich der Polizei nähern: «Mein Bleistift – weit stärker beobachtend als sein Herr – beobachtete in einem solchen Moment flammender Beleuchtung, wie ein Polizist und ein vierschrötiger Riese einander gegenüberstanden. Wahrscheinlich kennt der Polizist den Mann, vielleicht ist er ein Gewalttäter ...»

Auch wenn das Erzählen die Tugend der Reportage ist, so duldet sie doch kein Flunkern und keine noch so schöne Erfindung; sie versammelt nur Tatsachen, die der Autor selber hört oder sieht. Der Journalist soll so anschaulich und präzise erzählen wie der Dichter, aber er besitzt nicht seine Freiheit, sich Anekdoten auszudenken, um sein Publikum zu vergnügen oder zu entsetzen. «Ein Chronist, der lügt, ist erledigt», meint Kisch, der Vater der modernen Zeitungsreportage. «Gerade weil mir bei der ersten Jagd nach der Wahrheit die Wahrheit entgangen war, wollte ich ihr fürderhin nachspüren. Es war ein sportlicher Entschluss.»

Die Reportage lebt von der Erzählung, der Spannung, der Bewegung. Das nächstliegende Gliederungsprinzip ist die Chronologie. Wo der Zeitablauf nichts hergibt, ist die journalistische Idee gefragt, damit Bewegung entsteht. Für offene Augen, konkrete Sprache und die Wahrheit gibt es keinen Ersatz.

So macht man's
1993 schrieb die 34-jährige Zeit-Redakteurin Iris Mainka die Geschichte einer Familie, die Flüchtlinge aus Bosnien bei sich aufnahm. Ihre Reportage, nominiert für den Kisch-Preis, druckte Die Zeit. *Es ist nicht* **die** *Reportage schlechthin, aber wir haben sie ausgewählt, weil sie in jeder Lokalzeitung erscheinen könnte; die Dauer und Schwierigkeit der Recherche wie auch die Länge des Textes wären für einen Anfänger zu bewältigen; selbst das Thema dürfte kaum altern: Flüchtlinge wird es immer geben.*

*Die Geschichte einer Familie,
die Flüchtlinge aus Bosnien bei sich aufnahm*

«Wer soll helfen,
wenn nicht wir?»

Kassel. – Jede Geschichte muss einen Anfang haben. Diese hier hat zwei. Sie beginnt zum einen mit zwei jungen Frauen aus dem kleinen Ort Breza, zwanzig Kilometer nordwestlich von Sarajevo. Nächtelang saßen sie in ihren Kellern, während draußen die Granaten serbischer Truppen einschlugen. Die Frauen hielten aus – und ent-

entschlossen sich dann doch zu fliehen. Im Mai vergangenen Jahres machten sie sich mit ihren Kindern auf den Weg.

Zum anderen beginnt die Geschichte mit den Fernsehbildern aus dem Kriegsgebiet. Viele sahen sie, fühlten sich hilflos und taten nichts. Manche überlegten, was sie tun konnten, und spendeten Geld. Und gar nicht so wenige fanden das nicht genug. Zu ihnen gehörten Karin und Michael, beide Mitte dreißig und damals, im vergangenen Sommer, seit einigen Monaten Besitzer eines Sechziger-Jahre-Reihenhauses in einem gutbürgerlichen Wohnviertel in Kassel.

☆

Der Entschluss. Zunächst war es nur ein Gedanke gewesen: Flüchtlinge könnten sie aufnehmen, oben unterm Dach in den beiden Zimmern, eines zehn, das andere fünfzehn Quadratmeter groß, daneben das winzige, blau gekachelte Duschbad – allemal besser als ein Lager. Aber wie viele Personen sollten kommen? Wie lange würden sie bleiben? Und würden sie miteinander auskommen?

Karin und Michael versuchten ihr Vorhaben möglichst nüchtern anzugehen. Sie wollten helfen, aber nicht naiv in ein Unternehmen hineinschliddern, das allen Beteiligten über den Kopf wachsen konnte. Auf eine Zeitungsnotiz hin, «Privatquartier gesucht», wendeten sie abendelang die Sachlage hin und her. Platz war da; die Kinder, die siebenjährige Christine, die dreijährige Stefanie und der sechs Monate alte David, hatten im ersten Stock genügend Raum; das Geld war mit einem Verdiener in der Familie eher knapp, doch es hieß, die Flüchtlinge würden Sozialhilfe bekommen. Kochen und essen müsste man in der kleinen Küche sowieso getrennt.

Und wen wollten sie aufnehmen? Eine ganze Familie? Womöglich mit einem Pascha, der sich oben auf der Schlafcouch von Frau oder Tochter den Kaffee servieren ließ? Kein Gedanke blieb ungedacht, und sei er noch so falsch oder banal. Am Ende dieser langen Abende reduzierten sich all die ängstlichen Für und Wider auf die Frage, die am Anfang gestanden hatte: Wer soll helfen, wenn nicht wir?

An diesem Punkt angelangt, riefen Karin und Michael bei der Caritas an. Kurze Zeit später kam eine Sozialarbeiterin und sah sich die Räume an. Am nächsten Tag schon sollten die Gäste kommen: zwei Frauen und vier Kinder.

Die Flüchtlinge, bosnische Muslime, hatten ihre ersten Monate in Deutschland bei einem Verwandten in Kassel verbracht. Dort wurde es auf die Dauer in der Dreizimmerwohnung zu eng – mehr wussten auch Karin und Michael zu diesem Zeitpunkt noch nicht. Für deutsche Verhältnisse war die Angelegenheit äußerst unbürokratisch, wenn nicht chaotisch abgelaufen.

☆

Die Ankunft. Karin erzählt lachend, sie sei vor allem erleichtert gewesen, dass die 32-jährige Zijada und die 26-jährige Almira so wenig fremd wirkten. Doch, ja, sie hatte sich zuvor gefragt, ob die beiden Frauen nicht verschleiert sein würden. Ob sie vielleicht daran Anstoß nehmen könnten, dass im Kühlschrank ein Stück Schweinefleisch lagert. Nun sieht sie die beiden in Jeans und Sweatshirt auf der Straße stehen, mit Zigarette in der Hand. Gleich soll die Sozialarbeiterin kommen und sie miteinander bekannt machen: Zijada mit ihren Kindern Armela und Eldin, dreizehn und zehn Jahre alt, dazu ihre Schwägerin Almira mit der sechsjährigen Aida und dem gerade ein Jahr alten Anis. Unsicher warten sie alle miteinander und sind froh, dass Nermin, der Verwandte, die ersten höflichen Worte übersetzt.

Hausbesichtigung. Die beiden Dachzimmer – auf einmal kommen sie Karin besonders eng und schäbig vor. Die Gäste beteuern, alles sei wunderbar. Christine und Stefanie mustern die fremden Kinder neugierig und stumm. Das Baby wacht schreiend vom Mittagsschlaf auf. Das geplante Zusammenleben beginnt mit Alltäglichkeiten, mit verlegenem Lächeln und gegenseitiger Sympathie.

☆

Die ersten Wochen. An der Pinnwand in der Küche hängen bald fünf große Zettel mit den wichtigsten Brocken Serbokroatisch – Deutsch: ti imas – du hast; dobro – gut; zasto – warum. Das Lexikon und immer neue Kannen Kaffee auf dem Tisch, haben die Erwachsenen die Zettel bis in die Nacht hinein geschrieben. Stück für Stück reimen sie sich die Lebensgeschichten zusammen.

Zijadas Familie hatte in Breza einen Frisiersalon, ein eigenes Haus, das jetzt zerstört ist. Almira und ihr Mann, von Beruf Elektriker, waren dabei, ein Haus zu bauen. Der Krieg machte alle Pläne zunichte.

Oft versuchen die beiden Frauen stundenlang, eine Telefonverbindung nach Bosnien zu bekommen, ein Lebenszeichen von den Ehemännern, die dort geblieben sind. Die Trennung sei sicher nur für einige Wochen, höchstens Monate, hatten die Männer ihre Frauen vor der Flucht beruhigt. Inzwischen ist Spätsommer, und die Lage im Kriegsgebiet wird immer schwieriger. Radio Sarajevo sendet die Namen von Toten; die Fernsehnachrichten werden zum allabendlichen Ritual. Dann weint Zijada. Ihre Schwester lebt mitten in Sarajevo.

Für Karin und Michael rückt der Krieg sehr nah. Da ist zum Beispiel die Sache mit der Glastür: Christine, die Siebenjährige, fällt beim Toben durch die Scheibe. Sie verletzt sich nur leicht – aber der zehnjährige Eldin stürzt, als er das Klirren hört, vor Angst und Schreck die Treppe hinunter. Er hatte geglaubt, nun sei eine Granate eingeschlagen.

Karin findet mit einiger Mühe für Armela, Eldin und die kleine Aida Schulplätze. Anders als die Kinder von Asylbewerbern unterliegen Flüchtlingskinder nicht der Schulpflicht, sondern sind auf das Wohlwollen von Schulamt und Direktor angewiesen. Als alles geregelt scheint, bedarf es weiterer Überzeugungskraft, damit Zijada ihre Kinder ziehen lässt. Sie hätte sie am liebsten den ganzen Tag lang in den engen Räumen gehütet.

Wenn Karin in diesen ersten Wochen mit Freunden oder Bekannten spricht, kommt oft die Frage: Wie geht es euch mit euren Flüchtlingen? Dann weiß sie nicht recht, was sie sagen soll. Es gibt viel und gleichzeitig wenig zu erzählen, denn wirkliche Probleme sind da nicht. Keine Fremdheit, keine verschiedenen Auffassungen von Sauberkeit, kein Streit um Lärm oder unterschiedliche Gewohnheiten. Im Gegenteil: Manchmal ist eher die Rücksichtnahme ein Problem. Jede will die Küche besonders sauber hinterlassen, als Erste die Wäsche aufhängen, den Boden wischen. Aber taugt das zum Erzählen?

«Alles klappt sehr gut», sagt Karin. Dass ihre kleine Tochter Stefanie zurzeit sehr schwierig ist, und sie und ihr Mann sich natürlich fragen, ob die neue Situation im Haus damit zu tun hat, erwähnt sie nur selten. Zu viel müssten sie erklären, um nicht missverstanden zu werden. Trotzdem stört es sie, wenn Stefanie zum Spielen ins Dachgeschoss geht und dort dann nur vor dem Fernseher sitzt.

Auch das Gefühl, noch weniger Zeit als vorher zu haben, bedrückt Karin manchmal. Da ist Finanzielles mit dem Sozialamt zu klären, fünf verschiedene Elternabende innerhalb einer Woche sind zu bewältigen – bei vielen Dingen brauchen Zijada und Almira Unterstützung. Manche Gespräche, auch untereinander, scheitern an der Sprachbarriere.

☆

Der Alltag. Das Zusammenleben spielt sich ein, die Atmosphäre wird lockerer. Auch die Küche als Schnittpunkt der beiden Familien ist längst nicht mehr so aufgeräumt wie zu Anfang. Die Frauen gehen freundschaftlich miteinander um und können inzwischen darüber reden, dass die Kinder zusammen spielen und nicht mehr vor dem Fernseher sitzen sollen. Nicht mehr alles ist Trauer. Es gibt Momente, in denen sie gemeinsam lachen.

Doch fällt es den Flüchtlingen weiter schwer, die Gastfreundschaft anzunehmen. Wenn die dreizehnjährige Armela einen Kalender mit Tesafilm an der Zimmertür aufhängen will, fragt sie um Erlaubnis. Nie würden Zijada und Almira ihr erlauben, einen Nagel in die Wand zu schlagen. Die Wand gehört schließlich nicht ihnen. Noch nach Monaten ist ein Spitzendeckchen auf dem Fernseher das einzig Private, das die beiden Frauen in ihren Dachzimmern auszubreiten wagen. Jeden Teller, der zerbricht, jedes winzige Missgeschick empfinden sie als Katastrophe. Die Angst, die Geduld ihrer Gastgeber über Gebühr zu strapazieren, wächst mit jedem Tag, den sie in Deutschland verbringen müssen.

Heute lacht auch Zijada über das «Pech» mit Michaels Werkzeugkiste. Doch in dem Moment, als sie beim Saubermachen auf einmal den Griff des Kastens allein in der Hand hält, ist ihr nur zum Heulen. Die Gastgeber sind verreist, sodass Zijada tagelang Zeit hat, sich auszumalen, was «der Mann» wohl zu diesem Unglück sagen wird. Natürlich empfindet Michael die Sache bei der Rückkehr als Lappalie. Aber das den beiden Frauen aus Bosnien klar zu machen erweist sich als nahezu unmöglich. Michael gegenüber zeigen sie besonderen Respekt und halten auch die Kinder mehr im Zaum als nötig. Dass er, wo er kann, im Haushalt hilft, irritiert sie eher und bringt ihr Rollenbild durcheinander. In Deutschland wäre sie gern eine Frau, gesteht Zijada halb amüsiert, halb neidisch.

Auch im Umgang mit Krankheiten sind die Gewohnheiten verschieden. Wenn Almira den kleinen Anis mit Nudeln und saurer Sahne füttert, obwohl er seit Tagen Durchfall hat, sieht Karin das mit einiger Verwunderung. Die Rolle des Besserwissers mag sie nicht haben und ruft den Kinderarzt. Wenn der mit fachlicher Autorität verfügt, der Kleine müsse an die frische Luft und dürfe mit Fieber nicht dick eingepackt im warmen Zimmer liegen, atmet sie erleichtert auf.

☆

Die Kinder. Die dreizehnjährige Armela hatte zu Hause in Breza mehr Freiheiten und musste nicht so oft den kleinen Anis hüten. Aber sie geht auch hier gern zur Schule und spricht schon passabel Deutsch. Das macht es ihr leichter, die Enge und das Heimweh zu ertragen. Ihren Vater vermisst sie sehr. Denn die Mutter reagiert auf den Druck, unter dem sie sich fühlt, auch mit Ungeduld und übertriebener Ängstlichkeit. Armela freut sich auf die Klassenfahrt, die sie nach langem Bitten wird mitmachen dürfen. Sie scheint von allen am besten zurechtzukommen.

Anders ihr Bruder Eldin. Neulich hat er heimlich seine Tasche gepackt und wollte sich auf den Weg machen: nach Bosnien, nach Hause. In der Schule spielt er den Clown, stört den Unterricht und verweigert die Mitarbeit. Seine Lehrerin nennt ihn ein «Problemkind» und wird ihn im Sommer eine Klasse zurückstufen. Er gehe sowieso bald wieder nach Bosnien, hat er ihr erzählt. In dem Schwebezustand, von dem keiner weiß, wie lange er dauern wird, mag er sich nicht einrichten. Und seine Mutter hat selbst keine Kraft, ihn zur Arbeit anzuhalten. Auch seiner einzigen häuslichen Pflicht, regelmäßig den Mülleimer zu leeren, entzieht sich der Zehnjährige mit viel Charme und Geschick. Die Veränderungen in seinem Leben gehen über seinen Verstand. Er wartet darauf, dass alles wieder so wird wie früher.

Die beiden Kleineren sind weniger mit Erinnerungen belastet und haben es da leichter. Die sechsjährige Aida war stolz auf ihre Schultüte und lernt nun lesen und schreiben in einer fremden Sprache. Ihr kleiner Bruder fängt ohnehin erst an, die Welt um sich herum zu begreifen. Und für Christine und Stefanie sind die Spielgefährten im Haus inzwischen selbstverständlich geworden. Was Krieg bedeutet, ist freilich auch ihnen klarer als anderen Kindern ihres Alters.

☆

Die Sehnsucht. «Ich kann nicht schlafen. Meine Haare werden ganz grau. Ich hänge zwischen Himmel und Erde», sagt Zijada und zündet sich eine neue Zigarette an. Bald ein Jahr leben sie nun als Flüchtlinge in Deutschland; das Verhältnis zu ihren Gastgebern ist herzlich, die Nachbarn bringen Geschenke. Von Feindlichkeit haben sie nichts gespürt. Aber die Ungewissheit, wie lange all das dauern wird, macht es so schwer, sich in der Fremde wirklich einzuleben.

Fast hat Zijada noch ein schlechtes Gewissen dafür, dass sie immer wieder weinen muss, «wo es doch anderen zu Hause in Bosnien noch viel schlechter geht». Vor ein paar Tagen hat Nermin, der Verwandte, ihr einen Brief von ihrem Mann gegeben. Einem der privaten Hilfskonvois, die die Bosnier in Deutschland auf den Weg schicken, war es gelungen, Post aus Breza mitzubringen. Zijadas Mann, ebenso ihr Bruder, sind am Leben. Aber ihr Mann schreibt, sie hätten kaum zu essen und nichts Warmes anzuziehen. Zijada erzählt von den Paketen, die sie und ihre Schwägerin für den Konvoi gepackt haben. Karin übersetzt, was sie sagt; im vergangenen Jahr hat sie mehr Serbokroatisch gelernt, als die beiden Frauen Deutsch lernen konnten. «Mein Kopf ist voller Heimweh», entschuldigt sich Zijada.

☆

Die Geschichte wird, wie jede Geschichte, ein Ende haben. Doch welches – und wann?

Alle Namen sind von der Redaktion geändert

22 Das Porträt

Wenn die Leute miteinander sprechen, dann sprechen sie meistens über andere: Nichts ist interessanter, nichts ist wichtiger. Wen interessieren schon Sachen – es sei denn, sie hätten etwas mit Menschen zu tun. Alles dreht sich um Menschen: Diese Grundregel der Kommunikation gilt gerade in den Medien, erst recht seit der Erfindung des Fernsehens, das unentwegt Menschen ins Bild rückt.

Das Prinzip aller erfolgreichen Medien lautet: Wenn du eine Geschichte erzählst, dann überlege dir, welche Menschen in ihr eine Rolle spielen! Reportagen sind ohne Menschen nicht denkbar, und bei nur einer Hauptperson fließen die Grenzen zum Porträt.

Porträts können zum Markenzeichen von Zeitungen und Zeitschriften werden. Nur wer seine Leser langsam, aber sicher vergraulen will, der erlaube sich, auf Menschen im Zentrum seiner Texte zu verzichten.

«Marie-Luise Scherer über den Fixer M.: Heut setz' ich mir den Todesschuss»: Der *Spiegel* lockte so die Käufer auf der Titelseite mit der Ankündigung eines Porträts. Die *FAZ* zeichnete den Hintergrund der Friedensverhandlungen auf dem Balkan – und druckte ein Porträt als Aufmacher der dritten Seite:

Als Richard Holbrooke noch in einem New Yorker Wolkenkratzer residierte und als Investmentbanker jährlich eine kühle Million verdiente, war er ein wohlhabender Mann. Als Präsident Clinton ihn als Botschafter nach Deutschland entsandte, wo er sich pudelwohl fühlte, war er ein zufriedener, obschon erwartungsvoll ruheloser Mann ...

Das *Hamburger Abendblatt* bringt seit über einem halben Jahrhundert auf seiner ersten Seite die Spalte «Menschlich gesehen». Sie stellt bekannte und nahezu unbekannte Leute vor, die der Redaktion aufgefallen sind, eindrucksvoll illustriert mit einer Zeichnung statt mit einem Foto. Im März 2003 traten neben anderen auf: der 23-jährige Formel-1-Rennfahrer Kimi Räikönen, der überraschend den

Großen Preis von Malaysia gewonnen hatte, der Hamburger Apotheker Wolfgang Courth, der am liebsten schreiben möchte über die Reformen im Gesundheitssystem, und zum Frühlingsbeginn Jörs Bako, der nahe dem Michel eines der ältesten Eiscafes führt.

Die Porträts sind nach einem einfachen, aber wirkungsvollen Muster geschrieben, wie dies vom Juli 1995 über Regina Halmich, der ersten deutschen Profi-Boxerin:

- Der erste Absatz erzählt das Besondere, das diesen Menschen interessant macht; etwa ein Zitat aus einem Gespräch, das eigens für das Porträt geführt wurde; eine überraschende Nachricht, die einen Politiker zum Gesprächsstoff macht; eine charakteristische Szene, eine Beschreibung oder eine Mischung aus alledem:

   Ohne Mundschutz zeigt ihr Gesicht weniger Kampfeslust, sondern meist ein Lächeln. Und doch: Mit Aggressivität scheint Regina Halmich etwas zu bewegen. Gestern unterschrieb Deutschlands erste Profiboxerin beim Hamburger Promoter Klaus-Peter Kohl einen Zwei-Jahres-Vertrag. Ein Traum sei in Erfüllung gegangen, sagt die 18jährige.

- Der Hauptteil erzählt von beruflichen oder sportlichen Erfolgen, eben der Karriere eines Menschen, eingefügt in seinen Lebenslauf, aber ohne das Stakkato einer Aufzählung:

   Nach dem Hauptschulabschluß bestand ihr Leben nur aus Arbeit, Berufsschule, Training und Schlafen. Nur für ihren Coach und Entdecker blieb Zeit, nicht jedoch für einen Freund oder Hobbys: Ich bin solo, der Sport geht vor.

- Am Ende kommt ein Schlenker ins Private, so es solches zu entdecken gibt. Das Porträt des Rennfahrers Kimi Räikönen schließt:

   ‹Das Leben in den finnischen Wäldern war einfacher, ich vermisse meine Eltern und meinen Bruder Rami oft›, gibt er zu. Sieben Millionen Euro Jahresgehalt lassen den Liebhaber von gegartem Ren-

tierfleisch sein Heimweh meist vergessen. Den Glanz, der dem Rockmusik-Fan fehlt, strahlt seine Lebensgefährtin aus. Jenni Dahlmann, einstige Miss Finnland, ist ‹die Frau meines Lebens›. Bei ihr schmilzt der ‹Iceman› dahin.

Das Rennfahrer-Porträt schrieb der Autor, angeregt durch eine Agenturmeldung, allein mit Stoff aus dem Archiv; für ein Gespräch stand der Finne offenbar nicht zur Verfügung, sonst wäre statt des kurzen Porträts wohl ein langes Interview erschienen. Mit der Suche im Archiv oder wenigstens in einem Nachschlagewerk beginnt die Arbeit fast immer: Was hat er gesagt? Was ist über ihn gesagt und geschrieben worden? Mit wem war er zusammen? Von wem hat er sich getrennt? Wo lebt und arbeitet er?

Dies ist schon die erste Möglichkeit, ein Porträt zu schreiben – «kalt» zu schreiben, wie's Redakteure gern nennen, wenn die menschliche Wärme fehlt, also ein Gespräch oder wenigstens eine kurze Begegnung, die man beschreiben kann.

Immer wieder bleibt einer Tageszeitung nichts anderes übrig: wenn der Nobelpreisträger gekürt, aber für ein Gespräch nicht greifbar ist; wenn der Minister nach seinem Rücktritt gleich nach Florida fliegt oder der Richter nach einem spektakulären Urteil sein Büro in eine uneinnehmbare Festung verwandelt. Dennoch können exzellente Porträts ins Blatt kommen, wenn die Unterlagen brauchbar und die Schreiber Könner sind. Bisweilen kommt dabei sogar mehr heraus als bei einem kurzen Gespräch, denn im Archiv wird mehr gesammelt, als viele je wieder offenbaren möchten, von echten oder gespielten Lücken in der Erinnerung ganz abgesehen. Der Journalist, der kalt schreibt, arbeitet wie ein Biograph, der es ja meist mit Verstorbenen zu tun hat.

Die zweite Möglichkeit: Die Mappe im Archiv ist prall gefüllt, und der Prominente wartet schon im Hotel, um den Redakteur mitzunehmen zur ersten Probe des Balletts. Reizvoll wird der Vergleich zwischen der Papierform einer Person und seiner Wirklichkeit, zwischen dem Lebenslauf aus dem Archiv und dem wirklichen Leben, bei dem der Reporter ein Stück mitläuft.

Doch auch die Gefahr läuft mit, und *Spiegel*-Reporter Jürgen Leinemann warnt heftig, sich nach der Archivlektüre schon ein festes Bild zu malen. «Sammeln ist wichtiger als auswählen», meint er – und rät sogar, bisweilen «seiner Zielperson unbefangen und unbelastet von zu viel Vorausmaterial entgegenzutreten».

Oft *muss* der Reporter, vor allem im Lokalen, unbelastet ins Gespräch gehen. Und dies ist die dritte Möglichkeit: Weder im Archiv steht etwas, noch ist der Auserwählte bereit oder fähig, Interessantes mitzuteilen. Über die 90-Jährige, die im Altersheim ihren Geburtstag feiert, gibt das Archiv nichts her; da muss sich der Redakteur auf sein eigenes Archiv im Kopf verlassen können: Was war das für eine Zeit in Ostpreußen, als die alte Frau ein junges Mädchen war und am Pregel spazieren ging? Wer herrschte damals? Wo standen die Grenzbäume? Das so gern belächelte Allgemeinwissen wird ihm helfen, falls er eines besitzt, denn ein Lexikon ist nicht greifbar, wenn er der alten Frau gegenübersitzt.

Wer gern mit Menschen spricht, der bekommt schnell eine Chance in der Lokalredaktion, sich einen Namen zu machen, selbst als Anfänger. Runde Geburtstage und goldene Hochzeiten, Betriebsjubiläen und Verdienstkreuz-Verleihungen werden von der Redaktion als lästige Routine betrachtet; aber sie freut sich über jedes lebendige Porträt, das sie statt liebloser Ehrungszeilen ins Blatt rücken kann.

Wenn ein Lokalchef dieses Ziel erreicht, dann wird seine Zeitung im Ansehen der Leser steigen. Nebenbei kommt er so von der Routine-Berichterstattung weg, die nur die Funktionäre mögen: Standard-Foto von händeschüttelnden Männern plus Standard-Text mit 40 Zeilen. Wer auffällt, bekommt stattdessen ein Porträt; der neue Polizeichef ebenso wie die erste Schornsteinfegerin, der neue Schauspieler am Stadttheater ebenso wie der Fußballer, der zum dritten Mal die rote Karte sah.

Als eigenständige Form gilt das Porträt nicht. Doch was wollen Journalisten mehr – als entdecken, was sie hinter ihren Masken verbergen, die Politiker und all die anderen, die als die Mächtigen auftreten oder als Opfer oder einfach als normale, originelle oder glückliche Mitmenschen?

Das Porträt kann alles sein, eine Mischung aus Reportage und Interview, Bericht und Feature. Die Grenzen sind fließend bis hinüber zur literarischen Form; doch die Form ist gleichgültig, allein das Thema bestimmt das Genre: eben der Mensch, von dem so lebendig wie möglich erzählt wird.

Was aber macht der junge Redakteur, wenn sich sein Gast eher tot als lebendig zeigt? Christel Hofmann beschreibt in einem *Zeit*-Porträt, wie sie einen Greis besuchte, als gerade ein Lokalreporter vorbeischaute:

> *Die Zeitung war da und fragte ihn beim Rosenschneiden, wie er sich fühle, bald neunzig und als ältester Mann am Ort. Nicht einmal herumgedreht hat er sich und nichts gesagt. Rosenschneiden ist eine Sache für sich und die Zeitung eine andere. Zwei Dinge zur selben Zeit tun ist die bare Unvernunft. So wurde er neunzig, und die lokale Zeitung erfuhr nichts darüber, wie er sich fühlte.*

Christel Hofmann dagegen nimmt sich Zeit für ihr Porträt und für ihren zunächst unwilligen Gesprächspartner, ja sie nimmt die Unwilligkeit als Eigenart, sie schaut genau hin und ist plötzlich mitten in der Schilderung eines Menschen.

Auch die mächtigen Herren nehmen ihre Maske nur widerwillig vom Gesicht. Helmut Schmidt als Kanzler beispielsweise wehrte sich gegen neugierige Journalisten und begegnete ihnen als unwirscher Herrscher – selbst in seinem Ferienhaus am Brahmsee. Doch für einen Journalisten ist alles zu gebrauchen in einem Porträt, alles kann er beschreiben; das Schweigen gehört zum Menschen wie sein Reden, die Gegenwehr ebenso wie die Geste der offenen Arme.

Das Porträt handelt vom Wichtigsten, das Journalisten ihren Lesern erzählen können: von Menschen. Die Leser mögen es und können nicht genug bekommen, und der Redakteur ist klug, wenn er so oft wie möglich statt der Routine ein lebendiges Porträt ins Blatt rückt. Der Reporter beschreibt die Person mit seinen eigenen genauen Beobachtungen, er erzählt ihre Biographie und nutzt dafür das Archiv.

23 Der Boulevardjournalismus

Wer bei einer Boulevardzeitung arbeiten will, sollte nicht auf die Uhr schauen, er darf nicht wählerisch sein bei der Auswahl seiner Themen, er muss eine klare und einfache Sprache beherrschen, und er darf sich nicht in lange Texte («Riemen») verlieben; eine Portion Zynismus kann ebenso wenig schaden wie die Lust auf schrille Schlagzeilen und ein schräges Layout.

> *In mundgerechten Happen, raffiniert zurechtgemacht, werden die Geschichten dem Leser angeboten. Er wird nicht verstandesmäßig angesprochen, sondern über das Auge und mit Gefühlen. Fallen bei einem Bundesligaspiel zwei sensationelle Tore hintereinander, heißt die Schlagzeile: PATSCH! PATSCH! JUBEL! Jeder weiß, was gemeint ist. Komplizierte Sachverhalte werden in Losungen und Schlagworten zusammengefasst.*

So charakterisiert der ehemalige *Bild*-Reporter Hans Schulte-Willekes die deutsche Zeitung, die zu ihrer besten Zeit über fünf Millionen Exemplare täglich verkaufte, immer noch mit Abstand die größte Zeitung Deutschlands und die größte Boulevardzeitung der Welt ist. Als Axel Springer sich 1952 die *Bildzeitung* ausdachte, war der Titel schon das Programm: Viele Bilder wollen die Menschen und wenig Buchstaben. Wie ein Plakat soll die Zeitung den Passanten locken und wie ein Magnet die Leser anziehen.

Wer sich zwischen dem Generalanzeiger und dem Boulevard entscheiden will, der muss wissen: Die Abo-Zeitung will den Kopf des Lesers erreichen, die Boulevardzeitung den Bauch. Sie hat auch keine andere Chance: Im Gegensatz zu jenen Zeitungen, die ihre Auflage durch Abonnements sichern, muss sich das Boulevardblatt auf der Straße verkaufen und jeden Tag neu seine Leser überzeugen. Nur wenn die Schlagzeile über dem Bruch sofort ins Auge springt, öffnet der Kunde sein Portemonnaie.

Anfänger seien gewarnt! «Manche Nachwuchsreporterin ist für dieses Geschäft zu sensibel: Sie identifiziert sich mit dem Leid», berichtet ein Berliner Boulevardredakteur. Er meinte beispielsweise die Schwierigkeit, Fotos eines verunglückten Kindes aus dem Familienalbum zu besorgen. Er fährt fort:

> *Auf dem Boulevard darf man sich nicht als Sozialarbeiter fühlen, sonst geht man kaputt daran. Machen wir uns nichts vor: Der Boulevard ist die Bühne für Geschichten, die wir in Szene setzen. Außer den Emotionen braucht es die Sensationen ... Für eine gute Story sollte man keine falsche Rücksicht nehmen. Diejenigen sind scheinheilig, die behaupten, sie stünden auf der Seite der Armen, der Opfer: Die sind der Stoff, aus dem unsere Geschichten sind. Und weiter nichts.*

Gut 14 Millionen Deutsche lesen täglich eine Boulevardzeitung. Dennoch fällt den meisten Journalisten nur Hämisches ein, wenn sie über *Bild, AZ, Express, Morgenpost* und die anderen Boulevardblätter reden. Sie sind ihnen zu reißerisch, zu vulgär. Sie verbinden die Exzesse, vor allem der *Bildzeitung*, mit dem Boulevardjournalismus schlechthin.

Die meisten Rügen des Presserats müssen Boulevardzeitungen, vor allem *Bild*, einstecken, weil sie gern mal die Ehre verletzen oder die Persönlichkeitsrechte und weil sie für eine gute Schlagzeile einen Beschuldigten verurteilen, bevor eine Anklage überhaupt formuliert ist. In den vergangenen Jahren ist der Anteil der Rügen für den Boulevard allerdings deutlich geschrumpft: 2002 gingen 27 gegen Lokalzeitungen, überregionale Tageszeitungen und Zeitschriften ein – und nur 14 gegen Boulevardzeitungen.

Eine Auswahl der Rügen des Presserats gegen Boulevardzeitungen im Jahr 2002:

- Das verletzt die Würde körperlich und psychisch kranker Menschen: das Foto eines Busfahrers, der nach einem Schlaganfall auf der Intensivstation liegt.
- Das ist unangemessene sensationelle Darstellung: das Foto der verbrannten Leiche einer jungen Selbstmörderin.
- Das verletzt den Schutz von Menschen, die unversehens in Un-

glücksfälle verwickelt sind: das Foto des Straßenbahn-Fahrers, der einen Selbstmörder überfahren hatte.
- Das verletzt die Menschenwürde: Die Leibwächterin der Popdiva Kylie Minogue wird in einem Bericht durchgehend als «Tier» bezeichnet.
- Das ist Vorverurteilung: Einen mutmaßlichen Mörder bezeichnet die Redaktion durchgehend als «Killer» und «Vergewaltiger».
- Das ist Diskriminierung: Ein mordverdächtiger Halbkongolese wird in der Überschrift zum «Kongo-Killer aus Weißensee».

Die Jagd nach der Schlagzeile und dem Foto, das die Käufer reizt, provoziert leicht das Fieber, das den Blick trübt. So gehören die Auswüchse eher zum Boulevard als zur Abonnementzeitung, doch sind sie nicht untrennbar mit ihm verbunden; sie garantieren auch nicht mehr automatisch den Erfolg. «Pralle Oberweiten und vor Blut triefende Titelgeschichten begeistern nur noch wenige», stellt das Branchenblatt *Werben und Verkaufen (W&V)* schon 1995 in einer Hintergrundgeschichte fest, in der es den Leser- und Anzeigenverlust der Boulevardpresse analysiert, der sich in den vergangenen Jahren beschleunigt hat.

Charakteristisch für den Boulevard ist eher die Mischung der Themen, die starke Ähnlichkeit mit der von Zeitschriften zeigt. Der Redakteur braucht ein Gespür für die Psychologie der Massen, wenn er seine Themen auswählt, und er muss die Themen sorgsam über die Seiten verteilen. Hans Schulte-Willekes erzählt aus der Konferenz der *Bildzeitung*:

> *Wenn man drei Morde hat, kann nur einer davon groß gespielt werden. Die Mischung muss stimmen: harte Storys, weiche Storys, «Miezen» ... Die Themen decken die wichtigen Gefühlsbereiche des Lesers ab. Geschichten mit «sozialem Mief» werden «kosmetisch» behandelt.*

Auch für den ehemaligen *AZ*-Chefredakteur Uwe Zimmer, der heute die Regionalzeitung *Neue Westfälische* führt, ist «Mischung das Zauberwort gegen Tristesse, gegen Bleiwüsten, gegen Abstumpfung». Er empfiehlt auf jeder Seite Elemente, die sich wie Feuer und Wasser verhalten: Information stößt auf Unterhaltung, Dramatik auf Entspannung, Nachricht auf Meinung, Schrecken und Leid auf Freude, Emotion auf Sachlichkeit, lange Texte auf kurze.

Und wie macht man ein attraktives Boulevardblatt? Uwe Zimmer legt eine Checkliste vor: Leserfreundlichkeit; eigene Berichte und Reportagen; Fotos als Leserfang; ein bedeutender Anteil unterhaltender Stoff auf jeder Seite; die Fortschreibung laufender Ereignisse; ein Redakteur als Planer für Serien und Aktionen; Fremdautoren und prominente Gastautoren als regelmäßige Schreiber; Themenplanung für Reportagen; Features; Glossen; Bildzeilen, die erklären und neugierig machen auf den Artikel; eine reizvolle Überschrift; selbst recherchierte Enthüllungsgeschichten.

Lobenswert ist beim Boulevard die Sprache – auch wenn die Redakteure der Kaufzeitungen nicht so schreiben, wie die Leute auf dem Boulevard reden; sie schreiben stets so, dass die Leute sie verstehen – und meinen dann, es sei deren Sprache. Auch wenn der Stress höher ist als der von Redakteuren bei Abo-Zeitungen, formulieren sie meist Sätze, die ihre Leser mögen. Vor allem formulieren sie kurz, und das liegt nicht nur daran, dass sie weniger Platz zwischen den großen Anzeigenblöcken bekommen als die Redakteure der Abo-Zeitungen.

Fast die Hälfte der Sätze in der *Bildzeitung* hat vier Wörter oder weniger. Wer dies für einen Ausweis von Dummheit hält, sollte über die Disziplin beim Denken nachdenken, wie es E. A. Rauter getan hat:

> *Der lange Satz ist im Journalismus meist eine Zuflucht für den, der sich eine Sache nicht erarbeitet hat. Kurze Sätze kann man nicht schreiben, wenn man nicht genau Bescheid weiß ... Der Erfolg der Bildzeitung beruht darauf, dass ihre Redakteure mehr arbeiten. Sie arbeiten an den Nachrichten, sie setzen sie um, knapp und korrekt. Der Leser versteht beim Hinschauen, um was es geht. Es sind nicht so sehr die Sachen, Blut, Verbrechen und Klatsch, die die Bildzeitung attraktiv machen, als vielmehr die Tatsache, dass der Leser vom*

Text aufgenommen wird. Er fühlt sich wohl in der Zeitung, weil er alles begreift.

Die kurze, klare Sprache, ein Themen-Mix, der die Leser anspricht – das sind die Stärken der Boulevardzeitung. Und es sollten auch die Stärken aller Zeitungen sein, die sich zum Ziel setzen, den Leser ernst zu nehmen. So schauen immer wieder Redakteure der Abo-Zeitungen zu den Kaufzeitungen, sie wollen und können von ihnen lernen – und sie müssen es tun, wenn die Auflagen sinken.

Wer eine attraktive Zeitung produzieren will, bedient sich ähnlicher Mittel, ob er ein Lokalblatt macht oder etwa die Münchner *Abendzeitung*. Ihr Chefredakteur meint: «Boulevard-Journalismus bedeutet Kampf um das Geld, die Zeit und das Vertrauen des Lesers.» Darum müssen alle Journalisten kämpfen – in allen Medien. Und so hat auch Hubert Burda Recht mit dem alten Satz: «Der Wurm muss dem Fisch schmecken, nicht dem Angler!»

Wer genau hinschaut, entdeckt immer mehr Farbe im Generalanzeiger, kürzere Texte und flapsige Überschriften. In der Tat nähern sich Boulevard- und Tageszeitungen immer stärker einander an. Das hat gute Gründe:

- Das private Fernsehen befriedigt im Reality-TV immer mehr, immer zynischer und immer aggressiver die niedrigen Instinkte der Menschen, sodass der gedruckte Sex&Crime-Journalismus nicht mehr mithalten kann und stark an Auflage verliert – die Boulevardzeitung muss seriöser werden.
- Die Abo-Zeitungen müssen zunehmend um die Gunst der Leser kämpfen – und so erwägen sie, von ihrer allzu großen Seriosität ein bisschen abzustreifen.

Ex-*Bild*-Chefredakteur Claus Larass plädierte in der Tat für einen sanfteren Boulevard und rät seinen Redakteuren: Weckt keine falschen Emotionen! Nehmt die Probleme der Leute ernst! Schafft Ordnung in den Köpfen angesichts des Informationswusts durch das Fernsehen! Schreibt auch längere Geschichten, wenn sie interessant sind!

Immer öfter recherchiert *Bild* politische Nachrichten, etwa in Interviews, die vor allem in den Rundfunknachrichten zitiert werden, aber auch in einem Dreispalter auf der ersten Seite der *FAZ*, der sich auf ein *Bild*-Interview mit dem Kanzler bezieht. Gleichzeitig kopieren die Abo-Zeitungen immer mehr die Stilmittel des Boulevards. Werner Meyer schrieb 1993 im mittlerweile eingestellten Monatsblatt *Die Zeitung*:

> *Ein Hauch von Boulevard weht selbst durch die ernsthaftesten deutschen Zeitungen: Die Süddeutsche Zeitung wünscht sich mehr Lese-Spaß, die Welt setzt sich zum Ziel, mit wenigen Worten mehr zu sagen. Wohin man schaut: Kürzer die Aussagen, munterer, boulevardhafter selbst die strenge Nachrichtensprache.*

Schon immer stieg die Abonnementzeitung regelmäßig auf einer, meist der letzten Seite hinab in die Niederungen der Unterhaltung und Sensation: «Das Vermischte» versammelt die Unglücke und Amokläufe dieser Welt, Klatsch und Kuriositäten – und meist in einer leichten Sprache, als seien eine Seite lang die üblichen Regeln der seriösen Profession aufgehoben.

Auch wenn die Zeitungen ihren Lesern mehr Leichtigkeit versprechen, so zieht sich der Boulevard immer noch nicht durch das gesamte Blatt. Der Redakteur, der die bunte Seite produziert, steht in der sozialen Rangfolge ganz unten: So recht nimmt ihn keiner ernst. «Kennen Sie einen Kollegen, der sich auf einem Empfang mit stolzgeschwellter Brust als der Redakteur fürs Vermischte vorstellt?», fragt *AP*-Redakteur Peter Zschunke.

Gerade der deutsche Dienst von *AP* kann den Erfolg, nach *dpa* die beliebteste Agentur zu werden, den bunten Meldungen verdanken: Rund ein Viertel des Materials, das an die Redaktionen geschickt wird, trägt das Agentur-Kürzel «vm» für Vermischtes. Diese Themenbereiche, mit fast gleichem Umfang, laufen unter der vm-Kennung: Unglücke, Kriminalität, Wetter und Naturkatastrophen, Wissenschaft und Wissenswertes für Verbraucher, Heiteres und Kurioses, Prominente und Showbiz.

Die Redakteure, die am meisten den Schreibtisch verlassen, experimentieren am meisten mit den Mitteln des Boulevards, um eben den Wünschen ihrer Leser gerecht werden zu können. «Der Boulevard – worüber die Leute reden» hieß eine Arbeitsgruppe, als sich Lokalredakteure 1991 zu einem Seminar über den unterhaltsamen Lokalteil trafen. Sie entdeckten den Charme des Begriffs: Wer über einen Boulevard schlendert, der trifft gern Menschen, redet mit ihnen oder schaut ihnen zu – und freut sich über einen sonnigen Nachmittag.

Das bringt den Boulevardzeitungen täglich gut 14 Millionen Leser: das reißerische, oft chaotische Layout, vor allem auf der Titelseite; die farbigen, großen, meist roten Buchstaben und Balken; der extreme Schnitt bei Bildern, vor allem bei Porträts; die fetzigen Schlagzeilen; die turbulente Mischung von Nachricht und Meinung. Das gehört zum Erfolg, ob man's mag oder nicht. Ärgerlich sind der Zynismus und die Menschenverachtung, die stets zu Rügen des Presserats führen; nachahmenswert sind die Lesernähe, die klare Sprache und das starke Gewicht von Service und Lebenshilfe auf jeder Seite.

24 Der Zeitschriften-Journalismus

Zeitschriften (oder Magazine, was annähernd dasselbe ist) erscheinen wöchentlich, vierzehntäglich oder monatlich; woraus Zeitungsredakteure gern folgern, an den meisten Tagen gebe es wenig oder nichts zu tun. Davon ist nur so viel wahr, dass in einzelnen, nicht aktuellen, sehr erfolgreichen und mit einer großen Redaktion versehenen Magazinen ein gewisser behäbiger Arbeitsrhythmus herrscht, auf den man in der Zeitung neidisch oder verächtlich herabblickt.

In den meisten Zeitschriften dagegen wird eher härter als in der Zeitung gearbeitet, jedenfalls unter ungleich schwierigeren Bedingungen; nämlich mit quälenden Zeitabläufen, einer quälenden Abhängigkeit von Bild und Layout, mit höherem Anspruch ans handwerkliche Können – und mit totaler Abhängigkeit von den Einfällen der Redaktion.

Die wenigsten Zeitungsredakteure machen sich das klar: Auch wenn sie überhaupt keine Ideen hätten – die Zeitung würde trotzdem voll. Die Ressorts Politik und Wirtschaft werden mit Agenturmeldungen zugeschüttet, der Sport, die Kultur und das Lokale brauchen nur zu *reagieren*: auf die Termine, die der Stadtrat, die Gerichte, die Veranstalter von Pressekonferenzen, Kundgebungen, Konzerten und Fußballspielen vorgeben, dazu die Theater mit ihren Premieren und die Galerien mit ihren Vernissagen; und dann flattern noch die vorverdauten Pressetexte von Parteien, Firmen und Verbänden auf den Tisch.

Natürlich schmückt es die Redaktion, wenn sie Einfälle hat, zumal im Lokalen und dort in der Urlaubszeit, wenn der Eifer der Veranstalter nachlässt. Existenzbedingung der Zeitung aber sind Ideen nicht.

Zeitschriften dagegen können mit allen Agenturen und den meisten Terminen nichts anfangen; ihre Stoffe sind überwiegend von anderer Art, und immer kämen sie zu spät. Frauenzeitschriften werden von der Mode- und Kosmetik-Industrie mit Angeboten gefüttert, mit denen sie immerhin die Hälfte des Blatts füllen können; Zeitschriften wie *Geo* oder die *Bunte* oder *Eltern* stehen vor dem Nichts. Wenn sie dreißig Themen bringen, so mussten sie vorher mindestens sechzig Ideen haben – die Hälfte erweist sich ja bei der Recherche als undurchführbar oder unergiebig.

Zeitschriften mit aktuellem Anspruch wie der *Stern* stehen vor folgender riesiger Hürde: Redaktionsschluss Montag, Erstverkaufstag Donnerstag – also drei tote Tage, in denen die erhofften *Stern*-Leser fernsehen und Zeitung lesen – und womit ist man dann noch aktuell? Nur mit den ungewöhnlichen Bildern, der brillanten Reportage, und vor allem: dem besonderen Aspekt, jenem Blickwinkel, der bis Montag keinem aufgefallen war und hoffentlich bis Donnerstag keinem einfallen wird.

Im Idealfall hat die Redaktion einen Skandal aufgedeckt (ob er nun so heißen sollte oder nicht) und beherrscht mit ihm ein paar

Tage lang den Markt; im weniger idealen Fall behauptet sie, eine Tendenz aufgespürt zu haben («Die Deutschen entdecken die Zärtlichkeit»), dicht an dem alten Branchenwitz: *Ein* Mensch ist eine Tendenz, zwei sind eine Bewegung, drei sind eine Massenhysterie.

Die Abhängigkeit von Bild und Layout ist für die meisten Schreiber ein Ärgernis, zumal wenn sie frisch von der Zeitung kommen. Zeitschriften bestehen zu mindestens 50 Prozent aus Bildern, und wo der Art-Director oder der Chefredakteur entscheidet: «Bilder nicht gut genug», da ist auch der Text gestorben. Das Layout, unbestritten viel wichtiger als in der Zeitung, wird in einigen Redaktionen bis zum absoluten Diktat des Kunstdirektors getrieben, sodass der Redakteur die wenigen freien Plätze nur noch seufzend oder weinend füllen kann.

Dringender Rat an Berufsanfänger oder Redakteure, die frisch von der Zeitung kommen: Niemals fordern, zugunsten des Textes ein Bild zu verkleinern oder wegzulassen! Damit macht man sich zum Gespött. Höchstens kann man versuchen, nach starkem Lob für das Layout eine gewisse Verzweiflung glaubhaft zu machen und den Künstler um einen Gnadenerweis zu bitten.

Die quälenden Zeitabläufe: Die meisten Zeitschriften werden in mehreren Produkten hergestellt, die unterschiedliche Termine haben. Es kann vorkommen, dass der Redakteur einen Text für Heft 3 eher liefern muss als einen für Heft 1, weil das erste Produkt von Heft 3 einen früheren Termin hat als das letzte von Heft 1.

Auf diese Weise an mehreren Ausgaben gleichzeitig arbeiten zu müssen, ist verwirrend genug. Dazu kommt aber, dass nichtaktuelle Zeitschriften ihren Redaktionsschluss schrecklich lange vor dem Erscheinen haben, weil dies den Druck verbilligt. Für das Septemberheft einer Monatszeitschrift liegt der Redaktionsschluss meist Ende Juli; die ersten Beiträge müssen im Juni produziert werden, und spätestens im Mai beginnt man darüber nachzudenken, womit man das Septemberheft füllen möchte. Wenn es dann endlich erscheint, ist längst der Redaktionsschluss für das Oktoberheft verstrichen, am Novemberheft wird heftig gearbeitet, für Dezember müssen die ersten Beiträge produziert werden, über den Januar wird nachgedacht.

Und warum bei alldem auch noch ein *höherer Anspruch ans handwerkliche Können*? Weil die Zeitschrift ein teures, im Grunde überflüssiges Produkt ist, das völlig vom Besonderen lebt. Eine Zeitung mit lokalem Monopol befriedigt eine Reihe von Primärbedürfnissen, sodass kaum ein Mehrpersonenhaushalt auf sie verzichtet; ob ich mir den *Stern* oder die *Freundin* kaufe, hängt ganz davon ab, ob das Blatt mich beim vorigen Mal gründlich und angenehm genug informiert und unterhalten hat. Drei Jahre schlechtes Handwerk kosten eine Monopolzeitung mittlerweile auch einige tausend Abonnenten – eine Zeitschrift fegen sie aber vom Markt.

Also wird ungleich heftiger gerungen: um die pfiffigsten, elegantesten Überschriften, Vorspänne, Bildunterschriften, um verständliche, gefällige Sprache in spannender Dramaturgie. *Der Vorspann* hat dabei eine völlig andere Funktion: In der Zeitung soll er das Wesentliche zusammenfassen und die Lektüre des vollen Textes allenfalls entbehrlich machen (mehr dazu in Kapitel 33); in der Zeitschrift umgekehrt: Der Vorspann ist ein Apéritif und nicht das Hauptgericht, eine Frage und nicht die Antwort. Seine einzige Funktion ist, den Leser in den Lauftext hineinzuziehen.

Denn die Zeitschrift kann nur überleben, wenn der Leser bei möglichst vielen Beiträgen mit der Lektüre beginnt und möglichst oft auch bis zum Ende liest – sonst ist er zu schnell fertig mit dem Heft und fragt sich, warum er dafür noch einmal zwei Euro ausgeben soll.

Auf der Habenseite steht, dass der Redakteur die Chance hat, mit einer Gründlichkeit zu recherchieren und um den optimalen Text so lange zu ringen, bis der besser und interessanter wird, als er in der Zeitung sein könnte. Mit großzügigen Bildern in schickem Layout und mit brillanten «Kleintexten» versehen (Überschrift, Vorspann, Bildunterschrift, Seitentitel, Zwischentitel), kann der Text einen Rahmen haben, der den Schreiber tief befriedigt, und es gibt Sternstunden des Zeitschriften-Journalismus, wo sich zwei, drei Redakteure zusammensetzen und mit Lust ein Gesamtkunstwerk vollbringen, von dem Zeitungsredakteure nur träumen können.

Der Zeitschriften-Journalismus ist ein kompliziertes und hartes Geschäft – meist mit weniger Termindruck als in der Zeitung, aber mit einem Ringen um die Perfektion, wie Zeitungsredakteure es kaum kennen: Selten haben sie Zeit dazu, aber selten auch haben sie eine Ahnung davon, mit wie viel Engagement eine Zeitschrift produziert werden muss, damit sie sich behaupten kann.

Klassische Zeitschriften-Vorspänne

Neben dem Papst gilt heute nur noch der Computer als unfehlbar. Papst mal beiseite – Computer machen Fehler. *SZ-Magazin*

Östrogen im Kalb, Quecksilber im Fisch, Cadmium im Lamm. Das ist überhaupt nicht gefährlich. Vorausgesetzt, Kalb, Fisch und Lamm kannten die richtige Dosierung. *Natur*

Von wegen Weihnachten! Nie wird so oft und so viel gestritten wie bei diesem Fest der Liebe. Dabei gibt sich jeder so viel Mühe. Eben, meint der Psychologe. *Bunte*

Sie ist die mächtigste Frau in Washington. Klar im Kopf. Klug genug, im Hintergrund zu bleiben. Und geschickt darin, George W. Bush die komplizierte Welt auf schlichte Art zu erklären. Condoleezza Rice ist mehr als nur seine Sicherheitsberaterin. *Stern*

Es hat 15 Jahre gedauert, dem Geheimnis der ägyptischen Schriftzeichen auf die Spur zu kommen. Hier erfahren Sie in 15 Minuten, wie das geschah. Anschließend können Sie in 15 Sekunden eine Hieroglyphen-Inschrift entziffern. *P.M.*

Achtung – unbekanntes Flugobjekt auf dem dritten Zaunpfahl von links. Ist es eine Amsel? Ein Fink? Oder gar ein Rosenstar? Es gibt Leute, die behaupten, es gebe Spannenderes im Leben, als Vögel zu beobachten. Aber wenn man echten britischen «birders» bei der Feld-Arbeit zusieht, dann fragt man sich bisweilen: was eigentlich? *Geo*

Wer bezahlt auch noch dafür, dass er angeschnauzt, eingepfercht, angeschmiert, abgefüttert und stehen gelassen wird? Dafür, dass er mehr Zeit beim Einchecken als in der Luft verbringt? Der Fluggast. Richtig. Und wer gehört dafür beschimpft und gehauen? Genau! Und das macht hier Peter Pursche. Unsachlich, wutschnaubend und tückisch. *Viva*

Bergmanns Gewürze
Von 1972 bis 1991 stammten sämtliche Vorspänne in der Monatszeitschrift *Essen&Trinken* von Dr. Hanns-Georg Bergmann (gestorben 1994), ebenso sämtliche Überschriften und Zwischentitel. In der Branche und von vielen Lesern wurde bewundert, mit wie viel Phantasie und Sprachwitz Bergmann so dürftige Themen wie Kohlrabi oder Pfifferlinge zu kredenzen verstand – zum Beispiel so:

Pfirsich ist das total sinnliche Erlebnis, ganz Rundung, ganz Duft, ganz Süße, ganz Saft und obendrein noch in die berühmte Pfirsichhaut verpackt, von der die Kosmetikindustrie gern wüsste, wie sie zustande kommt.

Ein Ungar in der Fremde ist laut Vorschrift aller besseren Operetten ein unglücklicher Ungar, der ohne Unterlass in seine Gulaschsuppe weint, wobei ihm ein Stehgeiger gegen überhöhtes Trinkgeld behilflich ist.

Festlich ist unser Dezembermenü, und nicht allzu schwer ist es, leichter jedenfalls als jede Weihnachtsgans, deren machtvolle Schwere so oft jenen müdwehmutsvollen Gemütszustand bewirkt, den manche Leute mit Innerlichkeit verwechseln.

Ereignislos vergehen die Tage und Jahre der Muskatnuss: Einsam sitzt sie in ihrem kleinen Glas auf dem Gewürzbord, und wenn mal jemand am Schraubverschluss dreht, denkt sie «Aha, es gibt mal wieder Blumenkohl», und meist hat sie damit Recht.

Er gehört zum Besten, wonach man sich zwischen Juni und Oktober bücken kann, und er hat auch nicht, was mancher andere Edelpilz hat, nämlich einen teuflischen Doppelgänger, der in der Maske des Biederpilzes mit Mordinstinkten unterm breiten Hut im Grase lauert. Kein Wunder also, dass jedermann hinter dem Pfifferling ...

Es gehört zu den niederschmetterndsten Erfahrungen aller Romantiker, dass Volkstum oft nur im Verschnitt genießbar wird. Schottische Dudelsackmusik zum Beispiel ist, leicht aufbereitet und in kleinen Dosen serviert, auch dem ungeübten Ohr erfreulich, während sie pur und in großen Mengen Überdruss und sogar antikeltische Gefühle zu erzeugen vermag. Nicht anders erging es dem originalen und einzig wahren schottischen Whisky, dem Malt. Der so überaus intensiv nach Hochmoor schmeckt, dass es selbst die romantischsten kontinentalen Schottlandschwärmer am Anfang des 19. Jahrhunderts grauste. Woraus die exportfrohen Schotten die Konsequenz zogen: Sie erfanden den Grain Whisky, das gebremste Torfmoor für jene verweichlichten Gegenden, wo die Männer Hosen tragen.

Die Meinung

25 Der Kommentar

Redakteure bestimmen, über welche Nachrichten die Leute reden können, und sie bestimmen, welche Meinungen dazu gelten sollen. Die Leser wissen: In einem Kommentar, dem legitimen Platz aller Meinungsbildung, formuliert ein Journalist seine Ansicht; ihr können, aber ihr müssen sie nicht folgen. So wird der Journalist versuchen, seine Ansicht dem Leser schmackhaft zu machen.

Er formuliert zu Beginn seines Kommentars kurz und verständlich die Nachricht, auf die er sich bezieht; er schreibt seine Meinung besonders einprägsam und süffig, um die Chance wahrzunehmen, sie zur Meinung von vielen zu machen; und schreibt er gar gegen die mutmaßliche Mehrheit der Leser an, dann tut er gut daran, ihr erst einmal Recht zu geben, um dann mit exzellenten Argumenten fürs Gegenteil zu werben.

Ein Ziel muss der Kommentator stets im Auge haben, ohne klare Stoßrichtung verfehlt er es. Ihm geht es wie dem Bürger in der Wahlkabine: Die Entscheidung mag noch so schwer fallen und die Waage sich kaum zu einer Seite neigen, dennoch darf er sein Kreuz nur hinter einer Partei malen.

So muss der Kommentator sich entscheiden, auch wenn er noch so viel Sympathie für die Gegenargumente vorbringt: Kann die neue Brücke gebaut werden? Muss der Bürgermeister zurücktreten? Sollen wir deutsche Soldaten in Kriegsgebiete schicken?

Eine Reihe von Kommentatoren verstößt gegen diesen Grundsatz: Die einen verzetteln sich und führen Scharmützel am Rande, wenn sie nicht nur über die Planung einer neuen Brücke schreiben, sondern zugleich die engen Auffahrten der nahen Tiefgarage beklagen; die anderen verlieren sich im Entweder-oder und bleiben in der Analyse hängen.

Solche Verstöße werden befördert durch den Sprachgebrauch in den Redaktionen. «Kommentar» werden auch Artikel genannt, in die Meinungen nur einfließen, oder meinungsfreie Erläuterungen oder Korrespondentenberichte mit analytischen Einschüben. Dagegen heißt vieles in der Zeitung nicht Kommentar, was eine reine Meinungsbekundung ist: oft die Lokalspitze, immer die Kritik im Feuilleton, immer die Karikatur, oft die Sportberichterstattung und die Leserbriefe.

Fünf Typen des Kommentars lassen sich unterscheiden: der Einerseits-Andererseits-Kommentar, das Pro und Contra, der Meinungsartikel, der Geradeaus-Kommentar und der Kurzkommentar. Von der Analyse war in Kapitel 18 die Rede: Sie erhellt komplizierte Entwicklungen, aber ihr fehlt das typische Kennzeichen des Kommentars, eben die abschließende Wertung. Mündet die Analyse in eine Wertung, dann wird sie zum Einerseits-Andererseits-Kommentar, wie Walther von LaRoche ihn nennt.

1. Der Einerseits-Andererseits-Kommentar
Wer das Für und Wider erörtert, aber erkennbar zu einem Fazit kommt, ist in der Branche hoch angesehen, während viele Leser eher den kurzen, von Emotionen getragenen Kommentar schätzen. Die meisten Leitartikel werden mit abwägender Argumentation geschrieben (und nicht selten ohne Fazit); ein Filigran aus Analyse, Andeutungen und bedächtigem Urteil.

2. Der Pro-und-Contra-Kommentar
Während der Einerseits-Andererseits-Kommentar es oft an einem klaren Fazit fehlen lässt, gehört zu diesem Typ die Conclusio, die eindeutige Schlussfolgerung. Werden alle drei Elemente – Dafür, Dagegen, Und was nun? – formalisiert und durch Zwischenüberschriften kenntlich gemacht wie in der *Zeit*, so entstehen für den Leser drei zusätzliche Vorzüge:

Er kann dem Autor bei der Würdigung der gegensätzlichen Standpunkte auf die Finger sehen; er ist gespannt, zu welcher Entscheidung der Kommentator wohl kommen wird, da doch beide

Meinungen so viel für sich zu haben scheinen; und er ist aufgeschlossen für ein bloß seufzendes, zähneknirschendes Ja zu einer der beiden Positionen, wie es den vertrackten irdischen Verhältnissen ohnehin am ehesten gerecht wird.

Zwei einander ausschließende Standpunkte jeweils klar, ja mit Wärme zu vertreten – das gehe nicht? Es geht. Schon Thomas von Aquin, Kirchenvater des 13. Jahrhunderts, hat es darin zur Meisterschaft gebracht. Der Philosoph Joseph Pieper schreibt über ihn:

Es kann einem arglosen Leser passieren, dass er, einigermaßen stutzig und verwirrt, ganze Seiten liest, die nichts anderes enthalten als die höchst überzeugend formulierten gegnerischen Argumente. An der Formulierung ist schlechterdings nicht zu erkennen, dass Thomas sie ablehnt; es findet sich nicht die Spur einer Hindeutung auf die Schwäche des Arguments, nicht die leiseste Nuance einer ironischen Übertreibung. Der Gegner selber spricht; und es ist ein Gegner, der offenbar ausgezeichnet in Form ist, ruhig, sachlich, maßvoll.

3. Der Meinungsartikel

Wer den Andersdenkenden ernst nimmt, der wirbt mit Argumenten um ihn; er *holt den Leser dort ab*, wo er sich vermutlich befindet, beginnt also nicht mit einer unpopulären Meinung – um die Chance nicht zu verspielen, Andersdenkende nachdenklich zu machen, wenn nicht gar umzustimmen.

Auch wer Unheimliches oder Schreckliches erklären, deuten und zu einem Fazit bringen will, muss langsam vorgehen – selbst wenn er gleich mit dem Schrecken beginnt:

Das hat es in Deutschland noch nicht gegeben: ein Kanzler, der sich fäusteschwingend auf die Menge zubewegt, offenkundig in diesen Sekunden nicht mehr Herr seiner selbst. Ein Regierungschef, der den Kundgebungsplatz zum Schulhof machen will, wo er seine Widersacher mit einer Tracht Prügel zur Raison bringen könnte. Das ist so weit von der Welt verantwortlicher Politik entfernt, dass dieser Anblick ungeachtet der Umstände erschreckt.

Jürgen Busche kommentierte im Mai 1991 in der *Süddeutschen Zeitung* eine Kundgebung in Halle, bei der Jusos Tomaten und Eier auf den Bundeskanzler warfen. Doch Busche verurteilte nicht die Störenfriede, wie seine Leser wohl erwarteten, sondern er diagnostizierte eine folgenschwere Schwäche des Kanzlers. Langsam tastete sich der Kommentator vor, erzählte Ereignisse der Vergangenheit, deutete die Körpersprache Kohls und kam zu dem Fazit:

> *Das Erschrecken, das den Beobachter angesichts des Geschehens überfällt, rührt daher, dass der Eindruck politischer Hilflosigkeit in Halle zum Bild geronnen ist: Der Mann, der da in Panik gerät, weiß sich nicht zu helfen, weil alles anders ist; er weiß nicht mehr ein noch aus. Er ist der Bundeskanzler.*

4. Der Kurzkommentar

Wer kurz und knapp kommentiert, der hat fast keinen Platz für Argumente. Walther von LaRoche nennt solche Texte «Geradeaus-Kommentar», die *FAZ* nennt sie «Leitglosse» und definiert sie als «rasche und zur Meinungsäußerung zugespitzte Bewertung dessen, was gerade passiert». In der *FAZ* erschien diese Leitglosse von Hans D. Barbier:

> **Die bittere Wahrheit**
> *Bar.* Alle reden vom Aufschwung. Die Wirtschaftsweisen aber sagen die bittere Wahrheit: «Von einem Aufschwung im eigentlichen Sinne kann nicht die Rede sein.» Diese Feststellung des Vorsitzenden des Sachverständigenrates hat gute Chancen, zu den Klassikern aus dem Zitatenschatz des politischen Brauchtums zu werden. Das ist die zeitgemäße Version der Entlarvung des nackten Kaisers im allgemeinen Jubel über dessen neue Kleider. In der Tat: Eine Konjunkturphase ohne Schwung, aber mit mehr als drei Millionen ausgewiesener Arbeitsloser kann nur in der politischen Camouflage als Aufschwung bezeichnet werden. Es spricht für die Moral der Ökonomen, dass sie diesem Sprachgebrauch nicht folgen möchten.
> Die Vertreter derer in der Politik, die für die Misere verantwort-

lich sind, vor allem das Tarifkartell des Arbeitsmarktes, aber auch die Finanz- und Sozialpolitiker, verstecken ihre Fehler hinter dem Wort «Aufschwung» auch dann noch, wenn das Land in die Deindustrialisierung torkelt, wenn die Arbeitslosigkeit mit teuren Programmen versteckt werden muss, um die skandalösesten Zahlen der offenen Erwerbslosigkeit zu verheimlichen. Das sollte ihnen nicht durchgehen. Die Sachverständigen zeichnen das Muster der Verantwortlichkeit sehr deutlich: Die Arbeitslosigkeit geht wesentlich auf das Konto der Fehlleistungen des Tarifkartells. Dessen kostentreibende Vereinbarungen sind aber auch die Folge der unaufhörlich steigenden Belastungen durch Steuern und Abgaben. Noch sieht der Rat keine Zeichen der Umkehr, sondern die Ankündigung neuer Lasten: durch Ökosteuern, durch weitere Fehlentwicklungen in der Sozialversicherung.

Woher sollten da günstigere Prognosen für die Dynamik der Wirtschaft und vor allem für mehr Beschäftigungsmöglichkeiten kommen? Alles in allem gesehen – von der Maßlosigkeit der Besteuerung bis zur weiten Öffnung der Umverteilungsschleusen des Sozial- und Subventionsstaats –, ist die Wirtschaftspolitik in der Bundesrepublik nie so schlecht gewesen wie jetzt. Und es zeichnet sich keine Besserung ab. Im Ritual der Kanzlerrunde moderiert die Regierung die Folgen ihrer Fehlleistungen. Man könnte – mit den Wirtschaftsweisen – auch sagen: «Von einer Wirtschaftspolitik im eigentlichen Sinne kann nicht die Rede sein.»

Der Aufbau des Kommentars folgt einem beliebten Muster:
- Statt mit der eigenen Meinung beginnt der Text mit einem Zitat, dem der Autor zustimmt.
- Die fremde Argumentation, im Beispiel: die der Wirtschaftsweisen, wird verstärkt.
- Der Autor spitzt die Argumentation zu und kommt zum eigenen kräftigen Urteil: «Die Wirtschaftspolitik ist nie so schlecht gewesen wie jetzt.» Ein solches Urteil ist umso spektakulärer, je mehr es der üblichen Meinung der Zeitung widerspricht.

5. Das Pamphlet

Die gröbste Form des Kommentars ist eine Spielart des Kurzkommentars; auch sie kommt ohne Argumente aus und wirkt wie ein Keulenschlag. Der ehemalige Chefredakteur des *Münchner Merkurs*, Paul Pucher, war ein solcher Pamphletist. Begriffe wie «Schmutzkübel, spätpubertäre Phantasmagorien, bösartige Dummheit, läppisch, blamabel, schäbig» gehörten zu seinem Vokabular.

Doch wer die Polemik liebt, gerät schnell in die Gefahr, die Sprache der Demagogen und Propagandisten zu nutzen:

> *Wenn die Regierung meint, durch Unterdrückung herrschen zu können, so irrt sie. An den Sozialisten ist es, ihr dies mit Tatsachen zu beweisen. Von ganzem Herzen grüßen wir die Toten, die das königliche Blei zerfetzt hat. Es könnte sein, dass ihr Blut eines Tages über die Verantwortlichen kommt – sowohl über jene, die ganz unten, wie über jene, die an der höchsten Spitze stehen.*

Dieser hasserfüllte Kommentar erschien 1913 im Mailänder *Avanti*, dem Zentralorgan der italienischen Sozialisten – geschrieben von Benito Mussolini, dem Chefredakteur, der in seiner Jugend radikaler Sozialist war.

Wer nicht argumentiert, wer seinen Gefühlen freien Lauf lässt, der muss genau die Wirkung bedenken, die sein Ausbruch bekommen kann. «Zündeln verboten!» steht als Warnung über polemischen Texten. Selbst die *FAZ* ist in schwierigen Zeiten nicht gefeit vor volkstümelnder Polemik, etwa beim Ausländer-Thema:

> *Mit den Ost-, den Süd- und den Südosteuropäern in der Bundesrepublik geht es ziemlich gut; sogar ein paar italienische Mafiosi lassen sich noch verkraften ... Aber ‹außen vor› sind vor allem die Turk-Völker geblieben, dazu Palästinenser, Maghrebinen und andere aus ganz und gar fremden Kulturkreisen Gekommene. Sie, und nur sie, sind das Ausländerproblem der Bundesrepublik ... Sie sind nicht zu integrieren: subjektiv wollen sie es nicht, und objektiv können sie es nicht. Sie haben ein Getto gebildet und zumindest einen*

der Westberliner Stadtbezirke zu einer türkischen Großstadt werden lassen, die für Deutsche praktisch unbewohnbar geworden ist.

Wer entscheidet in den Redaktionen, ob besonnen kommentiert wird oder ein Pamphlet ins Blatt kommt – und in welcher Stoßrichtung? Meist ist sie vorgegeben durch frühere Kommentare, die Ansichten des Chefredakteurs oder jenes Redakteurs, der schon immer über das Thema geschrieben hatte. Debatten finden allenfalls statt, wenn ein neuer Chefredakteur kommt oder wenn ein neues Thema auftaucht, wie die so genannte Nachrüstung in der Ära Helmut Schmidt.

Dann hat auch der Anfänger eine Chance, einen Kommentar zu schreiben. Sonst bekommt er in den meisten Redaktionen keine Gelegenheit, auf die Meinungsseite zu kommen; eine feste Garde von Kommentatoren macht unter sich aus, wer seine Meinung zu welchem Thema ins Blatt rücken darf. Selbst wenn es zu einer Grundsatzdebatte kommt, dürfen Anfänger allenfalls zuhören.

Wie im Olymp thront die Kommentatoren-Schar und umgibt sich mit Begründungen. Leitartikler sitzen in einer Redaktion «mit gleichen oder verwandten Überzeugungen», schreibt etwa die *FAZ* in ihrer Selbstdarstellung. Auch in der *Frankfurter Rundschau* sind gegensätzliche Positionen selten; Karl Grobe erinnert sich in der Jubiläumsausgabe zum 50-jährigen Bestehen an solche Ausnahmen: «Bei der Frage, ob Verbrechen der Nazis verjähren sollen oder nicht, war dies ebenso der Fall wie bei der deutschen Einheit oder der Frage des Einsatzes deutscher Soldaten außerhalb des Nato-Gebietes.»

Die Seelenverwandtschaft der Überzeugungen – da kommt ein wenig Schönfärberei ins Bild. Denn welcher Kommentator kümmert sich um die Meinung der Redakteure? So schäumt nicht selten die halbe Mannschaft, wenn der Chefredakteur die Meinung der Zeitung verkündet und die Redakteure in ihren Stammkneipen darauf angesprochen werden.

Dennoch gibt es Risse in der Mauer, welche die Kommentatoren um sich errichtet haben: Im Sport oder im Lokalen wird durchaus auch ein Anfänger zum Kurzkommentator zugelassen; je kleiner die

Redaktion, desto eher darf er seine Meinung gedruckt sehen. Doch die meisten Volontäre bekommen erst gar keine Routine im Schreiben von Kommentaren. So stellt Hans-Joachim Schlüter in seinem «ABC für Volontärsausbilder» fest:

> *Da es in vielen Redaktionen leider immer noch üblich ist, dass nur Ressortleiter kommentieren, fällt die Darstellungsform Kommentar bei der Volontärsausbildung oft genug unter den Tisch: «Das kann der später noch lernen!» Später? Etwa dann, wenn der Redaktionsalltag die junge Journalistin oder den Jungredakteur schon vereinnahmt hat? Etwa dann, wenn man bemerkt, dass der Volontär – der ja hoffentlich eine eigene Meinung hat! – ständig Kommentar in die Berichterstattung mogelt? Er muss es jetzt am Anfang seiner Ausbildung lernen und üben.*

Bleibt noch eine Warnung übrig: Wer Nachrichten schreibt, lebt meist ungefährdet (es sei denn, er tritt den Mächtigen auf die Füße); wer Kommentare, gar bissige, schätzt, gefährdet Karriere und Gemütsruhe und eckt schnell an mit Verlegern, einflussreichen Leuten und solchen Lesern, die lieber nur die eigene Meinung im Blatt sähen.

Der Chefredakteur des Bonner *Generalanzeigers* musste gehen, als er während der Debatte um die neue Hauptstadt in einem Kommentar auch Sympathie für Berlin durchscheinen ließ. Und als 1995 das Bundesverfassungsgericht entschied, das Kruzifix dürfe nicht in Schulklassen hängen, empörten sich die meisten Kommentatoren gemeinsam mit Bischöfen und CDU-Politikern.

Ausgerechnet die konservative *Welt* druckte einen Kommentar, der die Verfassungsrichter lobte. Leo Kirch forderte die Absetzung des Chefredakteurs, der den Abdruck des Kommentars gebilligt hatte; Kirch war zu dieser Zeit ein einflussreicher Aktionär des Springer-Verlags, in dem die *Welt* herausgegeben wird. Solche Einmischungen von Eigentümern in die Redaktionen sind nicht selten, aber selten öffentlich. Eher selten war auch das Glück des Kommentators wie des Chefredakteurs, dass die Verlagsmanager dem Eigentümer entgegentraten.

Die Leser erwarten in einem Kommentar die klar formulierte Meinung eines Journalisten – vom Keulenschlag, der auf Gründe verzichtet, über die Analyse, die mit dem Fazit schließt, bis zum abwägenden Kommentar, der auch Andersdenkende zu überzeugen versucht. Aber oft bleiben Kommentatoren im Entweder-oder stecken und lassen den Leser mit Seufzern und offenen Fragen allein.

26 Die Satire

«Frauen können keine Glossen schreiben», schreibt Alois Segerer in der Münchner *Abendzeitung*, und er begründet es so:

> *Frauen haben zu kurze Daumen. Erst der lange männliche Daumen macht aus einem staubtrockenen Thema eine witzige Glosse: Über ihn wird gepeilt, er wird gedrückt und draufgehalten. Weiblichen Däumlingen fehlt diese Feinschliffpolitur-Fähigkeit ... Glossenschreiben ist eine sture, mühselige, fast immer unterbewertete und unterbezahlte Tätigkeit. Also eine typische Männerarbeit. Frauen sind sich dafür viel zu schade.*

Da sind wir gleich hineingesprungen in die Satire. Sie ist, ob mit oder ohne Ironie, die leichtlebige Schwester des Kommentars. Wenn's auf der Linie der Zeitung liegt, nehmen die Leser auch eine Satire als Kommentar hin oder freuen sich sogar über das zusätzliche Vergnügen. Genannt wird die Satire freilich in der Zeitung nur selten so.

- *Kolumne* heißt sie in einigen Zeitungen. Das Wort wird aber auch für ernste Themen verwendet, etwa für juristische Streitfälle oder den Alltag in der Dritten Welt; die Kolumne verweist nicht auf Satire, sondern auf regelmäßiges Erscheinen und wird meist vom selben Autor verfasst.
- *Glosse* wird die Satire am liebsten genannt, vor allem in der Lokalredaktion. Doch die *FAZ* nennt so ihre kurzen Kommentare auf der ersten und letzten Seite des Politikbuchs.

- Eine *Lokalspitze* hat fast jede Zeitung, meist in einer Ecke oben auf der ersten Lokalseite. Sie kann eine Satire sein oder eine neckische Alltagsbeschreibung; oft ist sie ein Kommentar.
- *Streiflicht* heißt die berühmteste Satire der deutschen Blätter, das Markenzeichen der *Süddeutschen Zeitung* oben links auf der Titelseite; es ist die am meisten kopierte Satire in der deutschen Presse (aber vor dem Kopieren sei gewarnt: Es ist fast hoffnungslos).
- *Feuilleton* als Bezeichnung für einen witzigen Text ist weitgehend verschwunden. In den DDR-Zeitungen und Zeitschriften stand es in hohem Ansehen; meist wird es als Name des Kulturteils genommen, also häufig für das genaue Gegenteil von Witz und Anschaulichkeit.
- *Übrigens* und *Nebenbei* lauten weitere Reihentitel, oder: *Die Sprechblase, Zwischenruf, Schlaglicht, Auch das noch!*

Wenn alle Fesseln fallen, dann steigert der Journalist die Satire zur Attacke, wenn er jemanden niedermachen will, oder zur Groteske, wenn sich sein Spott gegen eine Sache richtet. Beide steigern die Satire zur schieren Bosheit, sie sind sprachliche und thematische Saltos ohne Netz.

Die *taz* ist voll davon, auch schon auf der ersten Seite. In anderen Zeitungen sind die Satiren selten; in der literarischen Kritik machte sich Marcel Reich-Ranicki damit einen Namen; auf den Sportseiten fällt die Attacke kaum mehr auf, weil sie auf diesem ruhmsüchtigen Feld normal ist: Zu lesen ist in den meisten Zeitungen nur «Hurra!» und «Welch eine Blamage!».

Das Äußerste an Bosheit hat Robert Walser 1912 über August von Kotzebue ausgegossen, Zeitgenosse Goethes und Autor von mehr als 200 Dramen:

Kotzebue hat einer stets dankbaren und freundlich-anhänglichen Nachwelt seine massiven, sämtlichen, gepreßten, gedruckten, in Kalbsleder gebundenen, gekotzten und gebutzten Werke hinterlassen, und dennoch, so darf man sich wohl erdreisten zu sagen, wird er kaum noch je wieder gelesen ... Sein Gesicht war ganz ver-

krochen und verborgen in einem ungeheuerlich großen und kühnen Rockkragen. Einen Hals hatte Kotzebue gar nicht. Seine Nase war lang, und was seine Augen betrifft, so glotzten sie.

Manche Satiriker verstecken sich hinter einer Kunstfigur, wie dem «Suhler Sepp» der *Südthüringer Zeitung*, dem «Plimm» in der *Augsburger Allgemeinen*, «Stine Stöber» in den *Husumer Nachrichten* oder Leo Hammer beim *Westfälischen Anzeiger* in Hamm; oder sie verschwinden hinter der Satire, wenn sie zur anonymen Institution wird wie das *Streiflicht*. Die anonyme Satire hat zwei Vorteile: Der Autor kann ohne Rücksicht auf böse Reaktionen jahrzehntelang schreiben und keinen Angriff auslassen, und der Zorn der von der Satire Zerzausten trifft die Zeitung oder Zeitschrift nur allgemein.

So lassen sich auch Angriffe unterbringen, die kein Autor länger als zehn Ausgaben vortragen könnte. Berüchtigt ist der «Spießer Alfons» in der Medien-Wochenzeitung *Horizont*, in der er Plagiate oder Dummheiten in Anzeigen geißelt und Ross und Reiter nennt. Vorgestellt wird er in seiner Kolumne auf der letzten Seite der Zeitschrift:

An dieser Stelle finden Sie die ziemlich überhebliche und völlig unmaßgebliche Meinung eines Spießers, von der sich nicht nur die Redaktion, sondern auch der Verfasser selbst in aller Form distanzieren möchte. Der Druckfehlerteufel ist sporadischer Mitarbeiter an dieser Kolumne. Alle Reklamationen sind genauso ausgeschlossen wie der Rechtsweg.

Die Leser mögen es, wenn der Redakteur mit den Sachen seinen Spott treibt, die jeden im Alltag zur Weißglut bringen; sie mögen auch kleine Nettigkeiten am Rande; sie mögen eben alles, was nicht so ernst daherkommt. Sie nehmen den Redakteuren manch holprigen Satz ab, die Prozessionen der Adjektive und die Ballungen von Metaphern: «Der Finger Gottes hat schon manchem mit rauer Hand ein Bein gestellt.»

Platz für die Satire ist überall. Wer etwa die Lokalspitze pflegt, liegt immer richtig, auch wenn seine Glossen schwanken zwischen Satire, Kommentar und heiterer Betrachtung, auch wenn sie schnell wechseln von der heiteren in die ernste Tonlage. Manche Autoren, zu denen leicht auch Anfänger zählen, kommen so zu ihrem Ruhm, wenigstens einem regionalen. Die *Berliner Spitzen*, die jahrzehntelang täglich erschienen, waren das Markenzeichen des Berliner Lokalteils im *Tagesspiegel*; ihr ständiger Autor Günter Matthes brachte die besten Spitzen in mehreren Büchern unter. Den Wandel seiner Stadt betrachtete er mit nostalgischem Blick, wie ein Medizinmann mitten im hektischen Alltag Berlins:

> *Der Mann passt nicht in unsere Gesellschaft. Früher, ja früher gab es so etwas öfter: Leute, die etwas boten, das nicht verlangt, aber honoriert wurde, wobei es dem begrenzten Publikum überlassen blieb, ob und wie es sich erkenntlich zeigte. Der Leierkastenmann im Hof ...*

Wie Günter Matthes schrieb auch Helmuth Rücker täglich eine Lokalspitze – allerdings nicht in der gut besetzten Großstadtredaktion, sondern in der kleinen Lokalredaktion Regen der *Passauer Neuen Presse* im Bayerischen Wald. Sein *Moment mal* wurde beim Lokaljournalistenpreis 1993 ausgezeichnet mit der Begründung: «Er verdient den Preis, weil er nicht belehrt.» Der Hinweis war berechtigt: Gerade Lokaljournalisten strecken den Zeigefinger gern in die Höhe.

«Manchmal habt's einen Krampf drin, dass es einem d' Schuh auszieht», meinte ein Leser der Rücker'schen Satiren. Doch als der Lokalchef die Spitze nur noch jeden zweiten Tag schreiben wollte, gab's Protest bei den Lesern – und gerade bei denen, so schrieb Rücker, «die uns nach einem Kommentar am heftigsten auf die Zehen gestiegen sind».

Was bewirkt eine Glosse? Wer wirklich etwas bewegen will, der muss kräftig zulangen. Und er muss so schreiben, dass viele die Satire nicht als solche erkennen, sondern sie wörtlich nehmen. Das gelang Michael Schwarze. Er schrieb am 23. Dezember 1977 in der *FAZ*:

Weihnachten 1977 wird ein Fest ohne Fernsehen werden. Wie erst jetzt bekannt wurde, haben Intendanten, Programmdirektoren und die Mitglieder der Aufsichtsgremien in einer geheimen Klausurtagung beschlossen, sowohl am Heiligen Abend als auch am ersten und zweiten Feiertag auf die Ausstrahlung eines Programms zu verzichten ... Sollen wir uns über die Bevormundung ärgern oder sollen wir uns freuen, dass wir das Weihnachtsfest endlich wieder selbst gestalten können? Die Vorteile liegen auf der Hand: Wir können uns endlich wieder Zeit für die Bescherung nehmen. Der Tannenbaum kann in die einzig geräumige Ecke unserer Wohnzimmer, jene, die bislang dem Fernsehgerät vorbehalten war, gestellt werden und muss nicht länger zwischen Sofa und Gardine eingezwängt werden ...

Die Provokation saß: In den Fernsehanstalten wie in der Redaktion standen die Telefone nicht mehr still, Hunderte schrieben einen Leserbrief – von «Gelinde gesagt, eine große Unverschämtheit» bis zu «Wie schade, dass es nur ein Märchen war».

Der ironische Tonfall stellt die Redakteure vor die größten Schwierigkeiten – zumal da die Zahl der Redakteure, die Ironie mögen, leider viel größer ist als die Zahl der Leser, die sie verstehen. So bleibt die Ironie eine Quelle von Missverständnissen. Schon Jean Paul schlug ein «Ironiezeichen» vor – aber wahrscheinlich ironisch.

Redakteure tippen nicht Ironiezeichen in den Computer, sondern kündigen laut an: Vorsicht, Satire! Der Titel *Streiflicht* ist ein solches Signal ebenso wie die schräg gestellte Überschrift.

Wer ohne solchen plakativen Hinweis Satire schreibt, lebt gefährlich. Ein satirischer Artikel über den Vatikan, auf der Politikseite platziert, dürfte im protestantischen Nordfriesland leicht durchgehen, aber beim *Münchner Merkur* mit seinen treuen oberbayerischen Lesern würde er den Chefredakteur zwingen, seinen Schreibtisch zu räumen.

Ironie außerhalb des Satire-Ghettos muss stets die Empfindungen und die Vorurteile des eigenen Publikums bedenken. So konnte die *FAZ* im Oktober 1979 satirisch über den Prager Kommunismus berichten – auf der Politikseite direkt neben nachrichtlichen Texten wie «Anwalt Hübners kritisiert westliche Reaktion auf Amnestie»:

> *Als es vor einigen Tagen in Prag-Veitsberg brannte, rief der zuständige Genosse und Blockwart die Feuerwehr an. Böse Zungen verbreiten jetzt in Prag das Gerücht, der Feuerwehrkommandant in Prag 2 habe dem Blockwart gesagt: Haltet das Feuer bis zum nächsten Fünfjahresplan munter! Unser Soll im Löschen und im Einsatz ist für dieses Jahr schon erfolgreich erfüllt. Es ist klar, dass so ein Gerücht nur staatsfeindlich und antisozialistisch gesinnte, verbrecherische Elemente verbreiten, die, wie allgemein bekannt, alle im Dienste westlicher Geheimdienste stehen.*

Geht es den Redakteuren an die Arbeitsplätze, dann vergeht auch ihnen die Lust an der Satire. Als der Verlag der Süddeutschen Personal und Etats kürzte, blieb am 15. März 2003 die erste Spalte, in der täglich das Streiflicht steht, nahezu weiß. Eingerückt und in kleiner Schrift war als knappe Erläuterung zu lesen:

> *«(SZ) Ausgehend davon, dass die Ausgabe Nordrhein-Westfalen dieses Blattes zum heutigen Samstag eingestellt wurde, obwohl die Kolleginnen und Kollegen beste Arbeit geleistet hatten;*
> *in Erwägung ferner des Umstandes, dass die Redaktion der SZ bei weiteren Einschnitten irreparable Schäden fürs Blatt und den Journalismus insgesamt befürchtet (mehr dazu auf der Medienseite, Seite 20);*
> *eingedenk all dessen, sah sich das Streiflicht heute außer Stande, aufs gewohnte, den Lesern und ihm selbst lieb gewordene Format anzuwachsen.»*

Die Satire ist ein unterhaltsamer, mitunter attackierender, bissigböser oder sarkastischer Kommentar; für Glossen oder Lokalspitzen, wie Satiren meist genannt werden, gelten auch die Schreibregeln des Kommentars. Leser schätzen die Satire, aber nur wenige besitzen einen Sinn für Ironie, sodass viele Redaktionen sie mit einem Warnschild versehen.

Wie man Leser gewinnt

27 Ein heikler Souverän

In regelmäßigen Abständen fällt die Klappe: Unser Auge schließt sich für den Bruchteil einer Sekunde, unterbricht also die Wahrnehmung und ruht aus. So ist auch das Lesen kein fortwährender Prozess, vielmehr verläuft es in Sprüngen. Bekannte Buchstaben-Gruppen erfasst das Auge mühelos und springt schnell weiter. Begegnet ihm Unbekanntes oder Verwirrendes, stoppt es, geht langsam voran oder schaut zurück – wie bei dem Wort «eingeigelt». Der Werbetexter Franz Ulrich Gass erzählt, wie dieses Wort unser Auge verwirrt:

> *Die häufig vorkommende Buchstaben-Folge ei oder ein erfasst das Auge schnell und mühelos. An das ei schon gewöhnt, assoziiert das Auge beim zweiten Blicksprung gei oder geig. Es stutzt dann beim dritten Blicksprung, weil das Gehirn eine Fehlfixierung signalisiert. Die Fixierung beginnt daher noch einmal von vorn, wobei die Blicksprünge anders verlaufen können.*

Da hilft nur: Wörter wie «eingeigelt», «beinhalten» oder «kreieren» gehören in keinen geschriebenen Text. Ohne Mühe lesen wir nur dann, wenn unser Auge die Wörter zügig erfassen kann; es wird langsamer oder springt gar zurück, wenn ungewohnte Buchstabenfolgen es verwirren. Erst recht erlahmt das Interesse bei langen zusammengesetzten Wörtern, exotischen Namen, (Klammern), Zahlenreihen, ungewohnten Abkürzungen und Schachtelsätzen.

Das hatten Sie nie vernommen in der Schule und auf der Universität? Umso schlimmer für diese. Dort gibt es ja nur Pflichtlektüre: Schüler und Studenten müssen lesen, was Lehrer und Professoren ihnen vorgegeben haben, und sie rächen sich damit, dass sie den Professoren Texte liefern, denen diese ihrerseits nicht entrinnen können.

Der Zeitungs- und Zeitschriftenleser aber ist ein Souverän. Was sein Auge nicht fesselt, das entdeckt er oft gar nicht auf der großen Zeitungsseite oder auf Seite 267 eines Magazins; was er entdeckt, das liest er noch lange nicht, falls nicht Foto und Überschrift ihn dazu verführen; und beginnt er wirklich mit der Lektüre, so ist er Zeile um Zeile bereit, wieder aufzuhören, falls die Sache ihn enttäuscht oder die Sprache ihm missfällt.

Journalisten, wenn Sie denn gelesen werden wollen, haben also jeden Grund, *alles* ins Feld zu führen, was geeignet ist, aus dem mäßig interessierten Blätterer einen faszinierten Leser zu machen. Das reicht bis zu dem Entschluss, das Schriftbild *geig* zu vermeiden, wenn es nicht ins Geigenspiel mündet, sondern ins Eingeigelte; es erzwingt den klaren Willen, überlange Wörter und undurchsichtige Sätze zu vermeiden (dazu das Kapitel *Schreiben und Redigieren*); und es beginnt mit der Bereitschaft, diejenigen optischen und sprachlichen Mittel anzuwenden, die geeignet sind, den Blätterer zu einem Text überhaupt hinzuführen: Foto und Bildunterschrift, Überschrift und Vorspann – und das Layout überhaupt, die schlüssige und gefällige Gliederung der Seite.

28 Das Layout

Aus der Wahrnehmungspsychologie kennen wir die Gesetze des Lesens, und die dürften sich seit Jahrhunderten kaum verändert haben. Bilder und Farben reizen unsere Sinne, erst dann konzentrieren wir uns auf das Schwarz-Weiß der kleinen Buchstaben. Also, was tun Leser, wenn sie eine Zeitung aufschlagen?

Sie schauen sich zuerst das große Bild an, gleichgültig, wo es auf der Seite steht; selbst ein Foto oder eine Graphik am Fuß einer Seite zieht an wie ein Magnet.

Etwa drei Sekunden gibt der Leser dem Redakteur: Hat er ein reizvolles Bild, eine spannende Überschrift gefunden, liest er sich fest. Stolpert er in eine ungeordnete Seite, in der nicht einmal der Aufmacher auffällt, dann wandert er weiter; die Zeitung ist dick genug, um mit einiger Wahrscheinlichkeit noch attraktive Seiten zu finden.

Hat ihn das Bild gefesselt, wandert sein Blick zur Überschrift. Beide gehören zusammen, und so muss die Aussage von Bild und Überschrift übereinstimmen. Ist Tarzan auf dem Foto zu sehen, darf nicht Jane in der Überschrift stehen; geht es in der Überschrift um die Pleite eines Unternehmens, darf auf dem Bild kein lächelnder Vorstand zu sehen sein (auch wenn kein anderes Bild im Archiv zu finden ist).

Wer die Harmonie von Bild und Schlagzeile stört, vertreibt den Leser: Er reimt sich nicht zusammen, was der Redakteur versäumt hat, ihm zu erklären; er nimmt nur selten die Mühe auf sich, im Text die Lösung für das Rätsel zu finden, warum das Foto des amerikanischen Präsidenten etwas zu tun hat mit der Überschrift, die von Schwierigkeiten des japanischen Kaiserpaars kündet. Ist das Foto attraktiv und bietet Details an, die man verstehen will, so geht der Leser zunächst in die Bildzeile; verspricht die Überschrift eine spannende oder überraschende Geschichte, wird er zuerst in den Vorspann gehen.

Der Düsseldorfer Designer Norbert Küpper hat mit 30 Studenten und 30 typischen Lesern des *Badischen Tagblatts* in Baden-Baden experimentiert: Er setzte ihnen eine Spezialbrille auf, in der eine kleine Kamera jede Augenbewegung registrierte. Fast alle schauten zuerst auf die Bilder. Bei großen, eindrucksvollen Fotos kehrten manche Leser sogar zurück zum Bild, nachdem sie einige Zeilen des Textes gelesen hatten, und nahmen einen zweiten Blick.

Zum Ärger der Redakteure blieben große Teile der Texte unberührt von den Augenpaaren. «Steinstele bereitete den Archäologen Sternstunde» war ein 160 Zeilen langer Vierspalter am Fuß der vierten Seite überschrieben:

- Gut 60 Prozent lasen die Überschrift.
- Nur noch 9 Prozent stiegen in den Vorspann ein.
- Gerade noch 4 Prozent wollten den Text lesen.
- Schon im zweiten Absatz waren alle ausgestiegen: 0 Prozent für die restlichen 140 Zeilen!

Auf gewisse Weise ist das ein Trost für Redakteure, die schon glaubten, die Leser suchten ihr Heil nur noch in Fotos und Graphiken. Nein! Mit einem guten Foto locke ich den Leser an, mit einer noch besseren Schlagzeile mache ich ihn endgültig neugierig – und dann entscheidet allein mein journalistisches Können, ob mein Artikel gelesen wird.

Auch der lange Artikel hat Chancen. «Das Grauen vor der Haustür», ein Vierspalter am Fuß der fünften Seite, wurde mit der Überschrift von der Hälfte wahrgenommen, doch ein Drittel aller Leser blieb dabei bis zum letzten Satz. Wer also bei einem langen Text noch nicht einmal die Hälfte der Leser vor dem letzten Satz verliert, darf sich freuen.

Leser sind langen Texten durchaus nicht feindlich gesinnt. Solche Artikel dürfen nur nicht durchfallen bei der ständigen halbbewussten Güterabwägung, die jeder Leser vornimmt: Wie verhalten sich mein Zeitaufwand und die kleine Anspannung des Lesens zu meinem Gewinn an Information oder Vergnügen? Je länger der Text, desto höher die Ansprüche an die Kunst, das Thema angenehm und spannend darzubieten. Im Lokalteil haben lange Texte es am leichtesten, gelesen zu werden; ein gewisses Interesse am Thema ist dort eben besonders wahrscheinlich.

Wird ein langer Text in Portionen eingeteilt, dann schätzen dies die Leser: Nicht harte Arbeit wartet auf sie, vielmehr werden sie ihre Freude am Lesen bekommen. *USA Today* erfand diese Methode und präsentiert damit mehr lange Texte als viele Zeitungen, die sich ihrer Buchstaben-Wüsten rühmen; *Focus* hatte mit dieser Methode Erfolg, obwohl schon der *Spiegel* sie geübt hatte, wenn auch nur halbherzig.

Eine Zeitung oder Zeitschrift nur mit kurzen Texten wäre unerträglich: Selbst *Bild* lockt auch mit länglichen Texten wie in einer Serie «Geheimnis Kloster» oder gar mit einem seitenlangen Interview, als die Redaktion vor der Bundestagswahl 2002 Kanzler Schröder und Herausforderer Stoiber zum Duell lud.

Eine hartnäckige Folge kurzer Texte mit stets wechselnden Informationen ist schwer zu ertragen. Wer mag schon viele Paukenschläge hintereinander?

Kurze und lange Texte – das ist die ideale Mischung. Der Zeitungsredakteur kann von den Zeitschriften lernen, wie sehr er auf den Rhythmus des Lesens achten sollte: Zeitschriften beginnen und enden mit kurzen Happen und schieben zwischen Reportagen und Interviews Seiten mit Notizen wie «Prisma» aus der Wissenschaft, «Trends» in der Wirtschaft oder «Forum» in der Politik.

«Zeitungen mit Monopolcharakter sehen selten die Notwendigkeit, ihr Layout zu verbessern», sagt Martin Stahel, Vorstandsmitglied bei Gruner+Jahr. Auch Mario Garcia, der bekannteste amerikanische Designer, erzählt schreckliche Geschichten aus deutschen Redaktionen. Rund fünfhundert Zeitungen hat Garcia neu gestaltet; die schwierigste war der Berliner *Tagesspiegel*:

In der ersten Sitzung bestanden die Redakteure darauf, dass der Zeitungskopf, die Grundschrift, die Schrift der Überschriften, die Verteilung der Textarten nicht geändert werden. Sie wollten die Grundsätze, die seit 100 Jahren gelten, erhalten sehen. Und dann soll man anfangen zu arbeiten. Deshalb hat es 22 Monate gedauert, diese Zeitung umzugestalten. Es war ein kleiner Schritt für die Redakteure und ein riesiger Schritt für mich. Der Kampf ging zum Beispiel darum, die Fotos auf der Titelseite nach oben zu bringen. Bis zum 2. September 1994 hatte diese Zeitung noch nie ein Foto über dem Bruch. Das dauerte neun Monate, brachte Querelen und Auseinandersetzungen und fast einen Selbstmord.

Auch wer als Anfänger in eine Zeitungsredaktion kommt, versteht den Widerstand vieler Redakteure nicht; jüngere Leser kennen aus Magazinen aufgeräumte und luftige Seiten, sodass der *horror vacui*, die Angst vor dem weißen Raum, ihnen unbegreiflich bleibt. «Der Leser kann ja denken, uns sei nichts mehr eingefallen!», rechtfertigen sich Redakteure, wenn sie beispielsweise die Zeilen in allen Überschriften komplett ausfüllen oder wenn auf ihren Seiten Buchstaben, Worte und Bilder nahezu ineinander laufen.

Leser mögen aber voll gestopfte Seiten nicht. Sie wollen geführt werden. Dabei hilft der weiße Raum: Er trennt deutlich die Ele-

mente der Seite voneinander, er gliedert, und er hilft, das Wichtige hervorzuheben. «Weiß strahlt eine stille Kraft aus», betont der Designer Garcia. Das hat Folgen für die Gestaltung einer Seite:
- Überschriften sollten nicht unbedingt voll auslaufen, ein Drittel kann weißer Raum bleiben.
- Absätze sollten kurz sein, damit nicht der Eindruck einer kaum zu bewältigenden Textmenge entsteht. Der Designer Rolf Rehe empfiehlt pro Absatz acht bis zwölf Zeilen.
- Auch Flattersatz erzeugt weißen Raum, der ins Auge fällt: Der Leerraum zwischen den Wörtern wird nicht innerhalb der Zeile verteilt, sondern erscheint am Zeilenende komprimiert wie bei den meisten mechanischen Schreibmaschinen. Die *Emder Zeitung* benutzt durchweg Flattersatz, während andere Zeitungen ihn für Nachrichten-Kästen, Glossen, Kommentare anwenden.

Überschriften, die nicht voll laufen, freigestellte Bilder, kurze Absätze – so kann nahezu jeder Redakteur selber dafür sorgen, dass eine Seite genug Luft bekommt. Und wenn er noch die folgenden Regeln beachtet, hat er genug getan, den Leser zu locken:
1. In allen Zeitungen hat sich der Blockumbruch durchgesetzt.
   Blockumbruch heißt: Jeder Artikel, aber auch mehrere thematisch zusammengehörende Artikel bilden ein geschlossenes Rechteck unter Einschluss eines oder mehrerer Fotos.
   Auch die *Neue Zürcher Zeitung* hat am 3. Januar 2006 Galgen, Spinnenbeine und Verschachtelungen abgeschafft. «Bewährte Qualität in neuem Kleid», überschrieb die Redaktion ihr Editorial und begründete die Abkehr vom Alten mit der Hinwendung zur «Leserfreundlichkeit»; man ahnte, welche Kämpfe es unter den Redakteuren gegeben haben muss, doch endlich freundlich zum Leser zu werden.
2. Kurze Nachrichten sind begehrt – aber nur, wenn sie übereinander gestapelt werden, möglichst in den Außenspalten und durch Fotos aufgelockert, oder wenn sie nebeneinander in einen Mehrspalter zusammengestellt werden.
3. Längere Artikel werden gelesen, wenn sie der Redakteur auflo-

ckert durch Zwischentitel und Infokästen, in denen ein Stichwort erklärt wird, die Fakten, vor allem Zahlen, zusammengestellt werden, der Ablauf der Ereignisse oder die Vorgeschichte erzählt wird. Aber Vorsicht vor Wiederholungen, denn sie vermitteln dem Leser den Eindruck, von nun an werde nichts Neues mehr kommen. So ergab die Leserforschung bei der *Berliner Zeitung*: Zwar zieht ein Zwischentitel Leser in den Text hinein, aber wenn die Aussage des Zwischentitels im Artikel kam, steigen die Leser aus.

Das Layout verführt zum Lesen. Deshalb muss der Redakteur nicht nur Mühe auf einen guten Text legen, sondern auch in eine attraktive Gestaltung; sonst nützt all das Feilen an einem guten Artikel wenig.

Der Ganzseitenumbruch zwingt immer mehr Redakteure zum Layout am Computer. So müssen sie übersichtliche und luftige Seiten gestalten; Weiß akzeptieren sie als eine attraktive Farbe, ohne die eine Zeitungsseite viel zu grau aussieht, und sie bieten eine Mischung aus kurzen und langen Texten an.

29 Das Foto

In vielen Zeitungsredaktionen gelten Fotos als ein lästiges Übel, mit dem der Raum zwischen den wertvollen Texten gefüllt wird. So wie Fred Taylor, ehemals Redakteur beim *Wall Street Journal*, denkt in den Abonnementzeitungen fast die gesamte Zunft der Schreiber:

Wenn ich so ein riesiges Aufmacherbild von einer Banane auf der Food-Seite einer dieser normalen Zeitungen sehe, dann denke ich nur: Mein Gott, schon wieder 3000 Wörter den Bach runter.

Kaum eine Debatte wird mehr von Gefühlen bestimmt: Muss das Wort gegen das Bild verteidigt werden? In vielen Redaktionen steht die Antwort fest: Wenn das Bild die Hoheit über das Bewusstsein der Menschen gewinnt, dann geht unser Abendland unter im Seichten und Anspruchslosen! Mit Neil Postman unter dem Arm wird das Bild, die Zeichnung und die Graphik mit purer Unterhaltung gleichgesetzt, mit der wir uns zu Tode amüsieren.

Aber das Lesen und Begreifen beginnt immer noch mit dem Schauen. Ein Blick in die Schulbücher von Leseanfängern genügt: Ihnen wird das Erkennen von Buchstaben leicht gemacht, wenn die Buchstaben Bildern gleichen oder mit Bildern verknüpft werden. Bilder erleichtern den Zugang zu Texten, weil eben Buchstaben abstrakte Zeichen sind; wer sie entschlüsseln will, muss sich mühen.

Ein Bild ist im Vergleich zum Text keine bessere und keine schlechtere Information: Es beschreibt anders als ein Text, es bedarf der Deutungen, es ruft Gefühle hervor – und es reizt dazu, mehr zu erfahren, den Hintergrund des Augenblicks, in dem der Fotograf auf den Auslöser drückte. Der Schreiber kann die Geschichte hinter dem Foto erzählen: Das ist seine Chance, und je besser er sie nutzt, desto mehr Menschen lesen seine Texte.

Das Foto in der Zeitung sollte das Gegenteil des Fotos sein, das Leser in Familienalben kleben. Der Vater möchte nicht das Parkhaus am Gletscher zeigen, sondern in der Totale dokumentieren, dass er mit seinem Auto die Familie erfolgreich zum Großglockner transportiert hat. Redakteure müssen den Leser in eine Szene hineinziehen: Sie wählen den Ausschnitt, der das Wesentliche enthält, und schneiden alles Beiläufige ab. Ein Drama kann auf einem Bild reizlos werden, wenn es in einer Fülle überflüssiger Details versteckt wird.

Das macht den Reiz eines Fotos aus: Es hält einen Augenblick fest, den unser Bewusstsein nicht fixieren kann. Ein Foto ist nicht die Wirklichkeit, es bildet sie auch nicht ab – es konstruiert und interpretiert sie. Umso genauer muss ein Redakteur die Auswahl und Platzierung eines Fotos bedenken.

Die Manipulation

Eine Fülle von Möglichkeiten zu manipulieren bieten sich dem Fotografen und dem Redakteur an. Dies sind einige davon:

1. Die Auswahl. Leser beschweren sich über das einzige Foto, das die kalifornische Tageszeitung *Sacramento Bee* nach einer großen Demonstration in San Francisco gegen den Golfkrieg veröffentlichte: Hippies sind zu sehen, einer davon hat Patronenhülsen an seinen Zähnen befestigt, trägt einen Patronengurt – «und sieht ganz schön wild aus», wie Art Nauman, der Ombudsmann des Blattes, den Lesern zugestehen musste.

«Die Demonstration verlief völlig friedlich», schimpften die Leser, «der junge Hippie auf dem Foto war überhaupt nicht typisch!» Die Redakteure mussten den Lesern Recht geben, und der Ombudsmann schrieb in seiner Sonntags-Kolumne selbstkritisch: «Wir haben die Realität verzerrt. Viele Leser schauen sich nur die Bilder an und lesen Überschriften. Wir hätten neben diesem Foto auch noch andere bringen müssen!»

So manipuliert der Redakteur, wenn er von einer erregten Sitzung des Stadtparlaments den Schnappschuss eines gähnenden Hinterbänklers als einziges Foto oder als herausragendes drucken lässt. Fotos dürfen die Wirklichkeit nicht unzulässig interpretieren: So muss wenigstens das erste und dominierende Foto eines Ereignisses mit der Wahrnehmung der meisten Teilnehmer übereinstimmen; es ist zulässig, in weiteren Bildern Details, Randphänomene und Kuriositäten zu bringen.

Es gibt eine Ausnahme von dieser Regel: Staatsmänner, welche die Hände schütteln oder die Ehrenformation abschreiten. Handschüttel-Fotos haben in der Regel keine Aussage, langweilen die Leser und führen sie somit nicht in den Text hinein. Bei solchen Standardsituationen dürfen, ja sollten überraschende Bilder am Rande des Ereignisses akzeptiert werden.

Zum Beispiel: Der schlafende Außenminister Genscher und der in die Höhe schauende Bundeskanzler Schmidt mit gefalteten Händen – und dazu die Bildzeile in der *FAZ*: «Der Bundeskanzler und der Außenminister bei der Haushaltsdebatte und – wie der Fotograf beteuert – während der Rede des Oppositionsführers Kohl.»

2. Der Ausschnitt. Erfahrene Politiker kennen das Ritual: Sie stellen sich nie an den Rand einer Gruppe; nur wer am Rand steht, kann vom Redakteur abgeschnitten werden. Jedes Foto ist ein Ausschnitt der Wirklichkeit, sodass ein Ausschnitt aus dem Foto erlaubt ist – wenn er nicht verfälscht, sondern den Blick auf das Wesentliche lenkt. Die Hosenbeine von Männern auf einer Gruppenaufnahme müssen nicht zu sehen sein – Brustbild reicht. Die Hand jedoch darf weder durchgeschnitten sein noch weggeschnitten, wenn man den ganzen Ärmel sieht.

Wie findet man den idealen Ausschnitt? Das älteste Werkzeug sind zwei rechteckige Winkel aus Pappe mit etwa 25 cm langen Schenkeln. Die schiebt man auf dem Foto so lange aufeinander zu, bis die optimale Bildwirkung erreicht ist.

3. Die Retusche. Dank des Computers ist es ein Kinderspiel, den Bürgermeister auch aus der Mitte eines Gruppenbildes herauszuretuschieren. Doch wer so in ein Foto eingreift, der überschreitet die Grenze zur Lüge, wie einst Stalin: Lenin sprach am 5. Mai 1920 vor den Truppen, die gegen die polnische Armee kämpfen sollten; auf der Treppe, die zur Rednertribüne führt, standen Trotzki und Kamenew. Nachdem Trotzki in Ungnade gefallen war, wurde das Foto in zwei Versionen verbreitet: als Ausschnitt – nur mit Lenin, die Treppe mit Trotzki und Kamenew war abgeschnitten; und als Fälschung: Die Treppe ist zu sehen, aber Trotzki und Kamenew sind wegretuschiert.

4. Der Blaue-Himmel-Effekt. Die besten Fotos entstehen in der Dunkelkammer: Fotografen glauben dies, denn sie haben schon immer mit den Chemikalien getrickst, haben «gewedelt» und mit Licht und Schatten experimentiert. Wo das Auge nur einen grauen Himmel sah, zauberten sie bizarre Wolken über die Landschaft, und schon schien manches Politikergesicht weniger mürrisch zu blicken.

Mit der Computertechnik bedarf es nur weniger Maus-Klicks, um aus einem grauen Himmel einen blauen zu machen – wie in jedem Urlaubskatalog zu sehen. Als Werbeaussage mag das angehen. Wer aber ein Ereignis dokumentiert, darf bei der Bearbeitung allenfalls für mehr Schärfe und Kontrast sorgen; alles ist erlaubt, was er auch schon mit der Kamera hätte beachten können, inklusive der gebräuchlichen Filter.

5. **Gestellte Fotos.** Wenn sich der Politiker für uns in Positur gestellt hat, ist dies offen im Text zu sagen, schreibt die Agentur *AP* in ihr Handbuch. Oft inszenieren Fotografen ihrerseits ein Ereignis. Veranlassen sie Politiker zu einem Händedruck, den die nicht für dringend hielten, so bewegen sie sich noch im Rahmen des Üblichen; zahlen sie Skinheads Geld für einen Hitlergruß (und das ist geschehen!), dann sind sie Betrüger und eine Schande des Gewerbes.

6. **Gekonterte Fotos.** Eine Faustregel besagt: Menschen sollen nicht aus der Zeitungsseite hinausschauen oder aus ihr hinauslaufen. Daraus hat sich die Unsitte entwickelt, das Bild um 180 Grad zu drehen, also: Rechts wird links und umgekehrt. Der Leser merkt es sofort, wenn ein Rennwagen die Werbebotschaften in Spiegelschrift zeigt. Er merkt es nicht, wenn ein Gesicht gewendet wird – es sei denn, er weiß, wie sich ein Schauspieler den Scheitel kämmt. Experten behaupten glaubhaft, dass kein Mensch zwei gleiche Gesichtshälften besitzt: Also verändert das Kontern ein Gesicht – und ist damit verboten. Im Zweifelsfall muss ein Gesicht aus der Seite hinausschauen, das ist das kleinere Übel.

Die Platzierung

Wo auf der Seite sollen die Fotos stehen, und in welcher Relation zum zugehörigen Text, falls es einen gibt? In denselben bleiverliebten Redaktionen, in denen man Fotos ohnehin nicht mag, werden beide Fragen oft mit ärgerlicher Sorglosigkeit beantwortet.

Gehört das Foto zu einem Text, so sollte der Leser die Zusammengehörigkeit sofort erkennen. Folglich muss das Foto gemeinsam mit dem Text ein Rechteck ergeben, einen Block.

Auch dabei kann etwas schief gehen: wenn nämlich zwei solche Blöcke so aneinander stoßen, dass ihre Fotos sich berühren. Das ist für den Leser verwirrend und ohnehin Ausdruck eines missratenen Layouts.

Gehört zu einem Bild kein Artikel, so sollte es deutlich abgegrenzt werden gegen die umliegenden Texte, denen man es sonst zuordnen könnte, am besten durch Linien rundum, einen Kasten. Solche Fotos heißen, je nach Redaktion, Solobild, Schmuckbild, Featurebild (auch einfach «Feature») oder Fotoartikel. Im Vermischten sind sie ein häufiger Fall.

Die Fotos in den Textblöcken und die Solobilder bestimmen zusammen das Gesicht der Seite mehr als jedes andere Element. Jede Seite braucht über dem Bruch ein tragendes Foto, also ein großes und möglichst brillantes, das den Kontakt zur Seite vermittelt.

Zwei große Fotos auf einer Seite sind aber unerwünscht; das zweite oder dritte Foto muss deutlich kleiner sein – sonst tanzt das Auge des Lesers über die Seite.

Wie groß sollen Fotos sein? Im *Stern* verbreitete Henri Nannen einst die Faustregel: «Wenn das Bild nichts taugt, müssen wir es riesig hindonnern.» In der Tat: Große Fotos wirken schlechthin stärker als kleine. In die Versuchung, Bilder *zu* groß zu bringen, geraten die meisten Zeitungsredakteure ohnehin nicht.

Das Risiko ist vielmehr, dass man Fotos druckt, die entweder eine angenehme Mindestgröße unterschreiten («Briefmarken» heißen sie dann) oder die auf begrenztem Raum zu viele Menschen oder Gegenstände zeigen («Fliegenschiss»). Manhattan einspaltig ist eben lächerlich, und die Sahara einspaltig wäre es nicht minder.

Für *Porträtfotos* gilt: eng beschneiden, damit das Gesicht dominiert; es sei denn, ich zeige den Abgebildeten in einer für ihn typischen Umgebung. Bei mehreren Porträts in einer Reihe müssen die Köpfe von ähnlicher Größe sein, die Augen auf gleicher Höhe liegen.

Boulevardzeitungen neigen dazu, bei Porträtfotos die Köpfe *freizustellen*, d. h. den Kopf völlig aus seiner natürlichen Umgebung herauszuoperieren.

Zeitschriften und Boulevardzeitungen wissen, was sie am Foto haben; gegen ihre Layouter anzustänkern ist zwecklos. In der Mehrzahl der Abo-Zeitungen dagegen ist das Verhältnis zum Bild unterbelichtet, und auf Auswahl, Größe und Platzierung der Fotos hat der Textredakteur oft Einfluss. Den sollte er nutzen, um beherzt jede Seite mit einem Blickfang zu versehen. Dabei hat er viele technische Regeln zu beachten und sich vor Manipulation zu hüten.

30 Die Bildunterschrift

Der Bildtext (die Bildunterschrift, die BU, die Bildzeile, die Legende) wird mit hoher Wahrscheinlichkeit gelesen, wenn das Foto dem Leser gefällt oder ihn zumindest neugierig macht. Mit entsprechender Sorgfalt und Liebe sollte der Bildtext formuliert werden. In den Zeitschriften und den Boulevardzeitungen weiß man das; in den meisten Abo-Zeitungen stehen viele dem Problem mit Unkenntnis und Gleichgültigkeit gegenüber. Diese Haltung ist unfreundlich gegenüber dem Leser, auch ziemlich dumm, wenn man denn gern hätte, dass der zugehörige Artikel seine Leser findet, und obendrein schlecht fürs Geschäft.

Selbst gegen das kleine Einmaleins der Bildunterschrift wird oft verstoßen: Als Minimum muss sie erklären, wer oder was auf dem Bild zu sehen ist, und darf nichts behaupten, was auf dem Foto nicht zu sehen ist. Ein klassischer Durchhänger in der Zeitschrift *journalist* – Bildmotiv: ein Fjord. Text: «Mehrere Publizistikschulen sollen die regionalen und sprachlichen Probleme Norwegens lösen helfen.»

Der Redakteur war offenbar in Not: Wie soll er vom Fjord zu den Publizistikschulen kommen, dem Thema des Artikels? Den Fehler hatte er schon bei der Auswahl des Fotos gemacht. Es muss zur Überschrift und zum Thema des Artikels passen, sonst verwirrt er den Leser.

Aus der Leseforschung kennen wir die Reaktion der Leser: Passen Foto und Überschrift nicht zusammen, blättert der Leser weiter. Wenn Tarzan auf dem Bild zu sehen ist, darf Jane nicht in der Überschrift stehen – auch wenn sie die Hauptrolle im Artikel spielt. Der Leser mag keine Rätsel.

Erklären, was auf dem Bild zu sehen ist, «dem Leser das Bild vorlesen», wie Henri Nannen es verlangte – das beginnt mit der Antwort auf die Frage: Wer oder was ist das? Das Wer schafft Probleme, wenn das Foto mehrere Personen zeigt.

Sind es drei Prominente, so müssen alle identifiziert werden. Sind es mehr, als der Redakteur in der vorgegebenen Länge unterbringen kann, so braucht der Bildtext eben mehr Platz. Zeigt das Bild drei

Prominente und drei Unbekannte, so genügt es, wenn der Redakteur die Prominenten identifiziert; weiß er von den anderen, dass sie Dolmetscher oder Leibwächter sind, so sagt er das.

In amerikanischen Zeitungen nennt der Redakteur auch die Namen von Unbekannten. Hat er partout einen Namen nicht bekommen, schreibt er: «Ein unbekannter Fan schwenkt im Baseball-Stadion begeistert die US-Flagge.» Wie teile ich mit, wer wo steht? Wenn es sich um einen Händedruck zwischen Bundespräsident und Bundeskanzlerin handelt, so wäre der Hinweis «Merkel (links)» entbehrlich, ja lächerlich. Im Regelfall aber muss ich dem Leser klar machen, welcher Name zu welchem Gesicht gehört.

Eine elegante Lösung ist, die Person mit ihren Attributen zu kennzeichnen, etwa «mit Handtasche» oder «unter dem Regenschirm». Die beste Lösung – in den meisten Zeitschriften angestrebt – besteht darin, das Attribut in eine Handlung umzusetzen; statt «Gerhard Schröder (mit Zigarre) und Tony Blair» also zu schreiben: «Von Gerhard Schröder eingenebelt, hält Tony Blair ...»

Nicht nur die Personen werden in der Bildzeile genannt, auch alle Teile der Fotos, die auffallen oder auffallen sollen. Zeigt es an markanter Stelle einen Grabstein mit exotischer Schrift, so steht im Bildtext: «Die Inschrift ist arabisch; auf Deutsch bedeutet sie: ...»

Grabsteine und Sonnenuntergänge können reizvoll sein, doch der Erfolg einer Zeitung, vor allem im Lokalteil, hängt von der Zahl der Menschen ab, die wir im Bild zeigen – und in der Bildzeile identifizieren. Je mehr Menschen wir zeigen und ihnen einen Namen geben, desto sympathischer wird die Zeitung. Bilder mit Sachen vermitteln in der Regel ein Gefühl der Kälte, Bilder mit Menschen dagegen Wärme und Nähe – eben das, was ein guter Lokalteil besitzen muss.

Fotos sollen nicht nur ein Ereignis dokumentieren, sondern, wenn möglich, auch erregen: die Freude beim Blick auf ein Baby oder die Trauer beim Blick auf Menschen, denen ein Taifun ihr Haus zerstört hat. Die Bildzeile sollte die Reaktionen der Leser auffangen, dem Gefühl einen Halt geben, die Freude und Trauer in Worte verwandeln. 1966 schrieb die *Süddeutsche Zeitung* unter ein Foto, das Konrad Adenauer mit erhobener Hand am Rednerpult zeigt:

«Dreck», sagte Adenauer, «haben wir im eigenen Land genug. Nehmen Sie zum Beispiel mich ...» Der Rest des Satzes, mit dem der CDU-Vorsitzende vor deutscher Kritik an Goldwater warnen wollte, ging im Gelächter der Journalisten unter, sodass sich nicht mehr klären lässt, wie er gemeint war. Der 88-jährige Altbundeskanzler brillierte auch sonst mit mehr oder weniger freiwilliger Komik und ließ den Schalk blitzen wie in seinen besten Regierungsjahren.

Mitteilen, was man sieht (statt beschreiben, was man nicht sieht), und dies klar und elegant – neben diesen beiden elementaren Regeln gelten diese:

1. Führen Sie den Leser in die Geschichte ein, die Sie erzählen wollen. Johannes Haller, Chefredakteur der Zeitschriften *Sandra* und *Flora*, stellt an den Bildtext einer Zeitschrift die Forderung, sie solle einen Überblick über den Bericht geben: «Wenn jemand nicht alles lesen, sondern sich kurz informieren will, ergeben mehrere Bildunterschriften zusammen am besten eine Mini-Geschichte.» Diese Chance haben Zeitschriften oft, Zeitungen selten.
2. Geben Sie präzise Informationen! Das rät Johannes Haller: «Schreiben Sie Nusspudding, wenn ein Pudding abgebildet ist. Dann weiß der Leser, dass es um den Pudding geht. Das ist viel, denn es könnte ja auch um den Teller oder den Blumenstrauß im Hintergrund gehen.»
3. Schreiben Sie konkret, nie allgemein! Schreiben Sie nicht: «Gestern strahlte wieder die Sonne über die schneebedeckten Berge des Mittelgebirges», sondern: «Die Sonne scheint auf den schneebedeckten Feldberg.»
4. Schreiben Sie stets im Präsens!
5. Schreiben Sie kurze Sätze! Der Leser springt vom Text ins Bild, wenn ihm die Bildzeile Neues zeigt, das er selber nicht entdeckt hat; er will leicht in den Text zurückfinden.
6. Sagen Sie dem Leser, wenn Sie ein Archivfoto nehmen! Dasselbe gilt für ein gestelltes Bild. Teilen Sie dem Leser am besten auch Ihre Gründe dafür mit.

7. Auch Solo- und Schmuckbilder beginnen stets mit der Beschreibung des Fotos!

Zu warnen ist vor typischen Fehlern:

- Pflücken Sie nicht Sätze aus dem Lauftext, die zwar wichtig sind, aber keinen Bezug zum Foto haben!
- Legen Sie den abgebildeten Personen keine Aussagen in den Mund wie: «Der Landrat scheint ‹Nein› zu sagen.» In ihrem Handbuch empfiehlt die Nachrichtenagentur *AP*: «Vermeiden Sie es auch, den abgelichteten Personen Emotionen, Stimmungen, Empfindungen zuzuschreiben. Das Bild muss für sich selbst sprechen. Es ist unnötig zu sagen, dass ein Verlierer sich niedergeschlagen fühlt oder dass ein Politiker grimmig aussieht. Richtig ist es zu schreiben, was der Verlierer oder der Politiker im Augenblick der Aufnahme macht, also das Bild zu beschreiben.»
- Wiederholen Sie nicht Formulierungen aus der Überschrift oder dem Vorspann! Leser mögen es nicht, wenn sie innerhalb kürzester Zeit dasselbe mehrmals lesen müssen.
- Sammeln Sie nicht die Unterschriften für mehrere Fotos neben- oder untereinander in einem Bildtext, es sei denn, Sie beschreiben einen Vorgang wie die Sprengung eines Schornsteins!

Zwei Fragen zum Schluss:

1. Darf man Informationen in die Bildzeile packen, für die im Lauftext kein Platz war? Die Frage wird in den Redaktionen unterschiedlich beantwortet, plausibel sind beide Antworten – immer vorausgesetzt, vor den Zusatzinformationen steht die Beschreibung des Fotos. Die einen argumentieren: Was in 140 Zeilen nicht unterzubringen war, sollte nicht in die fünf Bildzeilen gepresst werden, die als erste gelesen werden; die anderen: Unter den Fotos kann man gut Informationen unterbringen, die zu den Bildern passen, aber nur schwer in die Dramaturgie einer Reportage oder eines Features.
2. Was ist von dem rituellen Doppelpunkt zu halten, den der *Spiegel* seit 1947 noch in kaum einer Bildunterschrift vergessen hat? Er tritt in zwei Formen auf:

- Der Satz beginnt mit dem Prädikat, nach dem Doppelpunkt darf

das Subjekt folgen («Brach sich beim Skilaufen beide Beine: Prinz Abdul»). Diese Form hat sich in fast allen Redaktionen deutscher Sprache als eiserne Regel etabliert – selbst wenn dabei Zuhälter zum Kaffee kommen («Luden zum Kaffee: Versandhausunternehmer X und Ehefrau Sibylle», *Hamburger Morgenpost*).
- Zweite Form: Was vor dem Doppelpunkt steht, hat keinen erkennbaren Zusammenhang mit dem, was hinter dem Doppelpunkt steht («Ostpreußische Fischer: Wie ein Mühlstein»).

Dieses Ritual erfüllt offensichtlich auch in seinem 49. Jahr die Mehrzahl aller Journalisten deutscher Sprache mit Begeisterung. Leider hat es zwei Nachteile:
- Es verstößt gegen fast alle hier vorgestellten Regeln einer guten Bildunterschrift.
- Nach seiner etwa 600000sten Verwendung hat es an Frische ein wenig verloren.

Die Bildunterschrift ist in der Regel der zuerst gelesene Text auf jeder Seite einer Zeitung oder Zeitschrift. Also ist es töricht, ihn anders als mit Liebe, Eifer und bestem Handwerk anzugehen.

31 Die Infographik

Graphiken gibt es schon lange in den Zeitungen: Meist standen schlicht Säulen neben- oder Balken übereinander und verglichen Wahlergebnisse, Preise oder die Kraftfahrzeug-Dichte. Als *USA Today* und *Focus* auf den Markt kamen, wurde die gute alte Graphik mit bunten Bildern aufgeputzt und hieß Infographik. Mittlerweile kehren viele Zeitungen wieder zu alten Tugenden zurück: Die Zeit der überladenen Infographiken ist vorbei, in amerikanischen Zeitungen dominieren wieder schnörkellose, akkurat gezeichnete und leicht zu überschauende Säulen und Torten.

Der Reiz der Piktogramme ist verflogen, die Leser haben sich satt gesehen an den stets gleichen Clip-Arts, die oft mehr an Kinderzeichnungen erinnern als an gekonnte Illustrationen. Wenn bei Graphiken zur Gesundheitsreform immer wieder die Fieberkurve am Krankenbett zu sehen ist, stellt sich leicht Überdruss ein. Dieser Überdruss spricht gegen die bunten Kleckse und naiven Zeichnungen, nicht gegen die Graphik. Wird sie mit Bedacht ausgewählt, kann sie dem Schreiber sehr nützlich sein: Komplizierte oder schwer überschaubare Vorgänge sind mitunter nur umständlich zu beschreiben, eine Graphik – etwa bei einem dramatischen Unfall – kann für Leser wie Schreiber angenehm sein. Der Schweizer Chris J. Walther schreibt:

> *Die Zukunft der Infographik hängt sehr davon ab, wie weit die Infographiker integriert sind in den ganzen Prozess der Nachrichtenauswahl. Die Kompetenz der Infographik muss in der Mitte der Nachrichtenredaktion angesiedelt werden und nicht am Rand. Dies wird zu Infographiken führen, die weniger Dekoration sind, aber einen größeren Wert für unsere Leser bekommen.*

Die Infographik steht der Nachricht näher als dem Foto. Folglich muss sie eine klare, auf das Wichtigste zugespitzte Information enthalten.

Dies sind einige Tipps:
- Bei feinen Unterschieden, etwa prozentualen Abstufungen, ist der Balken zweckmäßig; bei Verteilungen, etwa der Sitze in einem Parlament, ist es die Torte, bei Abfolgen, etwa die Veränderungen bei Meinungsumfragen, ist es die Kurve. Niemals sollte des Effektes willen eine Torte statt eines Balken gewählt werden: Unverständnis wird die Folge sein.
- Die Aussage muss auf den ersten Blick zu erkennen sein, das Verständnis des Textes erleichtern oder sogar auf ihn neugierig machen.
- Was mit wenigen Sätzen klar zu beschreiben ist, gehört nicht in eine Graphik.
- Viele Zahlen werden geordnet in eine Tabelle übertragen. Es käme

auch keiner auf die Idee, die Bundesliga-Tabelle zu beschreiben oder in eine Infographik zu packen.

Darf eine Graphik auch eine ganze Seite füllen? Das ist umstritten. Der amerikanische Designer Peter Sullivan verweist auf Untersuchungen, dass Leser gerade eine Minute für das Studium einer Graphik aufwenden, aber keine fünf oder zehn, wie sie für die Themen-Graphiken notwendig wären.

Doch solche Graphiken haben ihren Wert nicht nur in Büchern und Magazinen, sondern auch in Zeitungen. Bei besonders erregenden Ereignissen, vor allem Krieg, Unglücken und Katastrophen, wächst das Bedürfnis nach Erklärung: Wie kann ein großes Fährschiff wie die Estonia mit tausend Passagieren in einer Viertelstunde sinken? Wie kommt es zu den verheerenden Überschwemmungen des Rheins, der Elbe oder des Mississippis?

Bei großen Ereignissen, vor allem im Sport, können große Graphiken Übersicht schaffen in einem Wirrwarr an Attraktionen und Hinweisen: Wo kann ich parken? Wo gibt's die Eintrittskarten? Auf welchen Plätzen findet welches Tennismatch statt?

Die seitenfüllenden Infographiken erleben eine Inflation in Kriegszeiten, wenn Frontverläufe, die Routen der Bomber und die Positionen der Flugzeugträger zu markieren sind. Im ersten Golfkrieg mussten die Graphiken als Ersatz für die Bilder dienen, die es nicht gab – weil die Militärs keine Journalisten an die Front schicken wollten.

Wahrscheinlich helfen Graphiken auch jungen Leuten beim Lesen der Zeitung. Wer sich die Schulbücher seiner Kinder anschaut, sieht schon seit den 1980er Jahren auf nahezu jeder Seite eine Infographik: So lernen die Kinder, und diese graphische Sprache suchen sie auch in der Zeitung.

Infographiken sind gezeichnete Nachrichten ohne Schnörkel und überflüssige Bilder; sie erläutern komplizierte Sachverhalte und schaffen einen Überblick. Eine ideal gestaltete Zeitungsseite lässt Text, Foto und Graphik verschmelzen.

32 Die Überschrift

«Krieg!», brüllten die Zeitungsjungen auf den Straßen und hielten das Abendblatt hoch, von dem die Schlagzeile in die Augen sprang. Die Redakteure halfen den Zeitungsjungen und formulierten die Überschrift kurz, einprägsam und verkaufsfördernd. Heute sind die Verkäufer stumm geworden und stehen als Metallkästen an den U-Bahn-Zugängen. Doch die Überschrift hat ihren Reiz nicht verloren; und die Redakteure mühen sich immer noch ab: In einigen Redaktionen gibt's eigene Konferenzen für die wenigen Wörter in den fetten Lettern.

Die Leser fliegen darauf – und wehe, eine Überschrift im Lokalteil verzerrt ein wenig oder lobt den Falschen; dann häufen sich die Proteste, und es muss schon mal der Verlagsanwalt eingeschaltet werden. Der Einwand hilft wenig, im Text stehe doch alles richtig; die empörten Leser sehen's nicht ein und vermuten: «Die meisten lesen doch nur die Überschrift!»

Das ist richtig und falsch zugleich. Richtig ist: Doppelt so viele lesen die Überschrift wie den Text. Das fand die Poynter-Studie 1990 in den USA heraus, die größte Untersuchung darüber, wie Menschen ihre Zeitung lesen. Wer möglichst viele Leser in die Überschrift ziehen möchte, muss demnach zwei Bedingungen erfüllen:
1. In die Nähe der Überschrift stellt er ein markantes Bild.
2. Er wählt möglichst große Buchstaben.

Nun *liest* der Leser also die Überschrift. Wie muss sie beschaffen sein, damit sie die größte Chance bietet, ihn in den Text zu ziehen? Neben den beiden Gesetzen, die Poynter formulierte, sollte der Redakteur fünf Prinzipien beachten, die in allen Redaktionen gelten; komplett verwirklicht werden sie allerdings nur selten.

1. Klar in der Aussage und verständlich muss sie sein. Zum Begräbnis von Franz Josef Strauß titelte die Münchner *Abendzeitung* kurz und klar und sogar noch fürs Herz:

Die Welt trauert
Bayern weint

Rätselhaft dagegen eine Überschrift in der *Rheinischen Post*:

Beim Leergut saßen viele Brunnen auf dem Trockenen

Beliebige und unklare Überschriften handelt sich ein, wer nur kurze Titel aus wenigen Worten wählen muss – wie es *Die Woche* schätzte, die 1995 auf sieben aufeinander folgenden Seiten nicht *eine* klare Überschrift brachte: Kontrolle ist gut, Vertrauen ist besser / Aufstand im Osten / Bonbons für Steffi / Jagd auf den Jäger / Schnäppchen zur Sonne / Crash im Boom / Kein gutes Jahr.

2. Den Text darf sie nicht verfälschen. Eine Titelschlagzeile des *Stern* von 1988 hieß:

Zeitbombe Biblis
Die Minuten vor dem GAU

Das erweckte den Eindruck, der Größte Anzunehmende Unfall sei eingetreten; der Text besagte jedoch: «Eine letzte Sicherung und die Notkühlung verhinderten den Supergau».

3. Reizvoll sollte sie sein, also Lust machen auf den Text. Wie diese aus der *Zeit*:

Autopsie einer Wasserleiche
Willi Winkler besichtigt den Rhein-Main-Donau-Kanal

Damit ist zugleich ein Standardmodell vorgestellt, das bei Reportagen, im Vermischten und in Zeitschriften beliebt ist: Die Oberzeile muss noch nicht mitteilen, worum es sich handelt – wenn sie nur reizvoll ist; die Unterzeile hat jedoch unverzüglich die Aufklärung zu liefern.

Das schlechthin Unattraktive bietet die *Neue Zürcher Zeitung* ihren Lesern gar nicht selten an – zum Beispiel: **Japan bleibt Japan** oder **Zum Hinschied von Prof. Aristaks Akovbiantz.**

4. Peinlichkeit und unfreiwillige Komik muss sie vermeiden um jeden Preis. Nicht gelungen war dies
- der *Frankfurter Rundschau*: **Zulus massakrieren 30 Menschen**
- dem *Berliner Kurier*: **Frau von Bushaltestelle entführt**
- der *Münchener Abendzeitung*: **Unvorsichtige beißen die Hunde**

5. Der Zeilenfall ist nicht beliebig. Es irritiert den Leser, die Zeile an einer Stelle gebrochen zu sehen, an der niemand Atem holen würde, wie in der *Neuen Osnabrücker Zeitung*:

**Zum Lob der
Götter Tanz auf
dem Schüsselrand**

Und verkohlt fühlt er sich, wenn die erste Zeile in sich einen Sinn ergibt, und zwar einen falschen wie in der *Stuttgarter Zeitung*:

Grüne: Ozon im Raum

(so weit ist es schon, denkt der Leser – ehe er, wenn er fortfährt, die Wahrheit erfährt:)

Mannheim besser bekämpfen

Dennoch – wer korrekt, leicht verständlich und sachlich die Kernaussage treffen will, kann durchaus scheitern. Einige Gründe sind respektabel, etwa nach Debatten, im Bundestag wie bei Podiumsdiskussionen im Lokalen, bei denen die Behauptung geschmeichelt wäre, sie hätten einen Kern gehabt; oder wenn beim besten Willen keine zentrale Aussage zu entdecken ist in Berichten von Korrespondenten und Freien Mitarbeitern – aber der Ressortleiter darauf besteht, sie ins Blatt zu nehmen.

Wie viel Meinung erlaubt die Überschrift? Wie viel Sprachspielerei ist erwünscht?

Kommentierung ist beliebt bei jungen Leuten, gewollt bei Boulevardzeitungen und sogar in überregionalen Zeitungen etabliert. Die *Neue Zürcher Zeitung* erhebt die Meinung in der Überschrift zum Prinzip: «Dornenvolle Trennung von Politik und Geschäft» lautet die Schlagzeile 1994 über die Probleme des italienischen Regierungschefs Berlusconi.

Die *taz* kommentiert in der Überschrift fast immer und zum Teil sehr deftig: Den gekreuzigten Christus nannte sie «Balken-Sepp», als das Bundesverfassungsgericht 1995 sein Kruzifix-Urteil fällte. Den ehemaligen saarländischen Ministerpräsidenten und Feinschmecker Lafontaine, als der wegen seiner hohen Pension ins Gerede kam, veralberte die *taz* 1992: «Vom Trüffelschwein zur Sau der Nation».

Die Meinung in der Nachricht ist also kein Kennzeichen der Boulevardzeitungen. Dennoch sei groß und deutlich ein Warnschild angebracht: Auch wenn die *Neue Zürcher* die Meinung pflegt, auch wenn der *taz* manch witzige Zeile gelingt, so folge der Redakteur diesen drei Appellen:

- Er möge den Willen haben, politische Nachrichten mit strikt unparteiischen Überschriften zu versehen.
- Er möge aus diesem Willen folgern, dass er seine Worte wägen muss.
- Ironie passt zu Kommentaren und Glossen aller Art, zu vermischten Nachrichten, vielleicht auch zu Sport und Feuilleton; doch muss auch dort der übermütigen Schlagzeile oder ironischen Pointe der sachliche Untertitel folgen. Über der *politischen* Nachricht ist Ironie deplatziert.

Die Verkürzung, das Stilmittel der Überschrift, dient dem Verkauf, ist aber auch eine technische Notwendigkeit. Als die Texte noch in Blei gegossen wurden, nahm ein Setzer die großen Buchstaben der Schlagzeile und fügte sie per Hand in ein Winkeleisen; der Redakteur sah also, wie der Raum schrumpfte und schrumpfte und es immer schwerer wurde, die hehren Prinzipien der Klarheit und Genauigkeit zu befolgen.

Wer die Überschrift in den Computer eingibt, kann mit ein paar Tricks in die Zeile noch einen oder zwei Buchstaben reinquetschen; aber er verändert das Schriftbild bis hin zur Schäbigkeit und Unlesbarkeit. Die Layouter sind entsetzt, der Chefredakteur verärgert, aber dennoch nutzen die Redakteure die Computer-Tricks.

Viel Platz haben die Redakteure der *Süddeutschen Zeitung* für ihre Außen-Schlagzeile:

> Regierungschefs der Alliierten mit Kriegsverlauf zufrieden
>
> **Bush und Blair geben sich siegessicher**
>
> **US-Präsident kündigt rasche Hilfe für die Zivilbevölkerung an / Premier wünscht UN-Mandat für Nachkriegsverwaltung**

Eine Dachzeile über vier Spalten, eine Schlagzeile über vier Spalten und eine Unterzeile über vier Spalten; der gesamte Apparat der Überschriften wird zur Kurzfassung des Textes, der den eiligen Leser schon ausreichend informiert, zumal noch ein langer fetter Vorspann folgt. Vor einigen Jahren waren es noch mehr Zeilen: eine Dachzeile, zwei Schlagzeilen und zwei Unterzeilen.

Die *Süddeutsche Zeitung* schüttet das Füllhorn der Informationen in den Überschriften aus; das ist das eine Extrem. Vor allem die Boulevardzeitungen nutzen das andere: ganz knappe Titel, die attraktiv sind und noch verständlich, aber nicht zu viel vom Text verraten.

Das Meisterstück lieferte die englische Zeitung *The Sun*, als sie in drei Wörtern mit je zwei Buchstaben die Invasion auf den Falkland-Inseln verkündete, aber dennoch sämtliche Prinzipien erfüllte:

> **IN**
> **WE**
> **GO**

Mit sechs Buchstaben kam auch die *Hamburger Morgenpost* aus, als sie 1988 den Rücktritt des Hamburger Bürgermeisters meldete:

> **Er**
> **geht**

Die Schlagzeile stand neben dem großen Bild eines niedergeschlagenen Dohnanyi: Und jeder Hamburger wusste sofort Bescheid.

Was macht nun der Anfänger, wenn er die Prinzipien gelernt hat und sich in der Fülle der Redaktionsmarotten orientieren kann? Schreibt er als freier Mitarbeiter außerhalb der Redaktion, dann ist er der Pflicht schon entledigt, eine Überschrift zu liefern: Weder kennt er die Platzierung des Textes noch die Größe der Überschrift. Doch dankbar sind die meisten Redakteure für einen attraktiven Vorschlag; vor allem im Lokalen kümmert sich keine Konferenz um die besten Titel, nur selten palavern zwei Kollegen die attraktive Schlagzeile aus, oft fehlt die Zeit für eine zündende Idee. In den Nachrichtenredaktionen, in Feuilleton, Wirtschaft und Sport sind es die Redakteure sogar gewohnt, von den Agenturen Überschriften-Vorschläge zu bekommen – und sie freuen sich, wenn der Freie ebenso verfährt.

Die Überschrift soll klar und wahr in der Aussage sein, genau, verständlich und attraktiv für den Leser; sie soll ihn in den Text hineinführen. In den Nachrichten aus Politik und Wirtschaft sollte sie frei sein von Meinung und folglich auch von Ironie. Sie ist einfach in der Sprache. Bei der vermischten Nachricht nutzt sie Sprachwitz und Augenzwinkern.

33 Lead und Vorspann

Lead heißt der erste Satz in einer Agenturmeldung, aber auch bei Zeitungen in den kurzen Nachrichten; er wird typographisch nicht hervorgehoben. In anderen Redaktionen heißt so der komplette erste Absatz; seltener auch «Einstieg».

Der graphisch herausgehobene erste Absatz heißt **Vorspann** (mitunter ebenfalls Lead genannt); die Heraushebung erfolgt meist durch Fettung, durch größere Schrift, mehrspaltigen Text, Unterstreichungen, Flattersatz oder eine Kombination dieser Merkmale wie halbfetter Flattersatz. Manche Redaktionen, etwa die *FAZ*, verzichten völlig auf den Vorspann, andere übertreiben durch eine Bleiwüste von epischer Länge wie die *Süddeutsche Zeitung*.

Oft ist der fette Vorspann nicht das, was er sein sollte, nämlich eine Zusammenfassung – sondern der Redakteur fettet einfach seine ersten Sätze und führt den Text dann in gewöhnlicher Schrift weiter. Das geschieht nicht selten aus der Not heraus; denn nach einer ausführlichen Bildzeile, einer längeren Überschrift und Unterzeile ist das Wesentliche schon geschrieben, und oft ein bisschen mehr.

Jenseits aller Usancen und Verbiegungen gilt: Der nachrichtliche Vorspann muss das Wichtigste und Interessanteste des Lauftextes in sich vereinigen. Er ist eine Schnellinformation, die die Lektüre des Lauftextes allenfalls entbehrlich macht; das ist gewollt, denn die Zeitung will zuerst informieren und muss an den eiligen Leser denken, der frühmorgens gerade fünf Minuten Zeit übrig hat.

Der Zeitungsdesigner Mario Garcia hält den Vorspann deswegen für eine eigene Textgattung, weil er von den meisten Menschen gelesen wird, ohne dass sie sich danach auch nur eine Zeile des Artikels vornehmen oder auch weil er elegant oder flott formuliert Appetit auf den Artikel macht. Also muss der Vorspann kurz sein: Für Garcia hat der ideale Vorspann, also der meist fette Einstieg, nur etwa fünf Zeilen.

Hans-J. Hippler von der Zeitungs-Marketing-Gesellschaft (ZMG) fand durch viele Copytests heraus: Ein Vorspann erhöht die Beachtung eines Artikels um 53 Prozent bei Ein- und Zweispaltern und um 35 Prozent bei Drei- und Vierspaltern. So verzichtet beispielsweise die mit dem europäischen Design-Preis 2003 ausgezeichnete Zeitung *Varden* aus Norwegen komplett auf Unterzeilen und bringt dafür einen fünf- bis achtzeiligen fetten Vorspann mit großen Buchstaben.

Kürze ist auch beim Vorspann der *Zeitschrift* erwünscht; seine Funktion ist jedoch völlig anders (mehr dazu im Kapitel 24).

Agenturen heben ihre ersten Zeilen typographisch nicht hervor. Gleichwohl ist das Lead, also einfach der erste Satz, ihr Lebenselixier. Es soll den Redakteur in die Nachricht führen; ist es attraktiv formuliert, liest er weiter; andernfalls fliegt die Meldung in den Papierkorb oder wird im Computer überblättert. Wer so im Konkur-

renzkampf um die Gunst des Redakteurs und das Geld des Verlegers steht, muss dem Lead eine herausragende Funktion beimessen. Und so heißt es auch in den Arbeitsanweisungen der Agenturen:
- *AP:* Das Lead entscheidet häufig über die Abdruckquote. Es soll so kurz wie möglich, aber auch so lang wie nötig sein, um den Empfänger zum Weiterlesen zu veranlassen.
- *UPI:* Das Lead ist die Story in a nutshell (in einer Nuss-Schale). Ein einzelner Satz, weder überladen noch verwickelt, sollte genügen. Eine einfache, anschauliche Feststellung ist gewöhnlich das Beste.
- *dpa:* Der erste Satz und der ganze erste Absatz soll kurz, aussagekräftig und direkt sein. Die Einschränkungen, die besonderen Umstände, die Aufzählung der Handelnden und Sprechenden samt ihrer Titel – all das kann im Allgemeinen danach kommen. Der Korrespondent und Redakteur tut gut daran, angesichts eines komplizierten Vorgangs, einer langen Reaktion oder einer umfangreichen Erklärung einen Moment lang kritischen Abstand zu nehmen, sich von den Formalien und äußeren Umständen des Vorganges zu lösen und sich zu fragen: Was ist der Kern des Vorgangs, wo liegt das neue und interessanteste Moment?

Doch wie oft verstoßen gerade die Agenturen gegen ihre eigenen Grundsätze! Zwar beachten sie das Prinzip «Das Wichtigste und Interessanteste herauskitzeln», doch sie überfrachten das Lead wie in diesem *dpa*-Beispiel von 1995:

Mit Forderungen nach Abkehr von einer starren 35-Stunden-Woche und Rückkehr zur Samstagarbeit haben die Arbeitgeber der Druckindustrie ihren Kurs in den laufenden Manteltarifverhandlungen abgesteckt. In einem am Donnerstag in Wiesbaden veröffentlichten tarifpolitischen Grundsatzprogramm setzt sich der sozialpolitische Ausschuss des Bundesverbandes Druck außerdem für eine Neufassung der als überholt empfundenen Regeln zur Maschinenbesetzung ein.

Die Kennzeichen der Überladung: eine Fülle von Attributen (im Beispiel sind es hier 6 mit insgesamt 19 Silben); eine schnelle Folge von Präpositionen (mit-nach-von-zur); das Spreizen des Verbs (im zweiten Satz stehen 17 Wörter zwischen «setzt sich» und «ein», im ersten Satz 10 zwischen «haben» und «abgesteckt») oder das Auseinanderreißen von Subjekt und Prädikat (mehr dazu in Kapitel 35).

Wie kann der Redakteur diesen überladenen Satz sinnvoll ordnen? Er zieht die wichtigsten Aussagen als Stichworte nach vorn und fügt die notwendigen Nachrichten-Elemente an, eben die Antworten auf die W-Fragen. Hier ein Vorschlag:

> *Abkehr von der starren 35-Stunden-Woche, Rückkehr zur Samstagarbeit – das sind die Forderungen, mit denen die Arbeitgeber der Druckindustrie ihren Kurs in den laufenden Manteltarifverhandlungen abgesteckt haben. Der sozialpolitische Ausschuss des Bundesverbandes Druck setzt sich in seinem am Donnerstag veröffentlichten Grundsatzprogramm außerdem dafür ein, die Regeln zur Maschinenbesetzung neu zu fassen; sie seien überholt.*

Ein einfaches Rezept, um das Lead nicht zu überladen, liegt in seiner Kürze. «Für amerikanische Newsstorys gilt die Faustregel, dass Leadsätze höchstens 25 bis 30 Wörter lang sind», gibt die Agentur *AP* als Orientierung auch für Redakteure des deutschen Dienstes. Ähnlich bestimmt die *dpa*-Regel: Ein Satz soll nicht mehr als 20 Wörter und darf nicht mehr als 30 Wörter haben. Die Regel hat allerdings eben bei den Agenturen wenige Freunde: Die Durchschnittslänge des Lead-Satzes beträgt bei *dpa* 23; etwa 20 Prozent überschreiten die 30-Wort-Grenze.

Eines der unverständlichsten Leads druckte die *FAZ*, es hat 50 Wörter, davon 39 vor dem erhellenden Verbum und 42 Wörter vor dem rettenden Subjekt:

> *Für wirtschaftliches Wachstum durch einen Abbau des staatlichen Schuldenzuwachses und sich daraus ergebende Zinssenkungen, durch eine Änderung des Steuersystems und Erhöhung der Ertragskraft der Unternehmen sowie eine maßvolle Tarifpolitik und die Einführung der persönlichen Beteiligung der Arbeitnehmer am Pro-*

duktivkapital hat sich die CDU/CSU als ihrem Weg aus Arbeitslosigkeit und Stagnation entschieden.

Den ersten Satz muss jeder beim ersten Lesen verstehen. Wer diese Regel verletzt, der kann sich nicht entschuldigen, er wolle doch nur das Wichtige zusammenpacken. Verständlichkeit geht vor Vollständigkeit. Für den ersten Satz gilt besonders, was stets beim journalistischen Schreiben zu beherzigen ist: Der Redakteur schreibe, wie er's seinem Freund erzählen würde. Sagt er: «Beim Absturz eines Jumbos kamen 144 Menschen ums Leben?» Nein – «Hast du schon gehört!», wird er seinem Freund zurufen; auf diesen Hinweis verzichtet der Redakteur, wenn er die Nachricht schreibt, doch alles, was danach folgt, steht so und nicht anders im Lead: «Ein Jumbo ist in den Tiergarten gestürzt! Alle 144 Menschen an Bord sind dabei umgekommen.»

Statt Fakten stehen oft Allgemeinplätze in den ersten Sätzen, Binsenweisheiten, Kurzfeuilletons und Aphorismen, die die Albernheit streifen:

- *«Das Streikrecht der Arbeitnehmer ist ein unverzichtbares Recht in einer freiheitlichen Gesellschaft. Dieses Bekenntnis legte ...»*
- *«Was den einen recht ist, ist den anderen noch lange nicht billig. Nach diesem Motto verfahren offenbar auch die Münchner Möwen ...»*
- *«Eine Schwalbe macht noch keinen Sommer, aber 2200 Babys, die mehr als im Jahr davor zur Welt kamen, sind ...»*
- *«In Moskau braucht niemand mehr schlechter Laune zu sein. Unter einer neuen Telefonnummer können die Moskauer jetzt pausenlos Witze hören ...»*

Wie sieht nun der typische, der klassische Vorspann in der Zeitung aus? Zum Beispiel so:

Die Bremer Landesregierung, Bundeswirtschaftsminister Günther Rexrodt und die beteiligten Banken haben am Mittwoch ihre Be-

> *reitschaft signalisiert, sich an der Suche nach Lösungen für die Zukunft der Bremer Vulkan Verbund AG zu beteiligen. Dabei wollen sie möglichst viele der 22500 Arbeitsplätze retten. Der Vorstand hatte zuvor beim Amtsgericht Bremen einen Vergleichsantrag gestellt.* (Süddeutsche Zeitung)

Wäre es denkbar, die trockene Nachrichtensprache durch einen erzählerischen Duktus zu ersetzen, wenn auch er das Wichtigste enthält? Denkbar durchaus. *dpa* ließ 1995 als Test unter Chefredakteuren einen ungewöhnlichen Vorspann kursieren, der 1974 in der *Welt* erschienen war:

> *Genau 25 Stunden nach seiner Festnahme am Gorki-Prospekt in Moskau verließ Alexander Solschenizyn am Mittwoch auf dem Flughafen Frankfurt die planmäßige Aeroflot-Maschine, bestieg ein Auto des Auswärtigen Amts und fuhr zum Bauernhaus von Heinrich Böll in Langenbroich in der Eifel. Tee, Brot und Bett stehen bereit, sagte Böll. Während Solschenizyn im Auto unterwegs war, kam aus Moskau die Nachricht: Die Staatsbürgerschaft wird aberkannt, die Familie kann das Land verlassen.*

Die Agentur wollte damit testen, ob ein solcher Vorspann-Stil bei ihren Abonnenten Chancen habe. Unter den Reaktionen dominierten lebhafte Zustimmung und heftige Ablehnung.

Lead und Vorspann haben gemeinsam: Sie sollen das Wichtigste und Interessanteste der Nachricht in einem Satz oder in wenigen Sätzen zusammenfassen und so eine rasche Information ermöglichen (anders als im Zeitschriften-Journalismus, mehr dazu in Kapitel 24). Dazu braucht der Redakteur einen klaren Blick und eine klare Sprache.

Der Unterschied zwischen Lead und Vorspann liegt in der Optik: Der Vorspann ist typographisch vom Lauftext abgehoben, das Lead nicht. Überdies verstehen die Agenturen unter «Lead» meist den ersten Satz allein.

Schreiben und Redigieren

34 Verständliche Wörter

Seit 1949 gibt es in Amerika, seit 1974 im deutschen Sprachraum eine exakte Wissenschaft namens Verständlichkeitsforschung. Wenn die Journalisten sich ihrer Ergebnisse bedienen würden, sähe die deutsche Presse besser aus. Die meisten aber tun es nicht, ja die wenigsten haben auch nur je davon gehört, dass eine solche Wissenschaft vorhanden ist und dass es sich lohnen könnte, sich mit ihr zu befassen.

Diese Mischung aus Abneigung und Unkenntnis teilen die Journalisten mit den Germanisten und den Linguisten. An der Verständlichkeitsforschung wird nicht etwa gezweifelt; sie wird einfach ignoriert.

Die junge Wissenschaft bietet keine Sensationen an. Sie liefert einen wissenschaftlichen Unterbau für das, was Martin Luther mit überwältigendem Erfolg betrieben hat, und setzt seine Praxis in Messzahlen um, die jedem Gutwilligen den Weg zu Luther weisen. Und das heißt: zu einer Sprache, die jeder verstehen kann, auch der Hilfsarbeiter – ohne dass sich jedoch, und das ist die Kunst, der Professor durch Billigware beleidigt oder unterfordert fühlte.

Die wichtigsten Einsichten der Verständlichkeitsforschung lassen sich in genau zwei Rezepte fassen – unglaublich leicht zu merken also, nur leider schwer zu beherzigen: Denn man muss das meiste vergessen, was einem auf Schule und Universität fünfzehn oder mehr Jahre lang eingetrichtert worden ist.

Dieses Kapitel handelt vom ersten Rezept: Kurze Wörter sind *fast immer* verständlicher und zugleich farbiger, kraftvoller als lange Wörter. Das klingt simpel; aber wer sich daran halten möchte, gerät schon hier mit sämtlichen akademischen Moden und bürokratischen Vorlieben über Kreuz. Da will man ja keine Gründe, sondern Motivationsstrukturen, keine Hirsche, sondern Rotwildbestände, keine

Laune, sondern einen Befindlichkeitspegel, keine leeren Betten, sondern Kapazitätsüberhänge im Beherbergungsgewerbe. Und diese vielarmigen Wortpolypen muss ich alle zerschlagen, falls ich für Leser oder Hörer schreiben will.

Neu ist auch daran nichts, nur wissenschaftlich abgesichert und in eine Schreibregel umgesetzt. Jean Paul hat gesagt: «Je länger aber ein Wort, desto unanschaulicher.» Schopenhauer hat gesagt: «Man brauche gewöhnliche Worte und sage ungewöhnliche Dinge.» Churchill hat gesagt: «Die alten Wörter sind die besten und die kurzen die allerbesten.»

Den Nobelpreis für Literatur hat Churchill bekommen, und mit vier uralten Einsilbern hat er Geschichte gemacht: Nicht die Mobilisierung aller nationalen Energiereserven unter Inkaufnahme von Schweißabsonderung und Blutverlust stellte er den Engländern 1940 in Aussicht, sondern *blood, sweat, toil, tears* (wovon wir *toil*, die Mühsal, aus unerfindlichen Gründen nicht ins Deutsche übernommen haben).

Auch im Deutschen haben sich fast alle wichtigen Dinge und starken Gefühle zu einsilbigen Wörtern verdichtet: Haus und Hof, Geld und Geiz, Wut und Gier, Hohn und Spott, Not und Qual, Tod und Mord. In der gesamten Lyrik kommen Wörter von fünf und mehr Silben, Wörter wie insbesondere, umständehalber oder Durchführungsverordnung, nicht vor.

Was folgt daraus für den Journalisten – da ihm doch ebensolche Silbenschleppzüge ohne sein Zutun täglich hundertfach über den Schreibtisch rasseln? Wenn er zugleich verständlich und saftig schreiben will, so legt er seine eigenen Texte auf die kürzestmöglichen Wörter an, und in fremden Texten sucht er die Wortballons und sticht sie an, damit alle Luft aus ihnen entweichen kann.

Natürlich, Schlüsselbegriffe aus Politik und Wirtschaft sind solchem Zugriff entzogen. Aber kaum spricht einer von unabwendbaren Gegebenheiten, kann der Redakteur es ja mal mit Fakten oder Zwängen versuchen, und wo von einer mangelnden Akzeptanz weiter Bevölkerungskreise die Rede ist, sollte er schreiben, dass offenbar viele Leute das nicht mögen.

Nichts steht dem im Weg als die Routine allzu langer Schul- und Universitätsjahre und vor allem die Gesinnung, die damit einherzugehen pflegt: Wenn ich schlichte Sachverhalte in bombastische Begriffe packe, dann habe ich das Ziel meiner Zunft erreicht, meine Professoren achten mich, und bei vielen meiner Leser wird das Unverständnis mit entmutigter Bewunderung einhergehen. Beschreite ich indessen den umgekehrten Weg, so wird die Zunft mich verachten; nur meine Leser werden mich lesen und lieben.

Und mein Ressortleiter? Handelt es sich um Wirtschaft oder Feuilleton, so wird er vermutlich auf der Seite der Experten und der Professoren stehen; ich muss also listig zu Werk gehen. In den anderen Ressorts hat man im Großen und Ganzen nichts gegen gutes Deutsch, wenn es einem denn fertig auf den Tisch kommt.

Die Verständlichkeitsforschung ist eine exakte Wissenschaft. Es gehört sich, dass jeder Journalist von ihr Kenntnis nimmt. Schon mit dem einen ihrer beiden Kernrezepte kann man, so man will, seine Sprache revolutionieren: Ich tue das Äußerste, um nach den kürzestmöglichen Wörtern zu suchen; Achtsilber versetzen mich von heute an in Panik.

35 Durchsichtige Sätze

Es ehrt den Journalisten, wenn er mehr als einen Gedanken hat; zum Beispiel zwei. Noch mehr Ehre aber würde er auf sich laden, wenn er diese beiden Gedanken in die simpelste, die nächstliegende, die einzige schlüssige Reihenfolge brächte: erst der erste Gedanke – dann der zweite Gedanke.

Wer das für eine Binsenweisheit hält, der hat noch nie einen vom Lehrer für gut befundenen Deutschaufsatz gelesen und noch nie eine Abonnementzeitung deutscher Sprache. Dort wimmelt es vom Gegenteil – als ob es Preise gäbe für die maximale Verrührung und Verquarkung zweier Aussagen mit Hilfe von eingeschobenen Nebensätzen, Klammern, Parenthesen, Attributen und Partizipialkonstruktionen.

So fand sich in einem Artikel zum Thema «Bio-Läden und was dahinter steckt» der Satz: «Heute sind die beiden, die 100 000 Euro in das Geschäft investiert hatten, zerstritten.» Das muss man auf der Zunge zergehen lassen.

Heute sind die beiden (aha, sie sind. Was sie heute sind, erkläre ich dir später; erst bringe ich meinen zweiten Gedanken unter:) *die 100 000 Euro in das Geschäft investiert hatten* (eigentlich ist das sogar der erste Gedanke, die Investition lag ja vor dem Streit – aber schon kehre ich aus der Vergangenheit in die Gegenwart zurück und erzähle dir, was sie heute sind:) *zerstritten*.

Was für ein Unsinn von einem Satz! Grammatisch korrekt und sonst gar nichts. Wie wäre es, wenn man erst den einen Gedanken komplett erzählte und dann den anderen? Zum Beispiel so: «Heute sind die beiden zerstritten – und dabei hatten sie 100 000 Euro in das Geschäft investiert.» Oder, noch besser, in der dramatischen Zeitfolge: «Erst haben sie 100 000 Euro in das Geschäft investiert – und nun sind sie zerstritten.» Chronologie hergestellt, Vernunft hergestellt, Verständnis erleichtert, aus dem Wortquark ein bürgerliches Drama in zwei Akten geknetet.

Eingeschobene Nebensätze sind immer problematisch, denn sie kleistern ja einen zweiten Gedanken mitten in den unvollendeten ersten hinein. Vollends unerträglich werden sie, wenn sie eine zweite, noch dazu eine korrespondierende *Hauptsache* enthalten. Für zwei Hauptsachen gibt es nur *eine* unverkrampfte Form der Mitteilung: zwei Hauptsätze.

Stehen die beiden so entstandenen Hauptsätze in einem so engen Zusammenhang wie hier, dann werden sie natürlich nicht durch einen Punkt getrennt; der gäbe ja das Signal: Und nun folgt etwas anderes. Nein, es folgt der zweite Akt desselben Dramas! Also ist ein Komma viel besser (lies weiter, gleich kommt's!), ein Semikolon gut, ein Gedankenstrich am besten.

Satzbau-Regel 1: Die nächstliegende, die lebendigste, die kraftvollste Form der Mitteilung ist der *Hauptsatz*. Kurze, miteinander korrespondierende Hauptsätze werden nicht durch Punkte getrennt.

Satzbau-Regel 2: *Eingeschobene Nebensätze sind unerwünscht, denn sie mogeln eine zweite Aussage mitten in die erste hinein.* Ist die zweite Aussage ihrerseits eine Hauptsache, so muss sie in einen zweiten Hauptsatz verwandelt werden; ist sie eine Nebensache, eine bloße Erläuterung, so ist ihr angemessener Platz der *angehängte Nebensatz*.

Man möchte nicht glauben, mit welcher Unbefangenheit gegen eine so erzvernünftige Regel gesündigt wird. Ein Einschub von 29 Wörtern im *Kölner Stadt-Anzeiger*:

> *David Robertson, nicht nur ein bravouröser Techniker, der, wie in Elliott Carters Doppelkonzert für Cembalo, Klavier und zwei Kammerorchester erforderlich, auch schon einmal zwei geradezu vertrackt unabhängige Tempi zugleich dirigieren muss, ist ein ebenso feinfühliger Modellierer des Klangs, der hier und in Cohnlohn Nancarrows «Piece No. 2» für kleines Orchester die gelegentliche Rigidität der Partituren hörgerecht und brillant zuzubereiten versteht.*

Ein Einschub von 34 Wörtern in der *Badischen Zeitung*:

> *Das Forum, auf dem in früheren Jahren noch Persönlichkeiten wie Rita Süssmuth, Pierre Pflimlin, Lothar Späth, Carl Carstens auftraten, woran der Vorsitzende der CDU-Landtagsfraktion in Rheinland-Pfalz, Christoph Böhr, in seiner Rede in Hambach erinnert, hat sich zu einer Veranstaltung verknöcherter Rechter gewandelt.*

Und dies sind nicht die Produkte grimmigen Suchens – dergleichen findet sich vielmehr mit hoher Wahrscheinlichkeit in jeder Abonnementzeitung jeden Tag. Vermutlich kommt niemand auf die Idee, die zitierten Sätze als elegantes Deutsch anzusehen – was sie rechtfertigen könnte, wenn es um Literatur ginge. Es geht aber um Journalismus, um die redliche Unterrichtung von Hunderttausenden unserer Mitbürger; und da müsste die Eleganz, falls sie der Verständlichkeit ausnahmsweise widerspräche, durchfallen gegen diese.

Für das Verständnis eingeschobener Nebensätze gilt, und das ist der Kern des Generalrezepts Nr. 2 für alles verständliche Schreiben: Unser Kurzzeitgedächtnis bewältigt im Durchschnitt eine Strecke von drei Sekunden, und in diesem Zeitraum liest der Durchschnittsmensch sechs Wörter oder zwölf Silben.

Selbstverständlich, das sind grobe Mittelwerte: Je nach dem Grad der Aufmerksamkeit können es weniger oder auch mal mehr als drei Sekunden sein; je nach der Schulung im Umgang mit schwierigen Sätzen mag dieser oder jener auch mehr als sechs Wörter überbrücken; nur im Durchschnitt haben Wörter zwei Silben («Steuerharmonisierungstendenzen» haben zehn); und auch Silben, die genauere Maßeinheit, erfordern einen ganz unterschiedlichen Lese- und Artikulationsaufwand, je nachdem, ob es sich um die jeweils vier Silben von *inkognito* oder *Schnellzugzuschlag* handelt.

Wer aber für Hunderttausende schreibt, *kann* sich an gar nichts anderem als dem Mittelwert orientieren, und wer dabei unter Zeitdruck steht, für den ist das Wörter- oder Silbenzählen schon die Obergrenze des Zumutbaren. So möge jeder, der gelesen oder verstanden werden will, sie beherzigen, die

Satzbau-Regel 3: Was im Satz zusammenhängt, darf nie um mehr als sechs Wörter oder zwölf Silben auseinander gerissen werden. Und was hängt zusammen?

- Der Hauptsatz. (Am besten sollte er durch nichts unterbrochen werden, maximal aber durch einen Einschub von zwölf Silben.)
- Die Bestandteile des Verbums.
- Subjekt und Prädikat.
- Artikel und Substantiv.

Das Verb besteht im Deutschen überwiegend aus zwei Teilen: in allen zusammengesetzten Formen (ich habe ... geschrieben, ich werde ... kommen) und bei vielen Verben auch in Präsens und Imperfekt (Ich schlage ... vor, mir fiel ... auf). Die Grammatik zwingt uns, diese Teile auseinander zu reißen: «Ich schlage einen Kompromiss vor» muss es heißen; «Ich schlage vor einen Kompromiss» ist leider nicht deutsch.

Wie lässt sich diese grammatikalische Not mit den Forderungen der Verständlichkeitsforschung versöhnen? Dadurch, dass wir zwischen die Teile des Verbums nie mehr als sechs Wörter oder zwölf Silben schieben – und nicht 27 Wörter = 61 Silben wie im Wiener *Standard*:

> *Bei Finanzausgleichsverhandlungen zwischen dem Bund sowie den Ländern und Gemeinden wurde am Freitag die Diskussion über die von den Sozialpartnern verlangte Kürzung der Wohnbauförderung und die Einführung von Zahlungen der Gebietskörperschaften an den Familienfonds auf den 27. September vertagt.*

Und schon gar nicht 33 Wörter = 76 Silben wie in der *Berliner Zeitung*:

> *Das schließe eine gründliche und termingerechte Bearbeitung der Genehmigungsverfahren, so für den Bau eines atomaren Zwischenlagers, die Stilllegung und den Abbau der Blöcke und gegebenenfalls auch die für Errichtung einer zentralen atomaren Werkstatt mit Schmelzanlage, ein.*

Schon nach rund 18 Sekunden hat der Leser erfahren, dass hier *ein*geschlossen wird (und nicht ausgeschlossen, wie es ja ebenfalls hätte heißen können) – so kann man Leser verschaukeln und verprellen.

Subjekt und Prädikat, Satzgegenstand und Satzaussage, gehören genauso eng zusammen. Die oben zitierten Beispiele machen deutlich, dass die ohnehin unzumutbaren Einschübe ein beliebtes Mittel sind, zugleich diesen Zusammenhang zu zerreißen: In der *Badischen Zeitung* 34 Wörter = 64 Silben zwischen Subjekt und Prädikat, das heißt mehr als das Fünffache des Erträglichen. Jeder Schreiber, der gelesen werden will, ist gehalten, solche Satzmonstren zu zerschlagen und aus den Trümmern neue, durchsichtige Sätze zu bauen – ohne Wenn und Aber.

Attribute heißen nach ihrer Stellung im Satz diejenigen Wörter, die man zwischen den Artikel und das Substantiv schieben darf (wie die Grammatik sagt), aber nicht schieben sollte: mehr als sechs um keinen Preis, sagt die Verständlichkeitsforschung; doch am besten überhaupt keine oder allenfalls ein Adjektiv, sagen die Stilistik und die Vernunft. Wie kann ich mehrere Eigenschaften einer Person oder einer Sache nennen, ehe ich die Person oder die Sache genannt habe? 19 nähere Beschreibungen einer noch nicht genannten Sache in den *Salzburger Nachrichten*:

> *Ein in Zeiten, in denen Politik oftmals zur Bierzeltgaudi und TV-Infotainment verkommt, dringend notwendiger, freilich auch mit Allgemeinplätzen bestückter Diskurs.*

Ein notwendiger Diskurs also, zwar mit Allgemeinplätzen bestückt (was immer das heißen mag), aber doch dringend in Zeiten, in denen Politik oftmals zur Bierzeltgaudi und TV-Infotainment verkommt. So einfach wäre die Operation: erst die Sache – dann ihre sämtlichen Eigenschaften.

Wer Sätze bauen will, die zugleich eingängig und kraftvoll sind, für den sind Hauptsätze die erste Wahl. Nebensätze werden angehängt. Was im Satz zusammengehört – der Hauptsatz, Artikel und Substantiv, Subjekt und Prädikat –, das lässt der Schreiber auch zusammen; wo die Grammatik ihn zum Zerreißen zwingt wie bei mehrteiligen Verben, hat er nach spätestens sechs Wörtern oder zwölf Silben die Verbindung wiederherzustellen.

Klammern und Parenthesen

Der eingeschobene Nebensatz ist die häufigste, aber nicht die einzige Art, den Hauptsatz zu zerreißen; beliebt sind auch *Klammern* und *Parenthesen* (Einschübe zwischen Gedankenstrichen). Schon dem Schreiber sollten sie eigentlich ein Warnsignal sein: Deutlicher als die Kommas stoßen sie ihn ja darauf, dass er jetzt einen Fremdkörper in seinen Satz donnert. Wie in der *Hannoverschen Allgemeinen*:

Dass das nunmehr gefundene Mischsystem (Spenden, staatliche Zuschüsse in begrenztem Rahmen und an Wählerstimmen gekoppelte Kostenerstattung) beispielhaft sein müsse, liest die ausgewiesene Parteienfinanzierungsexpertin – schon ihre Examensarbeit handelte von dem Thema – auch aus dem erstaunlichen Umstand, dass ...

Ein Einschub mit außerordentlicher Zuwachsrate ist die *Quellenangabe* mitten im Satz. Wer zu einem Zitat seinen Urheber nennt, findet dafür drei übliche Plätze – *vor* dem Zitat: Meier sagte ... *Nach* dem Zitat: ... sagte Meier. *Innerhalb* des Zitates nur dann, wenn das Zitat eine natürliche Zäsur anbietet: «Ich war schon immer dagegen», sagte Meier, «aber jetzt bin ich richtig wütend.»

In den 1980er Jahren nun hat sich der *Spiegel* die Marotte ausgedacht, den Zitierten nach einem Textfetzen von unsinniger Kürze ins Zitat zu stoßen: «Ich war», sagte Meier, «schon immer dagegen.» Wie üblich, wurde auch diese Marotte von der Mehrzahl aller deutschsprachigen Zeitungen nachgeahmt.

Ist die eingeschobene Quelle so kurz wie «sagte Meier», so mag man das noch als Geschmacksfrage einstufen. Mit Vorliebe wird die Quellenangabe jedoch mit so vielen Fakten oder Ausschmückungen befrachtet, dass die Verständlichkeit geohrfeigt wird – wie in *Focus*:

«Mit dem Wandel der juristischen Formen des Unternehmens», bekannte die 85-Jährige schon vor fast 20 Jahren in einem Grußwort zum 70. Geburtstag des *Zeit*-Gründers und Alleininhabers Gerd Bucerius, «bin ich nie mitgekommen.»

Der Einschub ins Zitat ist 22 Wörter = 45 Silben lang, das heißt fast das Vierfache dessen, was unser Kurzzeitgedächtnis überbrückt. Wer die zweite Hälfte des Zitats erreicht hat, weiß also nicht mehr, wie die erste lautete. *Zurückhören* kann er nicht, *zurücklesen* will er selbstverständlich nicht; der gesunde Menschenverstand ist also einer Marotte zum Fraß vorgeworfen worden.

Achtung, Berufsanfänger: Wer Marotten pflegt, mag meist das Wort «Marotte» nicht. Ja es kann Ihnen passieren, dass der Ressortleiter Ihre

Quellenangabe von einer vernünftigen Stelle an eine alberne schiebt. Argumentieren ist dann zwecklos. Vertrauen Sie darauf, dass Sie vermutlich länger leben werden als er.

36 Der heilige Synonymus

Auf keinem anderen Feld des journalistischen Handwerks streben die Vernunft und die überwiegenden Redaktionssitten so weit auseinander wie auf dem der Synonyme. «Wechsel im Ausdruck» oder «lexikalische Varianz», in der Schule ein notwendiger Lehrstoff, um den Schüler mit dem Wortschatz seiner Muttersprache vertraut zu machen – gedruckt und gesendet produzieren sie Missverständnis, Albernheit und Krampf.

Natürlich, *tun* soll man mit *machen* abwechseln, *aber* mit *jedoch*, und dreimal *hatte* hintereinander ist ein Ärgernis. Der Wechsel im Ausdruck hat sich jedoch auch und gerade der Substantive bemächtigt, der handelnden Personen, der regierenden Begriffe; ja nicht selten unterwühlt er sogar die Vergleichbarkeit der Vergleiche: Wer «die eine Hälfte» geschrieben hat, kann nach aller Vernunft nur mit der anderen Hälfte fortfahren – aber das hieße ja: zweimal Hälfte! Also muss man lesen: «die anderen 50 Prozent».

Gegen diese Zwangsvorstellung wird im Folgenden polemisiert – in der Hoffnung, ein paar etablierte Redakteure zu beeindrucken, die Mehrheit der Berufsanfänger aber so zu motivieren, dass sie eines Tages dem Unsinn ein Ende machen werden. Er liest sich nämlich beispielsweise so:

> *Wie aus Regierungskreisen in La Paz verlautete, erhofft sich die **bolivianische** Regierung von dem ersten Besuch eines deutschen Staatsoberhauptes **in dem Andenland** eine verstärkte Bonner Hilfe bei den Bemühungen, die schwere Wirtschaftskrise **des ärmsten Landes Südamerikas** zu überwinden. (dpa)*

Andenland mag man noch ertragen, obwohl es davon sieben gibt; *das ärmste Land Südamerikas* klingt zwar eindeutig, schiebt aber eine Zusatzinformation an eine Stelle, von der aus ich auf Bolivien schließen soll, doch durchaus nicht muss. (Man hätte übrigens beide Synonyme einfach weglassen können – es ging eindeutig immer um Bolivien.)

> *Der Schalterbeamte im Bahnhof in **Gelnhausen** war überrascht. Mit dem 1. März ist die **Mainmetropole** Frankfurt der **Barbarossastadt** näher gerückt. Jedenfalls nach Bahnkilometern. In Fulda fehlt dann wieder ein Kilometer an der alten Distanz **Bischofsstadt** – Frankfurt. Die Bahn sorgt für Verwirrung.*

Die *Frankfurter Rundschau* auch (ihr entstammt der Text). Bis in die Aufmacher-Schlagzeile der *Süddeutschen Zeitung* arbeitet sich der Krampf empor:

> *Scharping entmachtet innerparteilichen Widersacher*
> *Schröder nicht mehr wirtschaftspolitischer Sprecher*

Den Schröder hat der Scharping entmachtet, niemanden sonst. «Innerparteilicher Widersacher» ist eines jener bemühten Synonyme, die die Albernheit streifen – wie «das leuchtende Zentralgestirn» für die Sonne und «der gefiederte Sänger» für die Nachtigall. Welcher Mensch hätte je so gesprochen? Welcher Sportreporter, der am Biertisch von Boris Becker oder Michael Schumacher erzählt, hätte je die Synonyme «der Leimener» und «der Kerpener» verwendet, zu denen er sich vor dem Mikrophon verpflichtet fühlt?

Solche Zwangshandlungen ergeben eine Liste, auf die man Wetten stützen kann: Mit 98-prozentiger Wahrscheinlichkeit folgt auf das Kabinett die *Ministerrunde* (die *Ministerriege* in *Spiegel* und *Stern*), auf den Hund der *Vierbeiner*, auf die Wahl der *Urnengang* und auf den Wal der *Meeressäuger* – «so sicher wie nach dem Glöckchenklang der Speichelfluss der Pawlowschen Vierbeiner», wie die *FAZ* 1995 in einer Glosse schrieb; sie fand das «vierbeiners gemein» und

1. Ebene Hauptsatz				, gewinnt man ansonsten eher den Eindruck	
2. Ebene Nebensatz 1. Grades	Wenn man von dem Einleitungskapitel		einmal absieht		, daß hier jemand sein
3. Ebene Nebensatz 2. Grades *oder* Attributenkette im Nebensatz 1. Grades		, in dem Duerr auf die zentralen Punkte seiner Kritik an Elias eingeht und seine inzwischen bekannte These von der Universalität der menschlichen Scham ein wenig methodologisch-theoretisch zu unterfüttern versucht, *(30 Wörter = 63 Silben)*			
4. Ebene Nebensatz 3. Grades *oder* Attributenkette im Nebensatz 2. Grades					

Die Schönheit eines deutschen Schachtelsatzes ...

... enthüllt sich richtig erst, wenn man seine Konstruktion graphisch aufgliedert. So werden die Sprachebenen und Abhängigkeiten anschaulich; so lässt sich auch mühelos der Hauptsatz finden, dessen 6 Wörter sonst von den 78 abhängigen Wörtern überwuchert zu werden drohen. (*FAZ*, 13.9.93)

Der heilige Synonymus 205

						1. Ebene Hauptsatz
	Wissen dem staunenden und eingeschüchterten Leser präsentiert und sich wundert					2. Ebene Nebensatz 1. Grades
stupendes und in zahlreichen Zettelkästen sortiertes		, wenn dieser nach der Lektüre des		Anmerkungsapparats sich fragt		3. Ebene Nebensatz 2. Grades *oder* Attributenkette im Nebensatz 1. Grades
			ebenfalls mit weiteren Beispielen gespickten		, ob nicht weniger vielleicht mehr gewesen wäre.	4. Ebene Nebensatz 3. Grades *oder* Attributenkette im Nebensatz 2. Grades

empfahl, den Stalingrad-Film nachträglich in «Vierbeiner, wollt ihr ewig leben?» umzutaufen.

All diese Krampfhandlungen demonstrieren, dass es das, worin sich die Kollegen suhlen, eigentlich gar nicht gibt: nämlich sinngleiche Wörter von zwangloser Form. Samstag und Sonnabend sind natürlich keine Synonyme, sondern je nach Region allein regierend, ebenso Fleischer, Metzger, Schlachter und Fleischhauer. Lift und Fahrstuhl, das ist eine der wenigen Ausnahmen.

Aber *Meeressäuger* sind auch Delphine, *Vierbeiner* auch Krokodile, der Besuch ist nicht gegen die *Visite* austauschbar (denn die ist ein Besuch von oben herab, dicht an der Leibesvisitation), und für den Wind müsste man etwas wie «landesübliches Naturgebläse» erfinden, wenn man in den Urnengang verliebt ist.

Nach korrekten und zugleich unverkrampften Synonymen für regierende Substantive auch nur zu suchen, ist also meistens hoffnungslos – und wenn man sie fände, wäre man trotzdem gut beraten, sie unbenutzt zu lassen. Denn meistens sind sie lächerlich, und immer verletzen sie eine gesunde Ur-Erwartung von Lesern und Hörern: dass einer, der dasselbe meint, auch dasselbe sagt – und folglich, wenn er etwas anderes sagt, etwas anderes meinen müsste.

In welchen Irrgarten stieß die *Berliner Zeitung* diejenigen ihrer Leser, die noch nie gekifft hatten (die Mehrzahl also vermutlich), als sie eine ganze Seite dem – ja welchem Thema widmete? In der Oberzeile stand *Hanf*, in der Unterzeile *Cannabis*, im Text in dieser Reihenfolge: *Hanf, Cannabis, Haschisch, Marihuana, Cannabis, Gras*. Fünf Begriffe also in offenbar beliebiger Reihung – und nirgends ein Hinweis, ob es sich um fünf Namen für dieselbe Sache oder um fünf Sachen oder um fünf Aspekte einer Sache handelt, die teils identisch sind, teils zusammenhängen, teils sich überschneiden. Eine wahrhaft schamlose Art, mit Lesern umzugehen, dem heiligen Synonymus zuliebe.

Wechsel im Ausdruck ist bei Verben, Adjektiven, Präpositionen vorzüglich, bei Substantiven meist unmöglich und absolut nicht erstrebenswert. Darin ist sich die Verständlichkeitsforschung mit den

meisten Stillehrern einig. Die meisten Journalisten sehen das anders.

37 Konkret geht vor abstrakt

Dass auf einer Bergwiese Blumen blühen, ist eine überaus abstrakte Ausdrucksweise: Blumen – was für ein kühner Oberbegriff für so verschiedene Pflanzen wie Enzian, Nelkenwurz und Feuerlilie! Die Fülle der Erscheinungen in Oberbegriffe zu bündeln, war und ist eine der großen Leistungen des menschlichen Verstandes, ein zwingender Lernstoff für Kinder, ein Lebenselixier der Wissenschaft.

Doch auf ebendiese Leistung sollte jeder ausdrücklich verzichten, der anschaulich und lebendig schreiben will; von der Bergwiese sollte er sagen, dass auf ihr Akelei und Berghähnlein blühen, Knabenkraut, Teufelskralle und Vergissmeinnicht. Eine Minderheit aller Leser wird einen fröhlichen Strauß von Vorstellungen damit verbinden, die Mehrheit sich immer noch an den prallen Namen freuen und eine bunte Wiese vor sich sehen, als wäre da nur von «Bergblumen» die Rede gewesen.

Leser freuen sich über alles, was auf ihre Sinne wirkt; Schreiber haben da oft eine von drei Hemmungen. Viele Schreiber *verlangen* den abstrakten Oberbegriff, weil sie Verwaltungsbeamte oder Wissenschaftler sind («Großvieheinheit» für Rinder und Pferde; «Niederschläge» für Regen und Schnee). Andere *trösten* sich mit dem Oberbegriff und mogeln mit ihm, weil sie für das Vielerlei der Bergblumen keine Namen kennen, vielleicht sogar die Teufelskralle eher in der Hölle als auf einer Wiese vermuten.

Wieder andere *flüchten* sich in den Oberbegriff, weil die konkrete Einzelheit ihnen peinlich wäre. Manfred Stolpe, ehemaliger Ministerpräsident von Brandenburg und wegen seiner früheren Kontakte zum Staatssicherheitsdienst umstritten, sagte, dem Protokoll des Untersuchungsausschusses gemäß, am 12. Mai 1992, er habe «Aufgaben übertragen bekommen», sei «zu bestimmten Aufgaben eingewiesen worden» und habe «eine administrative Letztverantwortung» wahrgenommen, «verbunden mit einem umfassenden Verhandlungsauftrag zur Lösung von Problemen».

Ganz klar: Die abstrakten Oberbegriffe waren Stolpes Mittel, mit Wörtern nichts zu sagen. Von einem Eiertanz zu sprechen, verbietet sich nur deshalb, weil Eier derart konkret sind, dass man die erhabene Begrifflichkeit der Stolpe'schen Diktion damit gänzlich verfehlen würde.

Alle Leser dieser Welt aber lesen ungleich lieber *Ei* als «befruchtete oder unbefruchtete weibliche Keimzelle bei Tier und Mensch». Sie wollen sehen, hören, riechen, schmecken, spüren – nur dann springt ihnen das Leben aus dem Wort entgegen. Schreiber, die gelesen werden wollen, sollten also erstens den Wunsch haben, sich mitzuteilen, anders als Manfred Stolpe, zweitens möglichst viele Einzelheiten beim Namen nennen können und sich drittens, falls sie nicht bürokratisch erfassen oder akademisch publizieren, die Oberbegriffe ausdrücklich verbieten.

Leider haben viele, gerade gebildete Menschen das Gespür verloren, bis zu welchem Grad unsere Sprache von Abstraktionen durchsetzt ist. «Meyer war ein fröhlicher Mensch» beschreibt nichts, was der Schreiber beeiden könnte, sondern seine Folgerung aus Mimik, Laune und Redeweise. «In der Baracke gab es nicht einmal eine richtige Heizung», las man in einer Reportage aus einem Flüchtlingslager, und wieder erfahren wir nur, was der Schreiber aus dem, was er sah, geschlossen hat; wie schade, dass er nicht schreibt, was er gesehen hat – folgern könnten wir allein. Hat er vielleicht Lachen von rostfarbenem Wasser unter kalten Heizkörpern gesehen? Oder einen Heizlüfter von jämmerlicher Kleinheit? Oder einen Ofen mit geborstenem Rohr? Oh, hätte er eines davon genannt – die Verstandesleistung, dies als unzulängliche Heizung einzustufen, hätte jeder Leser leicht und gern aus eigener Kraft erbracht.

Anschauung! Das ist das Zauberwort. Wie begann Eichendorff seine Autobiographie – dass der Winter 1787/88 der kälteste seit Menschengedenken gewesen sei? Nein: So streng war er, «dass die Schindelnägel auf den Dächern krachten, die armen Vögel im Schlaf von den Bäumen fielen und Rehe, Hasen und Wölfe ganz verwirrt bis in die Dörfer flüchteten». Wie veranschaulichte eine Kulturgeschichte des Geldes den Weg von der Münze zum Papier? «Die römischen Legionäre trugen ihr ganzes Vermögen aus Silbermünzen am Leib; sie spürten bei jedem Schritt, wie viel sie besaßen – auch wenn sie manchmal so schwer daran trugen, dass sie nicht mehr plündern konnten, sondern selbst geplündert wurden. Wenn heute jemand um sein Geld erleichtert wird, wiegt er meist genauso viel wie vorher.»

Nur Sinneseindrücke und Tatsachen zu schildern, die Folgerungen daraus aber dem Leser zu überlassen, hat noch einen weiteren Vorzug: den, dass der Leser sich nicht durch das Urteil des Schreibers bevormundet fühlt. Eine Gondel auf einem etwas übel riechenden Kanal, Marmorfassaden und Mauerschwamm, ein Gondoliere, der sich redlich müht, die «Capri-Fischer» ins Italienische zu transponieren – ist das nun romantisch, traurig, kitschig oder widerlich? Urteile selber, lieber Leser; *ich* sage dir nur, was ich hörte, sah und roch – und etwas anderes, lehrt alle Erfahrung, willst du auch gar nicht wissen.

Was aber, wenn ein Sachverhalt aus mehr konkreten Details besteht, als ich wiedergeben kann oder dem Leser zumuten möchte – brauche ich dann nicht doch den Oberbegriff? Kann nicht er allein meinen Text davor retten, in Einzelheiten zu ersaufen?

Nein, wieder nicht. Was mich rettet, ist die klassische Stilfigur des *pars pro toto*, des Teils anstelle des Ganzen: Ich greife aus der Überfülle beherzt ein paar Details heraus und lasse *sie* für das Ganze sprechen. Das biblische Gleichnis nennt nur die Lilien auf dem Feld: wie ungerecht gegen alle anderen Blumen, ja gegen alle Pflanzen unter dem Himmel, die doch ebenso wachsen, obwohl sie nicht arbeiten – und wie anschaulich ebendeswegen!

Bei Peter Høeg bekennt Fräulein Smilla: «Ich habe eine Schwäche für Verlierer – für Invalide, Ausländer, den Dicken in der Klasse und für alle, mit denen keiner tanzt.» Jürgen Leinemann schrieb im *Spiegel* über Bundespräsident Herzog: «Der Präsident liebt Margeriten und Kornblumen, nicht hingegen den Staat und die Allgemeine Ortskrankenkasse.»

Hier herrscht totale Übereinstimmung zwischen Journalismus und Literatur, ja überwiegend sogar innerhalb der Journalistenzunft: Abstrakte Oberbegriffe ohne konkrete Einzelheiten sind ein Ärgernis. Kenne und nenne ich aber das Konkrete, so ist das Abstrakte fast immer überflüssig.

38 Das Redigieren

Schreibende Journalisten sind seltener als redigierende. Das Textangebot der Agenturen, der Pressestellen, der eigenen Korrespondenten und Reporter, der freien Mitarbeiter zu sichten, zu gewichten, zu prüfen, auf Länge zu bringen und gegebenenfalls zu verbessern, dazu Überschriften zu machen, oft auch Vorspänne und Zwischentitel – das ist deutlich mehr als die Hälfte der journalistischen Arbeit.

Hier ist die Rede vom Redigieren im engeren Wortsinn: Was stellt der Redakteur an mit einem Text, von dem schon feststeht, dass und in welcher Länge er erscheinen soll?

Agentur-Artikel haben da einen klaren Vorzug, der zur Beliebtheit der Agenturen einen legitimen Beitrag leistet: Sie sind schon einmal redigiert worden, und zwar von Routiniers, denen die vordergründig auffallenden Schnitzer nur selten unterlaufen. Fast immer wird die Rechtschreibung, die Kommasetzung, die Grammatik stimmen (das oder dass? Er habe oder er hätte?), die Namen werden richtig geschrieben, die Funktionen korrekt bezeichnet sein, und das Wichtigste wird nicht in der elften Zeile stehen.

Das ist schon eine Menge – verglichen mit dem, was freie Mitarbeiter zumal aus kleinen Städten häufig liefern, und auch für manchen angesehenen Korrespondenten versteht sich diese Basis an Korrektheit keineswegs von selbst: Der eine steht mit dem Konjunktiv auf Kriegsfuß, der andere mit der Interpunktion, und der dritte kann es nicht lassen, sich seinen Knalleffekt bis zum letzten Absatz aufzusparen.

Bei allen *Zahlen* ist doppelte Vorsicht geboten, aus den in Kapitel

15 genannten Gründen, und hier muss der Redakteur auch den Agenturnachrichten mit vollem Misstrauen begegnen: Zahlen, die er nicht kennt, müssen wenigstens plausibel sein; kann er nicht beurteilen, ob sie plausibel sind, so hat er nachzufragen, nachzuschlagen oder zu streichen.

Das bisher Genannte ist die Mindestarbeit, die beim Redigieren geleistet werden muss. Dazu kommt der Zwang, die vorgegebene Länge herzustellen, fast immer durch Kürzung (das Verlängernmüssen ist erfreulicherweise selten und immer eine Qual).

Ist die Länge noch nicht durch das Layout vorgegeben, so erwarten der Layouter, der Produktionsredakteur, der Ressortleiter einen raschen Zuruf über den Platzbedarf; ich muss mir also durch Überfliegen des Textes ein Urteil bilden.

Ist die Länge vorgegeben, so habe ich ausnahmsweise – und wirklich nur ausnahmsweise – die Möglichkeit, nach der ersten Lektüre auf ein Missverhältnis hinzuweisen: wenn ich den Platz viel zu knapp oder viel zu reichlich finde; vielleicht lässt sich ja am Layout noch was ändern.

Beim Kürzen: Vorsicht vor Fallgruben! Steht in Satz 7 ein *zwar*, so kann Satz 8 mit dem *aber* nicht gestrichen werden. Hat der Redner drei Gründe angekündigt, so muss ich ihm entweder alle drei stehen lassen oder seine Ankündigung streichen. Schränkt der Redner eine starke Behauptung im folgenden Satz deutlich ein, so ist es nicht erträglich, die Einschränkung wegzulassen.

In den meisten Nachrichtenredaktionen ist die Arbeit des Redigierens damit beendet – zu mehr fehlt meist die Zeit und manchmal auch das Engagement. In *Zeitschriften* regiert das gegenteilige Extrem: Zeit ist vorhanden, ein liebevoller oder tyrannischer Ressortleiter redigiert nicht selten bis zur Unkenntlichkeit, und in großen Redaktionen wie der des *Sterns* gibt es eine Hierarchie der Redigier-Ebenen, die den Autor manchmal zur Verzweiflung treibt.

Vernünftig wäre, falls die Zeit reicht, ein Mittelweg, wie er zumal in größeren Zeitungsredaktionen oft bei Leitartikeln oder großen Reportagen eingeschlagen wird: Der Redigierende setzt sich auch mit der Sprache und der Dramaturgie des Textes auseinander – und wenn er Anstand hat und die Zeit es irgend erlaubt, spricht er mit dem Autor darüber und hört sich seine möglichen Einwände an.

Was sollte an *Sprache und Stil* redigiert werden, über die vordergründige Korrektur hinaus? Alles, was den in den Kapiteln 34 bis 37 zusammengefassten Regeln des verständlichen und gefälligen Deutsch widerspricht. In drei Grenzfällen noch mehr.

Grenzfall 1: Der Text enthält sehr lange Zitate. Fortlaufende wörtliche Rede liest sich aber im Allgemeinen beschwerlich, es sei denn, die Passage wäre als etwas angekündigt, was Beifall oder Pfiffe auf sich zog. Gut leben lässt sich mit der Faustregel: Jeder Absatz, der den Inhalt einer Rede wiedergibt, besteht aus einem Satz in direkter und zwei Sätzen in indirekter Rede.

Warnung vor langen Zitaten, wenn sie, wie häufig in Porträts oder Reportagen, spontane mündliche Rede wiederzugeben behaupten: Sie wirken unglaubhaft und sind es auch fast immer (nämlich geschönt oder aus Brocken des Mitgeschriebenen zusammengeleimt).

Grenzfall 2: Der Text enthält sehr kurze Zitate, die aber in Menge (X sagte, auf einen so «unverschämten» Vorwurf werde er eine «mehr als passende» Antwort erteilen). Da entsteht zum einen ein hässlicher Anblick («Gänsefüßchen-Salat») und entsprechend stockender Lesefluss, zum anderen der Eindruck einer ironischen Distanzierung, und die hat in der Nachricht nichts verloren.

Grenzfall 3: Das Zitat ist aus einer anderen Sprache übersetzt. Bietet eine amerikanische Agentur ihren deutschen Kunden eine Rede des argentinischen Präsidenten an, so liegen gar zwei Übersetzungsvorgänge dazwischen – vom Spanischen ins Englische und vom Englischen ins Deutsche. Mit dem Signal «wörtlich» sollte da wohl überhaupt kein Satz mehr versehen werden.

Bei nur einer Übersetzung mag es gerade noch angehen, von «Wortlaut» zu sprechen. Den darf man aber redigieren, falls man der Originalsprache mächtig ist. Lässt die Agentur den amerikanischen Präsidenten sagen: «Meine Administration steht vor großen Herausforderungen», so handelt es sich bei «Administration» um eine Nichtübersetzung von *administration*, zu Deutsch «Regierung», und bei «Herausforderung» um eine zumindest anfechtbare Übersetzung von *challenge*, was meist mit «Aufgabe» besser getroffen wird (da Herausforderung primär immer noch «Provokation» bedeutet).

So viel zur Sprache. Wann und wie darf oder soll man darüber hinaus die *Dramaturgie* redigieren, die Abfolge, die Gliederung? In Zeitschriftenredaktionen geschieht dies ständig; in Nachrichtenredaktionen ist es meist überflüssig (das Neueste nach vorn – das beherrschen fast alle). Ein typischer Gegenstand des Grübelns und des Zwistes zwischen Redakteur und Autor kann die Dramaturgie bei der *Reportage* sein, einem Text, dessen Aufbau ja völlig im Ermessen des Schreibers liegt, der aber, trotz erheblicher Länge, möglichst viele Leser Absatz um Absatz fesseln soll.

Ein milder und gescheiter Schritt in Richtung auf das Redigieren ist das *Gegenlesen*. Oft ist es eine feste Sitte (Kommentare werden von einem Mitglied der Chefredaktion gegengelesen), und jeder kluge Journalist *sucht sich* einen Gegenleser für alle herausgehobenen Texte, auch wo das nicht zum Redaktionsbrauch gehört.

Ein Chefredakteur wird seinen Leitartikel natürlich ungern redigieren lassen, aber wenn er vernünftig ist, übergibt er das Manuskript einem Gegenleser. Der wird von sich aus nichts ändern und seine etwaigen Einwände vorsichtig formulieren, aber mindestens einen Einwand wird er hoffentlich haben. Erst recht sucht sich der Berufsanfänger einen Gegenleser, ehe er seine erste Glosse anbietet: einen jüngeren Redakteur seines Vertrauens. Und Gegenleser haben Recht.

Ein noch milderer, erzgescheiter und unerlässlicher Schritt in Richtung auf das Redigieren ist die kritische Selbstlektüre – nicht in der Nachrichtenredaktion, versteht sich, aber bei allen Texten, für die man einstehen möchte: Die liest man mehrfach und davon mindestens einmal *laut* (falls man ein isoliertes Zimmer findet); und wo man spontan gestolpert ist, da ändert man, ohne Wenn und Aber.

Dass ein Text sachlich und sprachlich korrekt ist, dafür haftet, mehr als der Autor, der Redakteur. Dabei helfen ihm ein rascher Blick, eine lückenlose Kenntnis der Grammatik, ein vielfältiges Wissen und die stets parate Plausibilitätskontrolle. Für die Länge des Tex-

tes haftet der Redakteur allein. Lässt die Zeit es zu, so sollte er auch den Stil und zumal bei Reportagen die Dramaturgie kritisch prüfen. Je stärker der Wunsch, hier einzugreifen, desto dringender das Gespräch mit dem Autor. Wer nicht redigiert wird, sucht sich für alle wichtigen Texte einen Gegenleser.

39 Aufgeblähte, abgenutzte, unbrauchbare Wörter

Warnung
vor falsch verwendeten oder missverständlichen Wörtern, vor Blähungen, Anglizismen, abgewetzten Modewörtern, ausgeleierten Floskeln und akademisch-bürokratischem Jargon. In alphabetischer Reihenfolge:

ab Die überflüssigste Vorsilbe – wenn es nicht *an* und *auf* gäbe. Abändern, abmildern, absichern, absinken, abstützen: alle besser ohne ab-. *Abklären:* besonders hässlich. *Absegnen:* saloppes Modewort für gutheißen, genehmigen. *Abzielen:* Tell zielte auf den Apfel ab. *Absehen:* s. nächstes Stichwort.

abgesehen davon, dass ist entweder eine *Anmaßung* («Von örtlichen Aufheiterungen abgesehen ...», sagt der Wetterbericht. Woher weiß er aber, dass ich gerade vom einzigen Erfreulichen am Wetter abzusehen wünsche?) – oder eine *Antinachricht:* Alles, wovon der Leser absehen soll, sollte man schlüssigerweise weglassen.

Absatz im Text: Wenn ich *einmal* absetze (d. h. mit einer neuen, meist eingerückten Zeile beginne), dann enthält der Text 1 Absatz – also 2 Absätze! Daher: mit Vorsicht gebrauchen.

abzuwarten bleiben Schlussfloskel und Verlegenheitswort in Leitartikeln, die auf den Knalleffekt zumarschieren: «Ob sich die Lage in (Iran, Somalia, Kambodscha usw.) wirklich beruhigt ... Ob diese törichte Regierung imstande ist, dem Rat unseres Blattes zu folgen ... bleibt abzuwarten.»

Administration Amerikanismus für *Regierung.* Denn *government* heißt nicht primär «Regierung», sondern *Staat* im Sinne der Staatsbehörden.

Bei uns erhebt «der Staat» Anklage, in Amerika «the government». Für «Regierung» bleibt somit nur noch «Administration» – auf Englisch, aber nicht auf Deutsch.

Aktivitäten gibt es nicht. Die Summe aller Tätigkeiten ist auf Deutsch die Aktivität. Der Plural ist ein Anglizismus («activities»). Wer «Aktivitäten» schreibt, meint überdies zumeist Aktionen, erliegt aber dem modischen Hang zur Blähung. Einen Plural gibt es von «Aktivität» so wenig wie von Fleiß, Glück oder Wut.

alle Deutschen, Bayern usw.: Eine Behauptung, die allenfalls im Kommentar zulässig und auch dort nicht ratsam ist – ein einziger Leser kann den Schreiber widerlegen. Also höchstens: *fast* alle, die meisten. Ein verstecktes *alle* ist in dem Satz: «Früher waren *die* Winter kälter.» Das heißt: *alle* Winter, und das kann nicht stimmen (nur: meistens, im Durchschnitt). Heikler norddeutscher Sprachgebrauch «Die Äpfel sind alle»: 1. Logisch rätselhaft, 2. unverstanden von Wien bis Zürich. Bayerisch: Die Äpfel sind «aus» oder «gar».

allermeiste «Die meisten» sind schon so viele, dass für «aller» kein Platz mehr bleibt – geschwätzige *Verdoppelung* (s. diese).

allfällig wird oft im Sinne von überfällig verwendet. Es ist aber ein Schweizer Regionalismus, der *etwaig* bedeutet.

als bedeutet *Gleichzeitigkeit ohne Kausalzusammenhang*: «Als Moskau brannte, war Moritz Piefke drei Jahre alt» – richtig, denn es bestand keine ursächliche Verknüpfung. «Elf Menschen kamen ums Leben, als ein Omnibus in den Chiemsee stürzte» – falsch, denn offenbar sind sie doch *dabei, dadurch dass, weil* umgekommen. Wodurch die elf umkamen, wird mir aber gar nicht mitgeteilt. «Hundert Menschen starben auf den Straßen, als wir Kaffee tranken» – da wird's wieder richtig. Der Ursprung der Als-Seuche ist ein doppelter Amerikanismus: eine Fehlübersetzung von «when», das zugleich eine Standardformel der amerikanischen Nachrichtenagenturen ist, weil es ihnen erlaubt, die Menschen sterben zu lassen, noch ehe der Omnibus in den See gestürzt ist.

alternativ Das abgewetzteste aller politischen Modewörter. Alternative Energien: *andere* Energien, vor allem: erneuerbare Energien; besser: Energien aus Sonne, Wind und Wasser. «Alternatives Kommunikationszentrum»: zweites Wohnzimmer.

Amerikanismen s. Anglizismen

an Eine oft überflüssige und ärgerliche Vorsilbe (vgl. *ab* und *auf*). Anheben, ankaufen, anmieten, anschwellen, ansteigen, anwachsen fügen dem Heben und Wachsen nichts hinzu.

Anglizismen s. Administration, Aktivitäten, als, bannen, dieses Land, einmal mehr, Herausforderung, kontaktieren, konzertieren, Mexico City, Mittlerer Osten, Netzwerk, notwendigerweise, realisieren, Subkontinent, Technologie, unter, Verantwortlichkeit, virtuell, Westbank.

anlässlich heißt: Nicht zum Kern der Sache gehörig, sondern lediglich zum Anlass genommen. «Anlässlich seines 80. Geburtstags lud er seine Kinder und Enkel …» Falsch! *Zum* Geburtstag lud er sie ein; *anlässlich* des Geburtstags stiftete er eine Bank für den Stadtpark. Vgl. *während*.

anlasten Bürokratisches Kunstwort für vorwerfen, anhängen.

ansonsten Modisches Blähwort für «sonst», auch «im Übrigen» oder «andernfalls».

ansprechen kann man Frauen auf der Straße, aber nicht «Probleme». Es gibt sogar schon das **Andenken** (nicht als Souvenir, sondern als das Sich-an-ein-Problem-Herandenken). Vgl. hamburgisch: gar nich an denken, gar nich um kümmern.

Arzneimittel Zunft- und Blähwort für Arznei, Medikament, Medizin, Tablette, Pille. Die Zunft bläht z.T. noch weiter auf zu *Arzneimittelspezialität*. Vgl. *Verdoppelung*.

Attentat, missglücktes Ein Attentat kann misslingen, scheitern, verhindert werden; «missglücken» kann nur etwas, bei dem das Glücken vom normalen Leser als Glück empfunden worden wäre. Vgl. *Deutlichkeit, sorgen für*.

Attentatsversuch Geschwätzige *Verdoppelung von Attentat* – welches nämlich «Versuch» heißt. Ein Mordanschlag kann scheitern; ein Attentat bleibt er doch. «Attentatsversuch» ließe sich allenfalls rechtfertigen, wenn der Täter nicht nur daneben schießt, sondern durch eine Lähmung gehindert wird, zum Revolver zu greifen.

auf Eine oft überflüssige Vorsilbe wie *ab* und *an*: auffüllen, aufspalten, aufzeigen. *Auflisten:* Bürokratenjargon.

aufoktroyieren Geschwätzige Erweiterung von «oktroyieren» (was «auferlegen» heißt).

aufweisen Meist eine Blähung für das schlichte *haben*: «Das Auto weist vier Räder auf.»

auseinander dividieren Blähwort für spalten, teilen, auseinander bringen; so viel wert wie «neu renovieren» – da *dividieren* «teilen» heißt und das Teilen stets auseinander bringt, was zusammen war. Vgl. *Verdoppelung*.

ausklammern Erstens ein überstrapaziertes Modewort. Zweitens ein schiefes Wort. Denn bekanntlich klammern die Klammern *ein* und nicht aus. Auch heißt es gar nicht «Klammer aus», sondern «Klammer auf». Was vorn und hinten zugeklammert worden ist, ist eingeklammert. Probleme lassen sich also durchaus einklammern. «Ausklammern» gibt es auch, aber es bedeutet «aus der Klammer herausnehmen», also das Gegenteil.

außen vor lassen Hanseatischer Regionalismus, durch *Spiegel* und *Stern* zur gesamtdeutschen Modefloskel geworden und inzwischen dermaßen abgenutzt, dass es eine Wohltat wäre, wenn jemand oder etwas mal wieder *außer Acht* oder *draußen* gelassen würde. Tiefpunkt in der *Tagesschau* (12. 7. 95): Die Öffentlichkeit wurde nicht etwa vom Gericht ausgeschlossen, sondern «blieb außen vor».

Auswirkung Eine törichte Silbe mehr als «Wirkung».

Azubi Die Rache des Volksmunds am Bürokratenwort «Auszubildender». *Lehrling* heißt er.

Bahnhof, großer Ein vollständig ruiniertes Klischee.

bannen kann man eine Gefahr oder den Teufel. Als modisches Synonym für *verbieten* («Parlament bannt Porno») ist es ein übler Anglizismus.

befassen Bürokratenjargon. Jemand kann sich mit etwas befassen – aber man kann nicht ihn damit befassen, und er ist nicht ein damit Befasster.

Befindlichkeit Modisches Blähwort für Befinden, Zustand, Laune – die perfekte Karikatur auf allen bombastisch-hohlen Sprachgebrauch. Steigerungen bei Hermann Lübbe: Befindlichkeitsqualität, Missbefindlichkeitspegel.

beide «Beide Staatsmänner gingen spazieren» heißt: Sie gingen getrennt spazieren (was selten gemeint ist). Gingen sie zusammen, so muss es heißen: «Die beiden Staatsmänner». Gegenprobe: «Meine Schwestern haben beide geheiratet» – ja, aber doch nicht einander? Wenn zwei einander heiraten, sagen wir natürlich: «Die beiden haben geheiratet.»

beinhalten Bürokraten-Klischee (mit der ständigen Versuchung, zunächst «Bein» zu lesen, also sich in anatomischem oder erotischem Umfeld zu fühlen).

Bekenntnis ablegen zu Eine garstige Floskel und die typische Einleitung einer Unnachricht. Wer immer nichts Besseres zu tun hatte, als ein Bekenntnis zu diesem oder jenem abzulegen, sollte überhaupt nicht gedruckt oder gesendet werden.

Beliebtheit, sich zunehmender ... erfreuen: geblähte Floskel vom Range des «an Deutlichkeit nichts zu wünschen übrig lassen».

Beobachter, politische gibt es nicht. Erstens grammatisch nicht: Denn ein Beobachter der politischen Zustände ist so wenig ein «politischer Beobachter», wie der Besitzer eines vierstöckigen Hauses ein vierstöckiger Hausbesitzer ist (fünfköpfiger Familienvater, halbseidener Strumpffabrikant, struktureller Maßnahmenkatalog). Zweitens journalistisch nicht: Denn der Beobachter ist der Korrespondent selber, oder sein Taxifahrer, oder sein Freund in der Botschaft. Wenn ich keinen von diesen nennen darf oder will, dann schreibe ich: «Es gilt als sicher».

berappen (für bezahlen) kommt aus der Gaunersprache und wäre besser dort geblieben.

Bereich Schwammiges *Verlegenheitswort* für alle Lebensbereiche. Nicht: «im innerschulischen Bereich» (8 Silben), sondern: «in der Schule» (4 Silben).

bereits schon In Mode gekommene geschwätzige Verdoppelung.

Beschreibung, jeder ... spotten
1. Überaus abgewetzte Metapher (wer hört da noch Hohn und Spott heraus?).
2. Unjournalistische Formel, da Journalisten eben gerade *beschreiben* sollen, statt sich zu rühmen, dass sie nicht beschreiben können.

Bevölkerung ist ein *Vorgang*, das Gegenteil von Entvölkerung. Im Grundgesetz steht «Volk», die Leipziger demonstrierten 1989 mit Transparenten «Wir sind das Volk», die BahnCard-Werbung von 1994 hieß «Halber Preis fürs ganze Volk». Wem «Volk» dennoch zu völkisch oder zu pathetisch klingt, der schreibe: Menschen, Leute, Bürger, Einwohner. Eines passt immer.

beziehungsweise bzw. Eine meist vermeidbare Hässlichkeit und Pedanterie. «Meier und Müller verdienen 3000 und 4000 Euro» ist ein völlig klarer deutscher Satz.

bis heißt 1. einschließlich (Montag bis Freitag geöffnet), 2. ausschließlich (Er arbeitet täglich, bis auf sonntags). Bayrischer Sprachgebrauch für 1 daher: Montag *mit* Freitag.

Was heißt «bis auf die Grundmauern niedergebrannt»? Was meinte R. v. Weizsäcker, als er zum 20. Juli schrieb: «Die Verschwörer haben uns in der Nachkriegszeit gefehlt, jeden Tag, bis auf heute»? *(FAZ, 20. 7. 94) AFP/Südd. Ztg.,* 19. 11. 94: «Bis zum Jahr 2050 wird es in Afrika praktisch keinen Wald mehr geben». (Aber ab 2051?)

bräuchte Falscher Konjunktiv für «brauchte». Ich bräuchte eine Zigarette, wenn ich hätte.

Bürokraten-Jargon s. anlasten, anmieten, auflisten, Azubi, befassen, beinhalten, Defizite, durchführen, Ebene, erfolgen, erstellen, hinsichtlich, insbesondere, langfristig, Niederschläge, seitens, zwischenzeitlich.

chic gilt als schicker als *schick* (in einer Ceit, die Cigaretten liebt). Schlimmer wird es bei Declination: chice Kleider – zu sprechen schize Cleider.

Defizite *plurale tantum* des akademisch-bürokatischen Jargons. Gemeint sind Lücken, Mängel oder das Haushaltsdefizit.

Deutlichkeit, an ... nichts zu wünschen übrig lassen: (1) erstarrte Floskel, die (2) an Umständlichkeit nichts zu wünschen übrig lässt und (3) oft sogar dort verwendet wird, wo kein vernünftiger Mensch entsprechende Wünsche hegt.

dieses Land ist eine Nichtübersetzung von «this country», das für Englischsprachige immer nur ihr Heimatland sein kann; Bulgarien ist immer *that country.* Bei uns aber kann «dieses Land» durchaus Bulgarien meinen, wenn wir im Satz zuvor von Bulgarien gesprochen haben. «This country» heißt «unser Land»; und wem das «uns» zu vertraulich klingt, der kann ja «Deutschland» sagen.

Ding der Unmöglichkeit Spreiz- und Blähwort für «unmöglich».

dislozieren Militärjargon für «stationieren». Stolz derjenigen Journalisten, die sich damit als Wehrexperten zu erkennen geben.

dümpeln leicht schlingern, sich träge auf der Dünung wiegen. Der *Spiegel* hat das Seemannswort als Metapher in die Politik geholt (wie *hieven*) und damit bewirkt, dass Zehntausende von Journalisten glauben, sie hätten keinen guten Text geschrieben, wenn darin nicht gehievt und gedümpelt wird.

durchführen Bürokratendeutsch und Nazi-Wort, bei *Reuters* ausdrücklich verboten. Besser: vornehmen, verwirklichen, vollziehen; manchmal auch: ausführen, durchsetzen, herbeiführen, vollenden.

Ebene Verlegenheits- und Bürokratenwort, dem *Bereich* verwandt.

echt Ein durch Werbesprache und Teenager-Jargon völlig ruiniertes Wort.

Effizienz ist über seine physikalische Bedeutung («Wirkungsgrad») hinaus so beliebt geworden, dass es oft fälschlich statt «Effektivität» verwendet wird. Generale, Manager, Chefs vom Dienst müssen zunächst *effektiv* sein, d. h. das vorgegebene Ziel erreichen; darüber hinaus *effizient* sind sie nur dann, wenn sie das Ziel mit minimalem Aufwand erreichen, rationell, sparsam, leise.

Ehefrau Ursprünglich Standesamts-Jargon, dann vom *Spiegel* zur Marotte kultiviert: «Erich Meyer, Ehefrau Hilde». Auf Deutsch immer noch: mit seiner Frau, oder: das Ehepaar Hilde und Erich Meyer.

Eigeninitiative Törichte *Verdoppelung*: Initiative heißt ja, dass einer den Anfang macht.

Einhandsegler Zunftjargon für «Alleinsegler». (Frage an die Seglerzunft: Wie nennt ihr den ersten einarmigen Weltumsegler?)

einmal mehr Anglizismus («once more») für: noch einmal, wieder einmal, schon wieder, aufs Neue, abermals.

einstöckig heißt eigentlich: mit einem Stockwerk versehen, also *zwei* Etagen umfassend. Überwiegend wird es aber für etwas verwendet, wofür wir kein gängiges Wort haben: ebenerdig, einetagig, *ohne* Oberstock. Also: ohne Erläuterung unbrauchbar.

Einvernahme Juristenjargon für «Vernehmung».

einweihen sollte man nur das, was eine kirchliche Weihe verträgt.

Eisbergs, die Spitze des kann kaum noch spitz sein, so abgegriffen, wie sie ist. «Die Spitze des Eisbergs, die bislang nicht unter den Teppich gekehrt werden durfte, muss endlich im Keim erstickt werden.» (E. A. Rauter)

Elizabeth, Königin Eine verbreitete, aber törichte Schreibweise. Wer so schreibt, sollte die Dame englisch aussprechen und «Queen Elizabeth» nennen. Da wir sie aber «Elisabeth» aussprechen, dürfen und müssen wir sie auch so schreiben.

erfolgen Bürokratisches *Verlegenheitswort* vom stilistischen Rang des Befassens und Beinhaltens, bei *Reuters* ausdrücklich verboten.

erklären heißt entweder «erläutern» oder «feierlich verkünden». Ist keins von beiden gemeint, sondern nur «sagen», so sollte man *sagen* sagen (also nie: «Meyer erklärte»).

Erlebnis, einmaliges Diese Floskel ist die korrekte Antwort auf die Frage: «Ein wie vielmaliges Erlebnis vermittelte Ihnen der Flug mit dem Freiballon?»

erstellen Bürokratisches Universalwort vom Range des Erfolgens.

fieberhaft ist schon so vieles gesucht (und so wenig gefunden) worden, dass wir das Klischee endlich in Fieberhaft nehmen sollten.

fordern heißt: herrisch einen Anspruch erheben – und ist folglich nichts, was Unfälle oder Überschwemmungen tun könnten («Krawalle fordern 95 verletzte Beamte», *Frankfurter Rundschau*).

Frontlinie Geschwätzige *Verdoppelung* von «Front» (welche die vorderste Linie ist).

frugal heißt «einfach, bescheiden». So verstehen das Wort aber nur 9 % der Deutschen. Für 19 % heißt es «üppig, großartig». Für 67 % heißt es überhaupt nichts. (*FAZ*, 28. 3. 87) Also: unbrauchbar.

frühzeitig Geschwätzige *Verdoppelung* von früh oder zeitig.

Gazetten Synonym für Zeitungen, das den Benutzer als gebildet erscheinen lassen soll. Vgl. *just*.

gefolgt von seinen Mitarbeitern ist so richtig wie «gehorcht von seinen Soldaten» oder «gewinkt von seinen Kindern» – da das Passivpartizip nur von Verben gebildet werden kann, die ein Passiv zulassen; «ich bin gewunken worden» gibt's nicht.

Gegebenheiten, örtliche Bläh- und Bürokratenfloskel für die Zustände am Ort.

gekonnt Dümmliches Modewort für «gut».

gemürbt *Spiegel*-Marotte.

geraum über eine Zeitspanne zu sagen, war einst eine sehr kühne Metapher; heute klingt «geraume Zeit» altväterlich und hohl. Vgl. *Gazetten*, *just*, *Salär*.

Geschehen, das schreckliche Geschehen usw.: schwammiges, modisches *Verlegenheitswort* für Ereignis, auch Vorkommnis, Fall, Ablauf, Entwicklung, Drama, Katastrophe. Am besten aber lässt man alles, was geschieht, gar nicht im Substantiv geschehen, sondern im Geschehwort, dem Verbum.

gezielt Gespreiztes Modewort, mit dem entweder Zielstrebigkeit vorgetäuscht oder eine von niemandem bezweifelte Zielgerichtetheit wichtigtuerisch hervorgehoben werden soll. Wer wird schon *ungezielte* Maßnahmen ergreifen?

Grauens, ein Bild des Standard-Antwort auf die Frage: Was bot die Stätte des Unglücks?

hämen *Spiegel*-Jargon

hardware und software sind zwar vermutlich unausrottbar eingebürgert – aber es wäre erlaubt, sie hin und wieder durch das zu ersetzen, was sie bedeuten: Geräte und Programme.

Haus: ins Haus stehen, «uns steht ein neuer Redakteur ins Haus»: unlogische modische Saloppheit – «stehen» ist ein statisches Verbum, das nicht mit einer Richtung («ins») verbunden werden kann («Eine schöne Frau liegt mir ins Bett»).

Herausforderung Richtig, wenn es «Provokation» bedeuten soll. Meist aber ist es ein Anglizismus für und eine schiefe Übersetzung von «challenge». *Challenge* bedeutet: der Aufruf zur Tat, der Anstoß, die große Aufgabe, oft genug einfach *die Aufgabe*. Nur dass «Aufgaben» den meisten Politikern und Stellungssuchenden zu wenig sind: «Herausforderungen» wollen sie sich stellen.

hieven Zwangshandlung aller *Spiegel*-Redakteure, wann immer die Wörter «hochheben» oder «befördern» angemessen sind. («Auf den Sitz des Präsiden gehievt: der gemürbte Frühschöppner.»)

hinsichtlich Bürokratenwort für «im Hinblick auf» oder für einsilbige Präpositionen wie zu, für, vor.

hinterfragen Soziologenjargon bis zur Karikatur seiner selbst; nach Hans Weigel «aus dem Anus der deutschen Sprache ausgeschieden».

hinwegtäuschen können, darüber nicht Geblähte Floskel für: niemanden täuschen, uns nichts vormachen.

hochkarätig Modewort für wertvoll, hoch qualifiziert, tüchtig, auf der Stilebene von *blauäugig*.

in etwa Bürokratenjargon für etwa, ungefähr.

Inhalte Unzulässiger modischer Plural von Inhalt. Nach deutscher Grammatik sind «alle hundert mit Hut erschienen» (nicht mit «Hüten»), und hundert Bücher haben jedes einen Inhalt. In der Politik («Wir müssen endlich über Inhalte diskutieren») ist meist gar nicht «der Inhalt» gemeint, sondern die Sache, um die es geht, die Substanz, die Aussage, das Programm.

innovativ Laut Duden «Innovationen betreffend oder schaffend» (Innovation = Neuerung), dem Wahrig von 1980 noch unbekannt.
1. Verblasenes Modewort im Sinne von neu, modern, aufgeschlossen (und jedes dieser drei wäre besser).
2. Grassierendes Tarnwort von Managern und Werbungtreibenden, die einerseits modern wirken, sich aber andrerseits nicht darauf festlegen wollen, dass ihre Pläne oder Produkte wirklich neu wären («Unsere innovative Kompetenz»). Also: unbrauchbar.

insbesondere Bürokratisches Blähwort für besonders, vor allem.

irgendwie Schlimmstes Mode-, Füll- und Verlegenheitswort der zeitgenössischen mündlichen Rede, zumal bei Teens und Twens («Landschaft törnt mich irgendwie unheimlich an, echt!»).

Jargon s. Bürokratenjargon, Computerjargon, Soziologenjargon, *Spiegel*-Jargon, Teenager-Jargon, Zunftjargon, Blähungen.

jede Menge Modische Aufblähung von *viele*. Wenn ich, schlimm genug, nicht weiß, ob 100 oder 10000 oder 83 %, dann wähle ich für meinen Mangel an Präzision das schlichteste Wort – *viele* eben. «Jede Menge» ist:
1. oft eine dreiste Nicht-Information: «Hier wird jede Menge Energie verpulvert» (Reportage über Fußball bei Flutlicht). *Wie* viel denn bitte, übersetzt z. B. in Haushaltsverbrauch?
2. der Herkunft nach Teenager-Jargon mit anhaltendem Unterton von Flapsigkeit: Der Krieg in Tschetschenien «fordert jede Menge Opfer in der Bevölkerung» (*Süddeutsche Zeitung*, 2. 1. 95) ist geschmacklos.

Juristensprache s. Einvernahme, Totschlag, unter Beweis stellen, wenn

just Altväterlich-poetisch für eben, gerade – kurioserweise just bei Jungjournalisten beliebt, die damit offenbar die Eignung zum Feuilleton beweisen wollen. Vgl. *Gazetten, geraum, Salär*.

Klartext, «im Klartext» Zulässig, wenn der Autor einen verschrobenen Text verdeutlicht, der nicht von ihm stammt (Pressemitteilung, Verlautbarung, Regierungserklärung). Sonst eine Selbstbezichtigung: Ein Text, der der nachträglichen Klarstellung bedarf, wird natürlich niemals hingeschrieben.

Klischee s. Metapher.

Koalitionär *Spiegel*-Jargon.

konjunkturell s. Situation, konjunkturelle

kontakten, kontaktieren Nichtübersetzung von engl. contact: mit jemand Kontakt aufnehmen.

kontrovers diskutieren Modische *Verdoppelung*: discutere (lat.) heißt schon «auseinander schlagen», und das ist kontrovers genug.

konzertieren 1. ein Konzert geben. 2. Nichtübersetzung von engl. concert: besprechen, verabreden. *Konzertierte Aktion:* Nichtübersetzung von engl. concerted action = gemeinsames Vorgehen, koordiniertes Handeln.

Kreativität Mode-, Bläh- und Zauberwort für das Talent, Ideen zu haben oder schöpferisch zu sein; in Umlauf gesetzt und heilig gehalten von den sog. «Kreativen» in den Werbeagenturen. «Brezeln zu formen ist meine Art, meine Kreativität auszudrücken», sagt heute jeder bessere Bäckergeselle. Oft ist *Phantasie* eine gute Übersetzung. Häufig scheint auch *Produktivität* gemeint zu sein: nämlich das Talent, aus einem Überfluss von Einfällen die richtigen herauszufiltern und in Aktion umzusetzen.

kurzfristig Entweder hässlich oder unbrauchbar. Definition an Bank und Börse: Beginn sofort, Dauer maximal zwölf Monate. In Politik und Journalismus aber heißt es viererlei:

1. sofort beginnend auf kurze (nicht definierte) Zeit,
2. sofort beginnend auf lange Zeit,
3. rasch, schnell, auf der Stelle, sofort, im Handumdrehen («Wir haben das kurzfristig entschieden»),
4. zunächst, anfänglich, eine Zeit lang («Kurzfristig sah es so aus ...»).

langfristig Meist unbrauchbar. Schon die Definition durch Bank und Börse ist uneinheitlich: mehr als zwölf Monate oder vier Jahre oder fünf Jahre – immer aber: Beginn sofort. Ebendas wollen Politiker gerade nicht sagen, wenn sie versprechen, «das Problem der Arbeitslosigkeit langfristig zu lösen». Die meisten Journalisten hören die Vertuschung nicht heraus und geben sie törichterweise an ihre Leser weiter.

laufen (beim Menschen) ist nur eindeutig, wenn der sportliche Zusammenhang klar ist (100-m-Lauf). Sonst ist es erläuterungsbedürftig – denn *laufen* heißt:
1. rennen
2. gehen («Fahren wir oder laufen wir?» – «Kann der Kleine schon laufen?»)

letzten Endes war mal richtig, als man nämlich unter «Ende» noch den *Zweck* verstand («Was heißt und zu welchem Ende studiert man Universalgeschichte?»). Heute ist es schiere *Verdoppelung*.

Letzterer und *Ersterer* sind nicht nur umständlich, sondern auch noch falsch, weil der Erste und der Letzte keine Steigerung zulassen. Der Erste – der Letzte; der Erste – der Zweite; der eine – der andere; oder die Namen nochmal.

Leuchte Zunftjargon für «Lampe». *Lampe:* Zunftjargon für Glühbirne.

lohnenswert In Mode kommende geschwätzige *Verdoppelung* von *lohnend* oder *wert*.

man/frau «Einer der beliebtesten Manierismen alternativer Schreibe» *(Spiegel)*. Vgl. *mensch*.

Mangelware bleiben Aufgeblähte und abgewetzte Floskel. «Angriffe gegen Autos blieben Mangelware» (*Die Welt*, Überschrift im Vermischten – immerhin nahm jemand Anstoß, und in der Spätausgabe hieß es: «Angriffe gegen Autos blieben die Ausnahme»).

mausern, sich zu etwas zu Tode geschleifte Metapher, die überdies schon bei der ersten Verwendung falsch war. Vögel mausern sich nämlich zu gar nichts, wenn sie sich mausern – sie bleiben Vögel, nur in frischem Federkleid. Jedes *sich mausern zu* («Der Bahnhof mauserte sich zum Museum») ist also ein zumeist krampfhafter und immer schiefer Übergriff in die Ornithologie.

Mehrheit, überwältigende Überzogene und abgedroschene Metapher für sehr große Mehrheit. (Wenn mich die Mehrheit nicht zusammenschlägt, hat sie mich noch nie überwältigt.) Arglose Verwendung umso dubioser, als Diktaturen ihre 99,9-Prozent-Mehrheiten gern als «überwältigend» hinstellen.

mensch Feministischer Jargon für *man*. Als Nestroy schrieb «Der Zorn überweibt sie», war er noch originell.

Metaphern, abgewetzte s. Bahnhof, Eisberg, fieberhaft, mausern, Mehrheit, Pilze, Quecksilber, Rubel, Todesopfer, Urständ, Verwüstung, Wetterfrösche.

Mexico City ist Unfug. Eine spanischsprachige Stadt können wir spanisch oder deutsch benennen – aber warum englisch? Spanisch (amtlich!) Ciudad de México. Deutsch: Mexiko-Stadt, die Stadt Mexiko, oder einfach: Mexiko, denn nur selten bleibt unklar, ob man Stadt oder Land meint.

Mittlerer Osten Anglizismus für *Naher Osten*. Für Engländer ist Near East der Balkan und die Türkei; also müssen sie denjenigen Osten, der für uns noch nah ist, bereits als Middle East bezeichnen.

mochte Zwangshandlung aller *Spiegel*-Redakteure (und ihrer Nachbeter in der Provinz), wann immer das Wort *wollte* fällig wäre. («Kohl mochte nicht zugeben, dass …»)

Motivation heißt «Motivierung», ist also ein Vorgang – und wird in zeittypischer Blähfreudigkeit doch dauernd anstelle des *Motivs* verwendet, des Grundes, Antriebs, Anstoßes. Steigerung: *Motivationsstrukturen*.

nachdem «Nachdem du ein Depp bist» ist Bayerisch. «Nachdem ich ankam» ist falsch. Nachdem verlangt das Plusquamperfekt (ausnahmsweise das Perfekt: wenn nämlich der Bericht im Präsens steht).

nächst Welchen Tag meine ich, wenn ich am Montag vom *nächsten Mittwoch* spreche? Dem Wortsinn nach müsste ich «übermorgen» meinen. Die meisten verstehen aber darunter den Mittwoch in neun Tagen; der in zwei Tagen ist *dieser* Mittwoch. Das Wort ist also ohne Erläuterung unbrauchbar.

nachvollziehen regierendes Modewort für nachempfinden, nachfühlen, einsehen, verstehen, kapieren, sich klar machen. Alles falsch – denn *vollziehen* heißt *machen* (Strafvollzug, Gerichtsvollzieher) und nachvollziehen demnach nachmachen. «Ich kann das Attentat nicht nachvollziehen», sagt der Bürgermeister. Na, das hoffen wir doch!

naturbelassen Modewort der etablierten Reformhäuser wie der alternativen Makrobioten; zudem falsch konstruiert: Was ich im Naturzustand lasse (also nicht «belasse»), ist so wenig «naturbelassen», wie ein Schläfer, den ich nicht wecke, «schlafbelassen» ist.

Netzwerk Anglizismus und Blähwort für Netz, Geflecht. Das engl. *net* bezeichnet nur das Netz aus Garn oder Tüll; Eisenbahn- oder Straßennetze heißen *networks*, railway network auf Deutsch aber immer noch nicht «Eisenbahnnetzwerk». *Netzwerk* gibt es auf Deutsch erstens in der alten Bedeutung: netzartig verbundene Leitungen oder Schaltelemente; zweitens (in erträglicher Verwandtschaft damit) als Bestandteil der Computer-Sprache. Überall sonst bleibt Netz besser und allein vernünftig.

Niederschläge, zumal ergiebige: Bürokratischer Oberbegriff, der, je nach Jahreszeit, fast immer durch «Regen» oder «Schnee» oder «Regen und Schnee» ersetzt werden kann.

Nobelherberge Unerträglich abgedroschener *Spiegel*-Jargon für ein teures Hotel – in der manchmal durchaus witzigen Stilfigur des Oxymorons, des mutwilligen Zusammenspannens von Hoch und Niedrig: «Nirgends wird einem der Hauch des Alls so aufs Butterbrot geschmiert» (Alfred Kerr über Sylt).

normal hieß einst nur: nach juristischer, moralischer oder technischer Norm, nach Vorschrift (auch wenn sie überwiegend gebrochen wird). Seit Alfred Kinsey heißt es immer häufiger: das, was *die meisten* tun. Die *statistische Norm* ist dabei, die Norm als Vorschrift zu verdrängen. Gleichzeitig ist die DIN-Norm immer noch eine Vorschrift. Das Wort ist also ohne Erläuterung unbrauchbar.

Normalisierung Oft ein Tarnwort für die Wiederherstellung skandalöser, aber gewohnter politischer Zustände, z. B. nach Niederschlagung eines Aufstands – «im Munde totalitärer Herrscher ein Instrument totaler *Sinnverdrehung» (Süddeutsche Zeitung)*.

notwendigerweise Meist ein Blähwort für notwendig oder, noch einfacher, für bestimmt. «Dies führt notwendig zur Inflation.» *Nicht notwendigerweise:* Anglizismus aus «not necessarily», zu Deutsch: *nicht unbedingt*.

nur ist nur zulässig, wenn es die Einschränkung einer kleinen Menge auf einen Teil dieser Menge kennzeichnet: «Von den vier Geschwistern hatte nur Otto …» Bei großen Zahlen und in politischen Zusammenhängen ist es ein Kommentar («Zu der Kundgebung waren nur 5000 Menschen erschienen») und oft ein bedenklicher oder grotesker Kommentar («Nur 10 % wählten die Republikaner»).

Obergeschoss Zunftjargon für Stockwerk, Stock. Da die Zünftler wiederum unter der Vielsilbigkeit leiden, haben sie «O. G.» daraus gemacht. Nun haben wir die zweisilbige bürokratische Abkürzung einer viersilbigen bürokratischen Missgeburt statt des einsilbigen, anschaulichen deutschen Wortes.

optimal Überreiztes Modewort; fälschlich oft auch dort verwendet, wo «maximal» oder «perfekt» gemeint ist. Optimal heißt das unter den gegebenen Umständen Bestmögliche – und das kann wenig sein.

Ordnungshüter, die: zwanghaftes Synonym für «Polizei»; schon bei der ersten Verwendung ziemlich lächerlich. *Währungshüter:* zwanghaftes Synonym für das Direktorium der Deutschen Bundesbank – auch nicht besser.

Orgie Lieblingswort der Boulevardblätter, aber auch der Agenturen für jede Veranstaltung von drei oder mehr Personen, bei denen vier oder mehr Flaschen getrunken worden sind. Merke: Orgien sind seit Ludwig XIV. ziemlich selten.

Paradigma Griech. Beispiel, Vorbild, Muster, heute auch Leitbild, Weltsicht, Grundauffassung: Hätschelwort unserer gehobenen Feuilletons, zumal in der Form des Paradigmenwechsels: einer neuen Weltsicht, der Orientierung an neuen Leitbildern; oft bloß: eine neue akademische Mode. Manche Essayisten wechseln Paradigmen (bildungsprotzerisch: Paradigmata!) wie andere ihre Autoreifen. 90 Prozent der Leser haben keine Ahnung, wovon die Rede ist, und von den restlichen sind viele angewidert.

persönlich ist meist entbehrlich, denn anders als «persönlich die Hand schütteln» kann man nicht.

Pilze, aus dem Boden schießen wie die: eine der abgedroschensten Metaphern. Schon im Ersten Weltkrieg riet Karl Kraus, man möge endlich einmal die Pilze «wie die Munitionsfabriken» aus dem Boden schießen lassen statt umgekehrt.

Platz Es ist hier nicht der Platz ... Es würde zu weit führen ... Ein Ärgernis. Eine Nachricht, deren einziger Inhalt ist, dass sie nicht kommt, ist keine. Wer keinen Platz hat, dient mir nicht damit, dass er seine Platznot beschreibt, sondern damit, dass er den Mund hält. Vgl. *abgesehen davon.*

Platzangst heißt 1. (populär) Angst vor engen Räumen, «Angst zu platzen», *Klaustrophobie;* 2. (wissenschaftlich) Angst vor großen Plätzen,

Agoraphobie. Ausweg: «Er litt an Klaustrophobie, volkstümlich ‹Platzangst›.»

Pleonasmus s. Verdoppelung.

postmodern Anmaßendes Blähwort, von Künstlern und Architekten in Umlauf gesetzt, die damit behaupten wollen, sie hätten alles bloß Moderne weit und unwiderruflich hinter sich gelassen.

preiswert heißt «seinen Preis wert», also möglicherweise *teuer*. Warum ist es dennoch das regierende Synonym für «billig» geworden? 1. weil der Handel das Teure nicht als teuer bezeichnen möchte (kalkulierte Irreführung). 2. weil das gute alte *billig* vielen (eben durch den Missbrauch nach 1) inzwischen zu billig klingt. Aber das ist deren Sorge. Was billiger *ist*, sollte als billiger bezeichnet werden. «Preiswert» kann ein Ferrari sein, wenn er bloß 100 000 Euro kostet.

Problematik Fast nie mehr als *Problem*, nur zwei Silben länger (oder drei im modischen Plural).

progressiv Ein Mode- und Tarnwort derer, die sich «fortschrittlich» nicht mehr zu nennen wagen.

provokativ Modische Blähung von provokant.

qualitativ hochwertig Modischer Pleonasmus für hochwertig.

Quecksilber, das ... kletterte auf 30 Grad: ausgeleierte Metapher, meist auch noch falsch, weil die meisten Thermometer Äthylalkohol enthalten.

realisieren heißt «verwirklichen» und sonst nichts. In der Bedeutung «sich etwas klar machen» ist es ein Anglizismus.

relevant Modewort der Soziologen, der Meinungsforscher und anderer Statistiker. «Ein relevantes Ereignis muss in sich evident und zugleich eminent sein. Evident heißt dabei so viel wie transparent, und eminent könnte man mit signifikant verdeutlichen. So erklärt sich alles von selbst.» (Eike Christian Hirsch).

resignativ Modische Blähung von resigniert oder resignierend.

Rückantwort Bürokratische Verdoppelung nach Art von *Stillschweigen*.

Salär *Spiegel*-Jargon. Vgl. *just ...*

scheinbar wird gern als Synonym für *anscheinend* benutzt. Es heißt aber: dem *falschen* Anschein nach. Ein scheinbarer Sieg ist ein Scheinsieg, also eine verkappte Niederlage.

schlussendlich Modische *Verdoppelung* für «schließlich».

Schnitt Kaufmannsjargon für «Durchschnitt» (im Schnitt). Noch nicht eingebürgert: «schnittlich» für durchschnittlich.

Schwankung, saisonale Blähwort aus der Kiste konjunkturelle Situation, hauptlicher Mann, mondliche Finsternis, schriftlicher Steller.

schweigen, von ... ganz zu schweigen: so ausgeleiert, dass es erholsam wäre, stattdessen mal zu lesen: «von X zu schweigen» oder «zu schweigen von X».

seitens Bürokratenjargon. («Der Antrag verfiel der Ablehnung, obwohl seitens meiner sich dafür ausgesprochen worden war.»)

Selbstverständnis Geblähtes Modewort.

selten ist und bleibt das Seltene; die Floskel «selten schön» besagt «meist unschön» und kann nur im Teenager-Jargon «ungewöhnlich schön» bedeuten.

Seltenheit, keine Eine abstrakte und noch dazu total verschlissene abstrakte Floskel, die z.B. auf die Frage antwortet: «Was sind Schlangen hier?»

sensibilisieren Soziologenjargon.

Situation, konjunkturelle Blähwort für «Konjunktur». Vgl. Schwankung, saisonale.

Skandinavien heißt
1. geographisch: Norwegen und Schweden,
2. bei den «Scandinavian Airlines»: dazu Dänemark (Sitz der SAS ist Kopenhagen),
3. für die Schweden (aus histor. Gründen): auch Finnland,
4. für Dänen und Norweger (aus histor. Gründen): auch Island.

Man muss also entweder aufzählen oder von den *nordischen Staaten* sprechen, wenn man alle meint.

sofort heißt 1. unverzüglich, alles stehen und liegen lassend; 2. ziemlich bald – vorher räume ich noch auf («Komme sofort!»). «Der Scheckbetrug flog sofort auf» – schon am Schalter oder danach? Bekam er noch Geld oder bekam er keins? Das Wort ist also unbrauchbar.

sollen drückt entweder den Imperativ aus («Du sollst nicht töten») oder die Ungewissheit («X soll Selbstmord begangen haben»). Das Wort ist also nur verwendbar, wenn der Sinn auf Anhieb (und vorn im Satz) eindeutig ist.

sorgen für heißt: fürsorgliche Handlungen begehen. Also kann niemals ein Tief für ein Gewitter sorgen oder Glatteis für Unfälle oder gar ein Erdbeben für Obdachlose; für die sorgt das Rote Kreuz.

so schnell wie möglich kann heißen: in sieben Wochen (vorher war's eben nicht möglich – und wer entscheidet über die Möglichkeit?). Die Floskel ist also nichts sagend und provokant zugleich.

Soziologenjargon s. hinterfragen, relevant, rollenspezifisch, Sachzwänge, sensibilisieren, Spannungsfeld, Strukturen, thematisieren. Vgl. *Zunftjargon*.

Spannungsfeld ist etwas, das außerhalb von soziologischen Seminaren und Evangelischen Akademien das Gegenteil von Spannung erzeugt. Titelvorschlag: «Im Spannungsfeld der Befindlichkeiten».

spektakulär Die Klappe, die bei vielen Korrespondenten unrettbar fällt, wenn sie «auffallend» oder «aufwendig» sagen könnten.

Spiegel-Jargon s. dümpeln, Ehefrau, gemürbt, hämen, hieven, Koalitionär, mochte, Nobelherberge, Nobelmarke, Salär, vollmundig.

Stellenwert Bei nichtmathematischer Verwendung ein modisches Blähwort für Wert, Rang, Bedeutung.

Stillschweigen bewahren, strengstes: modische Blähung und Standardfloskel für «schweigen». Vgl. *Verdoppelung* (obwohl hier eine Verdreifachung vorliegt).

Stress Unendlich überreiztes Modewort für alles, was man anstrengend findet (wie in Bayern «Föhn» für jedes Wetter, das Kopfschmerzen macht, aber auch für alle Kopfschmerzen, die nicht vom Wetter kommen).

Strukturen zumal hierarchische und verkrustete: Soziologenjargon und Verlegenheitswort für alles und nichts.

Subkontinent Anglizismus für Südamerika oder Vorderindien. Aber Südamerika ist ein Kontinent, und die Summe von Indien, Pakistan und Bangladesch ist eben Vorderindien.

Suizid hat gegenüber dem «Selbstmord» vier Vorzüge: Es ist kürzer (Überschriftenproblem); es vermeidet das parteiische Wort «Mord» (doch das tut «Freitod» auch); es putzt den Schreiber (Zunftjargon); es befriedigt seine Zwangsvorstellung vom Synonym. Leider hat es einen Nachteil: Es ist vielen unverständlich.

Synonyme, zwanghafte s. Ordnungshüter, Suizid, Urnengang, Visite.

Tagesordnung, an der ... sein: Eine Floskel, die korrekt auf die Frage antwortet: «An was waren solche Überfälle?»

tägig : täglich sind nicht austauschbar. Zweitägig: von zwei Tagen Dauer. Zweitäglich: alle zwei Tage. Eine vierzehntägige Reise, das vierzehntägliche Erscheinen. Ebenso zweiwöchig: zweiwöchentlich, zweimonatig: zweimonatlich, zweijährig: alljährlich.

Tautologie: s. Verdoppelung.

Technologie ist zwar in einigen Grenzfällen etwas anderes als Technik (wörtlich: die Lehre von der Technik, faktisch heute: die Lehre von der Gewinnung und Verarbeitung von Rohstoffen), fast immer aber ein bloßer Anglizismus für Technik («technology»), dem Hang zur Blähung entgegenkommend. Gegenprobe: Wer «Technik» ins Englische übersetzt und nicht eine Methodik (technique) meint, landet notwendig bei technology.

Teenager-Jargon s. echt, irgendwie, rasant, selten, unwahrscheinlich.

teilweise
1. *mehrdeutig:* «Die Spielplätze liegen teilweise unter Hochspannungsleitungen» – alle zu 20% oder einige zu 100 %?
2. *oft falsch verwendet:* «teilweise» kennzeichnet die Art und Weise, ist also ein Adverb und kein Adjektiv. «Das Konzert war nur teilweise ein Genuss» – richtig; «ein teilweiser Genuss» – falsch; so falsch wie: «dein glücklicherweises Eintreffen».

thematisieren Soziologenjargon für: zum Thema machen, zur Sprache bringen. *Thematik* s. *Problematik.*

Todesopfer zumal solche, die von Unfällen und Katastrophen gefordert werden: törichte, überreizte Metapher schrecklichen Ursprungs. Heidnische Götter pflegen «Opfer zu fordern», und seither ist der Brauch selten geworden. Auch ist ein Unglück kein handelndes Subjekt, welches Forderungen erheben könnte. «Bei dem Erdbeben kamen hundert Menschen um», oder «ums Leben» – dazu gibt es keine Alternative.

Totschlag halten die meisten für *fahrlässige Tötung*. Es ist aber die Tötung mit vollem Vorsatz, nur ohne die erschwerenden Umstände, die den *Mord* kennzeichnen. Muss also bei jeder Nennung erläutert werden.

überschatten Kunstwort der Agenturen, mit dem sie, einem interessanten

Lead zuliebe, eine Verknüpfung zwischen zwei Aussagen herstellen, in der Form, dass die eine Schatten auf die andere wirft: «Konferenz von Unruhen überschattet». Nachteil: So spricht kein Mensch, auch kein Journalist außerhalb seines Büros.

unabdingbar, unverzichtbar Politiker-Jargon. *Unabdingbar* ist wenigstens korrekt gebildet: etwas, das nicht abgedungen werden kann (was immer das heißen mag). *Unverzichtbar* aber ist den Wörterbüchern unbekannt und grammatisch falsch: «etwas, das nicht verzichtet werden kann» klingt höchst verzichtbar.

ungeahnt, ungeahnte Möglichkeiten:
1. abgedroschene Redensart (vgl. *Zwangskoppelung*),
2. unjournalistische Formel, denn wir sind dazu da, alles wenigstens geahnt zu haben.

unjournalistisch sind Floskeln wie: abgesehen davon, dass; Bekenntnis ablegen zu; Beschreibung, jeder ... spotten; Platz; ungeahnt; Zusammenhang (s. diese).

unter dem Gesetz, dem Programm: übler Anglizismus.

unter Beweis stellen ist Juristensprache und bedeutet: *Beweis anbieten für*. So sollte man es auch sagen (im Gerichtsbericht). Als beliebtes Synonym für *beweisen* ist «unter Beweis stellen» erstens eine Blähung und zweitens falsch.

Untiefe ist erstens eine seichte Stelle (*un* als Verneinung: unmöglich), zweitens eine besonders tiefe Stelle (*un* als Verstärkung: Unkosten, Unwetter). Der Duden segnet beide Bedeutungen ab. Eindeutig ist «Untiefe» nur unter Seglern und Seefahrern: seicht, also gefährlich; sonst unbrauchbar.

unwahrscheinlich Universal-Komparativ des *Teenager-Jargons*.

Urnengang für Wahl: unter allen zwanghaften Synonymen wohl das dümmste.

Urständ feiern, fröhliche: eine Floskel, die die meisten Leser noch nie verstanden haben.

Verantwortlichkeit Fehlübersetzung von responsibility, zu Deutsch «Verantwortung». Verantwortlichkeiten: Fehlübersetzung von responsibilities, zu Deutsch «Pflichten» (rights and responsibilities).

verbal Törichtes Bläh- und Modewort – entweder tautologisch («verbale

Beschimpfungen») oder von akademischer Kraftlosigkeit. «Verbal lässt sich trefflich streiten» hat Mephisto *nicht* gesagt.

Verdoppelung «doppelt gemoppelt», Tautologie, Pleonasmus: s. allermeiste, Arzneimittel, Attentatsversuch, auseinander dividieren, bereits schon, Eigeninitiative, Frontlinie, frühzeitig, kontrovers diskutieren, letzten Endes, lohnenswert, qualitativ hochwertig, Rückantwort, schlussendlich, Stillschweigen, vorprogrammieren.

Verlegenheitswörter s. abzuwarten bleiben, Bekenntnis, Bereich, Ebene, erfolgen, Geschehen, irgendwie, Struktur, wegzudenken sein, Wirkungskreis.

vermeintlich wird immer häufiger im Sinne von *vermutlich* verwendet. Es bedeutet das Gegenteil: *mit Sicherheit nicht*. Der Hochstapler, von dem die Leute meinen, dass er ein Prinz sei, ist ein vermeintlicher Prinz.

verraten, gestehen, bekennen, offenbaren Die allerdümmsten Lieblingswörter der Yellow Press. Nur unangenehme, geheimnisvolle und großartige Dinge eignen sich dazu, verraten oder offenbart zu werden.

virtuell Törichte Nichtübersetzung von *virtual*, das schon im Englischen ein unglückliches Wort ist: Es bedeutet nämlich (1) praktisch, eigentlich, im Grunde genommen («I have virtually no money») und (2) in der Wissenschaft das Gegenteil davon: nur als Möglichkeit vorhanden, bloß zum Schein. Dieser Widerspruch entfällt bei «virtuell», weil es außerhalb der Computer-Szene überhaupt nichts bedeutet. «Virtual reality» wäre mit *Schein-* oder *Kunstwelt* angemessen übersetzt, ja dem englischen Vorbild überlegen.

Visite Zwangssynonym für «Besuch» und falsch dazu: Die Visite ist ein Besuch von oben herab (des Papstes in der Diözese, des Arztes am Krankenbett).

vor Ort Fachwort der Bergmannssprache, zum regierenden Modewort geworden statt
1. «an Ort und Stelle»,
2. «da» (Meyer war auch da),
3. gar nichts («Der Minister war an der Unglücksstelle vor Ort» – ja doch, an der Unglücksstelle!).

vorprogrammieren Modische *Verdoppelung*: Pro-gramm ist bereits schon das vorher Geschriebene.

wähnen wird immer häufiger im Sinne von *glauben* verwendet. Es kommt aber von *Wahn* und bedeutet: fälschlich glauben, sich einer Wahnvorstellung hingeben («Die Passagiere der Titanic wähnten sich in Sicherheit»).

während heißt: gleichzeitig, aber nicht zur Sache gehörig. «Während einer Sitzung des Bundestages sagte der Bundeskanzler ...» Falsch! Er sprach *in* einer Sitzung; *während* der Sitzung regnete es. Vgl. *anlässlich*.

Währungshüter s. *Ordnungshüter*.

wegzudenken sein, nicht mehr Standardfloskel und Verlegenheitswort für «dazugehören».

weilen Altväterlich-pompöse Blähung für «sein» oder «sich aufhalten». Gott rief weder «Adam, wo weilst du?» noch «Adam, wo befindest du dich?».

weitgehend ist nicht Fleisch und nicht Fisch. «In England ist das weitgehend üblich» – heißt das: zu 30, zu 50, zu 70 %? Überwiegend oder in einer weit verstreuten Minderzahl? An manchen Orten ganz oder überall zu 40 %?

wenn heißt: 1. falls, für den Fall dass (engl. *if*), 2. sobald, jedes Mal, wenn, wann immer (engl. *when*). «Wenn du wiederkommst ...» lässt beide Deutungen zu. Wo immer dies geschehen könnte, sollte man *falls* oder *sobald* vorziehen. Engl. Rechtssprache: «If and when the defendant ...», oft eingedeutscht als «Falls und sobald der Angeklagte ...».

werden zu lassen Beliebte Umständlichkeit für *zu machen*. «Es gelang ihm nicht, mich zum Narren werden zu lassen.»

Westbank ist weder ein Kreditinstitut noch eine Sitzgelegenheit, sondern die Nichtübersetzung von Westufer, zumal des Jordans, daher «Westbänk» gesprochen – einer der schamlosesten Anglizismen.

Wetterfrösche für Meteorologen und Wettervorhersagen: unerträglich abgedroschene Metapher.

Winde ist (1) ein Gerät zum Heben von Lasten mittels Kurbel, Trommel und Seil und (2) ein *plurale tantum* der Meteorologen-Lyrik, die *den Wind* nicht kennt («lebhafte, von Ost auf Südost drehende, im Tagesverlauf auffrischende ...»).

Wirkungskreis Der *Bereich*, in dem vorzugsweise ein Jubilar oder ein Verstorbener gearbeitet hat.

wissen um Neckisches Blähwort der Nazis, der Lore-Romane und vieler

Pfarrer für *kennen*. «Ich weiß um deine Not, mein Sohn». Vgl. die Romanhefte «Sonne um Renate – Wonne um Beate».

Witterung, Witterungsablauf, Witterungsgeschehen Bürokratische Blähungen für «Wetter» oder «Klima».

Worte : Wörter Drei Goethe-Worte, aus fünfzig Wörtern bestehend. Möglicher Grenzfall: «Gauner, Lump, Bandit!», ruft ein Bundestagsabgeordneter. Nun muss es heißen: «Nach diesen Worten...», aber: «Drei Wörter, die den Bundestag erschütterten.»

zeitigen Ein Wort aus der *just*-Sprache.

Zeitpunkt, zu diesem Blähung für «jetzt» oder «zur gleichen Zeit».

Zielsetzung Die Ziele der FDP werden seit Jahren fast nur noch als die Zielsetzungen der FDP vorgestellt. Zwar kann es vorkommen, dass man *das Setzen* von Zielen hervorheben will; in neun von zehn Fällen aber ist die Zielsetzung ein Ausdruck modischer Blähfreudigkeit. Ein richtiger Satz wäre: «Der FDP-Vorstand ist zu einer Zielsetzung zusammengetreten.»

zum Anfassen Abgedroschen und manchmal unappetitlich.

Zunftjargon s. Arzneimittel, bzw., dislozieren, Einhandsegler, Einvernahme, konzertieren, Medien, Niederschläge, Obergeschoss, relevant, Schnitt, seitens, Suizid, Winde, Witterung. Vgl. *Bürokratenjargon, Soziologenjargon*.

Zusammenhang Ein meist entbehrliches und oft ärgerliches Füllwort. «In diesem Zusammenhang betonte der Redner» – in welchem sonst? «Die Forderung nach Abschaffung aller Armeen im Zusammenhang mit der Abrüstung» – womit sonst?

zutiefst Blähwort von Grabrednern für tief, sehr.

Zwangskoppelung Die allzu lange währende Ehe eines Substantivs mit dem immer selben Adjektiv: dunkle *Ahnung*, konstante *Bosheit*, massiver *Druck*, herbe *Enttäuschung*, bitterer *Ernst*, schwerwiegende *Folgen*, goldene *Mitte*, ungeahnte *Möglichkeiten*, scharfer *Protest*, ungläubiges *Staunen*, strengstes *Stillschweigen*, hektisches *Treiben*, feste *Überzeugung*, volles *Verständnis*, eklatanter *Widerspruch*.

zwischenzeitlich Mode-, Bläh- und Bürokratenwort für «inzwischen» oder «zwischendurch».

Die Redaktion

40 Wer hat die Macht?

Der Anfänger, aber auch der erfahrene Journalist an einem neuen Arbeitsplatz ist gut beraten, wenn er Augen und Ohren offen hält, um sich gleich an den ersten Tagen über die Machtverhältnisse in der Redaktion zu informieren. So einfach ist es nämlich nicht, dass der *Chefredakteur* die dominierende Figur überall und in allen Lebenslagen wäre.

Zunächst hat jeder Chefredakteur einen Verleger, Geschäftsführer, Verlagsleiter oder Herausgeber über sich, der seine Macht beschränkt – teils nur ein bisschen, zumal wenn der Chefredakteur eine starke Persönlichkeit ist und ein erfolgreiches Blatt macht; oder ganz gewaltig, wenn der Verleger seinerseits publizistischen Ehrgeiz hat oder sein Blatt ins Minus torkeln sieht; oder irgendwo dazwischen. «Herausgeber» können erst recht alles sein: nämlich einerseits der starke Mann, oder ein pensionierter Chefredakteur, dem man noch einen Titel gönnen möchte, oder irgendwo dazwischen.

Vor Axel Springer hatten die meisten seiner Chefredakteure Angst, und wer sie nicht hatte, konnte sich nicht lange halten. Rudolf Augstein, *Spiegel*-Herausgeber, nötigte seiner verzweifelten Redaktion 1989/90 eine Kampagne für die Wiedervereinigung auf, und als er 1995 einen länglichen Essay über Karl May schrieb, machte der Chefredakteur den zur Titelgeschichte.

Dem einzelnen Redakteur kann es egal sein, ob die Anweisungen des Chefredakteurs mehr von ihm selber oder nur über ihn vom Verleger kommen; denn in jedem Fall ist der Chefredakteur für ihn die Bezugsperson und der, unter dem er leidet, falls es sich um einen engagierten Chefredakteur handelt.

Fall 1, das eine Extrem: Der Chefredakteur trifft alle wichtigen aktuellen Entscheidungen selber, er ist der *Blattmacher*; in der Boulevardzeitung, wo dieser Typ der häufigste ist, sitzt er am «Balken», von Vertretern und Assistenten flankiert, entscheidet über die Schlagzeilen usw.

Fall 2: In die laufenden Geschäfte mischt sich der Chefredakteur nur sprunghaft ein, dann aber mit fürchterlicher Vehemenz – so tat es Henri Nannen mehr als dreißig Jahre lang im *Stern*.

Fall 3: Der Chefredakteur kümmert sich zwar um den Aufmacher, die Seite 1, die Kommentare, nimmt sich aber im Übrigen Zeit, seinen Wochenend-Leitartikel vorzubereiten oder Gespräche innerhalb wie außerhalb der Redaktion zu führen.

Fall 4: Ihn interessieren *nur* seine Leitartikel, vom Blattmachen hat er keine Ahnung – das überlässt er einem Stellvertreter oder dem Chef vom Dienst.

Fall 5, das andere Extrem: Er kümmert sich um überhaupt nichts, ja selbst in der Redaktion erscheint er nur tageweise.

Fall 6: Vor allem in Regionalzeitungen werden Chefredakteure zunehmend kleine Unternehmer, die sich mehr um Zahlen als um Leitartikel kümmern, mehr um Auflagen und Marketing als um die Seite 1. Der Chefredakteur als Manager hält sich mehr in der Geschäftsführer-Etage oder im Controlling auf als in der Redaktion.

Diese – natürlich grobe – Typisierung überschneidet sich mit einer anderen, nämlich der nach der Rolle des Chefredakteurs in den Konferenzen. Er kann abwesend sein (Fall 5), er kann eine kluge und tolerante Gesprächsführung betreiben (häufig bei Fall 3 und 4), er kann sein Blatt von hier aus wirksam steuern (so in Zeitschriften häufig), und er kann ein rücksichtsloser Selbstdarsteller sein, der seine Macht ausspielt und Diskussionen niederbügelt.

Noch schwieriger wird das Bild, wenn ein Kollegium regiert: in der *FAZ* die Herausgeber, in der *Süddeutschen Zeitung* in den 1970er Jahren eine siebenköpfige Chefredaktion, bei der hinter dem ersten Namen in Klammern «Vorsitz» stand, hinter dem zweiten «geschäftsführend» – und es war der zweite, der in jeder Hinsicht der erste war, außer bei den Leitartikeln.

Häufig ist der *Chef vom Dienst* der starke Mann der Redaktion: immer zuständig für die Einhaltung der Termine, den Kontakt mit der Druckerei, dem Vertrieb und der Anzeigenabteilung sowie die Koordination zwischen den Ressorts; meistens für Spesen, Dienstreisen, Büroräume, Redaktionstechnik, Urlaubstermine, Sonntagsdienstplan und Praktikanten; oft zugleich der unmittelbare Vorgesetzte der Nachrichtenredaktion und der Blattmacher der Seite 1.

Im *Spiegel* und in der *Zeit* gelten die *Ressortleiter* als die «Stammesherzöge» – bei der *Zeit* bis zu der selbstironischen Beschreibung: «Die *Zeit* besteht aus fünf Blättern, die sich auf eine gemeinsame Typographie und ein gemeinsames Erscheinungsdatum geeinigt haben.»

In manchen Redaktionen hat sich ein Machtblock aus engagierten Redakteuren gebildet, eine «Keulenriege», gegen die weder die Redaktionsmehrheit noch der Chefredakteur anzuregieren wagt. Auch trifft man einzelne, zumal altgediente Redakteure, die sich einen Themenbereich zu reservieren verstehen und zuweilen sogar gegen die Meinung des Chefredakteurs anschreiben dürfen.

Bei einem so vielfältigen Gewebe liegt die oft erhobene Forderung nach «innerer Pressefreiheit» weit neben der Wirklichkeit. Von Gewerkschaften und der SPD vertreten, besagt sie ja, der Verleger müsse der Redaktion einen großzügigen, genau fixierten Freiraum gewähren. Doch wie selten ist es der Verleger, den der Redakteur als Feind erlebt! Die Tyrannen und die Meinungsverstümmler sitzen *in* der Redaktion.

Ein meist bedeutender (und oft angenehmer!) Machtfaktor sei nicht vergessen: die Sekretärinnen der Machthaber. Der Neue, der noch gar nichts weiß, sollte seinen Rundgang bei der Sekretärin des Chefs vom Dienst beginnen und bei ihr gut Wetter machen.

Machtstrukturen zu durchschauen und sich auf sie einzurichten gehört zum Wichtigsten, was man sich in der neuen Redaktion vornehmen muss. Für die wahre Macht gibt es keine Faustregel, und das Impressum allein sagt wenig oder nichts über sie aus.

41 Die Ressorts

Leser mögen die Übersichtlichkeit, und so mögen sie auch die Ordnung des Ressorts. Am liebsten wollen sie an jedem Tag ihre Lieblingsseiten am selben Ort entdecken, denn nichts ist lästiger als das Suchen. So diente die Einteilung in Ressorts, die es in allen Medien gibt, der Arbeitsfähigkeit der Redaktion ebenso wie der Bequemlichkeit der Leser.

«Ressorts sind die Sachgebiete Politik, Kultur, Lokales. Bei Wirtschaft, Sport und Provinz ist der Begriff Ressort gegeben, wenn für diese Sachgebiete mindestens ein Redakteur überwiegend und bestimmungsmäßig tätig ist.» Diese Passage im Tarifvertrag für Redakteure an Tageszeitungen legt nicht nur die Ressorts fest, wie in den meisten Zeitungen üblich, er garantiert den Ressortleitern auch ein Gehalt, das angemessen über denen der anderen Redakteure liegen muss.

«Klassisch» heißen diese Ressorts, weil es sie schon immer gab und weil sie nach dem Krieg im «Generalanzeiger» eingerichtet wurden, dem vorherrschenden Zeitungstyp. Doch die Tage der klassischen Ressorts sind offenbar gezählt, einige Zeitungen lösen die Mantelressorts schon auf, andere werden folgen. Davon berichten wir im nächsten Kapitel. Gleichwohl lohnt ein Blick in die klassischen Ressorts: Zum einen wird es noch lange Zeitungen geben, die traditionell arbeiten, zum anderen ist der Blick in die Geschichte nützlich, um Gespräche von älteren Kollegen ebenso verstehen zu können wie Sinn und Unsinn moderner Strukturen.

Die Klassiker unter den klassischen Ressorts sind die politischen Nachrichten, die Wirtschaftsberichte und das Feuilleton, schon in der Urzeit der Zeitung gedruckt. Lange folgte die *FAZ* streng diesem klassischen Schema mit den Nachrichten im ersten Buch, der Wirtschaft im zweiten und dem Feuilleton im dritten; heute ist der Finanzteil als eigenes Buch geschaffen worden und an einigen Tagen der Sportteil, immer montags und zu großen Ereignissen wie Olympia oder Fußball-Weltmeisterschaft.

Der Lokalteil konnte sich erst im 19. Jahrhundert durchsetzen, als die Zensur gelockert wurde. Das jüngste der klassischen Ressorts ist der Sportteil, der in Deutschland noch nicht einmal seit hundert Jahren verbreitet ist – anders als etwa in England; so bleibt der Sport, trotz seiner wachsenden Bedeutung, in den überregionalen Zeitungen ein Anhängsel des Wirtschaftsteils.

Ordnen wir die Ressorts nach dem Nutzen, den sie dem Anfänger bringen, und nach den Chancen, dass er dort willkommen ist. Und schauen wir abschließend in die Redaktionen, die die Mauern zwischen den Ressorts niederreißen und so ein Modell für die Zukunft schaffen.

Das Lokale

Wer in den Journalismus einsteigen möchte, der suche sich eine der 1500 Lokalredaktionen in Deutschland, möglichst eine kleine auf dem Land. Ist er bereit, auch am Samstagabend eine Jahreshauptversammlung zu besuchen; ist er fähig, eine Digitalkamera zu bedienen und einen Computer zu nutzen; ist er so bescheiden, auch mit schmalen Honoraren zu arbeiten – dann wird er mit offenen Armen empfangen. Er verhilft den Redakteuren, die die Termine vergeben, zu einem freien Abend; er hilft dem Lokalchef, der sich weniger Klagen seiner Redakteure über den mörderischen Stress anhören muss; und er hilft sich selber, denn so mühelos schafft er's nirgends, sich schnell gedruckt zu sehen.

Das Lokale ist auch ein gutes Sprungbrett: Selbst prominente Chefredakteure rühmen sich, die ersten Sporen in einer kleinen Redaktion verdient zu haben; und je exotischer der Name der Lokalredaktion klingt, desto stolzer erzählen sie die Geschichten von ihren ersten Artikeln. Auch bei den Lesern steht das junge Lokalressort mit weitem Abstand vorn in der Gunst.

Zwei Drittel der Redakteure werden auch in den Lokal- und Regionalteilen eingesetzt. Doch trotz Sprungbrett und Lesergunst: Der Masse wird keine Klasse zugetraut; auf der Skala des journalistischen Sozialprestiges stehen die Lokalredakteure unten. Jürg Tobler, berühmter Chefredakteur aus St. Gallen, hat die Vorurteile gegenüber den Lokaljournalisten in drei Sätzen zusammengefasst:

> *Es ist wahr, dass das Lokale der bevorzugte Ort erbärmlicher Vielschreiberei ist. Die Form leidet nirgends so sehr wie hier, und die Thematik ist vielfach auch nicht gerade nahrhaft. Doch grundsätzlich sollte dem Lokaljournalismus zuerkannt werden, dass er eine staatspolitisch unentbehrliche Funktion erfüllt oder doch zu erfüllen hätte.*

In der Tat: Die besten Volontäre und Redakteure streben schnell in die Zentralredaktion, wo die Nachrichten verwaltet werden. So sind im Lokalen überdurchschnittlich viele Redakteure zu finden, die schlecht ausgebildet in schlecht besetzten Teams sitzen. Nichts ist schwieriger, als exzellente Journalisten für das Lokale zu begeistern, stellt der Schweizer Chefredakteur fest und erzählt von Gesprächen mit gestandenen Kollegen: Wie kommt der dazu, mir einen sozialen Abstieg schmackhaft zu machen!

Dazu kommt erschwerend: Im Lokalen wird am meisten gearbeitet. Stöhnt ein Nachrichtenredakteur, der nur redigieren muss, schon über eine Seite, die er zu produzieren hat, so sind viele Lokalredakteure froh, wenn sie nur eine Seite abliefern müssen – wofür sie keine Agentur benutzen können, sondern alles selber sichten, werten, redigieren und recherchieren müssen. Klagen verhallt meist ungehört: Die Ressorts in den Zentralen sind meist überbesetzt, die Außenredaktionen meist unterbesetzt.

Die Nachrichtenredaktion
Sie wird auch Politik-Ressort genannt – was irreführend ist: Denn selbstverständlich erscheinen auf der ersten Seite Flugzeugkatastrophen und große Ereignisse aus Wirtschaft, Kultur und Sport, und bedeutende lokale Ereignisse sollten dort erscheinen (mehr dazu in Kapitel 48).

Die Nachrichtenredakteure sind die zweitgrößte Berufsgruppe nächst den Lokaljournalisten. Sie schreiben wenig (meist nämlich nur die Überschriften, manchmal den Vorspann des Aufmachers), und sogar redigieren müssen sie nicht unbedingt, wenn sie sich nämlich auf die Texte der Agenturen verlassen.

Dies ist bisweilen aus Personalmangel, nicht selten auch aus Faulheit schon seit Jahrzehnten so; die *Computer* haben jedoch die Versuchung, Agenturtexte unverändert zu übernehmen, noch erhöht, weil es verlockend ist, durch Tastendruck die Nachricht unverändert zum Drucken freizugeben.

Doch wäre es gänzlich verfehlt, aus solchem Umgang mit den Agenturtexten und aus der weitgehenden Schreibenthaltung zu folgern, die Arbeit eines Nachrichtenredakteurs wäre unwichtig oder uninteressant. Sie kann sehr aufregend sein, wenn ein Krieg ausbricht oder Mächtige stürzen; sie ist kurz vor Redaktionsschluss immer strapaziös und kann zur reinen Nervenmühle werden, wenn die Redaktion zum Beispiel mit einer Entscheidung im Bundestag aufmachen will, die Abstimmung aber bei Redaktionsschluss noch nicht erfolgt ist und ein anderer Aufmacher nirgends winkt.

Vor allem ist die Arbeit der Nachrichtenredaktion von eminenter politischer Bedeutung. Hier wird ja über Groß oder Klein, Oben oder Unten, «Skandal» oder bloß «Affäre» entschieden und das Gros der Nachrichten dem Leser notgedrungen schlichtweg vorenthalten. Kanzler und Oppositionsführer in die Schlagzeile – oder nur einer von beiden – und welcher? Am anderen Ende Deutschlands brennt ein Haus, fünf Menschen kommen um: eine vermischte Meldung – oder der Aufmacher, weil es sich um ausländerfeindliche Brandstiftung handeln könnte? Mit solchen Entscheidungen machen Journalisten Meinung, viel mehr als mit Leitartikeln.

Zwei Jahre in einer Nachrichtenredaktion bekommen jedem Journalisten gut. Da die Knochenarbeit am Schreibtisch in der Redaktion zwar angesehen, aber nicht übermäßig begehrt ist, sind die Chancen des Anfängers nicht schlecht. Ein Einstieg bietet sich manchmal über den ungeliebten Sonntagsdienst an.

Der Sport

Wer sich für Sport interessiert und am Sonntagnachmittag bereit ist, in Kneipen anzurufen für die Spielberichte der Kreisklasse – der hat wenig Mühe, in einer Lokalredaktion schnell eine Stelle als fester Freier zu bekommen. Doch der Job im Sport kann in eine Sackgasse führen: Die 1:0-Berichterstattung findet relativ wenig Beachtung bei den Kollegen.

Zudem stehen die Sportredakteure eher am Rand der Redaktion – ob in der Zentrale oder im Lokalen. «Sportjournalisten sind immer beschäftigt, haben nie Zeit, fordern Reflexion, realisieren sie im Alltagsbetrieb aber selten», stellen Josef Hackforth und Christoph Fischer in der Einleitung zum *ABC des Sportjournalismus* fest. Dennoch sind Sportredakteure offenbar die glücklichsten Journalisten: Gerade fünf Prozent würden lieber einen anderen Beruf ergreifen, stellt eine große Studie des Instituts für Sportpublizistik an der Kölner Sporthochschule nach der Befragung der 4000 Sportjournalisten in Deutschland fest.

Wahrscheinlich üben Sportjournalisten auch erheblichen Einfluss aus: Sie feiern die Helden und verdammen die Verlierer. 85 Prozent erklären: Wir nehmen einen sehr großen oder großen Einfluss auf die öffentliche Meinung über den Sport! Unter den Privat-TV-Journalisten sehen sich gar 94 Prozent, also nahezu alle, als Königsmacher.

Der Sport meint auch, das Interesse der Massen zu befriedigen. Doch das stimmt nur teilweise – wenigstens für die Zeitungen. Der Widerstand der Leser wächst. Sie nehmen die zig Sportseiten, vor allem am Montag, nicht mehr hin. In seiner Remscheider Leser-Untersuchung stellt Professor Rager fest:

> *Zwei große Gruppen von Lesern stehen sich gegenüber: Die einen, überwiegend Männer, werden in ihren Interessen gut bedient und wollen teilweise sogar noch mehr Sport. Den anderen, in der Hauptsache Frauen und Ältere, ist der Lokalsport in seinem jetzigen Zuschnitt zu umfangreich. Zum einen Teil wollen sie andere Sportarten berücksichtigt sehen, und zum anderen Teil interessiert sie Sport nicht.*

Wenn selbst der Lokalsport gut die Hälfte der Leser vergrault, dann dürfte der überregionale Sport nur noch einen harten Kern von männlichen Lesern beeindrucken: Der Sportteil wird jedenfalls in seiner Wirkung überschätzt – wenigstens in der derzeitigen Verfassung.

Die Kultur
Wer über ein Kabarett für den Lokalteil berichten will oder das Orgelkonzert in der Klosterkirche, der bekommt schnell die ersten Termine. Doch nur wenige Lokalredaktionen produzieren eine eigene Kulturseite. Und in der überregionalen Kultur haben Anfänger kaum eine Chance.

Dort versammeln sich Experten für die verschiedenen Gebiete: für Theater und Musik, die noch unterteilt wird in klassische und populäre, für bildende Kunst und Architektur, Film und Literatur. Da die Kulturredaktionen nur bei den überregionalen Zeitungen gut besetzt sind, werden manche Gebiete von freien Mitarbeitern abgedeckt – aber meist von älteren und routinierten.

Sie müssen etwas beherrschen, was dem angehenden Journalisten auch wenig nutzen wird: Sie schreiben meist wenig verständliche Texte, bewusst für eine Minderheit, wie in vielen Feuilleton-Redaktionen stolz festgestellt wird. Der typische deutsche Kulturredakteur *möchte* von Hinz und Kunz gar nicht verstanden werden.

Das Lebensgefühl etwa des Musikkritikers geht dahin: Ich will respektiert und idealerweise bewundert werden von den Kollegen Musikkritikern, also von den Leuten, die in jedem Konzert in der ersten Reihe sitzen, sowie von den Mitgliedern des Streichquartetts, über das ich schreibe. Ob irgendjemand anderes mich versteht, ist mir egal, es wäre mir sogar ein bisschen peinlich, wenn sie mich verstünden.

Die Kritiker schreiben an den Wünschen ihrer Leser vorbei – eben der Leser, die auch ein bisschen Musikgefühl haben. Natürlich kann man über einen Kammermusik-Abend nicht so schreiben, dass drei Viertel der Leser sich dafür interessieren. Aber so schreiben könnte und sollte man, dass man die Chance hätte, die Lesequote von zwei Prozent vielleicht auf zwölf Prozent zu erhöhen.

Die Wirtschaft

Nirgends hat der Anfänger geringere Chancen als im Wirtschaftsressort – wieder mit der Ausnahme des Lokalteils, in dem man gern den Eröffnungsbericht über das Miederwarengeschäft abgibt. Ansonsten trauen Wirtschaftsredakteure den Ungeübten wenig zu, und wahrscheinlich haben sie auch Recht: Die Materie ist kompliziert und nur von Eingeweihten zu durchschauen, zudem haben Fehler gravierende Folgen; im schlimmsten Fall droht eine Schadenersatzklage, wenn einem Unternehmen der Konkurs angedichtet wird; schnell jedenfalls droht das Verstummen von Managern und Geschäftsführern, wenn sie sich missverständlich wiedergegeben fühlen.

So wird der Wirtschaftsteil auch meist für Eingeweihte geschrieben. Peter Glotz und Wolfgang Langenbucher kamen 1968 in ihrer Streitschrift *Der missachtete Leser* zu einem Urteil, das noch weitgehend gilt:

> *Die Wirtschaftsteile werden von den meisten Lesern überschlagen ... Sie sind beigelegte Fachzeitschriften für Eingeweihte. Noch immer hängen viele Zeitungen am Aufbau des klassischen Handelsteils ... Man bietet verschlüsselte Informationen für die schmale Schicht der Wissenden.*

Einige Zeitungen haben den Wirtschaftsteil für jedermann geöffnet. Vor allem die ostdeutschen Zeitungen bieten täglich eine Seite für die Verbraucher, die Lausitzer Rundschau aus Cottbus gibt täglich mehrere Spar-Tipps von der günstigsten Reiseversicherung, die sich noch steuerlich absetzen lässt, bis zum Stein im Toiletten-Wasserkasten, der hilft, 55 € im Jahr zu sparen. «Wirtschaft geht heute jeden an: Reich und Arm, Jung und Alt, Arbeitnehmer und Arbeitgeber, Sparer und Konsumenten, Steuerzahler und Staatsbeamte, Mieter und Vermieter, Autofahrer und Umweltschützer. Ohne die eingehende Kenntnis von den Zusammenhängen in der Wirtschaft ist es kaum noch möglich, politische Ereignisse zu verstehen oder zu deuten.» So urteilt die *FAZ* in einer Selbstdarstellung über den Wirtschaftsteil, den sie ausführlich und hoch gelobt für Leute schreibt, die schon in der Spitze der Wirtschaft angelangt oder wenigstens auf dem Sprung dorthin sind.

In Lokalredaktionen und in der Nachrichtenredaktion sind jeweils mehr Journalisten beschäftigt als in den Ressorts Kultur, Wirtschaft und Sport. Das Lokale ist der typische und wahrscheinlich beste Einstieg in den Journalismus; ein paar Jahre in einer Nachrichtenredaktion sind jedoch ebenfalls eine vorzügliche Schule für alle journalistischen Sparten.

42 Die Redaktion der Zukunft

Haben Redaktionen überhaupt eine Zukunft? Diese Frage stellten sich Tageszeitungs-Redakteure, als die Anzeigen immer mehr ausblieben oder – noch schlimmer – auf Nimmerwiedersehen ins Internet wanderten; als Etats gekürzt, Redakteure entlassen wurden und, vordem unvorstellbar, der Verlag vielen *FAZ*-Redakteuren den Dienstwagen strich.

Den Untergang vor Augen, erinnert man sich an belächelte Experimente, wie das der kleinen *Emder Zeitung*, deren Chefredakteur Herbert Kolbe bereits 1982 die Ressorts zusammenführte und eine Zeitung aus einem Guss produzierte; man erinnert sich an die Boulevard-Zeitungen, die von einem zentralen Ort aus, dem «Balken», Themen, Recherchen und Aufmachung steuern; man erinnert sich an den amerikanischen Journalismus, der die Schar der Redakteure weniger in Ressorts sortiert, sondern nach Blattmachern («Editors»), die redigieren und entscheiden, und nach Reportern, die mit ihrem Laptop unterwegs sind, noch nicht einmal zum Schreiben in die Redaktion kommen, sondern ihre Texte und Fotos über das Handy versenden.

Und man erinnert sich an die Redaktionen, die niemals die beamtenhafte Ruhe der Abonnementzeitungen genießen durften: Zeitschriften müssen mit jeder Ausgabe ihre Leser neu begeistern und zum Kauf animieren (wie in Kapitel 24 nachzulesen ist). So sind es Grenzgänger zwischen Zeitschrift und Zeitung, die Bewegung in die schläfrigen Redaktionsstuben brachten:

- Erich Böhme kam vom *Spiegel* und wurde Herausgeber der *Berliner Zeitung* unter der Bedingung, eine Reporter-Truppe wie bei einem Magazin gründen zu dürfen.
- Werner Kilz fiel auf, als er 1996 vom *Spiegel* als Chefredakteur zur *Süddeutschen Zeitung* wechselte: «Die Schwäche der Zeitung ist die Ressort-Eifersüchtelei. Die Ressortleiter sind wie Herzöge. Sie denken nicht an die Zeitung als Ganzes, sondern nur an sich und ihr Ressort.» Doch die Einführung eines «Newsdesks» gelang ihm erst gegen den Widerstand der Ressorts, als die Krise auch die *Süddeutsche* erreichte; mittlerweile hat Wolfgang Krach als geschäftsführender SZ-Redakteur einen der besten Newsdesks Europas organisiert.
- Ulrich Reitz wechselte 1997 vom *Focus* zur *Rheinischen Post* und schaffte in der drittgrößten Regionalzeitung Deutschlands schnell die Ressorts ab. «Es hat keinen Sinn mehr, in vielen kleinen Küchen zu kochen. Wir erfinden die edle Großküche.»

Eine solche Kulturrevolution von oben hatten die Tageszeitungen noch nicht erlebt. Die Mehrheit der Redakteure ist allerdings nicht überzeugt. «Journalisten sind die strukturkonservativsten Menschen, die ich mir vorstellen kann», klagt der Chemnitzer Chefredakteur Dieter Soika. Der Wissenschaftler Klaus Meier gibt ihm Recht. Für sein Standardwerk über die neuen Strukturen fragte er Redakteure, ob Ressortgrenzen durchlässig sein sollten: Nur 56 Prozent der befragten Redakteure stimmten zu (aber 83 Prozent der Chefredakteure!).

Viele Verleger haben schneller reagiert als ihre Redaktionen. Die schwindenden Renditen oder gar den Existenzverlust vor Augen, schicken sie Chefredakteure in den Ruhestand, die nur Leitartikel schreiben und ihre Ressorts mächtig und abgeschottet arbeiten lassen; sie holen Redaktionsmanager, die im Idealfall alles können, gut schreiben, gut rechnen, gut organisieren und wirklich überzeugen.

Die Revolution führt zu einer Fülle von Experimenten, die alle einem Ziel dienen: Die Zeitung soll besser werden, und die Redakteure sollen mehr schreiben und mehr miteinander reden. Dieter Soika, Chefredakteur der *Neuen Presse* in Chemnitz, fordert die «permanente Redaktionskonferenz», und diese Forderung lässt ahnen, dass in vielen Redaktionen wohl der permanente Aufruhr herrscht.

Die meisten Zeitungen, die sich neu organisieren, wählen den Newsdesk – meist einen im Mantel und einen in jeder Lokalredaktion. Die Ressorts sind in der Regel nicht aufgelöst, sondern recherchieren weiter die Themen der Wirtschaft oder Kultur; aber sie können sich nicht mehr wie Fürstentümer aufspielen, die nach Belieben ihre Zugbrücke hochziehen.

An dem zentralen Tisch werden die Informationen aus allen Ressorts und Redaktionen gebündelt, die Entscheidungen getroffen und die Qualität der Zeitung garantiert. Das sind die zehn Regeln des Qualitäts-Managements:

1. Wir wählen die wichtigsten Nachrichten aus.
2. Wir spüren Themen auf.
3. Wir bieten die aktuellsten Nachrichten.
4. Wir recherchieren dicht und genau mit Hilfe eines eigenen Reporter-Teams.
5. Wir übernehmen die Themenführung und im Lokalen auch die Meinungsführung.
6. Wir schreiben verständlich.
7. Wir halten die ethischen und rechtlichen Normen ein.
8. Wir koordinieren die Ressorts und den Mantel mit den Lokalredaktionen.
9. Wir kontrollieren und stellen sicher, dass diese Regeln eingehalten werden.
10. Wir reduzieren weitgehend Fehler und Pannen.

Was wird der Newsdesk bald parallel zur Zeitung produzieren? Die Online-Ausgabe, SMS-Dienste, Nachrichten und MMS-Zeitung fürs Handy, Newsletter und Tabloid-Ausgabe für junge Leute. Deshalb wird der Desk, wie schon bei einigen US-Zeitungen, rund um die

Uhr besetzt sein und auch das Programm des lokalen Rundfunks und Fernsehens bedienen.

Wer die Ressortmauern einstürzen lässt, macht auch vor wirklichen Wänden nicht Halt. In vielen Mantelredaktionen sind die Handwerker dabei, aus Mönchsklausen und engen Gängen große, helle Säle zu schaffen, wie sie *Bild* schon lange kennt. Das *Handelsblatt* investierte 750 000 Euro, um einen 900 Quadratmeter großen Newsroom zu schaffen mit Rückzugsmöglichkeiten in gläserne Denker-Zellen, etwa für den einsamen Kommentator oder für den Interviewer.

All dies ist in Lokalredaktionen weder revolutionär noch neu. Die meisten Lokalredakteure sitzen in großen Räumen und bekommen Leserbesuche öfter, als es die Arbeit erlaubt; sie sind Generalisten und müssen morgens den Haushaltsplan der Gemeinde sezieren, mittags den Konkurs eines Unternehmens beschreiben und abends den Vortrag über Gentechnik einordnen.

Der Mantel könnte vom Lokalen lernen, doch der Trend geht in die andere Richtung: In größeren Lokalredaktionen spezialisieren sich Redakteure auf Kultur und Wirtschaft, Kommunalpolitik und Lokalsport, Gericht, Heimatgeschichte und Jugend. Der Druck, auch im Lokalen zu sparen, wird allerdings den Generalisten wieder hervorbringen, der in kleineren Redaktionen ohnehin nie verschwunden war.

Dieser Umbruch ist eine große Chance für freie Mitarbeiter. Wenn auch Tageszeitungen zu Autorenzeitungen werden, brauchen sie phantasievolle und gute Schreiber. Sie gibt es in den Redaktionen nicht gerade im Übermaß, so dass freie Journalisten, aber auch Praktikanten bessere Chancen als früher bekommen, frische Themen anzubieten und gleich zu realisieren.

Die Redaktion von morgen reißt die Ressortgrenzen nieder, schafft freien Raum für Reporter und Autoren und produziert eine Zeitung aus einem Guss.

43 Der Computer

Erst planen, dann recherchieren – und wenn der Redakteur seine Geschichte in den Computer geschrieben und die ganze Seite am Bildschirm umbrochen hat, dann drückt er auf eine Taste und startet die Druckmaschine. Dies ist innerhalb eines Jahrzehnts Wirklichkeit geworden: Schreiben und Produzieren gehen nahtlos ineinander über, Denker und Techniker sind eins geworden.

Der Computer hat nicht nur die Weltraumfahrt ermöglicht und die Automobil-Produktion umgekrempelt, sondern auch in den Verlagen die Redaktion auf den Kopf gestellt. In wenigen Jahrzehnten verschwand eine Kunst, die jahrhundertelang die Zeitungshäuser prägte. Mit dem Bleisatz gingen ehrbare Berufe unter wie der Schriftsetzer. Die Zeitungs*herstellung* verschwindet völlig; die Technik wandert in die Redaktion.

Es ist noch nicht einmal dreißig Jahre her: Da holte der Chefredakteur die Sekretärin in sein Büro und diktierte ihr den Leitartikel in die Maschine; selbst der Lokalchef diktierte seinen Bericht vom Parteitag; eine Schreibmaschine zu traktieren, blieb den unteren Chargen überlassen. Wenn heute ein hoch geschätzter Redakteur in den Ruhestand verabschiedet wird, dann wird ihm seine kleine, klapprige Reiseschreibmaschine geschenkt, der er treu geblieben war – obwohl um ihn herum die Kollegen schon auf den Computern den Ganzseitenumbruch probierten.

Was hat sich geändert im letzten Jahrzehnt? Die Redakteure müssen alte Vorstellungen über Bord werfen und immer neue Techniken beherrschen. Erst kamen die Schreibmaschinen, dann die Fotokamera und die Arbeit in der Dunkelkammer, schließlich die Computer. Und heute steht in den meisten Lokalredaktionen schon der Scanner neben dem Schreibtisch des Redakteurs oder wird die Digitalkamera direkt mit dem PC verbunden: Das Foto erscheint auf dem Bildschirm und wird dort bearbeitet. Die Zeiten sind vorbei, in denen der Volontär mit der Entwickler-Dose in die Toilette ging.

Mit der «Maus» gestalten immer mehr Redakteure selber millimetergenau das Layout der Seiten; vor kurzem war das sorgfältige und übersichtliche Spiegeln in vielen Redaktionen eine lästige Nebenaufgabe, wenn das Layout nicht von hoch bezahlten Technikern oder Layoutern gezeichnet wurde.

Es ist nicht zu leugnen: In den vergangenen zehn Jahren haben Redakteure eine Vielzahl neuer Techniken lernen müssen. Vordergründig sind nur die Werkzeuge ausgetauscht worden: Der Redakteur bekam eine komfortable elektrische Schreibmaschine, die man Computer nannte und die oft nicht funktionierte – mit Vorliebe am Freitagnachmittag; dabei musste er lernen, dass lange Texte einfach verschwinden können in einem elektronischen Papierkorb, in dem niemand wühlen kann.

Der Computer verändert vor allem den Alltag des Redakteurs, der zuvor mühsam organisiert und geordnet war:

- Wenn der Redakteur in der Bleizeit abends ins Parlament ging, konnte er sein schludrig abgeschlossenes Typoskript einfach in die Rohrpost stecken: Setzer, Korrektor und Umbruch-Redakteur brachten es in Fasson. Alle drei gibt es nicht mehr. Zusammen mit den Setzern haben die meisten Verlage das Korrektorat abgeschafft, unter scheinheiliger Berufung darauf, dass Korrektoren ursprünglich dazu da waren, die Übereinstimmung von Satz und Manuskript zu prüfen; in Wahrheit waren sie Spezialisten in Orthographie, Interpunktion, Grammatik wie kaum je ein Redakteur – und auch in Stil und Inhalt fanden sie manchen Schnitzer, den heute erst die Leser entdecken.

- Der Computer zieht die Aufmerksamkeit und die Arbeitszeit des Redakteurs wie ein Magnet an, auch wenn er nicht mehr länger für die Produktion einer Seite braucht als zu Bleisatz-Zeiten, da sein Werkzeug ungleich komfortabler geworden ist. Doch der Bildschirm bürdet dem Redakteur die komplette Verantwortung auf, von der Rechtschreibung bis zum übersichtlichen Layout; so sitzt er vor seinem Computer, feilt und verbessert unentwegt, kämpft mit «Hurenkindern» und den Tücken des Systems. Auf Papier schrieb er früher oft fehlerlos, doch auf dem Bildschirm entdeckt er nicht einmal die dümmsten Buchstabendreher; er kann sich mühen, wie er will, und schafft doch nicht die Perfektion der alten

Schriftsetzer und Metteure. So erreicht die graphische Qualität vieler Zeitungen dank teurer Design-Renovierungen erst langsam wieder den hohen Standard der Bleizeit. Und die Schriftsetzer, diese Satz-Künstler mit ihrem Wissen und ihrem Gefühl für Raum, Linien und Wirkungen, sind meist verschwunden.

So nehmen viele Redaktionen den Computer als Ausrede, um ihre eigentliche Arbeit zu vernachlässigen; sie gehen immer weniger raus zu Recherchen, Reportagen und Berichten. Doch immer mehr Redaktionen stellen unter dem Druck der Auflagenverluste die alte, am Bleisatz orientierte Organisation um und passen sich den neuen Bedingungen der elektronischen Ganzseiten-Produktion an.

Am Computer sollten Redakteure möglichst wenig sitzen – nur dann nämlich, wenn sie ihre Geschichte schreiben. Nur der Produktionsredakteur verharrt vor dem Bildschirm, aber er kümmert sich auch um die Anrufe, teilt die Freien ein, sichtet die Post und sorgt für das Layout (wenn kein Layouter im Haus ist); die anderen gehen raus – zu Pressekonferenzen und Recherchen. Alle zwei, drei Wochen lassen sie die Aufgaben und Redakteure rotieren, sodass keiner am Computer kleben bleibt.

Und wenn Redaktionen den Computer gar beherrschen, dann setzen sie ihn ein als nützliches Handwerkszeug, um Online-Recherchen zu starten und bürokratische Aufgaben schnell zu lösen, wie Dienstplan mit freien Tagen und Urlaub, Themenplanung oder Honoraranstrich, Expertendatei oder Telefonverzeichnis.

Der Computer hat Setzer, Korrektoren, Hersteller arbeitslos gemacht und die Redakteursarbeit verwandelt. Der Qualität der Zeitung ist das lange schlecht bekommen. Doch sie kann besser werden, wenn der Journalist den Computer beherrschen lernt.

Die Ethik

44 Wie Journalisten entscheiden

Welcher Journalist dringt schon in ein fremdes Hotelzimmer ein und findet in der Badewanne einen toten Ministerpräsidenten? Wer führt schon Bündel von Hundert-Euro-Scheinen mit sich, um Fotos von Verunglückten zu kaufen, oder ein Scheckbuch, um zigtausend auszugeben für eine exklusive Nachricht? Über solche öffentlichen «Aufreger» debattieren gern Evangelische Akademien sowie Talkrunden im Fernsehen; im journalistischen Alltag sind weniger spektakuläre, aber dennoch folgenreiche Entscheidungen zu treffen. Dieter Golombek, Pionier des Lokaljournalisten-Programms, erzählt vier typische Fälle, wie sie jeden Tag auf Redakteure zukommen können:

1. Der Oberbürgermeister hat zwei rauschgiftsüchtige Söhne. Einer von beiden ist bereits straffällig geworden. Ist das ein Thema für die Zeitung oder die Privatangelegenheit des Bürgermeisters?
2. Der Geschäftsführer eines Arbeitslosenprojektes, einst selber arbeitslos, hat 13 000 Euro unterschlagen. Die Stadt zieht die Sache glatt, um der guten Sache, dem sinnvollen Arbeitslosenprojekt, nicht zu schaden. Darf die Zeitung mitziehen?
3. Zur Bundesverdienstkreuzverleihung erscheint der ohnehin alkoholgefährdete Landrat volltrunken. Dass er Alkoholprobleme hat, ist schon lange bekannt, aber immer ein Tabu-Thema gewesen. Darf die Zeitung bei der Tabuisierung bleiben?
4. Die Aids-Hilfe will eine Beratungsstelle in einem Gebäude einrichten, in dem auch ein Facharzt seine Praxis hat. Der Facharzt versucht, dies zu verhindern – aus Angst, seine Patienten könnten wegbleiben. Die Zeitung erfährt davon. Soll sie die Geschichte ins Blatt rücken? Nennt sie den Namen des Arztes? (Bei Nicht-Nennung könnten andere Ärzte den Hinweis verlangen, dass sie nicht

gemeint sind.) Wem nützt die Veröffentlichung, wem schadet sie? Wird durch die Veröffentlichung die Aids-Angst nicht noch weiter geschürt?

Die Fragen, die Dieter Golombek formuliert, werden in vielen Redaktionen gar nicht gestellt. Wer als Praktikant, freier Mitarbeiter oder Volontär in eine Redaktion kommt und große Diskussionen über folgenreiche Entscheidungen erwartet, der wird meist enttäuscht. Redaktionen gehen Diskussionen gern aus dem Weg; der Hinweis auf den drohenden Redaktionsschluss stimmt oft, aber ebenso oft wird er genutzt, um neugierige Fragen abzuwehren.

Berühmt sind die Redaktionen der *Frankfurter Rundschau* für ihre Bereitschaft zu ausgiebigen Diskussionen; berüchtigt sind viele Lokalredaktionen für ihr Schweigen, das nicht selten Kungeleien und heimliche Pakte mit den Eliten verschleiern soll; beliebt sind Redaktionen, die Diskussionen nicht unentwegt pflegen, aber in Konferenzen einem Streit nicht aus dem Weg gehen – auch wenn der Anfänger nicht auf Grundsatzdiskussionen beharren sollte.

Normalerweise gilt: Journalistische Entscheidungen werden aus dem Bauch gefällt, nach Interessen oder vermuteter Wirkung. Gibt's Ärger, weil der Verleger ein Studienfreund des Landrats ist? Droht ein Rechtsanwalt mit Briefen und Verfügungen? Stehen Interessen der Anzeigenabteilung auf dem Spiel? Muss man Arbeitslose schonen, weil sie zu einer benachteiligten Randgruppe zählen?

So werden Entscheidungen getroffen, um Ärger zu vermeiden, Vorteile zu pflegen, Rechnungen zu begleichen oder Weltanschauungen zu stützen. Beim Boulevard oder den Magazinen kommt die Lust an der Sensation hinzu, das Jagdfieber, einen vermeintlichen Skandal als Erster zu entdecken, oder die Hoffnung auf eine große Karriere.

So stehen halbgare Geschichten im Blatt oder kompletter Unsinn wie die Hitler-Tagebücher; in Lokalredaktionen werden dagegen gern «Themen durch Weglassen erledigt», wie Dieter Golombek feststellt. So blieben auch die Geschichte des rauschgiftsüchtigen Politikersohns, der Arbeitslosen-Initiative und der Aids-Beratungsstelle ungeschrieben – ob aus gutem Grund, soll am Ende des nächsten Kapitels noch geklärt werden.

Wie Journalisten entscheiden

Ob Journalisten eine Nachricht drucken lassen oder nicht – sie entscheiden darüber, was die Leser interessieren soll. Die meisten wollen jedoch von Ethik nichts hören, und einige verlangen: Der Journalist hat sein Handwerk zu beherrschen, das reicht.

Es reicht nicht. Das Handwerk ist die Technik, und sie kann nicht die entscheidenden Fragen beantworten: Welche Wirkung will ich hervorrufen? Welche rufe ich hervor, ohne es zu wollen? Solche Fragen verfolgen nicht nur den Journalisten, es sind die alten Fragen der Naturwissenschaftler, als sie das Atom spalteten und die Bombe bauten, oder der Ärzte, die Sterbehilfe leisten oder ein Kind abtreiben: Die Technik beherrschen sie perfekt, das ist nicht die Frage.

Ärzte beispielsweise befolgen den hippokratischen Eid, dann wenden sie ihre Technik an; das ist die Reihenfolge. Und wie lautet der Eid für Journalisten? Wie sollen sie handeln? Oder bleibt nur das Beten übrig, wie es protestantische Christen im Februar 1988 taten auf dem Höhepunkt der Barschel-Affäre?

Herr, unser Gott, Vater, Sohn und Heiliger Geist, wir rufen zu dir: Hilf allen in den Medien Tätigen, dass sie ihre wichtige Aufgabe, genau und umfassend zu informieren und Fehler aufzudecken, mit Liebe zur Wahrhaftigkeit und mit Achtung vor der Menschenwürde derer, über die sie öffentlich berichten, wahrnehmen.

Journalisten entscheiden stets für ihre Leser, ob sie eine Nachricht drucken oder weglassen. Nur wenige Redakteure fragen nach der Wirkung, die meisten entscheiden aus dem Bauch heraus – sie wollen Ärger vermeiden oder sich durch die Entdeckung eines Skandals einen Namen machen.

45 Wie Journalisten entscheiden sollten

Redakteure mögen es, aus ihrem Alltag zu erzählen: Beispiele über Beispiele; aber sie mögen keine Regeln, nach denen sie ihre Entscheidungen treffen sollen. Am liebsten hätten sie eine Rezeptsammlung, in der alle möglichen Fälle gelöst sind – wohl wissend, dass sie immer wieder einmalige und erstmalige Entscheidungen zu fällen haben.

«Wie viele Engel passen auf eine Nadelspitze?» Solche Fragen beantworteten die Philosophen des Mittelalters, um noch den absurdesten Fall gelöst zu haben – damit der Einzelne erst gar nicht in die Gefahr einer eigenen Interpretation oder Entscheidung geriet. Solche geschlossenen Systeme taugen wenig und widersprechen der Verantwortung der Journalisten.

Doch diese Verantwortung schwebt nicht frei in den Redaktionen herum, sondern besitzt ein tragfähiges Fundament – in der Demokratie und unserer Verfassung. Und dies ist die Grundregel, sie ist einfach zu verstehen und zu befolgen: Journalisten sollen frei, unbeeinflusst und sofort alle Informationen weitergeben, die die Menschen in einer Demokratie benötigen. Dies ist ihre Pflicht, nicht allein ihr Recht!

Ihre Rechte kennen die Redakteure, und sie wissen, dass sie mehr Rechte besitzen als die normalen Bürger. «Die Pressefreiheit und die Freiheit der Berichterstattung durch Rundfunk und Film werden gewährleistet. Eine Zensur findet nicht statt.» So bestimmt der Artikel 5 des Grundgesetzes; eine solche Macht geben den Medien nur wenige Verfassungen in der Welt. Und diese Macht kann kein Politiker wesentlich einschränken; die Pressefreiheit zählt zu den Grundrechten, sie darf in ihrem Wesensgehalt nicht verändert werden, auch nicht mit Zwei-Drittel-Mehrheit des Bundestags.

Doch sein Recht kann der Redakteur nicht nach Belieben in Anspruch nehmen – im Gegensatz etwa zum Demonstrationsrecht; kein Deutscher ist verpflichtet, sich für seine oder anderer Interessen unter freiem Himmel zu versammeln, und dabei spielt es keine Rolle, ob er dies aus Überzeugung oder aus Faulheit unterlässt.

Kann auch der Journalist Berichte unterdrücken, weil er Ärger befürchtet, Kopfschmerzen hat oder an den Nutzen der Stadt denkt, einer Partei oder einer Interessengruppe? Nein: Der Journalist *muss* sein Recht, frei zu berichten, stets in Anspruch nehmen. Dem Recht der Pressefreiheit korrespondiert die Pflicht, sie auch zu nutzen – selbst wenn Pressionen oder Nachteile zu befürchten sind.

Auch der Anfänger muss seine Pflicht kennen. So sprach sie Jürgen Richter an, Ex-Vorstandsvorsitzender von Springer, als er 1995 seine Journalistenschüler begrüßte:

Ihr Recht ist die in unserer Verfassung verbriefte Freiheit des Wortes, des Widerspruchs, der Kritik. Dieses Recht ist ein Lebensnerv der Demokratie. Aber dieses Recht ist auch Ihre Pflicht. Pflicht gegenüber diesem Staat. Pflicht gegenüber Ihren Lesern.

Die Pressefreiheit verleihen nicht Parteien, Politiker oder Parlamente, sondern die Bürger. Nur durch umfassende und wahrheitsgetreue Informationen sind sie in der Lage, ihre Entscheidungen über Macht und Mandate zu fällen. Die Bürger leihen den Journalisten die Macht, für sie alle Informationen zu sammeln, und verbinden sie mit der Verpflichtung, diese Informationen sofort an sie weiterzugeben. Der Journalist handelt also für seinen Auftraggeber – wie ein Treuhänder.

So sieht es immer wieder das Verfassungsgericht, das alle Angriffe des Staates gegen die Medien abgewehrt hat: Der zur politischen Entscheidung berufene Bürger soll umfassend orientiert sein, die Meinungen anderer kennen und gegeneinander abwägen. Die Journalisten halten diese Diskussionen in Gang, sie beschaffen die Informationen, nehmen dazu Stellung und geben den Menschen Orientierung in der öffentlichen Auseinandersetzung.

Was folgt daraus? Journalisten müssen alles, was sie tun oder unterlassen, begründen können – wie jeder, der im Auftrag eines anderen tätig wird. Prompt kommt von Redakteuren der Einwand: Aber sind Journalisten nicht frei? Ja und nein: Die so gern beschworene Freiheit bezieht sich nur auf den Staat, der nicht verlangen kann, dass Redakteure ihm Rechenschaft ablegen; sie bezieht sich nicht auf die

Bürger: Sie haben ein Recht darauf, dass Journalisten ihnen erklären, warum sie schreiben, wie sie schreiben – und warum sie schweigen. Schweigen dürfen sie selten.

Neben der Information zählt Karl-Hermann Flach auch die Kritik und Meinungsbildung zu den Pflichten, welche unsere Verfassung den Journalisten auferlegt. Und er fährt fort:

Auch überzogene Kritik muss die Demokratie ertragen können, zumal die Frage kommt, wer denn bestimmen soll, was als überzogen zu gelten hat. Politikern und Staatsorganen steht diese Bestimmung nicht zu. Und eines ist sicher: Die Demokratie wird bestimmt nicht an zu viel Kritik zugrunde gehen, eher an der mangelnden Kritikfähigkeit und Kritikverträglichkeit ihrer führenden Schichten.

Der Journalist soll also nicht nur eine Meinung haben, er muss sie formulieren. Allerdings muss er auch darauf achten, dass seine Leser genau unterscheiden können: Was ist Nachricht? Was ist Kommentar?

Und was ist mit all den bunten Meldungen, dem Privatleben der Königinnen und Fraktionsvorsitzenden, mit Mord und Totschlag? Ist der Redakteur auch verpflichtet, all dies ins Blatt zu heben? Nein, er muss nur melden, was die Menschen wissen müssen, um die Demokratie in Schwung zu halten. Das ist der Maßstab, alles andere folgt Regeln und Konventionen, die wenig mit der journalistischen Ethik zu tun haben und mehr mit Sitte und Anstand, Zeitgeist und Takt, Stil der Zeitung und Erwartung des Publikums.

Bisweilen ist die Abgrenzung schwierig: Ist der Seitensprung eines Politikers seine Privatsache, wenn er unentwegt von der Heiligkeit der Familie spricht? Darf der Name eines Ladendiebs genannt werden? In den USA gibt's keine Probleme, bei uns wiegt der Schutz der Persönlichkeit höher; doch gilt dies auch für den klauenden Richter, der für seine scharfen Verurteilungen bekannt ist?

Streiten kann man sich über das öffentliche Interesse am Verhalten eines Bürgermeisters und Landtagsabgeordneten, der vor Gästen einer Feier seine Mutter schlägt: Hat ein Politiker, dessen Moralvorstellungen Gesetze prägen können, nicht Vorbild zu sein? Ja, meinte eine Zeitschrift und berichtete über die Schläge. Nein, meinte das Landgericht Oldenburg: Das Verhalten des Sohns ist für seine Qualifikation als Landtagsabgeordneter ohne Belang, sodass der Vorfall als rein persönliche Angelegenheit zu werten ist.

So gehört jedenfalls die Drogenkarriere des Bürgermeistersohns, eines der Beispiele im vorigen Kapitel, nicht in die Zeitung: Das ist Privatsache des Bürgermeisters; dies zu wissen, hilft den Bürgern nicht bei der Kontrolle seiner Amtsführung; zudem hat Sippenhaftung in der journalistischen Ethik nichts zu suchen.

Gedruckt werden muss der Bericht über die Unterschlagung im öffentlich finanzierten Arbeitslosenprojekt; wenn die Redaktion meint, der guten Sache solle nicht geschadet werden, kann sie in einem Kommentar Partei ergreifen. Auch die Alkoholprobleme des Landrats müssen die Wähler erfahren, immerhin sind sie die Vorgesetzten des gewählten Beamten. Im konkreten Fall hat der Bericht den Landrat dazu gebracht, eine Entziehungskur anzutreten, die auch erfolgreich war.

Also, was die Bürger wissen müssen, um die Mächtigen kontrollieren zu können, das muss, alles andere kann in der Zeitung stehen, wie etwa die Auseinandersetzung zwischen der Aids-Hilfe und dem Arzt: Bei der muss die Redaktion entscheiden, ob sie mehr darin entdeckt als einen privaten Konflikt.

So einfach ist die journalistische Ethik, auch wenn sie bisweilen herhalten muss für alle möglichen Rechtfertigungen, etwa im Auflagenstreit zweier Konkurrenten. So überboten sich *Focus* und *Stern* 1995, um von dem nach Florida geflohenen Baulöwen Schneider ein Interview zu bekommen. *Focus* zahlte am meisten, der *Stern* bemühte die Ethik, und *Focus*-Chefredakteur Helmut Markwort schrieb in seinem Tagebuch über den Chefredakteur des *Sterns*:

Vor einer auserwählten Publizistenschar räsonierte der edle Mann über unser Interview mit dem gescheiterten Baulöwen Jürgen Schneider. In seiner Zeitschrift («Aus dem Tagebuch eines Zuhälters») würde er so etwas nie veröffentlichen. Tief beeindruckt hör-

> ten die Gäste, wie der wegen seiner hohen ethischen Haltung seit Jahrzehnten geschätzte und beliebte Menschenführer Maßstäbe journalistischer Enthaltsamkeit formulierte. Jede Sekunde waren sie darauf gefasst, er würde wie jener Pharisäer aus Lukas 18, Vers 11, in den Ruf ausbrechen: «Herr, ich danke dir, dass ich nicht bin wie dieser dort.»

Mit Ethik hätte allein die Frage zu tun, ob man mit einem mutmaßlichen Betrüger ein Interview führt; alles andere dreht sich um Eitelkeiten und um Sensation, Auflage und die Macht des Scheckbuchs.

Selbst den Presserat interessieren solche Händel nicht. Er gibt einen nützlichen Wegweiser durch Regeln und Konventionen heraus, den Pressekodex, der von Verlegern und Journalisten immer wieder aktualisiert wird; eine Reihe von Verlagen verpflichtet die Redakteure in ihren Verträgen auf die Einhaltung des Kodex, doch unausgesprochen legen auch die anderen Wert darauf, dass die Redakteure sich daran halten – und sei es nur, um nicht eine öffentliche Rüge des Presserats zu riskieren, die das Ansehen in der Öffentlichkeit und vor allem in der Zunft beschädigt.

An den Presserat, in dem Verleger und Redakteure entscheiden, kann sich jeder Leser wenden; er entscheidet, ob die Zeitung oder Zeitschrift gegen den Pressekodex verstoßen hat – und verpflichtet die Redakteure, die Rüge im eigenen Blatt abzudrucken. Der komplette Pressekodex, ebendas Grundgesetz der Journalisten, ist im Anhang abgedruckt.

Das soll der Journalist tun: informieren, kritisieren und Meinungen bilden – im Auftrag der Bürger, die alle Informationen benötigen, um den Mächtigen auf die Finger zu schauen und bei Wahlen die richtige Entscheidung treffen zu können. Der Journalist ist von der Verfassung eingesetzt als Treuhänder des Bürgers – und nicht als Lautsprecher der Politiker.

46 Presserecht

«Die Presse ist frei», so beginnen die meisten Pressegesetze, erlassen von den Parlamenten der Bundesländer. Doch die Freiheit ist nicht grenzenlos – wie in den USA, wo beispielsweise jeder Besitzer einer Schusswaffe namentlich in der Zeitung genannt werden darf, oder wie in Norwegen, wo Journalisten Einblick in die Steuerakten der Bürger nehmen und diese veröffentlichen dürfen.

Was dürfen Journalisten in Deutschland? Sie können Behörden zwingen, ihnen Auskünfte zu geben, die normale Bürger nicht bekommen; sie dürfen ins Handelsregister schauen, ins Schuldnerverzeichnis und ins Grundbuch, ins Melderegister und die Listen des Straßenverkehrsamts.

Ein hartnäckiger Journalist knackt jede Behörde, und sei sie noch so verschlossen – und er darf dies tun, im Notfall mit Hilfe der Gerichte. Doch so großzügig die Richter sind, wenn es gegen die Allmacht des Staates geht, so zurückhaltend sind sie, wenn Journalisten in die Privatsphäre eindringen – der Schutz der Persönlichkeit geht meistens vor.

Zum Beispiel bei Fotos: Nur wer populär ist wie der Bundeskanzler oder der Bürgermeister, wer berüchtigt ist wie ein Massenmörder, umjubelt wie ein Fußballstar, telegen wie ein Tagesschau-Sprecher, darf fotografiert werden auch ohne Zustimmung, es sei denn, er liegt nackt im Swimmingpool und genießt seine freie Zeit.

Ein Gesetz aus dem Kaiserreich bestimmt: Prinzipiell haben Menschen ein Recht am eigenen Bild. Der § 22 des Kunst-Urhebergesetzes fordert vor dem Abdruck die Genehmigung des Abgebildeten. So klagten schon in der Weimarer Republik zwei herausragende Politiker, Ebert und Noske, gegen die Veröffentlichung eines Fotos, das sie in Badehosen zeigte. Ein Landgericht wies die Klage ab, denn es gibt Ausnahmen vom Genehmigungsgebot, wenn die fotografierten Personen
- zur Zeitgeschichte zählen, also Politiker, Funktionäre, Sportler, Künstler, eben alle, die sich bewusst in der Öffentlichkeit bewegen («absolute Personen der Zeitgeschichte»);

- für eine kurze Zeit zur Zeitgeschichte zählen, etwa als Beteiligte in einem Gerichtsprozess, als Büttenredner beim Karneval oder Leiterin eines Kindergartens, der vom Bürgermeister eröffnet wird («relative Personen der Zeitgeschichte»);
- in einer Gruppe öffentlich auftreten, sei es beim Winterschlussverkauf am Wühltisch, bei einer Demonstration, auf den Stehplätzen im Stadion (Dokument des Zeitgeschehens);
- zufällig herumstehen bei der Aufnahme einer Landschaft oder einer denkmalgeschützten Häuserfront in der Stadt («Beiwerk zur Landschaft»);
- für die Abbildung bezahlt werden;
- der Abbildung zustimmen, wobei es ausreicht, dass sie bei einer Straßenumfrage um eine Stellungnahme gebeten werden und der Fotograf sie dabei unübersehbar aufnimmt.

Mit solchen rechtlichen Bestimmungen kann schon der freie Mitarbeiter bei seinem ersten Termin konfrontiert werden; also ist es nützlich, wenn er sie kennt. Dagegen ist es höchst unwahrscheinlich, dass er einen toten Ministerpräsidenten in der Badewanne entdeckt. Soll er ihn fotografieren? Im Zweifelsfall: ja. Denn ob das Foto gedruckt wird, ist die Frage, die der Chefredakteur zu beantworten hat – wenn er hoffentlich darüber nachgedacht hat, ob seine Zeitung die Menschenwürde verletzt, und wenn er den Informationsanspruch der Öffentlichkeit gegen den Schutz der Privatsphäre abgewogen hat.

Journalisten dürfen nicht jedes Foto drucken – und sie dürfen auch nicht alles *schreiben*, was ihnen in den Sinn kommt. Wer eine Fernsehansagerin eine «ausgemolkene Ziege» nennt, bei deren Anblick «die Milch sauer» werde, der hat die Kritik überzogen: So entschied der Bundesgerichtshof. Allerdings ist die Grenze zwischen erlaubter Kritik und *Schmähkritik* kaum zu markieren: So haben sich die Gerichte bis hin zum Bundesverfassungsgericht jahrelang mit der Frage beschäftigt, ob man Soldaten in einem Leserbrief «potenzielle Mörder» nennen darf. Man darf es übrigens, wenn man nicht einen bestimmten Soldaten noch ausdrücklich die Bundeswehr damit diffamieren will.

Und bei Texten gilt wie bei den Fotos: «Das Recht des Einzelnen

auf Achtung seiner Menschenwürde und auf Entfaltung seiner individuellen Persönlichkeit», so der Bundesgerichtshof (BGH), ist die Richtschnur des journalistischen Handelns. In drei Bereiche darf der Redakteur nicht eindringen:
- die Individualsphäre. In ihr sind geschützt der Name, das eigene Bild und die persönliche Ehre (aber nur, solange eine Person nicht öffentlich auftritt);
- die Intimsphäre mit Privat- und Familienleben;
- die Geheimsphäre mit persönlichen Aufzeichnungen wie Briefen, Tagebüchern oder auch Krankheitsdossiers.

Und wie können sich Leute wehren gegen Journalisten, die in ihre persönliche Sphäre eindringen? Sie können Schadensersatz fordern oder öffentliches Richtigstellen – so wie es Prinzessin Caroline von Monaco tat. Ihr missfielen die unterhaltsamen Lügen der Regenbogenpresse; mit Hilfe eines Richters setzte sie eine Gegendarstellung durch, welche *Die Aktuelle* sogar auf der Titelseite abdrucken musste:

Auf dem Titelblatt von DIE AKTUELLE Nr. 5 vom 1. 2. 1993 heißt es neben einem Bild von mir «Der Freund der Prinzessin stellt die entscheidende Frage: Caroline, willst Du meine Frau werden? Sie will!» Hierzu stelle ich fest: Eine solche Frage ist mir nicht gestellt worden, und ich habe derzeit auch keinerlei Heiratsabsichten.

Mittlerweile erscheinen immer wieder Gegendarstellungen auf der Titelseite von Zeitschriften und Zeitungen. Nicht nur Prinzessinnen wie Caroline und Sportstars wie die Schwimmerin Franziska van Almsick wehren sich erfolgreich, auch Politiker wie Bundestagspräsident Wolfgang Thierse, der am 7. Dezember 2002 den Hinweis auf seine Gegendarstellung in großen Lettern auf der Seite 1 von *Bild* drucken ließ, direkt unter «Gottschalk als Nikolaus im Freudenhaus»; Thierse hatte sich über die Schlagzeile geärgert «Paris-Sause! Herr Thierse, sagen Sie die Wahrheit!», mit der sich *Bild* über das teure Treffen aller deutschen und französischen Parlamentarier in Paris empört hatte.

Was die Prinzessin erreicht hat, das gelingt jedem Leser – wenn er einen guten Rechtsanwalt findet, der sich in den Tücken der Formvorschriften auskennt und die Formulierungskünste beherrscht. So darf eine *Gegendarstellung* keine Meinungsäußerung enthalten (woran die meisten schon scheitern), sie muss in den meisten Ländern eigenhändig unterschrieben sein und darf nicht wesentlich länger ausfallen als der beanstandete Text; nur wahr muss sie nicht sein, das verlangt keiner.

Die Gegendarstellung soll die Waffengleichheit wenigstens ein Stück garantieren, denn auch Journalisten dürfen Unwahres behaupten und können erst belangt werden, wenn die Zeitung gedruckt ist. Wie kommt es dann, dass ungleich mehr unwahre Nachrichten als Gegendarstellungen in der Zeitung stehen?

Der normale Leser hat kaum eine Chance, eine Gegendarstellung so zu formulieren, dass sie der Verlagsjustiziar nicht ablehnen kann. Am besten ist daher derjenige Leser beraten, der versucht, einen Leserbrief ins Blatt zu bekommen – in dem er sogar kräftig schimpfen kann.

Der Journalist hat also auch Grenzen zu beachten. Geht der Bürgermeister ins Bordell, so gehört dieser Besuch zu seinem Privatleben – es sei denn, er rechnet den privaten Beischlaf als Spesen ab oder wetterte öffentlich gegen Mitbürger, die Bordelle besuchen. Dann muss der Journalist recherchieren, dann darf er bluffen und verwirren, drohen und schweigen, um die Wahrheit herauszufinden – es sei denn, er mag solche Methoden nicht und verzichtet auf einen Knüller.

Der hartnäckig recherchierende Journalist ist im Recht, er hat sogar die Pflicht, möglichst viele und umfassende Informationen zu besorgen. Wenn er zu wenig fragt und sich zu schnell ins Bockshorn jagen lässt, verstößt er gegen die Sorgfaltspflicht, wie sie in jedes Landes-Pressegesetz aufgenommen wurde:

> *Die Presse hat alle Nachrichten vor ihrer Verbreitung mit der nach den Umständen gebotenen Sorgfalt auf Inhalt, Herkunft und Wahrheit zu prüfen. (§ 6, Pressegesetz NRW, ähnlich in allen anderen Pressegesetzen der Länder)*

Ein Bürgermeister setzt sich also ins Unrecht, wenn er die Auskunft verweigert; der Journalist ist im Recht, wenn er die Auskunft verlangt. Und wenn der Bürgermeister wissen will, wer dem Redakteur die Information über seinen Bordellbesuch gesteckt hat? Der Journalist darf schweigen, und selbst ein Staatsanwalt oder Richter kann ihn nicht zur Aussage zwingen. Das Zeugnisverweigerungsrecht gilt uneingeschränkt: Weder Beugehaft noch Geldstrafen, wie in anderen Staaten, sind erlaubt.

Auf einem Seminar der «Initiative Tageszeitung» fasste der Rechtsanwalt Kurt Braun das Recht der Recherche zusammen, soweit es für staatliche Institutionen gilt (nicht also für Recherchen in Wirtschaftsunternehmen oder bei Prominenten):

1. Alle Journalisten, auch die freien, haben einen Anspruch, dass Behörden ihnen Auskunft geben.
2. Alles, was die Bürger einer Stadt interessieren kann, ist von öffentlichem Interesse, und all diese Fragen muss eine Behörde beantworten.
3. Zur Auskunft verpflichtet ist nicht jeder Mitarbeiter, sondern nur der Chef, der während seiner Abwesenheit einen Vertreter bestimmen muss, der Auskunft geben darf und kann.
4. Der Journalist entscheidet allein, ob oder wie er die Auskünfte nutzt.
5. Mit dem Hinweis auf ein «schwebendes Verfahren» kann die Auskunft nur verweigert werden, wenn so das ganze Verfahren gefährdet wird. Kurt Braun nennt als Beispiel: Ein Staatsanwalt schweigt, weil die strafrechtlichen Ermittlungen noch nicht abgeschlossen sind; hat der Staatsanwalt aber Anklage erhoben, muss er sprechen.
6. Journalisten müssen es auch mit dem Datenschutz nicht so genau nehmen: Im Zeitungsarchiv dürfen personenbezogene Daten sehr lange aufgehoben werden.

Journalisten haben mehr Freiheiten als andere Bürger; unbegrenzt ist auch ihre Freiheit nicht. Ob sie schreiben oder fotografieren: Die Privatsphäre ihrer Mitmenschen ist meistens geschützt und die

Menschenwürde immer. Auch Leser sind nicht rechtlos: Jeder Tatsachenbehauptung der Presse können sie mit einer Gegendarstellung entgegentreten, ob ihr Inhalt wahr ist oder erlogen.

Die Zukunft der Zeitung

47 Was die Leser wollen

Über Jahrhunderte hatte die Zeitung kaum eine Konkurrenz zu fürchten – außer der Obrigkeit, die ängstlich darauf achtete, dass die Untertanen ebenso dumm blieben wie uninformiert. Solange die Zeitungen keine Nachrichten von Gewicht drucken durften, fanden sie nur wenige Leser. Erst die moderne, die offene Gesellschaft brachte der Zeitung auch Massen von Lesern: Der Kampf um die Freiheit war immer auch ein Kampf um die unzensierte Nachricht für jedermann.

Doch in den vergangenen Jahrzehnten hat die Zeitung das Rennen oft verloren: Wer verkündet als Erster eine Neuigkeit? Der Hörfunk, selbst in den seichtesten Programmen, sendet mindestens einmal in der Stunde seine Nachrichten; reine Nachrichten-TV-Sender, wie *CNN*, *N24* oder *ntv*, bringen rund um die Uhr Informationen über die Welt; im Videotext sind Minuten nach einem Ereignis Kurzfassungen zu lesen; im Internet kann jeder in den Meldungen der Nachrichtenagenturen stöbern, die früher nur Redaktionen teuer abonnieren konnten; aufs Handy werden Bundesliga-Ergebnisse Sekunden nach dem Schlusspfiff gesendet.

Trotz der wachsenden Konkurrenz behauptet sich die Zeitung. Sie bietet eine Reihe von Vorteilen im Vergleich zu den anderen Medien. Wer sich entschließt, in einer Zeitungsredaktion zu arbeiten, braucht sich wenig um die Zukunft zu sorgen; es gibt eine Fülle von Gründen, warum Menschen Zeitung lesen und dies wahrscheinlich noch lange tun werden:

- Der Leser bestimmt selbst, was er wann beachtet und wie intensiv er sich mit einem Text beschäftigt. Er stellt sich seine persönliche Zeitung schon heute zusammen und braucht dafür keinen Computer.

- Die Zeitung bietet immer wieder Überraschungen – und je mehr sie bietet, desto beliebter wird sie: ein bissiger Kommentar im Lokalteil, eine Enthüllungsgeschichte im Feuilleton, ein Klatsch-Thema in der Politik, eine Glosse im Sport oder ein Augenschmaus auf der letzten Seite.
- Durchs Internet kommen Milliarden an Informationen. Nur die Zeitung sortiert die wichtigen Nachrichten aus, sie schlägt den Pfad durch den Info-Dschungel.
- Viele Nachrichten stehen, immer noch, nur in der Zeitung: die Ereignisse in der Nachbarschaft vor allem, der Bericht vom Fußballspiel in der Kreisklasse, der Vortrag in der Universität, das Fest auf der Freilichtbühne. Auch viele nationale und internationale Nachrichten sind nur in den Zeitungen zu lesen.
- Nur die Zeitung enthält das gesamte Spektrum der für den Alltag wichtigen Informationen. Sie hilft dem Leser, sich in seiner Alltagswelt zu orientieren: Weder Fernsehen noch Hörfunk sagen ihm, welcher Volkshochschul-Kurs frei ist, warum die Poststelle im Dorf geschlossen wird und was seine Unterschrift auf dem Antrag für ein Bürgerbegehren wert ist.
- Die Menschen wollen sich vergewissern, dass Ereignisse stattgefunden haben; sie wollen ihre Ansicht vergleichen mit der des professionellen Beobachters – ob ein Bundesliga-Spiel, das ich im Stadion erlebe, oder das Erdbeben, dessen Bilder ich im Fernsehen sehe: Ich will das Ereignis schwarz auf weiß besitzen.
- Gedruckte Nachrichten bedrängen die Menschen weniger als die emotionalen Bilder-Sequenzen des Fernsehens: Sie sind in der Regel nüchtern erzählt und helfen den Menschen, einen klaren Kopf zu behalten auch bei beunruhigenden Ereignissen.
- Die Lektüre der Zeitung genießen die Leser in einem Schonraum, in dem sie sich für einige Minuten vor der unruhigen Außenwelt abschotten. Dies Ritual des Lesens sollte nicht gering achten, wer die Unruhe der Computer-Welt kennt.
- Die Zeitung informiert unparteiisch und umfassend. In Umfragen wird gerade die hohe Glaubwürdigkeit der Tagespresse herausgestellt, auch wieder im Vergleich zum Fernsehen. Zudem besitzt die

Zeitung eine starke Bindung an ihre Leser: Zwei von drei Deutschen würden die Tageszeitung vermissen.
- Die Zeitung garantiert Beständigkeit: Sie gehört zu den Alltagsritualen, sie hat schon den Großeltern gedient, sie erscheint immer noch regelmäßig morgens in meinem Briefkasten, sie ist ein Beispiel für Kontinuität.

Noch sind viele Zeitungsverlage träge – im Gegensatz zu den *Zeitschriften*, die unentwegt nach den geheimen Wünschen ihrer Leser forschen. Doch seit Mitte der 1990er Jahre sinken erstmals die Auflagen der meisten Abo-Zeitungen, nicht nur im Osten, in dem nach der Vereinigung überdurchschnittlich viele die Zeitung abonniert hatten, sondern auch im Westen, vor allem in den großen Städten, in denen viele Singles leben und viele Ausländer.

Die Zeitungen sind gezwungen, auf ihre Leser einzugehen. Nur – was wollen die Leser? Der Schweizer Carlo Imboden entwickelte eine Methode, die – ähnlich wie beim Fernsehen – die ‹Einschaltquote› für Texte ermittelt. 120 repräsentativ ausgewählte Leser nehmen einen Stift in die Hand, der einem Marker ähnlich ist, und markieren die Teile der Zeitung, die sie gelesen haben; der Stift ist Scanner und Handy in einem, er überträgt Daten sekundenschnell in ein Rechenzentrum. Eine Reihe von Zeitungen von Würzburg bis Köln, von Osnabrück bis Berlin hat diesen Quoten-Ermittler schon eingesetzt, den sein Erfinder «Readerscan» nennt.

Unabhängig von der Größe der Stadt oder Landsmannschaft sind gut drei Viertel der Ergebnisse identisch. Sie überraschen den nicht, der sein Handwerk beherrscht; sie beweisen, dass jeder seine Leser erfreut, der sich an die Regeln dieses Handbuchs hält.

Es gibt offenbar eine Art Naturgesetz des Zeitungsmachens, gegen das keiner verstoßen sollte, der wirklich gelesen werden will:
- Die Leser lieben Reportagen, Porträts und Features, je länger, desto besser. Carlo Imboden, der Schöpfer von Readerscan, sagt: «Lange Texte saugen die Leser auf! Selbst aufwendig recherchierte Texte werden nicht nur viel gelesen, sondern stärken die Leserbindung. Nur bei solchen Texten merken die Leute: Ich brauche diese Zeitung!»

- Noch beliebter als die Reportage ist die Glosse. Die amerikanischen Zeitungen wissen das schon lange: Kolumnisten sind die am besten bezahlten Redakteure und oft so populär wie Fernseh-Stars. Gute Schreiber machen also gute Zeitungen aus.
- Der Leitartikel hat überraschend hohe Quoten, aber nur wenn er eine klare, bissige Überschrift hat. Titel wie aus dem Textspeicher verscheuchen die Leser: «Zwischen den Stühlen» oder «Um Europa verdient gemacht». Noch intensiver als auf einer Meinungsseite werden die Kommentare gelesen, wenn sie direkt neben dem Bericht stehen.
- Das Vermischte steht an der Spitze der beliebtesten Seiten. Überall ist die Klatsch-Spalte, also die kleine Bildzeitung, der Quotenrenner. Der «Südkurier» in Konstanz bringt eine komplette Seite, die ein eigenes Unterhaltungsbuch eröffnet: «Leute». Auch sonst gilt: Menschen und ihre Geschichten locken die Leser an.
- Klatsch mögen Zeitungsleser, aber nicht nur. Die Politik hat überdurchschnittlich viele Leser, wenn sie verständlich geschrieben ist und vom Nutzen oder Schaden für den Bürger handelt.
- Am wenigsten mögen die meisten Leser die Kultur, noch weniger den Lokalsport. Selbst der große Sport dümpelt dahin, es sei denn Länderspiele oder Europapokal-Spiele laufen, die auch im Fernsehen mit hohen Einschaltquoten die Massen anziehen. Sogar in der Hauptstadt ziehen große Konzertkritiken nicht. «Nur knapp drei Prozent lesen sie wirklich», stellt der Chefredakteur der «Berliner Zeitung» fest.
- Eigene Seiten für junge oder alte Menschen, meist noch im speziellen Layout, verscheuchen die Leser.
- Die Tagesschau-Themen dürfen nicht fehlen. Das Fernsehen macht den Leser neugierig, er will das Gesehene nachlesen und verstehen können. Überhaupt werden Artikel gelesen, die auf große TV-Ereignisse reagieren wie «Wetten, dass…?» oder Fernsehfilme mit hohen Einschaltquoten. Anton Sahlender, Stellvertreter des Chefredakteurs der «Mainpost», meint: «Auf der Quote des Fernsehens aufsetzen ist ein Wellenreiter für die Zeitung.»
- Vier Faktoren hat Anton Sahlender für einen erfolgreichen Text

ausgemacht, nach Sichtung von Tausenden von Daten: Das Thema muss etwas mit dem Leben der Menschen zu tun haben; der Text gibt Orientierung, er ist einfach nützlich; er spricht Gefühle an; Prominente treten auf. Je mehr von diesen vier Faktoren vorkommen, desto größer ist die Chance, dass ein Text gelesen wird.
- Diese Themen ziehen immer: Unglück, Wetter, große Feste (vor allem wenn die Leser dabei waren), Tiere.
- Die stärksten Themen und besten Texte ziehen nicht, wenn die Seite unübersichtlich gestaltet ist. Der Leser gibt dem Redakteur rund drei Sekunden: Hat er dann nicht das Wichtige erfasst, hat er keine Lust aufs Lesen bekommen, blättert er weiter.
- Der Leser wendet sich ab, wenn Foto und Überschrift nicht zueinander passen. Wenn Tarzan in der Überschrift steht und Micky Maus auf dem Foto zu sehen ist, ist der Leser nur verwirrt und zieht weiter.

Die Folgen von Readerscan: heftige, aber fruchtbare Debatten in den Redaktionen, die sich intensiv um den Leser und seine Erwartungen drehen. Die Redakteure ändern sich, Zeitungen und Leser auch: Um 20 Prozent stieg die Lesequote bei der «Main-Post», seitdem die Redakteure die Bedürfnisse der Leser besser erfüllen. «Das ist schon ein ziemlicher Hammer, weil wir ja im Wettbewerb mit Fernsehen, Radio und Internet stehen», sagt Chefredakteur Michael Reinhard. «Wir haben die Hoffnung, dass die erhöhte Intensität Leser, die vielleicht auf dem Absprung sind, vom Sprung abhält.»

Überraschend sind die Erkenntnisse nicht. Es reichte noch nie, nur Nachrichten zu bringen. Schon lange vor Readerscan wertete der Dortmunder Journalistik-Professor Günther Rager Hunderte von Zeitungsseiten aus und stellte fest: «Die Tageszeitung pflegte und pflegt über weite Strecken eine regelrechte Monokultur der Informationen: Gehegt wurden nur die puren Fakten. Aus der Ökologie ist ja längst bekannt, wohin Monokulturen führen: langfristig zu Bodenerosion und zum Rückgang der Erträge.»

Es bleibt dabei: Der Redakteur muss rausgehen auf die Markt- und Sportplätze und in die Kneipen, um zu erfahren, was seine Leser umtreibt. Er kann sie auch einladen, etwa zu Betriebsbesichtigungen, um ihre Wünsche kennen zu lernen und nicht nur im eigenen Saft zu schmoren.

Die Leser erwarten von ihrer Tageszeitung: Sie soll ihnen eine Schneise durch den Informationsdschungel schlagen; ihnen sagen und erklären, was wichtig ist; ihnen Lebenshilfe geben. Am meisten interessiert sie das Lokale; am wenigsten mögen sie die Monokultur der Nachrichten und Berichte, stattdessen wollen sie angelockt werden durch Kommentare, Reportagen, Glossen, Porträts.

48 Die neue Seite 1

Ein halbes Jahrhundert nach der ersten *Tagesschau* haben die meisten Regionalzeitungen auf das Fernsehen reagiert. Sie nehmen die Spitzenmeldungen der Tagesschau nur noch, wenn sie zum Küchenzuruf taugt, sie drehen sie auf jeden Fall weiter, leider meist noch in einer trockenen und nüchternen Nachrichtensprache. An ereignislosen Tagen, an denen sich Hinterbänkler in die Tagesschau robben, bringen sie eigene Reportagen und selbst recherchierte Nachrichten aus der Region auf die Titelseite.

Diese Erkenntnis hat lange gebraucht, um sich in den Redaktionen durchzusetzen. Schon 1986, beim Marketing-Symposium *Zeitungen für den Markt von morgen*, prophezeiten Chefredakteure und Verleger in einer Podiumsdiskussion, wie die Tageszeitung auf der ersten Seite aussehen sollte – in zehn Jahren:

1. Die Zeitung ist farbig: Sie ist auch farbig geschrieben, denn die Verleger haben sowohl in die Technik wie in die Menschen investiert.
2. Sie hat Frauenthemen auf der ersten Seite.
3. Sie hat Lokales auf der ersten Seite.
4. Sie ist gekennzeichnet durch eine kurze, prägnante Nachrichtenkolumne für den eiligen Leser.
5. Sie hat eine Schlagzeile, die er auf Anhieb versteht.

6. Sie hat weitere drei Überschriften, die ihn mit hoher Wahrscheinlichkeit interessieren.
7. Sie hat zwei bis drei Fotos.

Die Propheten lagen richtig, wenn sie an die Wünsche der Leser dachten; sie lagen falsch, weil sie die öde Routine unterschätzten, mit der immer noch Redaktionen die hundertste Rede des Außenministers auf die Titelseite packen.

Der Sieben-Punkte-Plan zur Rettung der Titelseite von 1986 harrt in einigen Verlagen immer noch darauf, verwirklicht zu werden. Vier weitere Punkte sollten dazukommen:

8. Die Zeitung weist auf Extras hin, wie es auch die Wochenmagazine tun, ob es ein Veranstaltungsmagazin ist, Ratgeber-Seiten, Telefonaktionen oder eine neue Serie.
9. Sie schreibt, wie heute (und an den nächsten Tagen) das Wetter wird.
10. Die Zeitung zeigt, welche Themen sie für junge Leute bietet.
11. Sie verzichtet auf den herkömmlichen Nachrichten-Aufmacher, wenn nichts Besonderes geschehen ist. Stattdessen bietet sie die Analyse oder die Reportage an und wählt oft Aufmacher mit lokalen und regionalen Themen, etwa bei Bürgermeisterwahlen, Rathaus-Affären und großen Festen.

So wird die erste Seite zum Schaufenster der Zeitung und zum Stadtgespräch: Das wünschen sich die Leser statt des Tagesschau-Recyclings. Dabei lohnt nicht der Streit, ob der Aufmacher lokal, regional oder überregional sei, ob Bericht, Feature oder Reportage: Das Beste muss es sein!

So dürfte in der Regel das Schützenfest keine Chance bekommen, als Aufmacher die Leser zu locken. Die Stärke der Provinz-Zeitung ist zwar die Berichterstattung aus der Nachbarschaft, aber sie darf nicht provinziell wirken. Nur – wie findet eine Redaktion den Aufmacher und die Themen, welche die Leser gleich lesen und über die sie noch Stunden später reden wollen? Wer hat die «Honey-Story» geschrieben? So nennen amerikanische Redakteure den Artikel, den die Frau am jungen Morgen so attraktiv findet, dass sie ihrem Ehemann zuruft: «Honey, hast du schon gelesen ...?»

Was Tageszeitungs-Redakteure zumindest für ihren Aufmacher fordern sollten, forderte der *Stern*-Chefredakteur Henri Nannen für jede Geschichte in seiner Zeitschrift: Sie muss in einen «Küchenzuruf» münden. Das altmodische Frauenbild soll uns hier nicht stören; was Nannen sagen wollte: Die Geschichte muss auf einen Dollpunkt zulaufen, der den Leser in Erstaunen versetzt, ihm ein Aha-Erlebnis vermittelt – und zwar so, dass es ihn drängt, diesen Dollpunkt in die Küche zu rufen, wo seine Frau kocht; und so einfach und durchschlagend muss der Dollpunkt formuliert sein, dass er sich zum Rufen in die Küche eignet.

«Wie heißt der Satz, den Sie aus dem Fenster brüllen würden?» Mit dieser Frage löchert der überaus erfolgreiche Werbetexter Konstantin Jacoby den Auftraggeber, um ihn zu einer klaren Formulierung seiner Wünsche zu zwingen, und dann sich und seine Texter, um die Werbewirksamkeit zu kontrollieren. Er verlangt den Küchenzuruf also auch für Werbebotschaften; der Test ist das Rufen des Satzes aus dem offenen Fenster, vor dem sich eine tausendköpfige Menschenmenge versammelt.

Küchenzuruf und Fensterbrüller sind ein vorzüglicher Test und Maßstab für den Aufmacher der Titelseite: Was keinen Küchenzuruf hergibt, kann keine Schlagzeile hergeben – und hat auf der Titelseite nichts zu suchen. Doch taugt der Küchenzuruf nicht nur als Aufmacher-Test, sondern für jede Phase jeder journalistischen Arbeit – umso wichtiger, je länger und je prominenter der Text ist:

- Wenn mir zu meinem Schreibvorhaben (Reportage, Leitartikel) kein Küchenzuruf einfällt: Habe ich dann überhaupt ein Thema? Ich sollte es entweder so lange durchwalken, bis ich den Zuruf habe, oder das Thema fallen lassen.
- In der Redaktionskonferenz kann ein Redakteur sein Thema nur mit dem Küchenzuruf als erstem oder letztem Satz seiner ohnehin straffen Ankündigung verkaufen.

Einspruch!, warnen viele Redakteure. Gibt es denn nicht Sachverhalte, die so komplex sind, dass sie sich dem bloßen Zuruf entziehen? Ehrt es nicht den Journalisten, wenn er auch vielschichtige Themen angeht und dabei alle Facetten beleuchtet?

Ja, es ehrt ihn. Nur – wenn ein kompliziertes Thema keinen Küchenzuruf hergibt, deutet das darauf hin: Der Autor hat nicht intensiv genug um eine Zuspitzung seines Themas gerungen. Wer schreiben will, ist gut beraten, wenn er sich zuvor um die prägnanteste Formulierung seines Themas bemüht; und wer wirken will als Jungredakteur auf die Konferenz, als Schreiber auf Leser, der kommt um die Annäherung an den Fensterbrüller erst recht nicht herum.

Zwei, ja drei Aspekte in einem kurzen Satz zu bündeln, ist dabei kein unlösbares Problem – gerade dann nicht, wenn es sich um Aussagen handelt, die einander zu widersprechen scheinen:
- Im Alltagsdrama: Otto ist doof, aber ich liebe ihn.
- Bei Johannes Mario Simmel: Wir Deutschen können ein Wirtschaftswunder machen, aber keinen Salat.
- Bei Rousseau: Der Mensch ist frei geboren und liegt doch überall in Ketten.
- In der Kriegsgeschichte: Die Garde stirbt, aber sie ergibt sich nicht.
- *Drei* Aussagen in einem kurzen Satz bei Cäsar: Ich kam, ich sah, ich siegte.
- Drei in einem Themenvorschlag wie diesem: Deutschlands Zukunft – reich, faul und ausgestorben.

Mit einer solchen Zuspitzung erreichen Journalisten fünferlei:
1. Sie fangen die Redaktion.
2. Sie fangen den Leser – falls der Zuruf ihre Überschrift oder ihr Einstieg ist.
3. Falls er ihr Schluss ist (die punch line), bringen sie den Leser mit Sicherheit zum Rufen oder zum Auflachen.
4. Sie geben sich selbst eine scharfe Gliederung vor (die Begründung der drei Behauptungen), und das kann der Qualität ihres Textes nur förderlich sein.
5. Sie nehmen den Leser an der Hand, indem sie ihm ihre Gliederung entweder mitteilen (Zuspitzung im ersten Satz) oder sie ihn spüren lassen (Zuspitzung im letzten Satz).

Wer zwei zuständigen Philosophen glauben will, darf die Behauptung wagen, dass kein Thema auf Erden sich dem Küchenzuruf verweigert:

> *Wer's nicht einfach und klar sagen kann, der soll schweigen und weiterarbeiten, bis er's klar sagen kann (Karl Popper).*
>
> *Was sich sagen lässt, lässt sich klar sagen, und worüber man nicht sprechen kann, darüber muss man schweigen (Ludwig Wittgenstein).*

Und wenn die Realität keinen Aufmacher liefert, den man auch nach großen Mühen in keinen Küchenzuruf packen kann? Der Fall ist allzu häufig. Exakt nach den Bedürfnissen einer Zeitungsredaktion wird sich die Realität kaum richten, indem sie für rund 300 Ausgaben pro Jahr genau 300 Ereignisse produziert, die als Aufmacher herausgestellt werden können.

Fragt man die Nachrichtenchefs der großen Zeitungen, so wird der Verdacht erhärtet: An fast 200 der 300 Tage könnten sie auf einen Aufmacher verzichten, an rund 50 dieser 200 Tage täten sie das sogar liebend gern. Trotzdem aufmachen zu müssen an diesen fast 200 Tagen – das begünstigt die Tendenz, Politikern ein Forum der Wichtigtuerei zu verschaffen, Ereignisse von mäßiger Bedeutung zu überreizen, Skandale zu melden, die nicht dringend so heißen müssen – und Leser zu langweilen oder irrezuführen.

Und was ließe sich dagegen tun? Die Redaktion muss frühzeitig Aufmacher planen für ruhige Nachrichtentage: Analysen und Reportagen, die den Leser neugierig machen. Das wäre unseriös, kommt schnell als Warnung – und ungewohnt für die deutschen Leser. Wahrscheinlich wird man sie in der Tat daran gewöhnen müssen, dass das Beste auf der ersten Seite steht. Wer seit Jahrzehnten weiß, dass er die erste Seite nur zu überfliegen braucht, dem würde eine Umgewöhnung zugemutet, wenn er auf Sprechblasen, Agenturjargon und Fernseh-Wiederholungen verzichten müsste. Doch wahrscheinlich haben Redakteure größere und längere Gewöhnungs-Schwierigkeiten als die Leser.

Wer Analysen und Reportagen auf der Titelseite unseriös findet, der schaue zu den seriösen Blättern der Weltpresse.

Die *International Herald Tribune* bringt manchmal drei Reportagen auf der ersten Seite, das *Wallstreet Journal* jeden Tag, und es ist die größte Finanzzeitung und eine der größten Zeitungen der Welt. Sie begannen an einem Tag im August 1995 so:

> *Zur Olympiade 1996 in den USA:* «*Es ist einer der Lieblingswitze von Bill Payne, dem Präsidenten des Olympischen Komitees von Atlanta: Ich habe die Welt überzeugt, dass wir in Atlanta im Sommer nur 25 Grad im Schatten haben. Ich habe nicht gesagt, zu welcher Tageszeit.*»
>
> *Vorschau zur Weltfrauenkonferenz in China:* «*Die Delegierten, die schon gekommen sind, sprechen von Chaos. Unterkünfte gibt es nicht, ein Programm auch nicht. Kleine Gruppen von Frauen irren über den Flughafen auf der Suche nach jemandem, der sie begrüßt.*»
>
> *Zur Einführung der Computer-Software Windows 95:* «*Wir danken Gott oder Bill Gates, dass es vorüber ist.*»

Die Redakteure in Amerika können noch *erzählen*, und sie trauen sich auch, es zu tun, und sie trauen sich sogar, solche anschaulichen Sätze auf Seite 1 zu tragen.

Die neue Titelseite wird zum bunten Schaufenster der Zeitung mit den interessantesten Themen und Nachrichten. Sie ist keine gedruckte Wiederholung der Tagesschau mehr; vielmehr nimmt sie als Aufmacher durchaus Reportagen und Analysen, wie es große internationale Zeitungen schon heute pflegen, und lokale Themen, wann immer sie dazu taugen.

49 Der neue Lokaljournalismus

«Viel Schrott und wenig Qualität» lautet Dieter Golombeks vernichtendes Urteil über den Lokaljournalismus: zu wenig Recherche, zu viel Hofberichterstattung, zu wenig Phantasie, zu viel Routine.

Doch Golombek, der Erfinder des Lokaljournalistenprogramms, sieht bessere Zeiten kommen:

> *Bei der Mehrzahl der lokalen und regionalen Tageszeitungen hat sich die Erkenntnis Bahn gebrochen, dass nicht Leitartikel und Theaterkritiken den Wert des gesamten Produkts für seinen Käufer ausmachen. Der Lokalteil ist das Herzstück der Zeitung, von ihm lebt sie. Der Lokalteil entscheidet darüber, wie sich die Leser mit ihrer Zeitung zu Hause fühlen.*

In einer Behörde, und nicht in den Köpfen von Verlegern und Chefredakteuren, entstand der neue Lokaljournalismus. Dieter Golombek entwickelte mit vielen Zeitungsmachern zusammen Anfang der 1970er Jahre für die *Bundeszentrale für politische Bildung* das Lokaljournalistenprogramm mit folgender Bilanz:

- Tausende von Redakteuren diskutierten in Modellseminaren, wie sie eine bessere Tageszeitung anbieten können.
- Die besten Köpfe aus etlichen Lokalredaktionen schrieben das *ABC des Journalismus* – ein Nachschlagewerk, das in sechs Auflagen erschien und zum Klassiker wurde (um dann beim Verlagswechsel in die Wissenschaft abzudriften).
- Die Reihe *Themen und Materialien für Journalisten* bringen in acht Bänden Beispiele und Debatten über: die alltägliche Pressefreiheit, Parteien, Wahlen, Ausländer, Geschichte, Modell für morgen, Wirtschaft und Geschichte.
- Der Mediendienst *Drehscheibe*, der monatlich erscheint, sichtet den unüberschaubaren Markt der Lokalteile und bietet herausragende Geschichten und Konzepte zum Nachmachen an.

«Wir bauen ein Netz für 1500 Lokalredaktionen, wir fördern und sichern Qualität», erklärt Berthold L. Flöper, der das Journalistenprogramm heute leitet und weiter ausbaut, zum Beispiel für Hörfunk-Journalisten. Doch Qualität entsteht nur, wenn Redakteure ihren Schreibtisch verlassen – was dem Anfänger und Volontär selten schwer fällt. Ein Fünf-Punkte-Programm bestimmt die Qualität des neuen Lokaljournalismus:

1. Die Redakteure gehen auf Augenhöhe mit ihren Lesern, sie heben die Themen der Bürger ins Blatt – und nicht nur die Verlautbarungen der Honoratioren.
2. Sie moderieren das Gespräch der Bürger und bringen viele Meinungen ins Blatt, das dadurch zum Forum wird – wie früher der Marktplatz, auf dem sich die Leute trafen. Im umfangreichen Leserbrief-Teil kehrt sogar ein wenig Anarchie ein, jedenfalls das Gegenteil einer formierten Meinungseinfalt.
3. Sie schauen den Mächtigen auf die Finger, denn «die Qualität der lokalen Tageszeitung ist mitentscheidend für die Qualität der Demokratie», wie Flöper fordert. Lokaljournalisten dienen ihren Lesern als Treuhänder; sie bringen unverzüglich alle, wirklich alle Nachrichten, die ihre Leser erwarten, sie erklären die Zusammenhänge und kommentieren sie – meist folgenreicher als der Leitartikel zum Besuch des südkoreanischen Regierungschefs.
4. Sie sind das Gedächtnis einer Stadt. Sie kramen die alten Storys wieder aus und fragen, was aus den Versprechungen der Politiker geworden ist. Mit Berichten von Zeitungen rufen sie die Geschichte ins Bewusstsein, sei es aus dem Dritten Reich oder der Stasi-Ära im Osten – aber aus der alltäglichen Perspektive, nicht aus der abgehobenen von Historikern.
5. Sie unterhalten ihr Publikum, denn eine Stadt braucht Gesprächsstoff, auch Klatsch: Das Porträt zum 100. Geburtstag des ältesten Bürgers sorgt dafür ebenso wie die Siegerliste der Rammler-Schau vom Wochenende.

Die Zeitung ist «das Medium für die zivilisierte Polis», schreibt Neil Postman, das Fernsehen das Medium für den vereinsamten Menschen. So braucht die Lokalzeitung unbedingt die Öffentlichkeit, und gleichzeitig stellt sie sie her. Denn nur, wer noch mitreden will, interessiert sich für die Demokratie in der Stadt.

In einigen amerikanischen Redaktionen gehört der Korrespondent in der Hauptstadt Washington zur Lokalredaktion. Bis vor wenigen Jahren war dies undenkbar in Deutschland. Die meisten Korrespondenten lehnen diese Konzentration auf die Region grundsätzlich ab – oft mit Unterstützung der Abgeordneten, die es nicht mögen, wenn ihnen der Korrespondent genau auf die Finger guckt und davon in der Heimat berichtet.

Der Korrespondent als Lokalredakteur wäre folgerichtig, um dem Leser endlich zu erklären, wie sich das Treiben der Politiker und Bürokraten in ihrem Alltag auswirkt. Er bekommt schon Wind von Gesetzen und Verordnungen, wenn die Ministerialbeamten noch über dem Entwurf brüten: Er kann schon früh Alarm schlagen, wenn die neue Trasse des ICE durchs Verbreitungsgebiet geplant wird oder Brüssel die Förderung für eine Branche streichen will, die gerade in der Region vielen Menschen Arbeit verschafft.

Eine Reihe von Gesetzen ist überhaupt nur regional von Bedeutung und hat so kaum eine Chance, von den Agenturen beachtet zu werden. Solche Themen könnte der Korrespondent aufspüren in Bonn oder Berlin, aber auch in der Landeshauptstadt und in Brüssel: Ein Gesetz zum Schutz der Almen würde in Lübeck so wenig interessieren wie in Garmisch-Partenkirchen die Subventions-Streichungen für Werften.

Aber wird der Berliner Korrespondent nicht besser eingesetzt, wenn er Hintergrundgespräche mit dem Minister führt, den der Chefredakteur oder Verleger schätzt? Oder muss er nicht zur Bundespressekonferenz ziehen, für die der Verlag immerhin den Mitgliedsbeitrag zahlt?

Nein, die Agenturen berichten ausführlich aus der Hauptstadt und lassen kein überregional wichtiges Thema aus – und wenn die Redaktion mit den Texten nicht zufrieden ist, muss sie beim *dpa*-Chefredakteur protestieren oder eine zweite oder dritte Agentur bestellen. Ist der eigene Korrespondent von den Pflichtaufgaben befreit, kann er sich um die heimischen Abgeordneten, Minister und Staatssekretäre kümmern und die Themen für seine Heimat-Region recherchieren – als Lobbyist der Leser seiner Zeitung. Und wie wäre es, wenn zu jedem Gesetz gemeldet wird, wie die heimischen Abgeordneten gestimmt haben – wenn sie überhaupt anwesend waren?

Cornelius Riewerts, Chefredakteur der *Oldenburgischen Volkszeitung* in Vechta, erzählt ein ungewöhnliches Beispiel, wie seine ehemalige Lokalredaktion im westfälischen Münster ein großes Thema auf die lokale Ebene runterzog:

Wir lasen von einer Bürgerinitiative in Münsters norwegischer Partnerstadt Kristiansand, die vehement gegen Pläne der Regierung zu Felde zog, den Alkoholgehalt des Bieres um zwei Prozent zu reduzieren. Unsere Reaktion: Wir schickten einen Kasten Bier als Solidaritätsbeweis an die Kollegen der Faedrelandsvennen. Daraus wurde, ganz unbeabsichtigt, eine ebenso unterhaltsame wie informative Geschichte über die enormen Probleme bei der Zollabfertigung für Kleinexporte in ein Nicht-EU-Land.

Wer den Wert der Lokalredaktionen so hoch einschätzt, der muss auch den Rang der Redakteure anheben. «Stimmt die Rangfolge noch, die in unseren Redaktionen herrscht?», fragte schon 1986 Günter Prinz aus dem Vorstand des Springer-Verlags:

Der Schwerpunkt des Leserinteresses liegt, wie wir alle wissen, beim Vermischten, beim Lokalen und dann noch beim Sport. Aber in jeder normalen Redaktion ist nicht etwa der Lokalchef der König, sondern der kaum gelesene Außenpolitiker. Nach ihm kommt der Innenpolitiker, obwohl wir aus allen Copytests wissen, dass seine Leitartikel nur von 20 Prozent der Leserschaft angelesen werden. Dann kommt der Feuilletonchef, der auch keine hohen Leserquoten hat. Ganz am Ende kommen klein und etwas verachtet, schlecht bezahlt und mit dem kleinsten Dienstwagen, der Lokalchef, der Sportchef, der Mann vom Vermischten.

Es ist in vielen Redaktionen immer noch so: Wer seinen Schreibtisch selten verlässt und nur ausnahmsweise recherchiert, wie der Politikredakteur, der genießt hohes Ansehen. Der Chefredakteur konferiert in den meisten Zeitungen täglich mit der Zentralredaktion und kümmert sich kaum um die Lokalredaktionen. Wer das ändern will, muss mit vielen Intrigen und Fallen in der Zentralredaktion rechnen – aber, wenn er durchhält, auch mit dem großen Dank der Leser.

Der neue Lokaljournalismus berichtet aus der Perspektive der Leser, nicht aus der von Honoratioren. Er gleicht dem Marktplatz, auf dem viele Meinungen, aber auch Klatsch zu hören sind; er kontrolliert die lokalen Eliten und stärkt die Demokratie dort, wo sich viele Menschen noch direkt einmischen können.

50 Service und Aktionen

«Die Leser waren verärgert; die Leser waren empört; die Leser haben mit Kündigung ihres Abonnements gedroht; die Leser haben die Zeitung abbestellt; die Leser haben gebettelt und gebeten; die Leser haben Briefe an die Redaktion geschrieben. Die Leser haben gewonnen.» So kapitulierte die Redaktion des Berliner *Tagesspiegels* auf der Titelseite vor ihren Lesern, als sie der Empörung nicht mehr Herr wurde.

Der Grund des Leseraufstands: Nach der Renovierung des Blatts war das wöchentliche Veranstaltungsmagazin «Ticket» eingestellt worden. Die Redaktion gab nach und entwickelte ein noch besseres Magazin.

Vor einem guten Jahrzehnt zählte der *Tagesspiegel* zu den Pionieren eines übersichtlichen Service, mittlerweile hat er sein Magazin eingestellt, aber immer mehr Zeitungen bieten ihren Lesern eine große, meist in einer Beilage versammelte Übersicht der herausragenden Termine für die nächste Woche. *Erwin* heißt das Magazin bei der *Neuen Westfälischen*, *Live* beim *Hamburger Abendblatt*. *Tips und Termine* hieß das aufwendige Magazin des *Kölner Stadtanzeigers*. In der Krise stellte der Verlag das Magazin ein, aber die Redaktion legt mittlerweile sogar täglich ein 16 Seiten starkes Tabloid-Buch bei: «Magazin» mit Terminen und TV-Programm, Gesundheits- und Computer-Tipps, Kochrezepten und Horoskop.

Alle Copytests und Umfragen beweisen: Die Leute können nicht genug bekommen an Tipps und Empfehlungen, was sie in ihrer stetig wachsenden Freizeit anstellen können. Ausführlicher Service ist eine Stärke der regionalen Tageszeitung. Kein Stadtmagazin kann so aktuell sein wie die Zeitung, und selbst das Internet ist niemals so übersichtlich wie ein Zeitungsmagazin, dass Hunderte von Veranstaltungen, gut geordnet, auf wenigen Seiten präsentiert.

Doch wenn ein Leser wissen will, wann er ein gerade rezensiertes Theaterstück sehen kann, dann wird er immer noch in vielen Zeitungen enttäuscht. Als beispielsweise die *Frankfurter Rundschau* in 200 Zeilen eine Aufführung der Hersfelder Festspiele kritisierte, fügte sie nur vier Worte an für den Service: «Termine: zahlreich, bis 5. August». Wie viel Verachtung des Publikums darf sich ein Kritiker erlauben? Nicht einmal eine Zeile knapst er von seinem Verriss ab, um wenigstens eine Telefonnummer anzugeben, unter der die Leser weitere Informationen bekommen.

Erst langsam haben die Zeitungen die Lektion begriffen. So gibt es kaum mehr einen Lokalteil ohne Veranstaltungskalender, der oft noch unvollständig, unübersichtlich und lieblos in die Ecke gestellt wird. Dabei hat die Tageszeitung einen Vorteil, den ihr keiner nehmen kann: Sie ist auf dem letzten Stand und kann darauf hinweisen, dass der Opernball ausverkauft ist und die abendliche Vorstandssitzung der Taubenzüchter wegen Erkrankung des Vorsitzenden ausfällt. Sie kennt auch alle Veränderungen und Ergänzungen des Fernsehprogramms: Sie ist den TV-Illustrierten haushoch überlegen, die nicht wissen können, wer in einer Talkshow auftritt. Selbst dem Internet ist sie deutlich überlegen, wenn sie alle neuen Sendungen deutlich heraushebt, sodass sie auf den ersten Blick zu entdecken sind (wie es vorbildlich die *Welt* macht).

Was soll der Service bieten? Neben den Veranstaltungshinweisen können die Öffnungszeiten von Beratungsstellen stehen, die Luftmesswerte mit Smog- und Ozonalarm, die Wasserstände von Flüssen und Seen für Angler und Bootsfahrer, der ausführliche Wetterbericht, der Hinweis auf Baustellen mit einer Karte der Umleitungen, der Standort von Radarfallen.

Zum Service der Zeitung gehören auch Hilfen fürs alltägliche Leben – eben Lebenshilfe im klassischen Sinn.

Nach der Wende gab es im Osten Deutschlands viel zu erklären:

Die Zeitungen boten täglich mehrere Ratgeber-Seiten und füllten mitunter ein eigenes Buch. Diese Seiten sind immer noch begehrt, doch die Menschen wollen nicht nur wissen, wie sie preiswerte Autoversicherungen finden, sie wollen vor allem wissen, wie sie sich gegen die Willkür von Behörden wehren können. Die Leser der *Volksstimme* in Magdeburg klagten laut über fehlende Hilfe der Zeitung gegen Bescheide von Ämtern, wie wir im Kapitel 47 berichtet haben. Den Menschen fehlt die 50-jährige Erfahrung der Westbürger im Umgang mit staatlichen Bürokraten; sie fühlen sich noch ohnmächtig und hilflos gegenüber Formularen, Verordnungen und blauen Briefen.

Die Redaktion etablierte einen Leseranwalt, der den Beschwerden nachgeht und weiß, wie man mit Behörden umgehen kann. Anders als in Skandinavien muss ein Deutscher vors Verwaltungsgericht ziehen, um sein Recht gegenüber Behörden durchzusetzen; in Schweden hat der Staat, der um die Unzulänglichkeit seiner Beamten weiß, schon 1809 den *Ombudsmann* in die Verfassung geschrieben, dieser prüft unabhängig von den Autoritäten, ob Behörden einen Bürger ungerecht behandeln. Diese Idee greift in Deutschland die Petition an den Bundes- oder Landtag nur halbherzig auf; sie wertet den Anspruch des Bürgers auf faire Behandlung als Gnadenakt und nicht als selbstverständliches Recht.

Etwa vierzig Zeitungen in den USA gehen noch weiter und bieten einen Service gegen die Willkür der Redaktionen an: Jeder Leser kann sich an den Ombudsmann der Zeitung wenden, der nicht dem Chefredakteur untersteht und in einer eigenen Kolumne Fehler der Redaktion anprangern kann. Ein Beispiel aus der kalifornischen *Sacramento Bee* ist im Kapitel 29 zu finden.

Wer als Lokalredaktion einen Leseranwalt bietet, der versteht sich nicht mehr nur als Transporteur, der eine Nachricht vom Bürgermeister oder der Kaufhaus-Pressestelle zum Empfänger schickt. Wer sich direkt einschaltet, bietet sich als Helfer für den Bürger an – auch für besondere Notlagen; so tun zwei Redakteurinnen der *Passauer Neuen Presse* nichts anderes, als Spenden von Lesern an Leser zu vermitteln.

Auch die Nachrichtenagenturen reagieren auf die Wünsche der Redaktionen und bieten immer mehr Stoff für Ratgeber-Seiten an. *AP* schickt jeden Tag ein anderes *Service-Paket* über Geldanlage oder Kino, Rock-Pop oder Gesundheit; *dpa* hat sogar die Tochteragentur *gms* gegründet, deren Texte und Bilder extra zu bezahlen sind und die auch von Anzeigenblättern genutzt werden können (im Gegensatz zum Basisdienst, dessen Nutzung Zeitungen, Zeitschriften, Radio- und Fernsehstationen vorbehalten bleibt).

Wenn der Redakteur auf Augenhöhe mit dem Leser gehen will, muss er bisweilen schon den Schreibtisch verlassen – und *Aktionen* organisieren. Immer mehr Lokalredaktionen verlieren die Scheu, selber Podiumsdiskussionen zu veranstalten und zu moderieren oder in den Stadtteilen einen Stammtisch zu organisieren, an dem die Bürger ihrem Ärger freien Lauf lassen und dazu manchmal auch Freibier bekommen.

Wer den Schreibtisch verlässt und zu den Leuten rausgeht, der folgt einer alten Regel der Pfarrer, die nicht in der Kirche auf ihre Schäfchen warten: Du musst die Leute dort abholen, wo sie leben. Wenn sich Journalisten als Treuhänder oder auch als Anwalt der Leser verstehen, dann warten sie nicht darauf, bis sich die Leute bei ihnen melden, sondern besuchen sie dort, wo sie wohnen, arbeiten oder ihrem Vergnügen nachgehen.

Journalistische Aktionen dienen der Leser-Blatt-Bindung, helfen der Redaktion und sogar der Auflage auf die Sprünge: In den Gesprächen erfahren die Redakteure, was ihre Leser wirklich beschäftigt.

Besonders vor Wahlen dürfen Journalisten nicht nach der Pfeife der Politiker tanzen. Wer im Auftrag der Bürger die Mächtigen kontrollieren soll, muss selber die Initiative ergreifen und für den Durchblick der Leser sorgen. Er sollte Programme vergleichen, Kandidaten hart befragen und Podiumsdiskussionen organisieren. Gerade in Wahlkampfzeiten ist es die Aufgabe von Journalisten, Fragen zu stellen. Politiker müssen antworten – und nicht selber Antworten geben auf Fragen, die keiner stellt.

> Die Freizeit der Menschen wächst immer mehr: So wollen nicht nur
> die Jüngeren wissen, was sie in der freien Zeit machen können.
> Diesen Service, von Veranstaltungen bis zum Wetter, kann ihnen
> ausführlich, kompetent und aktuell die Zeitung bieten.

51 Wege aus der Krise

Saturierte Abonnementzeitungen können mit journalistischen Mitteln gar nicht ruiniert werden. So stand es, 1996, in der ersten Auflage dieses Handbuchs. Sie können durchaus ruiniert werden, das zeigt die aktuelle Krise. Omas Zeitung liegt im Sterben. Zeitungen, auch mit hohen Auflagen, werden aufgekauft; große, allen voran die überregionalen, nehmen schmerzliche Einschnitte ins redaktionelle Angebot vor, sehen sich zu Massenkündigungen genötigt und fürchten um ihre journalistische Kompetenz.

Den Zeitungen jedoch, die die Zeichen erkennen, steht eine große Ära noch bevor. Das hirnrissige Überangebot an richtigen und läppischen, an schiefen und falschen Informationen aus hundert Fernsehkanälen und der Schrottfabrik des Internets – es schiebt ihnen die Chance und den Auftrag zu, das Stimmige, das Wichtige herauszufiltern, den Datenmüll zu entsorgen, im Chaos der Wegweiser zu sein.

Gerade ein geschrumpfter redaktioneller Raum führt nicht unweigerlich zum Verlust von Kompetenz, sondern bietet die Möglichkeit, die Zeitung interessanter zu machen; man muss nur in der Not den Anstoß zum Umlernen erkennen. Wir fassen zusammen, was wir an verschiedenen Stellen in diesem Buch einer Zeitung der Zukunft empfohlen haben:

Lehre 1: nur noch halb so groß berichten über die Reden von Politikern und die Verlautbarungen von Parteien und Verbänden, zumal in Wahlkampfzeiten. Es gibt weder eine Journalistenpflicht noch ein heißes Leserinteresse, täglich groß gedruckt zu sehen, was da an Versprechungen und Verunglimpfungen abgelassen wird, an Retourkutschen, unseriösen Prognosen und durchschaubaren Lügen. Über politische Sprechblasen wahrheitsgemäß berichten heißt ja: in redlicher Absicht die Zeitung mit Schönfärbereien und Irreführungen füllen; je weniger sie davon druckt, desto mehr steigt also ihr Wahrheitsgehalt.

Lehre 2: nur noch halb so groß berichten über Hormonskandale. Warum gab es viele Wochen lang keinen einzigen von ihnen nach dem Fall der Berliner Mauer im November 1989 und nach dem Einsturz des World Trade Center im September 2001? Weil die Zeitung dafür keinen Platz hatte. Meist aber besitzt sie zu viel davon. Was war im Januar 2001 die größte Sorge der Deutschen, noch mehr als die Arbeitslosigkeit? BSE! Warum? Weil Fernsehen und Presse in sensationsarmer Zeit wochenlang von diesem Rinderwahnsinn lebten. Ist eigentlich irgendjemand in Deutschland daran gestorben oder auch nur erkrankt? Keiner. Was also wäre der angemessene Platz für die Berichterstattung gewesen? Der Wirtschaftsteil; Kühe und Bauern haben ja wirklich gelitten.

Lehre 3: Meistens halbieren könnte man und sollte man die Theater-, Konzert- und Ausstellungskritiken sowie den Leitartikel der *FAZ*.

In Berlin vierspaltig über eine Aufführung in Graz oder Bochum zu berichten, befriedigt weit mehr die Eitelkeit des Rezensenten als das Interesse vieler Leser, und überdies wird da eine erschreckende Menge erhabenen Schwachsinns in die Welt gesetzt – zum Beispiel: «In der jüngeren Variante bevorzugt Boulez mit den drei Flöten als Protagonisten ein in seiner unablässigen Dichte dennoch eher monochromes Bild, während in der früheren Gestalt die der Elektronik unterworfene Midi-Flöte in Partnerschaft mit nur wenigen Instrumenten subtilste echohafte, ja geheimnisvolle Klangschleier zu weben scheint.» *(Kölner Stadt-Anzeiger)* Welche journalistische Qualität wäre beschädigt, wenn in Zukunft der Platz für dergleichen fehlt?

Lehre 4: Doch der Wille zur Kürze sollte auch vor solchen Texten nicht Halt machen, die substanzreich und gut geschrieben sind wie in etlichen Zeitungen die Reportagen und Analysen. Die Tageszeitung ist nun einmal, verglichen mit der Zeitschrift und dem Buch, das kurzlebigere Medium, überwiegend beim Frühstück angelesen oder durchgeblättert oder in der U-Bahn oder im Büro.

Schon durch den bloßen Anblick eines großflächig ausgebreiteten Themas fühlen viele Leser sich entmutigt, oder sie hören mittendrin mit der Lektüre auf, vollziehen also auf eigene Faust jene Halbierung, die der Autor verweigert hat. Und die Tendenz, lange Texte zu übergehen oder ungeduldig nach ihrer Kernaussage zu fahnden, hat sich in den letzten Jahrzehnten dramatisch verstärkt.

Als 1901 die *Buddenbrooks* erschienen, gab es kein Kino, kein Radio und fast nichts von alldem, was heute unseren Feierabend füllt. Damals konnte Thomas Mann es sich noch leisten, auf den ersten acht seiner 800 Seiten über die Farbe eines Sofas und dessen goldene Löwenköpfe zu plaudern, über die Ornamente an den Tischbeinen, das Harmonium und den Flötenbehälter darauf. So viel Liebe zum Detail erträgt heute kaum noch einer, und auch prominente Reporter genieren sich dafür, dass sie noch vor zehn Jahren einen ganzen Satz darauf verwendeten zu beschreiben, wie ein Mensch die Kaffeetasse bedächtig zum Munde führte.

Der typische Leser von heute, welchen Bildungshintergrunds auch immer, erwartet rasche Information und permanentes Lesevergnügen. Wer ihn erreichen und bis zur letzten Zeile halten will, sollte daher halb so viel schreiben, wie er möchte und wie er in seiner Redaktion vielleicht noch darf. Die Behauptung, dies sei nur um den Preis der Oberflächlichkeit zu haben, ist falsch: Wenn ein Starschreiber seinen Ehrgeiz daransetzte, seine volle Substanz in den halben Raum zu drängen, dann schaffte er das auch. Nur der Ehrgeiz fehlt, das ist es.

Das waren vier Möglichkeiten, die Zeitung bei weniger Platz, also bei reduzierten Kosten für Druck und Papier, nicht kurzatmiger, sondern realitätsnäher und interessanter zu machen – vorausgesetzt, die Verlage sparten an einem nicht: an der Redaktion.

Lehre 5: Endlich Reportage oder Analyse auf die Seite 1 nehmen, statt den Zeitungsleser mit einer Schlagzeile zu ärgern, die er zwölf Stunden vorher schon vom Fernsehen oder von Nachbarn und

Freunden gehört hat! Für 95 Prozent der Leser ist das Wichtigste, was die Zeitung hat – der Aufmacher –, eine bloße Erinnerung an den Fernsehabend zuvor. Die erste Seite kann und muss das Schaufenster der Zeitung sein. Warum soll ich das Beste, was ich habe, dem Leser vorenthalten – wen soll ich da in meinen Laden locken?

Redaktionen, die ihre Lehren aus der Krise ziehen, müssen anders arbeiten, sie müssen versuchen, die Arbeitstechnik des *Spiegel* oder des *Stern* ins Tagesgeschäft zu übertragen. Die aktuellen Magazine haben aus der Einsicht in ihre Not die richtigen Konsequenzen gezogen. Ihre Not: Sie kommen immer zu spät, sie hinken der Zeitung und noch mehr dem Fernsehen hoffnungslos hinterher. Die Konsequenz: Wir müssen anders sein als diese beiden. Niemals drucken wir einen bloßen zweiten Aufguss der *Tagesschau* (womit sich die meisten Zeitungen törichterweise zufrieden geben). Wir versuchen es vielmehr mit analytischer Aufbereitung von Informationen abseits der Agentur-Routine, mit klassischen Reportagen, gerade aus dem Lokalen, mit der Witterung für jede latente, sich erst morgen offenbarende Aktualität – und idealerweise mit aufregenden Exklusivgeschichten.

All dies würde nicht genügen. Ehrgeiz müsste hinzukommen: der Drang, ununterbrochen das Beste zu geben, gespeist aus der realistischen Angst ums Überleben – die man beim *Stern* oder *Spiegel*, im Gegensatz zur Tageszeitung, schon lange kennt.

Die Krise bietet Zeitungen die Chance, interessanter zu werden: Sie reduziert drastisch das verschnörkelte Geschwätz, das Gerümpel und die falschen Sensationen; sie orientiert sich an der Arbeitsweise der Magazine, entkommt der Agentur-Routine und bietet exklusive Geschichten.

Die Evakuierten
Auch gute Autoren sollten versuchen, nur noch halb so lang zu schreiben wie bisher, heißt unser Rat. Wie viel man auf wie wenig Platz aussagen kann, dafür liefern ein brillantes Beispiel die Reportagen, die der

23-jährige Isaak Babel in Petrograd (dem späteren Leningrad) 1918 für die Zeitung «Neues Leben», herausgegeben von Maxim Gorki, geschrieben hat. Hier eine davon:

«Es war eine Fabrik, und in der Fabrik herrschte Unrecht. Aber in den Zeiten des Unrechts qualmten die Schornsteine, drehten sich unhörbar die Schwungräder; der Stahl blitzte, die Fabrikhallen zitterten vor tosendem Arbeitsfieber.

Das Recht kam, und alles ging schief. Der Stahl verschwand, man begann die Arbeiter zu entlassen, in trägem Zweifel schleppten sich die Lokomotiven von Station zu Station. Gebeugt von dem unerbittlichen Gesetz wurden die Arbeiter durch das Land hin und her geweht wie wertloser Staub.

Vor ein paar Tagen wurde die Baltische Fabrik «evakuiert». Vier Familien wurden in einen Waggon gestopft. Der Waggon wurde auf eine Fähre geschoben, und die Fähre fuhr los. Ich weiß nicht, ob der Waggon gut oder fest auf der Fähre befestigt war. Man sagt, er sei überhaupt nicht befestigt gewesen.

Gestern habe ich diese vier «evakuierten» Familien gesehen. Sie liegen, einer neben dem anderen, im Leichenschauhaus. Fünfundzwanzig Leichen. Fünfzehn davon sind noch Kinder gewesen. Ihre Namen sind die gleichen, wie wir sie aus anderen Katastrophenberichten kennen: Kusmin, Kulikow, Iwanow. Keiner ist älter als fünfundvierzig.

Den ganzen Tag drängen sich Frauen von den Wassilewski-Inseln und von der Wyborger Seite um die weißen Särge. Ihre Gesichter sind genau so grau wie die der Ertrunkenen.

Ihre Tränen sind karg. Wer Friedhöfe besucht, weiß, dass man bei uns aufgehört hat, auf Begräbnissen zu weinen. Die Menschen sind ständig in Eile, sie sind verwirrt, kleinliche und bösartige Gedanken bohren unermüdlich im Hirn.

Die Frauen bedauern am meisten die Kinder und legen ihnen zwanzig Kopeken in Papier auf die gefalteten kleinen Hände. Die Brust einer der verstorbenen Frauen, die ein fünf Monate altes ertrunkenes Kind in den Armen hält, ist von Banknoten übersät.

Ich gehe hinaus. In der Sackgasse neben dem Tor sitzen auf einer verfaulten Bank zwei gebückte Greisinnen. Mit farblosen, tränennassen

Augen sehen sie zu, wie der Wächter im schwarzen, löcherigen Schnee Feuer macht. Dunkle Rinnsale verbreiten sich über die klebrige Erde.

Die Greisinnen unterhalten sich leise über ihre alltäglichen Sorgen. Der Sohn des Tischlers ist zu den Rotarmisten gegangen, man hat ihn getötet. Auf dem Markt gibt es keine Kartoffeln, es wird auch keine mehr geben. In die Hofwohnung ist ein Grusinier eingezogen. Er verkauft Bonbons und hat die Tochter des Generals, eine Gymnasiastin, verführt. Er trinkt mit den Milizsoldaten Wodka, und von allen Seiten schickt man ihm Geld.

Und dann erzählt eine der Greisinnen mit ihrer Altweiberstimme und in einfachen Worten, warum fünfundzwanzig Menschen in die Newa gefallen sind:

«Die Ingenieure aus der Fabrik sind alle weg. Der Deutsche sagt, das Land gehört ihnen. Die Leute sind eine Zeit lang herumgestanden, dann haben sie ihre Wohnungen verlassen, wollen nach Hause. Die Kulikows, Mütterchen, sind nach Kaluga aufgebrochen. Sie haben angefangen, eine Fähre zu bauen. Drei Tage haben sie sich geplagt. Der eine säuft sich voll, dem anderen ist es schwer ums Herz, er sitzt da und denkt nach. Die Ingenieure sind weg, und die Leute haben keine Ahnung. Sie bauen die Fähre, und die Fähre fährt los, und alle begrüßen sie. Der Fluss bäumt sich auf, und die Männer mit Kindern und Frauen fallen ins Wasser. Man hat sie schön aufgebahrt. Man hat achttausend für das Begräbnis gegeben. Wie schön sie die Totenmesse lesen. Die Särge sind mit Brokat bedeckt. Man achtet das arbeitende Volk.»

52 Das Internet-Zeitalter

Werden die meisten, vor allem die jungen Menschen bald die Zeitung auf dem Bildschirm lesen statt auf Papier? «Während Otto-Normal-Leser in Deutschland vorm Frühstück noch zum Kiosk rennt, summen in den USA nur noch die Notebooks und Taschencomputer, denn blättern kann man auch ohne Papier», schwärmte der Mediendienst *Text intern* schon 1993.

Doch den Propheten gehen leicht die Pferde durch. Auch in den USA werfen die Zeitungsjungen noch jeden Morgen das Lokalblatt über den Gartenzaun, die meisten Verbraucher wollen von der Daten-Autobahn noch nichts wissen – vor allem, wenn es um das Ritual einer ruhigen Zeitungslektüre am Morgen geht.

Die Rhein-Zeitung in Koblenz kann man schon als elektronische Zeitung abonnieren; aber 99 Prozent der Leser bleiben bei der gedruckten Zeitung. Dabei bietet die ideale Internet-Zeitung durchaus Vorteile:

- Verbunden mit der aktuellen Ausgabe ist das elektronische Archiv. Wenn den Leser ein Bericht neugierig macht, kann er ältere Storys zum Thema abrufen nebst Fotos, Landkarten oder Informationen zur Geschichte – also einen individuellen Hintergrund, wie ihn keine gedruckte Zeitung liefern kann.
- Taucht ein Fremdwort auf, das der Leser nicht versteht, klickt er's an und sieht die Übersetzung auf dem Schirm.
- Musik kann zur Ankündigung eines Konzerts eingespielt werden, aber auch bewegte Bilder können die Berichte ergänzen.
- Im Auto liest der Computer dem Fahrer die Zeitung vor.
- Zudem kann sich jeder seine persönliche Zeitung zusammenstellen: Sport nebst Klatsch und dem Wetter beispielsweise.
- Wer Lust hat, kann auch die ganze Zeitung am Bildschirm durchblättern – wie gehabt.

Die gedruckte Zeitung wird nie alles leisten können, was der Computer bietet, dennoch könnte sie an vielen Stellen mithalten, wenn Redakteure an den Leser dächten. Ein Beispiel: Wenn keine unverständlichen Wörter und Sätze mehr geschrieben werden, dann müssen sie nicht mehr erklärt werden. Die Redaktion der Zeitschrift *Computer Bild* hat aus dem Umgang mit dem Internet gelernt: Auf jeder Seite werden in einer Randspalte sämtliche Fachbegriffe erläutert, in jeder Ausgabe. Wenn einer zum ersten Mal zur Zeitschrift greift und wissen will, was ein Modem ist, dann wird er nicht auf eine ältere Ausgabe verwiesen. Dagegen hört man in Konferenzen von Tageszeitungen: «Das haben wir doch schon oft geschrieben» – also muss es der Leser wissen, also wird nicht erklärt, was der Bundesrat ist und was in der Resolution 1441 des UN-Sicherheitsrats steht.

Wer jemals durch das Internet gewandert ist, der weiß, wie schnell er sich verirren kann – im Gegensatz zur Zeitung, in der auf jeder Seite mindestens ein spannender Artikel, eine wertvolle Meldung oder ein schönes Bild zu finden ist (wenn der Redakteur sich angestrengt hat). Desillusionierende Erfahrungen mit Datennetzen machen die meisten, die im Internet surfen. Willy Loderhose schreibt in seinem Buch über Info-Highways: «99 Prozent aller angebotenen Daten sind für die meisten von uns nicht einmal gelegentlich interessant ... Man kann Stunden und Tage damit verbringen, immer wieder unsinnige Angebote zu durchstöbern, und dafür wertvolle Arbeitszeit und eine Menge Anschaltgebühren benötigen.» 99 Prozent sind Nachrichten ohne Wert oder pure Unterhaltung. Was geht es beispielsweise Journalisten an, wenn Sex als Trockenübung im Cyberspace möglich wird? Es sei denn, sie berichten darüber in einer Reportage.

Ob die Zeitungen irgendwann nicht mehr gedruckt werden oder nur noch für wenige in einer kleinen Auflage, das hängt allein von den Produktionsmitteln und ihren Kosten ab: Eine Rotationsmaschine kostet selbst für kleine Zeitungen viele Millionen, und die amortisieren sich kaum noch. Gerade die hohen Herstellungskosten machen, neben den hohen Redakteurs-Gehältern, die Zeitung relativ teuer. Da können sich die Verleger einen Einbruch ihres Anzeigengeschäfts kaum erlauben, zumal da sie viele Millionen ins Internet-Geschäft investiert und verloren haben. Die so genannten Rubriken-Anzeigen, also der Stellen-, Auto- und Wohnungsmarkt, werden nur teilweise in die Zeitungen zurückkehren, auch wenn die Wirtschaftskrise vorüber ist; im Internet sind sie technisch besser aufgehoben. Wer ein gebrauchtes Auto, eine Wohnung oder eine neue Stelle sucht, der verliert die Lust am Kramen in den ellenlangen Kleinanzeigen-Kolonnen der Zeitung; er informiert sich schneller und genauer in einer stets aktuellen Datenbank, in der beispielsweise eine Wohnung, wenn sie vermietet ist, sofort gelöscht wird.

Die regionalen Tageszeitungen dürften nicht so stark leiden wie die überregionalen Zeitungen, deren Wohlstand durch Tausende von Stellenanzeigen am Wochenende ermöglicht wurde. Bleiben die aus, muss gespart werden, vor allem an Redakteuren und Seiten.

Doch auch wenn Netz-Zeitungen und Rubriken-Anzeigen im Internet die Zeitung bedrohen, auch wenn superflache Bildschirme die Leser begeistern, Journalisten sollten nicht verzweifeln: Je mehr Informationen durch Datennetze flirren, umso eher wird ihre Leistung gefordert werden – ebendie Recherche und *die Auswahl* von Nachrichten und Meinungen. Dabei kann es ihnen egal sein, ob in alle Ewigkeit die Zeitung auf Papier erscheinen wird oder nicht. Die Wahl des Transportmittels hat wenig zu tun mit den Leistungen, die es bringt. Diese sind nicht unbedingt an das Papier gebunden, wie schon Fernsehen und Hörfunk gezeigt haben; auch die brauchen Journalisten, um Informationen auszuwählen.

Doch noch rattern die Druckmaschinen weiter.

Das Internet verbindet die Menschen mit einer unerschöpflichen Menge an Informationen, die jeder jederzeit und an jedem Ort der Welt anzapfen kann, wenn er einen Computer und ein Telefon in der Nähe hat. Die Zeitung wird durch das Internet so schnell nicht in Gefahr geraten: Sie versammelt die wichtigen Informationen, die in kurzer Zeit zu lesen sind, gebündelt, gewichtet und vor allem preiswert.

Ausbildung und Berufsbilder

53 Die Ausbildung zum Redakteur

Wer eine Dauerwelle legen will, muss drei Jahre lernen und in einer Prüfung vor einer staatlichen Stelle beweisen, ob er's kann. Wer seine Mitbürger informieren und den Mächtigen auf die Finger klopfen will, kann zwei Jahre lernen, aber er muss es nicht; und geprüft wird er überhaupt nicht. Der Journalismus ist einer der letzten freien Berufe.

«Die Bundesregierung hält daran fest, daß der Beruf des Journalisten ein offener Begabungsberuf bleiben muß», heißt es im Medienbericht 1985. Doch ist es unerheblich, ob die Regierung festhält oder loslässt: Das Grundgesetz verbietet es staatlichen Stellen, sich in die Auswahl von Redakteuren einzumischen. «Eine Zensur findet nicht statt», heißt es im Artikel 5; und über eine Ausbildungsordnung oder amtliche Prüfung könnte der Staat eine politische Kontrolle ausüben.

So gab und gibt es *Seiteneinsteiger*, die ohne Ausbildung in eine Redaktion gelangen. Heute ist dies selten. Nach 1945 stieg schon mal ein Straßenbahnschaffner zum Lokalchef auf, wenn er zuvor als freier Mitarbeiter über das Fußballderby geschrieben hatte und dem Verleger aufgefallen war. Den Lokalredaktionen tat's gut; zwar holperten viele Sätze im Blatt, doch so viel Menschenkenntnis und Alltagserfahrung kommt heute, mit den Akademikern, nicht mehr in die Redaktionen.

Wenige schaffen den Sprung in den Journalismus über das Studium des Journalismus; der normale Weg führt über das *Volontariat*. Doch wer niemals zuvor eine Zeile veröffentlicht hat, dürfte kaum Chancen auf ein Volontariat besitzen. Der Volontär hat in der Regel schon reiche Erfahrungen als nebenberuflicher Mitarbeiter gesammelt. Zur freien Mitarbeit in einer kleinen Lokalredaktion kommen die meisten über die Schülerzeitung. Daran hat sich in den Jahrzehnten wenig geändert.

Wer Journalist werden will, muss also früh anfangen, zu schreiben und Redaktionsluft zu schnuppern. Mit jedem Auftrag, mit jedem Artikel und mit jeder Stunde in einer Redaktion steigert er seine Chance, das begehrte Volontariat zu bekommen.

Und wie sieht er aus, der Idealtyp des Volontärs? Jens Feddersen, jahrzehntelang Chefredakteur der in Essen erscheinenden *Neuen Ruhr/Neuen Rhein Zeitung (NRZ)*, zeichnet ihn so:

> *Er studiert von Montag bis Freitag in Bonn, Bochum, Köln oder Düsseldorf, wobei zweitrangig ist, was er studiert (scherzhaft sage ich: möglichst nicht Kommunikationswissenschaften), am Freitagnachmittag taucht er in der Lokalredaktion Moers mit einer Auflage von 40 000 auf, sagt: Hier bin ich, die Redaktion freut sich, sie kennt den jungen Mann oder die junge Dame und hat für Freitagabend bereits zwei Termine und für Samstag drei und für Sonntag möglichst auch noch drei Termine.*

Doch die Türen zum Volontariat stehen nicht sperrangelweit offen, der Zugang gleicht eher einem Nadelöhr. 1200 Volontäre bilden die deutschen Tageszeitungen aus, mindestens 50 000 Bewerbungen gehen Jahr für Jahr ein.

Und nutzt den Bewerbern ein Studium? Die meisten Verlage bevorzugen Akademiker; zwei von drei Redakteuren besitzen ein Diplom oder einen Magister-Titel. Abiturienten haben so gut wie keine Chance, Studienabbrecher bekommen schon größere Chancen, doch müssen sie sich weit mehr anstrengen und sich in der Redaktion bewährt haben als ihre Konkurrenten mit bestandenem Examen. Dennoch reicht das Studium nur selten aus, um sofort einen Redakteurs-Vertrag zu bekommen.

Chefredakteure und Verleger trauen den Magistern und Diplomierten nicht zu, sofort in den Beruf einzusteigen – erst recht nicht, wenn die Absolventen Publizistik oder Journalismus studiert haben. Auch Akademiker müssen in der Regel ins Volontariat gehen.

Die Bevorzugung eines Studienfachs war in der Vergangenheit kaum zu erkennen; doch heute sind Volks- und Betriebswirte sowie Juristen und Naturwissenschaftler begehrt. Vor allem suchen Chefredakteure und Verlagsleiter die Studenten, die zügig studiert haben; verziehen werden allenfalls zwei, drei Semester verlängerte Studienzeit, wenn der Volontärsbewerber viele Stunden in der Redaktion verbracht und dennoch den Abschluss geschafft hat. Wer bereit ist, vier oder acht Wochen im Semester zu schwänzen, erhöht sogar seine Chancen, denn in den Semesterferien drängeln sich viele um die wenigen Praktikums- und Mitarbeiter-Plätze.

Je größer die Distanz zur akademischen Welt auch während des Studiums bleibt, umso höher sind nachher die Chancen, im Journalismus Karriere zu machen.

So schreibt Prof. Christian Graf von Krockow: «Wer erst einmal gehörig akademisch sozialisiert wurde, der dürfte sich zum Beruf des Publizisten kaum mehr eignen.» Und er gibt angehenden Journalisten fünf Ratschläge:

1. *Haltet immer ein Stück Abstand zur akademischen Sozialisation. Öffnet Fenster mit Zugluft nach draußen. Keine Angst vor Erkältungen.*
2. *Verwechselt dabei auch nicht Spielarten der akademischen Subkultur mit dem Außerakademischen.*
3. *Keine Angst vor verständlicher Sprache; man kann statt relevant tatsächlich bedeutsam sagen.*
4. *Gute Sprache kommt nicht von ungefähr oder bloß von Gott. Sie will ständig trainiert sein wie Hochleistungssport. Dabei hilft das Vorbild guter Sprache. Lest! Lest Heine, Bismarck, Freud. Und vergesst nicht den Urquell unserer Sprache, die Lutherbibel.*
5. *Die Welt sieht immer anders aus, als unsere Theorien sie malen. Bleibt neugierig!*

Der Weg in den Journalismus führt meistens über ein zweijähriges Volontariat bei Tageszeitungen; das verdienen sich fast ausschließlich langjährige freie Mitarbeiter nach einem fast beliebigen Studium. Das Volontariat ist weitgehend eine Ausbildung in der Re-

daktion; vor allem in kleinen Redaktionen arbeiten schon Volontäre so selbständig wie die Redakteure und bemerken das Ende ihrer Lehrzeit nur am Anstieg des Gehalts.

Das Volontariat

1990 streikten die Tageszeitungs-Redakteure und erreichten erstmals einen Tarifvertrag, mit dem das Volontariat verbindlich geregelt wird. Das sind die wesentlichen Bestimmungen:

1. Der Volontär muss mindestens 18 Jahre alt sein.
2. Die Ausbildung dauert mindestens 15 und höchstens 24 Monate.
3. In drei Ressorts muss der Volontär mindestens zwei Monate ausgebildet werden: Lokales, Politik oder Nachrichten, Wirtschaft / Kultur oder Sport.
4. Sechs Wochen muss der Volontär an außerbetrieblichen Kursen teilnehmen.
5. Eine Pflicht zur Übernahme ins Redakteursverhältnis besteht nicht.
6. Drei Monate vor Ende des Volontariats muss der Verlag seine Entscheidung mitteilen.

Die Adressen der Tages- und Wochenzeitungen im Anhang.

Das Journalistik-Studium

Das Studium der Journalistik zieht die Theorie ins Zentrum, aber vernachlässigt nicht die Praxis.

Als erfolgreiches Modell gelten die Dortmunder und Leipziger Ausbildung. Zur Abschlussprüfung kann sich nur melden, wer während des Studiums ein Volontariat absolviert. Kürzere Praktika als die Dortmunder und Leipziger verlangen andere Studiengänge, etwa in Bremen, Eichstätt oder Hamburg.

Wer *Publizistik* oder *Kommunikationswissenschaften* studiert, bekommt in der Regel keine Ausbildung für den Beruf des Redakteurs; allerdings bieten einige Studiengänge praktische Übungen an, zum Beispiel in einer Lehrredaktion.

Eine Übersicht steht im Anhang.

Die Journalistenschulen
Die Ausbildung an Journalistenschulen ähnelt weitaus mehr dem Volontariat als dem Studium des Journalismus. Nur eine schmale Elite schafft die Aufnahmeprüfung und darf auf einer Journalistenschule von der Karriere träumen; nicht einmal 2 Prozent der deutschen Journalisten lernen dort. Diese Zahl wird sich auch in Zukunft nicht wesentlich erhöhen: Rund 350 Plätze stehen zur Verfügung, sie sind begehrt – vor allem die Schulen in Hamburg und München, die als die besten gelten. Eine Übersicht steht im Anhang.

54 Die journalistischen Berufe

Journalist darf sich jeder nennen, auch wenn er nur ab und an einen Leserbrief schreibt. So gibt es unzählige Journalisten und auch Hunderte von Berufen, die sich zum Journalismus rechnen, über 170 Universitäten, Fachhochschulen und Ausbildungsstätten in Deutschland bilden für einen Medienberuf aus. Das «Arbeitsrecht der Pressejournalisten» definiert den «Journalisten» so:

Journalist ist, wer berufsmäßig mit der Sammlung, Sichtung, Überprüfung, Auswahl, Bearbeitung und eigener Erstellung von Meldungen, Berichten und Kommentaren für die Massenmedien beschäftigt ist.

Doch auch Fotografen und Infographiker gelten als Journalisten, auch Produktionsredakteure, die mit der Maus am Computer-Bildschirm die Layouts produzieren. Einfach und klar definieren die Tarifverträge den Status: Wer hauptberuflich angestellt ist, der gilt als «Redakteur (Wort und Bild)». Also – Journalist kann sich jeder nennen, aber Redakteur wird er nur, wenn ihm ein Verleger einen Vertrag gibt.

Laut Schätzung der Verlegerverbände haben die Tageszeitungen rund 14 000, die Zeitschriften 7000 Redakteure angestellt; dazu kommen 8000 bei Rundfunk und Fernsehen, 5000 bei Anzeigenblättern und 2000 bei Agenturen und Mediendiensten. In dieser Statistik fehlen zwei journalistische Berufe, in die Redakteure von Tageszeitungen oder Zeitschriften gern wechseln: Wer nach dem Volontariat eine Stelle sucht oder nach Jahren als Redakteur die Lust an der Zeitung verloren hat, der wird Pressesprecher von Parteien, Verbänden, Unternehmen, Behörden oder Redakteur einer Mitarbeiterzeitung.

Mitarbeiterzeitungen sind heimliche Auflagen-Millionäre. Etwa 25 Millionen beziehen eine der 700 Werks- und Mitarbeiterzeitungen in Deutschland. Je größer das Unternehmen, umso eher sind Geschäftsführer bereit, zur Information und Motivation der Mitarbeiter eine eigene Zeitung herauszugeben, die allerdings meist eine monatlich oder vierteljährlich erscheinende Zeitschrift ist.

Kundenmagazine bieten oft eine erstaunlich hohe Qualität, sowohl in der Gestaltung wie im Ideen-Reichtum der Macher wie auch in der Professionalität von Texten und Bildern. 2003 sind die besten erstmals mit dem «Oscar für Unternehmensmagazine» ausgezeichnet worden, beispielsweise *Values* (HypoVereinsbank), *BMW-Magazin*, *Living bridges* (Schering AG), *Easy Living* (RWE), *Zu Tisch* (Miele), *Chrismon* (Evangelische Kirche) oder *McK Wissen* (McKinsey).

In den *Pressestellen* haben etwa drei Viertel der Mitarbeiter eine journalistische Ausbildung. «Wir sitzen auf der anderen Seite des Schreibtisches», so zeichnen sie gern ihr Bild als Öffentlichkeitsarbeiter – und Partner des Redakteurs, dem sie Mitteilungen schicken, mit dem ihr Unternehmen, ihre Behörde oder ihr Verband unter die Leute kommen möchte – möglichst positiv. Den Wechsel von der einen auf die andere Seite des Schreibtischs mögen die neuen Arbeitgeber: Die Ex-Redakteure wissen, was ihre alten Kollegen brauchen, und so können sie diese leichter um den Finger wickeln.

Lokalredaktionen sehen sich oft einer Übermacht an Öffentlichkeitsarbeitern gegenüber, die professionell um den Platz in der Zeitung kämpfen. Rund 12 000 Journalisten arbeiten in Pressestellen, die Zahl steigt immer noch. Mittlerweile kopieren auch die öffentlichen Verwaltungen die Wirtschaft; kaum ein Bürgermeister will, trotz des

Jammers über leere Kassen, auf einen Pressesprecher verzichten, der das Loblied seiner Taten singt.

Das Verhältnis zwischen PR-Journalisten und Redakteuren ist nicht immer ungetrübt. Manfred Buchwald, einst Vorsitzender des Deutschen Journalisten-Verbands, wehrte sich 1986 gegen die Umarmung durch die Öffentlichkeitsarbeiter:

Ich halte nichts von einer lauthals beschworenen Partnerschaft zwischen PR und Journalismus. Das klingt mir zu sehr nach warmem Hautkontakt und Umarmung; nach Kumpanei und Komplizenschaft, die es nicht geben darf, wenn beide Bereiche nach ihren Gesetzen handeln, ihrem Auftrag gerecht werden wollen. PR ist keine besondere Art von Journalismus, und Journalisten sollen nicht Handlanger der Öffentlichkeitsarbeit sein. Zu große Nähe verstellt den Blick auf den anderen. PR-Leute sind Interessenvertreter, Lobbyisten im Vorzimmer journalistischer Schreibstuben. Ich empfehle rationale Distanz.

In der Tat: Die Aufgabe des Öffentlichkeitsarbeiters ist es nicht, umfassend und ehrlich zu berichten, sondern dafür zu sorgen, dass sein Arbeitgeber eine gute Presse hat.

Journalisten nennen sich Unzählige. Angestellte Redakteure gibt es gut 50 000 in Deutschland, bei Zeitungen und Zeitschriften, Rundfunk- und TV-Anstalten sowie Agenturen, in Pressestellen und bei Mitarbeiterzeitungen.

55 Der freie Journalist

«Ein freier Journalist muß besser sein als seine Brötchengeber. Und schlauer noch dazu. Nur darf er es seinen Redakteuren nicht zeigen. Trotz journalistischer Qualität und Engagement rund um die Uhr stimmen die Einnahmen nicht immer. Aber wenn die Honorare nicht einmal einen Urlaub ermöglichen, geschweige denn die notwendigen Investitionen sichern, braucht der Freie gar nicht erst loszulegen.» So beschreibt Berthold Flöper, Herausgeber des *Ratgebers Freie Journalisten*, die 40 000 Journalisten, die nicht von einer Redaktion fest angestellt sind, aber vom Schreiben und Fotografieren leben – im Gegensatz zu jenen freien Mitarbeitern, die neben einem anderen Beruf gelegentlich für eine Zeitung oder Zeitschrift arbeiten und sich ein Zubrot verdienen (und die hier nicht gemeint sind).

Die meisten Freien leben nicht wesentlich schlechter als die Angestellten, sie verdienen in der Regel rund 150 Euro im Monat weniger als die Redakteure. Da aber immer mehr Redakteure als Freie arbeiten und immer seltener Volontäre übernommen werden, dürfte das durchschnittliche Einkommen bald deutlich sinken.

Die Freiheit hat ihren Preis. Der selbständige Journalist arbeitet als Unternehmer: Ohne Aufträge und Auftraggeber kommt kein Geld auf sein Konto; regelmäßige Überweisungen sind selten, weil nur eine Minderheit gut und pünktlich zahlt; für Kranken- und Sozialversicherung sowie die Altersversorgung muss er selber aufkommen; Weihnachts- und Urlaubsgeld überweist keiner, und im Urlaub läuft kein Gehalt automatisch weiter; sein Büro finanziert er selber, mit Fax, Computer und Putzfrau.

So muss der freiberufliche Journalist all das beherrschen, was Redakteure gern ignorieren. Er muss sich an den Wünschen seiner Kunden orientieren, gute Artikel und Fotos rechtzeitig liefern und stets nett und freundlich bleiben. Nur – seine Kunden sind nicht die Leser, sondern sein Kunde ist ein einziger Leser, eben der Redakteur, der 14-mal im Jahr sein Gehalt nebst Altersvorsorge bekommt (inklusive Weihnachts- und Urlaubsgeld). Und der bestimmt, wer schreiben und fotografieren darf.

Andererseits sind Zeitungen, vor allem aber Zeitschriften, Fernsehen und Hörfunk, auf die Freien angewiesen. Redaktionen sind zunehmend schmal besetzt; Festangestellte sind teurer als Freie, die in der Regel nur für das bezahlt werden, was sie liefern. Es gibt allerdings die Ausnahmen derer, die ein garantiertes Pauschal-Honorar bekommen – wenn sie lange, gut und zuverlässig gearbeitet haben.

Bei Fernsehen und Rundfunk heißen sie *Feste Freie*, bei Zeitschriften und Zeitungen *Pauschalisten*. Eine kleine Pauschale sichert ihr Existenzminimum und lässt ihnen große Freiheiten; eine hohe Pauschale zwängt sie oft mehr ein als ein Redakteursvertrag. Allerdings vergeben Redaktionen nur noch ungern Pauschal-Verträge: Ist der Mitarbeiter fast ausschließlich für einen Verlag tätig, gilt er als scheinselbständig und kann sich vor einem Arbeitsgericht ins Angestelltenverhältnis einklagen.

Bevor ein Freier unentbehrlich wird, muss er viel mehr Disziplin üben als ein Redakteur: Wer nicht um sieben Uhr aufstehen kann, sollte den Beruf nicht ergreifen. Er muss Klinken putzen, den Markt erkunden und eine Lücke entdecken – und viel Lehrgeld zahlen, was buchstäblich zu verstehen ist. Der folgenreichste Fehler der Anfänger: Sie bieten den Redaktionen ihre Lieblingsthemen an und fragen nicht, was die Redaktionen brauchen. So stapeln sich jeden Morgen die unverlangten Manuskripte auf den Schreibtischen der Redakteure. Im besten Fall bekommt der Freie eine nette Absage aus dem Computer, meistens landen Texte und Fotos im Papierkorb.

Im Vorteil sind diejenigen Freien, die sich zuvor als angestellte Redakteure schon ein Netz von Kontakten geknüpft haben. Sie kennen die Arbeitsweise von Redakteuren mit ihren Empfindlichkeiten und Eitelkeiten und spüren die Marktlücken auf. Wenn einer trotz aller Schwierigkeiten frei arbeiten will, muss er neben der Disziplin viel Geduld haben und alle Möglichkeiten nutzen:

1. Wer als Freier anfängt, muss in den Nischen sein Geld verdienen. Die *Bäckerblume* und die Fachzeitschrift für Aquariumfreunde brauchen eher einen guten Autor als die Tageszeitung. Am besten blättert er einen halben Tag im Bahnhofskiosk und bittet den Inhaber, kostenlos die Remittenden zu bekommen; regelmäßig bietet die Zeitschrift «Medium Magazin» Hinweise auf Verdienstmöglichkeiten.
2. Er sollte auch keine Scheu vor PR entwickeln: Agenturen, Verbände, Ministerien, Behörden und Unternehmen zahlen oft besser als die Medien, sie sind geradezu vernarrt in Leute, die wirklich schreiben können, und sie haben Aufträge in Massen.

3. Er sollte nicht haltmachen vor Broschüren und Firmenzeitschriften. Wer ein Händchen für gutes Layout hat und in einen Macintosh investieren kann, kann sogar komplette Broschüren, Faltblätter oder gar Zeitschriften für kleine Unternehmen herstellen – vom Text und den Bildern übers Layout bis zur Druckreife.
4. Er sollte auch an den Rundfunk denken. Gute kleine Aufnahmegeräte sind erschwinglich, sodass man bei einem Gespräch oder Termin leicht einige Sätze speichern kann, um sie den Privatsendern anzubieten; die sind süchtig nach O-Tönen.
5. Er sollte vor dem Selbst-Plagiat nicht zurückschrecken; es zahlt sich aus. Wer Informationen, Artikel und Fotos mehrfach verkaufen kann, kommt in die schwarzen Zahlen. Aber Vorsicht ist geboten, damit man nicht dem Konkurrenz-Blatt dieselbe Story verkauft.

Die Freiheit eines freien Journalisten ist nicht grenzenlos: Er ist abhängig von den Wünschen seiner Kunden, von ihren Honoraren und bisweilen auch ihren Launen. 40 000 Freie arbeiten als Unternehmer, die höchst selten Urlaub und Krankheit bezahlt bekommen – und sich somit den Hochmut nicht erlauben können, der manche fest angestellten Redakteure befällt.

Anhang

Literatur

Einige Klassiker sind vergriffen, aber im Antiquariat noch zu entdecken und in Bibliotheken auszuleihen: Karl-Hermann Flachs «Macht und Elend der Presse»; «Der mißachtete Leser» von Glotz/Langenbucher; Helmut Kampmanns «Die Lokalredaktion»; Werner Meyers «Journalismus von heute»; Carl Warrens «ABC des Reporters»; eine der ersten sieben Auflagen des «ABC des Journalismus», herausgegeben vom Projektteam Lokaljournalisten, sowie das Handbuch der Nachrichtenagentur *dpa* «Alles über die Nachricht».

1. Standardwerke
Emil Dovifat: Zeitungslehre (Verlag Walter de Gruyter)
Löffler/Ricker: Handbuch des Presserechts (C. H. Beck)
Hermann Meyn: Massenmedien in der Bundesrepublik Deutschland (UVK)
Heinz Pürer (Hg.): Praktischer Journalismus in Zeitung, Radio und Fernsehen (UVK)
Roderich Reifenrath: Die Blattmacher (Nest)
Walther von LaRoche: Einführung in den praktischen Journalismus (List)
Hermann Schlapp: Einstieg in den Journalismus. Ein Leitfaden zum Handwerk (Sauerländer)
Volker Schulze: Die Zeitung. Ein medienkundlicher Leitfaden (Hahner Verlagsgesellschaft)

2. Für Einsteiger und Freie
Elke Ahlswede: Das Praktikum im Journalismus (UVK)
Götz Buchholz: Ratgeber Freie (IG Medien bei ver.di)
Deutscher Journalisten-Verband: Journalist/in werden? Ausbildungsgänge und Berufschancen im Journalismus (DJV)

Berthold L. Flöper/Lothar Hausmann: Freie Journalisten. Der Ratgeber (Oberauer)
Dirk Freytag: Jugendpresse Handbuch (Bundesverband Jugendpresse)
Svenja Hofert: Erfolgreich als freier Journalist (UVK Medien)
Michael Lang/Ralf Gödde: Das Journalistenbüro (UVK Medien)
Claudia Mast (Hg.): Berufsziel Journalismus. Aufgabe, Anforderungen und Ansprechpartner (Westdeutscher Verlag)
Manuela Moenikes: Hobby: Journalist. Freie Mitarbeiter in lokalen Tageszeitungen (Westdeutscher Verlag)
Hans-Joachim Schlüter: ABC für Volontärsausbilder (UVK)
Volker Schulze (Hg.): Wege zum Journalismus (FAZ-Institut)

3. Handwerk für Profis
Ethik und Moral

Herbert Riehl-Heyse: Arbeiten in vermintem Gelände – Macht und Ohnmacht des Journalismus (Picus)

Institut zur Förderung publizistischen Nachwuchses, Deutscher Presserat (Hg.): Ethik im Redaktionsalltag (UVK)

Deutscher Presserat (Hg.): Schwarz-Weiß-Buch (2 Bände, Deutscher Presserat)

Interview/Recherche

Michael Haller: Das Interview (von demselben Autor: Recherchieren; beide: UVK)

Layout

Norbert Küpper: Zeitungsdesign – Die Ergebnisse des European Newspaper Award (erscheint jährlich seit 2000, Büro für Zeitungsdesign, Meerbusch)

Rolf F. Rehe: Typografie und Design für Zeitungen (Ifra, Darmstadt)

Marketing

Monika Jäger: Moderationstraining – Wie Zeitung ihren Lesern näher kommt (ZV)

Susanne Schaefer-Dieterle (Hg.): Zeitungen: Markenartikel mit Zukunft (ZV)

Klaus Schönbach (Hg.): Zeitungen in den Neunzigern: Faktoren des Erfolgs – 350 Tageszeitungen auf dem Prüfstand (ZV)

Verband deutscher Lokalzeitungen (Hg.): Qualität in der Lokalzeitung. Ein Leitfaden für den mitdenkenden Redakteur

Nachricht

Verena Hruska (Hg.): Die Zeitungsnachricht (ZV)

Horsch / Ohler / Schwiesau (Hg.): Radio-Nachrichten (List)

Online (Internet)

Klaus Meier (Hg.): Internet-Journalismus (UVK)

PR

Zentralausschuss der Werbewirtschaft: Schleichwerbung in Pressemedien (Edition ZAW)

Barbara Baerns: Schleichwerbung lohnt sich nicht! (Luchterhand)

Presserecht

Udo Branahl: Medienrecht. Eine Einführung (Westdeutscher Verlag)

Gerhardt / Steffen: Kleiner Knigge des Presserechts (FAZ-Institut)

Prinz / Peters: Medienrecht – Die zivilrechtlichen Ansprüche (C. H. Beck)

Michael Schmuck: Presserecht kurz und bündig (Luchterhand)

Radio

Bernd-Peter Arnold: ABC des Hörfunks (UVK)

Walther von LaRoche / Axel Buchholz (Hg.): Radio-Journalismus (List)

Inge Herrmann: Das Moderationshandbuch (UTB)

Reportage

Michael Haller: Die Reportage (UVK)

Schule und Zeitung

Eva und Peter Brand: Die Zeitung im Unterricht (Hahner Verlagsges.)

Harald Heuer (Hg.): Achtung: Pressefreiheit – Journalistische Ethik in Beispielen für den Unterricht (Deutscher Presserat)

Sprache

Ludwig Reiners: Stilfibel (dtv)

Wolf Schneider: Deutsch fürs Leben (rororo); Deutsch für Profis – Handbuch der Journalistensprache (Goldmann)

Rudolf Gerhardt: Lesebuch für Schreiber (FAZ-Institut)

TV

Gerhard Schult / Axel Buchholz: Fernseh-Journalismus. Ein Handbuch für Ausbildung und Praxis (List)

Überschrift
Wolf Schneider/Detlef Esslinger: Die Überschrift (List)
Zeitungsredaktionen
Klaus Meier: Ressort, Sparte, Team: Wahrnehmungsstrukturen und Redaktionsorganisation im Zeitungsjournalismus (UVK)

4. Für Lokaljournalisten
Golombek/Lutz: Ausgezeichnet. Rezepte für die Redaktion (Oberauer). Jedes Jahr seit 2006 erscheint ein Ergänzungsband von rund 260 Seiten mit preisgekrönten und fast preisgekrönten Arbeiten des Deutschen Lokaljournalistenpreises.
Drehscheibe (Mediendienst, erscheint monatlich mit Ideen, Konzepten und Beispielen aus Lokalredaktionen sowie Schwerpunktthema und Redaktionskalender; Abonnenten erhalten kostenlos Zugang zum Drehscheiben-Archiv); www.drehscheibe.org
Projektteam Lokaljournalisten (Hg.): Lokaljournalismus – Themen und Management (List)
Themen und Materialien für Journalisten (6 Bände, herausgegeben von der Bundeszentrale für politische Bildung: Die alltägliche Pressefreiheit/Parteien/Ausländer/Wahlen/Geschichte/Wirtschaft; kostenlos bei Vorlage des Presseausweises)

5. Jahrbücher
Deutscher Presserat – Jahrbuch (jährlich, UVK)
Redaktion – Almanach für Journalisten (seit 1992 herausgegeben von der Initiative Tageszeitung/Oberauer Verlag)
Zeitungen (das Jahrbuch der Zeitungsverleger; seit 1987; Verlag: ZV)
Die deutschen Zeitungen in Zahlen und Daten (seit 1990 jährlich herausgegeben von den Zeitungsverlegern; kostenlos)

6. Zeitschriften (in der Regel monatlich)
epd Medien (herausgegeben vom Gemeinschaftswerk der Evangelischen Publizistik; www.epd-medien.de)
Insight (Rommerskirchen); www.insight-online-de
Journalist (herausgegeben vom Deutschen Journalisten-Verband)

Media Perspektiven (ARD-Werbegesellschaften; www.media-perspektiven.de)
Medium Magazin (Verlag Oberauer; www.mediummagazin.de)
Menschen machen Medien (herausgegeben von ver.di, Fachbereich Medien; www.igmedien.de)
Message (UVK Medien, vierteljährlich; www.message-online.com)
Der Österreichische Journalist (Oberauer); www.journalist.at
Schweizer Journalist (Oberauer); www.schweizer-journalist.ch
Wirtschaftsjournalist (Oberauer); www.wirtschaftsjournalist-online.de

Der Pressekodex

Über die Moral im Journalismus wacht der Presserat. Er entscheidet über Beschwerden, die jeder Leser einer Zeitung oder Zeitschrift an ihn richten kann: Deutscher Presserat, Postfach 7160, 53071 Bonn; www.presserat.de

Die Publizistischen Grundsätze (Pressekodex) hat der Deutsche Presserat in Zusammenarbeit mit den Presseverbänden beschlossen; sie werden immer wieder aktualisiert und durch Richtlinien ergänzt. Dies ist die Fassung von 2006:

> Die im Grundgesetz der Bundesrepublik verbürgte Pressefreiheit schließt die Unabhängigkeit und Freiheit der Information, der Meinungsäußerung und der Kritik ein. Verleger, Herausgeber und Journalisten müssen sich bei ihrer Arbeit der Verantwortung gegenüber der Öffentlichkeit und ihrer Verpflichtung für das Ansehen der Presse bewusst sein. Sie nehmen ihre publizistische Aufgabe nach bestem Wissen und Gewissen, unbeeinflusst von persönlichen Interessen und sachfremden Beweggründen wahr.
>
> Die publizistischen Grundsätze konkretisieren die Berufsethik der Presse. Sie umfasst die Pflicht, im Rahmen der Verfassung und der verfassungskonformen Gesetze das Ansehen der Presse zu wahren und für die Freiheit der Presse einzustehen.
>
> Die Regelungen zum Redaktionsdatenschutz gelten für die Presse, soweit sie personenbezogene Daten zu journalistisch-redaktionellen Zwecken erhebt, verarbeitet oder nutzt. Von der Recherche über Redaktion, Veröffentlichung, Dokumentation bis hin zur Archivierung dieser Daten achtet die Presse das Privatleben, die Intimsphäre und das Recht auf informationelle Selbstbestimmung des Menschen.

Die Berufsethik räumt jedem das Recht ein, sich über die Presse zu beschweren. Beschwerden sind begründet, wenn die Berufsethik verletzt wird.

Ziffer 1

Die Achtung vor der Wahrheit, die Wahrung der Menschenwürde und die wahrhaftige Unterrichtung der Öffentlichkeit sind oberste Gebote der Presse.

Richtlinie 1.1 – Exklusivverträge

Die Unterrichtung der Öffentlichkeit über Vorgänge oder Ereignisse, die nach Bedeutung, Gewicht und Tragweite für die Meinungs- und Willensbildung wesentlich sind, darf nicht durch Exklusivverträge mit den Informationsträgern oder durch deren Abschirmung eingeschränkt oder verhindert werden. Wer ein Informationsmonopol anstrebt, schließt die übrige Presse von der Beschaffung von Nachrichten dieser Bedeutung aus und behindert damit die Informationsfreiheit.

Richtlinie 1.2 – Wahlkampfveranstaltungen

Es entspricht journalistischer Fairness, dient der Informationsfreiheit der Bürger und wahrt die Chancengleichheit der demokratischen Parteien, wenn die Presse in ihrer Berichterstattung über Wahlkampfveranstaltungen auch Auffassungen mitteilt, die sie selbst nicht teilt.

Richtlinie 1.3 – Pressemitteilungen

Pressemitteilungen, die von Behörden, Parteien, Verbänden, Vereinen oder anderen Interessenvertretungen herausgegeben werden, müssen als solche gekennzeichnet werden, wenn sie ohne Bearbeitung durch die Redaktion veröffentlicht werden.

Ziffer 2

Zur Veröffentlichung bestimmte Nachrichten und Informationen in Wort und Bild sind mit der nach den Umständen gebotenen Sorgfalt auf ihren Wahrheitsgehalt zu prüfen. Ihr Sinn darf durch Bearbeitung, Überschrift oder Bildbeschriftung weder entstellt noch verfälscht werden. Dokumente müssen sinngetreu wiedergegeben werden. Unbestätigte Meldungen, Gerüchte und Vermutungen sind als solche erkennbar zu machen.

Symbolfotos müssen als solche kenntlich sein oder erkennbar gemacht werden.

Richtlinie 2.1 – Umfrageergebnisse
Der Deutsche Presserat empfiehlt der Presse, bei der Veröffentlichung von Umfrageergebnissen von Meinungsbefragungsinstituten die Zahl der Befragten, den Zeitpunkt der Befragung, den Auftraggeber sowie die Fragestellung mitzuteilen. Sofern es keinen Auftraggeber gibt, soll vermerkt werden, dass die Umfragedaten auf die eigene Initiative des Meinungsbefragungsinstituts zurückgehen.

Richtlinie 2.2 – Symbolfoto
Kann eine Illustration, insbesondere eine Fotografie, beim flüchtigen Lesen als dokumentarische Abbildung aufgefasst werden, obwohl es sich um ein Symbolfoto handelt, so ist eine entsprechende Klarstellung geboten. So sind

- Ersatz- oder Behelfsillustrationen (gleiches Motiv bei anderer Gelegenheit, anderes Motiv bei gleicher Gelegenheit etc.)
- symbolische Illustrationen (nachgestellte Szene, künstlich visualisierter Vorgang zum Text etc.)
- Fotomontagen oder sonstige Veränderungen
- deutlich wahrnehmbar in Bildlegende bzw. Bezugstext als solche erkennbar zu machen.

Richtlinie 2.3 – Vorausberichte
Die Presse trägt für von ihr herausgegebene Vorausberichte, die in gedrängter Fassung den Inhalt einer angekündigten Veröffentlichung wiedergeben, die publizistische Verantwortung. Wer Vorausberichte von Presseorganen unter Angabe der Quelle weiter verbreitet, darf sich grundsätzlich auf ihren Wahrheitsgehalt verlassen. Kürzungen oder Zusätze dürfen nicht dazu führen, dass wesentliche Teile der Veröffentlichung eine andere Tendenz erhalten oder unrichtige Rückschlüsse zulassen, durch die berechtigte Interessen Dritter verletzt werden.

Richtlinie 2.4 – Interview
Ein Interview ist auf jeden Fall journalistisch korrekt, wenn es vom Interviewten oder dessen Beauftragten autorisiert wurde. Unter besonderem Zeitdruck ist es auch korrekt, Äußerungen in unautorisierter Interviewform zu veröffentlichen, wenn den Gesprächspartnern klar ist, dass die Aussagen zur wörtlichen oder sinngemäßen Publikation gedacht sind. Journalisten sollten sich stets als solche zu erkennen geben.

Wird ein Interview ganz oder in wesentlichen Teilen im Wortlaut übernommen, so muss die Quelle angegeben werden. Wird der wesentliche Inhalt der geäußerten Gedanken mit eigenen Worten wiedergegeben, entspricht eine Quellenangabe journalistischem Anstand.

Bei Ankündigung eines Interviews in Form einer Kurzfassung ist zu beachten, dass der Interviewte gegen Entstellungen oder Beeinträchtigungen, die seine berechtigten Interessen gefährden, geschützt ist.

Richtlinie 2.5 – Sperrfristen

Sperrfristen, bis zu deren Ablauf die Veröffentlichung bestimmter Nachrichten aufgeschoben werden soll, sind nur dann vertretbar, wenn sie einer sachgemäßen und sorgfältigen Berichterstattung dienen. Sie unterliegen grundsätzlich der freien Vereinbarung zwischen Informanten und Medien. Sperrfristen sind nur dann einzuhalten, wenn es dafür einen sachlich gerechtfertigten Grund gibt, wie zum Beispiel beim Text einer noch nicht gehaltenen Rede, beim vorzeitig ausgegebenen Geschäftsbericht einer Firma oder bei Informationen über ein noch nicht eingetretenes Ereignis (Versammlungen, Beschlüsse, Ehrungen u. a.). Werbezwecke sind kein sachlicher Grund für Sperrfristen.

Richtlinie 2.6 – Leserbriefe

(1) Den Lesern sollte durch Abdruck von Leserbriefen, sofern sie nach Form und Inhalt geeignet sind, die Möglichkeit eingeräumt werden, Meinungen zu äußern und damit an der Meinungsbildung teilzunehmen. Es entspricht der journalistischen Sorgfaltspflicht, bei der Veröffentlichung von Leserbriefen die publizistischen Grundsätze zu beachten.

(2) Zuschriften an Verlage oder Redaktionen können als Leserbriefe veröffentlicht werden, wenn aus Form und Inhalt erkennbar auf einen solchen Willen des Einsenders geschlossen werden kann. Eine Einwilligung kann unterstellt werden, wenn sich die Zuschrift zu Veröffentlichungen des Blattes oder zu allgemein interessierenden Themen äußert. Der Verfasser hat keinen Rechtsanspruch auf Abdruck seiner Zuschrift.

(3) Es entspricht einer allgemeinen Übung, dass der Abdruck mit dem Namen des Verfassers erfolgt. Nur in Ausnahmefällen kann auf Wunsch des Verfassers eine andere Zeichnung erfolgen. Die Presse

sollte beim Abdruck auf die Veröffentlichung von Adressangaben verzichten. Bestehen Zweifel an der Identität des Absenders, soll auf den Abdruck verzichtet werden. Die Veröffentlichung fingierter Leserbriefe ist mit der Aufgabe der Presse unvereinbar.

(4) Änderungen oder Kürzungen von Zuschriften namentlich bekannter Verfasser ohne deren Einverständnis sind grundsätzlich unzulässig. Kürzungen sind möglich, wenn die Rubrik Leserzuschriften einen ständigen Hinweis enthält, dass sich die Redaktion bei Zuschriften, die für diese Rubrik bestimmt sind, das Recht der sinnwahrenden Kürzung vorbehält. Verbietet der Einsender ausdrücklich Änderungen oder Kürzungen, so hat sich die Redaktion, auch wenn sie sich das Recht der Kürzung vorbehalten hat, daran zu halten oder auf den Abdruck zu verzichten.

(5) Alle einer Redaktion zugehenden Leserbriefe unterliegen dem Redaktionsgeheimnis. Sie dürfen in keinem Fall an Dritte weitergegeben werden.

Ziffer 3

Veröffentlichte Nachrichten oder Behauptungen, insbesondere personenbezogener Art, die sich nachträglich als falsch erweisen, hat das Publikationsorgan, das sie gebracht hat, unverzüglich von sich aus in angemessener Weise richtig zu stellen.

Richtlinie 3.1 – Richtigstellung

Für den Leser muss erkennbar sein, dass die vorangegangene Meldung ganz oder zum Teil unrichtig war. Deshalb nimmt eine Richtigstellung bei der Wiedergabe des korrekten Sachverhalts auf die vorangegangene Falschmeldung Bezug. Der wahre Sachverhalt wird geschildert, auch dann, wenn der Irrtum bereits in anderer Weise in der Öffentlichkeit eingestanden worden ist.

Richtlinie 3.2 – Dokumentierung

Führt die journalistisch-redaktionelle Erhebung, Verarbeitung oder Nutzung personenbezogener Daten durch die Presse zur Veröffentlichung von Richtigstellungen, Widerrufen, Gegendarstellungen oder zu Rügen des Deutschen Presserats, so sind diese Veröffentlichungen von dem betreffenden Publikationsorgan zu den gespeicherten Daten zu nehmen und für dieselbe Zeitdauer zu dokumentieren wie die Daten selbst.

Richtlinie 3.3 – Auskunft
Wird jemand durch eine Berichterstattung in der Presse in seinem Persönlichkeitsrecht beeinträchtigt, so hat das verantwortliche Publikationsorgan dem Betroffenen auf Antrag Auskunft über die der Berichterstattung zugrunde liegenden, zu seiner Person gespeicherten Daten zu erstatten. Die Auskunft darf verweigert werden, soweit
- aus den Daten auf Personen, die bei der Recherche, Bearbeitung oder Veröffentlichung von Beiträgen berufsmäßig journalistisch mitwirken oder mitgewirkt haben, geschlossen werden kann,
- aus den Daten auf die Person des Einsenders, Gewährsträgers oder Informanten von Beiträgen, Unterlagen und Mitteilungen für den redaktionellen Teil geschlossen werden kann,
- durch die Mitteilung der recherchierten oder sonst erlangten Daten die journalistische Aufgabe des Publikationsorgans durch Ausforschung des Informationsbestandes beeinträchtigt würde oder
- es sich sonst als notwendig erweist, um das Recht auf Privatsphäre mit dem für die Freiheit der Meinungsäußerung geltenden Vorschriften in Einklang zu bringen.

Ziffer 4
Bei der Beschaffung von personenbezogenen Daten, Nachrichten, Informationsmaterial und Bildern dürfen keine unlauteren Methoden angewandt werden.

Richtlinie 4.1 – Grundsätze der Recherchen
Recherche ist unverzichtbares Instrument journalistischer Sorgfaltspflicht. Journalisten geben sich grundsätzlich zu erkennen. Unwahre Angaben des recherchierenden Journalisten über seine Identität und darüber, welches Organ er vertritt, sind grundsätzlich mit dem Ansehen und der Funktion der Presse nicht vereinbar.

Verdeckte Recherche ist im Einzelfall gerechtfertigt, wenn damit Informationen von besonderem öffentlichen Interesse beschafft werden, die auf andere Weise nicht zugänglich sind.

Bei Unglücksfällen und Katastrophen beachtet die Presse, dass Rettungsmaßnahmen für Opfer und Gefährdete Vorrang vor dem Informationsanspruch der Öffentlichkeit haben.

Richtlinie 4.2 – Recherche bei schutzbedürftigen Personen
Bei der Recherche gegenüber schutzbedürftigen Personen ist besondere Zurückhaltung geboten. Dies betrifft vor allem Menschen, die sich nicht im Vollbesitz ihrer geistigen oder körperlichen Kräfte befinden oder einer seelischen Extremsituation ausgesetzt sind, aber auch Kinder und Jugendliche. Die eingeschränkte Willenskraft oder die besondere Lage solcher Personen darf nicht gezielt zur Informationsbeschaffung ausgenutzt werden.
Richtlinie 4.3 – Sperrung oder Löschung personenbezogener Daten
Personenbezogene Daten, die unter Verstoß gegen den Pressekodex erhoben wurden, sind von dem betreffenden Publikationsorgan zu sperren oder zu löschen.

Ziffer 5
Die vereinbarte Vertraulichkeit ist grundsätzlich zu wahren.
Richtlinie 5.1 – Vertraulichkeit
Hat der Informant die Verwertung seiner Mitteilung davon abhängig gemacht, dass er als Quelle unerkennbar oder ungefährdet bleibt, so ist diese Bedingung zu respektieren. Vertraulichkeit kann nur dann nicht bindend sein, wenn die Information ein Verbrechen betrifft und die Pflicht zur Anzeige besteht. Vertraulichkeit muss nicht gewahrt werden, wenn bei sorgfältiger Güter- und Interessenabwägung gewichtige staatspolitische Gründe überwiegen, insbesondere wenn die verfassungsmäßige Ordnung berührt oder gefährdet ist.

Über als geheim bezeichnete Vorgänge und Vorhaben darf berichtet werden, wenn nach sorgfältiger Abwägung festgestellt wird, dass das Informationsbedürfnis der Öffentlichkeit höher rangiert als die für die Geheimhaltung angeführten Gründe.

Ziffer 6
Jede in der Presse tätige Person wahrt das Ansehen und die Glaubwürdigkeit der Medien sowie das Berufsgeheimnis, macht vom Zeugnisverweigerungsrecht Gebrauch und gibt Informanten ohne deren ausdrückliche Zustimmung nicht preis.
Richtlinie 6.1 – Trennung von Funktionen
Übt ein Journalist oder Verleger neben seiner publizistischen Tätigkeit eine Funktion, beispielsweise in einer Regierung, einer Behörde oder in

einem Wirtschaftsunternehmen aus, müssen alle Beteiligten auf strikte Trennung dieser Funktionen achten. Gleiches gilt im umgekehrten Fall. Widerstreitende Interessen schaden dem Ansehen der Presse.

Richtlinie 6.2 – Nachrichtendienstliche Tätigkeiten
Nachrichtendienstliche Tätigkeiten von Journalisten und Verlegern sind mit den Pflichten aus dem Berufsgeheimnis und dem Ansehen der Presse nicht vereinbar.

Ziffer 7
Die Verantwortung der Presse gegenüber der Öffentlichkeit gebietet, dass redaktionelle Veröffentlichungen nicht durch private oder geschäftliche Interessen Dritter oder durch persönliche wirtschaftliche Interessen der Journalistinnen und Journalisten beeinflusst werden. Verleger und Redakteure wehren derartige Versuche ab und achten auf eine klare Trennung zwischen redaktionellem Text und Veröffentlichungen zu werblichen Zwecken.

Richtlinie 7.1 – Trennung von redaktionellem Text und Anzeigen
Für bezahlte Veröffentlichungen gelten die werberechtlichen Regelungen. Nach ihnen müssen die Veröffentlichungen so gestaltet sein, dass die Werbung für den Leser als Werbung erkennbar ist.

Richtlinie 7.2 – Schleichwerbung
Redaktionelle Veröffentlichungen, die auf Unternehmen, ihre Erzeugnisse, Leistungen oder Veranstaltungen hinweisen, dürfen nicht die Grenze zur Schleichwerbung überschreiten. Eine Überschreitung liegt insbesondere nahe, wenn die Veröffentlichung über ein begründetes öffentliches Interesse oder das Informationsinteresse der Leser hinausgeht.

Die Glaubwürdigkeit der Presse als Informationsquelle gebietet besondere Sorgfalt beim Umgang mit PR-Material sowie bei der Abfassung eigener redaktioneller Hinweise durch die Redaktionen.

Dies gilt auch für unredigierte Werbetexte, Werbefotos und Werbezeichnungen.

Richtlinie 7.3 – Sonderveröffentlichungen
Sonderveröffentlichungen unterliegen der gleichen redaktionellen Verantwortung wie alle redaktionellen Veröffentlichungen.

Richtlinie 7.4 – Wirtschafts- und Finanzmarktberichterstattung
Journalisten und Verleger, die Informationen im Rahmen ihrer Berufs-

ausübung recherchieren oder erhalten, nutzen diese Informationen vor ihrer Veröffentlichung ausschließlich für publizistische Zwecke und nicht zum eigenen persönlichen Vorteil oder zum persönlichen Vorteil anderer.

Journalisten und Verleger dürfen keine Berichte über Wertpapiere und/oder deren Emittenten in der Absicht veröffentlichen, durch die Kursentwicklung des entsprechenden Wertpapieres sich, ihre Familienmitglieder oder andere nahestehende Personen zu bereichern. Sie sollen weder direkt noch durch Bevollmächtigte Wertpapiere kaufen bzw. verkaufen, über die sie zumindest in den vorigen zwei Wochen etwas veröffentlicht haben oder in den nächsten zwei Wochen eine Veröffentlichung planen.

Um die Einhaltung dieser Regelungen sicherzustellen, treffen Journalisten und Verleger die erforderlichen Maßnahmen. Interessenskonflikte bei der Erstellung oder Weitergabe von Finanzanalysen sind in geeigneter Weise offen zu legen.

Ziffer 8

Die Presse achtet das Privatleben und die Intimsphäre des Menschen. Berührt jedoch das private Verhalten öffentliche Interessen, so kann es im Einzelfall in der Presse erörtert werden. Dabei ist zu prüfen, ob durch eine Veröffentlichung Persönlichkeitsrechte Unbeteiligter verletzt werden.

Die Presse achtet das Recht auf informationelle Selbstbestimmung und gewährleistet den redaktionellen Datenschutz.

Richtlinie 8.1 – Nennung von Namen / Abbildungen

(1) Die Nennung der Namen und die Abbildung von Opfern und Tätern in der Berichterstattung über Unglücksfälle, Straftaten, Ermittlungs- und Gerichtsverfahren (siehe auch Ziffer 13 des Pressekodex) sind in der Regel nicht gerechtfertigt. Immer ist zwischen dem Informationsinteresse der Öffentlichkeit und dem Persönlichkeitsrecht des Betroffenen abzuwägen. Sensationsbedürfnisse können ein Informationsinteresse der Öffentlichkeit nicht begründen.

(2) Opfer von Unglücksfällen oder von Straftaten haben Anspruch auf besonderen Schutz ihres Namens. Für das Verständnis des Unfallgeschehens bzw. des Tathergangs ist das Wissen um die Identität des

Opfers in der Regel unerheblich. Ausnahmen können bei Personen der Zeitgeschichte oder bei besonderen Begleitumständen gerechtfertigt sein.

(3) Bei Familienangehörigen und sonstigen durch die Veröffentlichung mittelbar Betroffenen, die mit dem Unglücksfall oder der Straftat nichts zu tun haben, sind Namensnennung und Abbildung grundsätzlich unzulässig.

(4) Die Nennung des vollständigen Namens und/oder die Abbildung von Tatverdächtigen, die eines Kapitalverbrechens beschuldigt werden, ist ausnahmsweise dann gerechtfertigt, wenn dies im Interesse der Verbrechensaufklärung liegt und Haftbefehl beantragt ist oder wenn das Verbrechen unter den Augen der Öffentlichkeit begangen wird. Liegen Anhaltspunkte für eine mögliche Schuldunfähigkeit eines Täters oder Tatverdächtigen vor, sollen Namensnennung und Abbildung unterbleiben.

(5) Bei Straftaten Jugendlicher sind mit Rücksicht auf die Zukunft der Jugendlichen möglichst Namensnennung und identifizierende Bildveröffentlichungen zu unterlassen, sofern es sich nicht um schwere Taten handelt.

(6) Bei Amts- und Mandatsträgern können Namensnennung und Abbildung zulässig sein, wenn ein Zusammenhang zwischen Amt und Mandat und einer Straftat gegeben ist. Gleiches trifft auf Personen der Zeitgeschichte zu, wenn die ihnen zur Last gelegte Tat im Widerspruch steht zu dem Bild, das die Öffentlichkeit von ihnen hat.

(7) Namen und Abbild Vermisster dürfen veröffentlicht werden, jedoch nur im Benehmen mit den zuständigen Behörden.

Richtlinie 8.2 – Schutz des Aufenthaltsortes
Der private Wohnsitz sowie andere Orte der privaten Niederlassung, wie zum Beispiel Krankenhaus-, Pflege-, Kur-, Haft- oder Rehabilitationsorte, genießen besonderen Schutz.

Richtlinie 8.3 – Resozialisierung
Im Interesse der Resozialisierung müssen bei der Berichterstattung im Anschluss an ein Strafverfahren in der Regel Namensnennung und Abbildung unterbleiben.

Richtlinie 8.4 – Erkrankungen
Körperliche und psychische Erkrankungen oder Schäden fallen grundsätzlich in die Geheimsphäre des Betroffenen. Mit Rücksicht auf ihn und seine Angehörigen soll die Presse in solchen Fällen auf Namensnennung und Bild verzichten und abwertende Bezeichnungen der Krankheit oder der Krankenanstalt, auch wenn sie im Volksmund anzutreffen sind, vermeiden. Auch Personen der Zeitgeschichte genießen über den Tod hinaus den Schutz vor diskriminierenden Enthüllungen.

Richtlinie 8.5 – Selbsttötung
Die Berichterstattung über Selbsttötung gebietet Zurückhaltung. Dies gilt insbesondere für die Nennung von Namen und die Schilderung näherer Begleitumstände. Eine Ausnahme ist beispielsweise dann zu rechtfertigen, wenn es sich um einen Vorfall der Zeitgeschichte von öffentlichem Interesse handelt.

Richtlinie 8.6 – Opposition und Fluchtvorgänge
Bei der Berichterstattung über Länder, in denen Opposition gegen die Regierung Gefahren für Leib und Leben bedeuten kann, ist immer zu bedenken: Durch die Nennung von Namen oder die Wiedergabe eines Fotos können Betroffene identifiziert und verfolgt werden. Gleiches gilt für die Berichterstattung über Flüchtlinge. Weiter ist zu bedenken: Die Veröffentlichung von Einzelheiten über Geflüchtete, die Vorbereitung und Darstellung ihrer Flucht sowie ihren Fluchtweg kann dazu führen, dass zurückgebliebene Verwandte und Freunde gefährdet oder noch bestehende Fluchtmöglichkeiten verbaut werden.

Richtlinie 8.7 – Jubiläumsdaten
Die Veröffentlichung von Jubiläumsdaten solcher Personen, die sonst nicht im Licht der Öffentlichkeit stehen, bedingt, dass sich die Redaktion vorher vergewissert hat, ob die Betroffenen mit der Veröffentlichung einverstanden sind oder vor öffentlicher Anteilnahme geschützt sein wollen.

Richtlinie 8.8 – Datenübermittlung
Alle von Redaktionen zu journalistisch-redaktionellen Zwecken erhobenen, verarbeiteten oder genutzten personenbezogenen Daten unterliegen dem Redaktionsgeheimnis. Die Übermittlung von Daten zu journalistisch-redaktionellen Zwecken zwischen den Redaktionen ist zulässig.

Sie soll bis zum Abschluss eines formellen datenschutzrechtlichen Beschwerdeverfahrens unterbleiben. Eine Datenübermittlung ist mit dem Hinweis zu versehen, dass die übermittelten Daten nur zu journalistisch-redaktionellen Zwecken verarbeitet oder genutzt werden dürfen.

Ziffer 9
Es widerspricht journalistischem Anstand, unbegründete Behauptungen und Beschuldigungen, insbesondere ehrverletzender Natur, zu veröffentlichen.

Ziffer 10
Veröffentlichungen in Wort und Bild, die das sittliche oder religiöse Empfinden einer Personengruppe nach Form und Inhalt wesentlich verletzen können, sind mit der Verantwortung der Presse nicht zu vereinbaren.

Ziffer 11
Die Presse verzichtet auf eine unangemessen sensationelle Darstellung von Gewalt und Brutalität. Der Schutz der Jugend ist in der Berichterstattung zu berücksichtigen.

Richtlinie 11.1 – Unangemessene Darstellung
Unangemessen sensationell ist eine Darstellung, wenn in der Berichterstattung der Mensch zum Objekt, zu einem bloßen Mittel, herabgewürdigt wird. Dies ist insbesondere dann der Fall, wenn über einen sterbenden oder körperlich oder seelisch leidenden Menschen in einer über das öffentliche Interesse und das Informationsinteresse der Leser hinausgehenden Art und Weise berichtet wird.

Richtlinie 11.2 – Berichterstattung über Gewalttaten
Bei der Berichterstattung über Gewalttaten, auch angedrohte, wägt die Presse das Informationsinteresse der Öffentlichkeit gegen die Interessen der Opfer und Betroffenen sorgsam ab. Sie berichtet über diese Vorgänge unabhängig und authentisch, lässt sich aber dabei nicht zum Werkzeug von Verbrechern machen. Sie unternimmt keine eigenmächtigen Vermittlungsversuche zwischen Verbrechern und Polizei.
Interviews mit Tätern während des Tatgeschehens darf es nicht geben.

Richtlinie 11.3 – Unglücksfälle und Katastrophen
Die Berichterstattung über Unglücksfälle und Katastrophen findet ihre Grenze im Respekt vor dem Leid von Opfern und den Gefühlen von

Angehörigen. Die vom Unglück Betroffenen dürfen grundsätzlich durch die Darstellung nicht ein zweites Mal zu Opfern werden.

Richtlinie 11.4 – Nachrichtensperre

Nachrichtensperren akzeptiert die Presse grundsätzlich nicht. Ein abgestimmtes Verhalten zwischen Medien und Polizei gibt es nur dann, wenn Leben und Gesundheit von Opfern und anderen Beteiligten durch das Handeln von Journalisten geschützt oder gerettet werden können. Dem Ersuchen von Strafverfolgungsbehörden, die Berichterstattung im Interesse der Aufklärung von Verbrechen in einem bestimmten Zeitraum, ganz oder teilweise zu unterlassen, folgt die Presse, wenn das jeweilige Ersuchen überzeugend begründet ist.

Richtlinie 11.5 – Verbrecher-Memoiren

Die Veröffentlichung so genannter Verbrecher-Memoiren verstößt gegen die publizistischen Grundsätze, wenn Straftaten nachträglich gerechtfertigt oder relativiert werden, die Opfer unangemessen belastet und durch eine detaillierte Schilderung eines Verbrechens lediglich Sensationsbedürfnisse befriedigt werden.

Richtlinie 11.6 – Drogen

Veröffentlichungen in der Presse dürfen den Gebrauch von Drogen nicht verharmlosen.

Ziffer 12

Niemand darf wegen seines Geschlechts, einer Behinderung oder seiner Zugehörigkeit zu einer rassischen, ethnischen, religiösen, sozialen oder nationalen Gruppe diskriminiert werden.

Richtlinie 12.1 – Berichterstattung über Straftaten

In der Berichterstattung über Straftaten wird die Zugehörigkeit der Verdächtigen oder Täter zu religiösen, ethnischen oder anderen Minderheiten nur dann erwähnt, wenn für das Verständnis des berichteten Vorgangs ein begründbarer Sachbezug besteht.

Besonders ist zu beachten, dass die Erwähnung Vorurteile gegenüber schutzbedürftigen Gruppen schüren könnte.

Ziffer 13

Die Berichterstattung über Ermittlungsverfahren, Strafverfahren und sonstige förmliche Verfahren muss frei von Vorurteilen erfolgen. Die Presse vermeidet deshalb vor Beginn und während der

Dauer eines solchen Verfahrens in Darstellung und Überschrift jede präjudizierende Stellungnahme. Ein Verdächtiger darf vor einem gerichtlichen Urteil nicht als Schuldiger hingestellt werden. Über Entscheidungen von Gerichten soll nicht ohne schwerwiegende Rechtfertigungsgründe vor deren Bekanntgabe berichtet werden.

Richtlinie 13.1 – Vorverurteilung – Folgeberichterstattung

Die Berichterstattung über Ermittlungs- und Gerichtsverfahren dient der sorgfältigen Unterrichtung der Öffentlichkeit über Straftaten, deren Verfolgung und richterlichen Bewertung. Bis zu einer gerichtlichen Verurteilung gilt die Unschuldsvermutung, auch im Falle eines Geständnisses. Auch wenn eine Täterschaft für die Öffentlichkeit offenkundig ist, darf der Betroffene bis zu einem Gerichtsurteil nicht als Schuldiger im Sinne eines Urteilsspruchs hingestellt werden.

Vorverurteilende Darstellungen und Behauptungen verstoßen gegen den verfassungsrechtlichen Schutz der Menschenwürde, der uneingeschränkt auch für Straftäter gilt.

Ziel der Berichterstattung darf in einem Rechtsstaat nicht eine soziale Zusatzbestrafung Verurteilter mit Hilfe eines «Medien-Prangers» sein. Daher ist zwischen Verdacht und erwiesener Schuld in der Sprache der Berichterstattung deutlich zu unterscheiden.

Hat die Presse über eine noch nicht rechtskräftige Verurteilung eines namentlich erwähnten oder für einen größeren Leserkreis erkennbaren Betroffenen berichtet, soll sie auch über einen rechtskräftig abschließenden Freispruch bzw. über eine deutliche Minderung des Strafvorwurfs berichten, sofern berechtigte Interessen des Betroffenen dem nicht entgegenstehen. Diese Empfehlung gilt sinngemäß auch für die Einstellung eines Ermittlungsverfahrens.

Kritik und Kommentar zu einem Verfahren sollen sich erkennbar vom Prozessbericht unterscheiden.

Richtlinie 13.2 – Straftaten Jugendlicher

Bei der Berichterstattung über Ermittlungs- und Strafverfahren gegen Jugendliche sowie über ihr Auftreten vor Gericht soll die Presse mit Rücksicht auf die Zukunft der Betroffenen besondere Zurückhaltung üben. Diese Empfehlung gilt sinngemäß für jugendliche Opfer von Straftaten.

Ziffer 14

Bei Berichten über medizinische Themen ist eine unangemessen sensationelle Darstellung zu vermeiden, die unbegründete Befürchtungen oder Hoffnungen beim Leser erwecken könnte. Forschungsergebnisse, die sich in einem frühen Stadium befinden, sollten nicht als abgeschlossen oder nahezu abgeschlossen dargestellt werden.

Richtlinie 14.1 – Medizinische oder pharmazeutische Forschung

Die Berichterstattung über angebliche Erfolge oder Misserfolge der medizinischen oder pharmazeutischen Forschung zur Bekämpfung von Krankheiten verlangt Sorgfalt und Verantwortungsgefühl. In Text und Aufmachung ist alles zu unterlassen, was bei Kranken und deren Angehörigen unbegründete und mit dem tatsächlichen Stand der medizinischen Forschung nicht in Einklang stehende Hoffnungen auf Heilung in absehbarer Zeit erweckt. Andererseits sollen durch kritische oder gar einseitige Berichte über kontrovers diskutierte Meinungen Kranke nicht verunsichert und der mögliche Erfolg therapeutischer Maßnahmen nicht in Frage gestellt werden.

Ziffer 15

Die Annahme und Gewährung von Vorteilen jeder Art, die geeignet sein könnten, die Entscheidungsfreiheit von Verlag und Redaktion zu beeinträchtigen, sind mit dem Ansehen, der Unabhängigkeit und der Aufgabe der Presse unvereinbar. Wer sich für die Verbreitung oder Unterdrückung von Nachrichten bestechen lässt, handelt unehrenhaft und berufswidrig.

Richtlinie 15.1 – Einladungen und Geschenke

Die Gefahr einer Beeinträchtigung der Entscheidungsfreiheit von Verlagen und Redaktionen sowie der unabhängigen Urteilsbildung der Journalisten besteht, wenn Redakteure und redaktionelle Mitarbeiter Einladungen oder Geschenke annehmen, deren Wert das im gesellschaftlichen Verkehr übliche und im Rahmen der beruflichen Tätigkeit notwendige Maß übersteigt. Schon der Anschein, die Entscheidungsfreiheit von Verlag und Redaktion könne durch Gewährung von Einladungen oder Geschenken beeinträchtigt werden, ist zu vermeiden.

Geschenke sind wirtschaftliche und ideelle Vergünstigungen jeder Art. Die Annahme von Werbeartikeln zum täglichen Gebrauch oder sonstiger geringwertiger Gegenstände zu traditionellen Gelegenheiten ist unbedenklich.

Recherche und Berichterstattung dürfen durch die Vergabe oder Annahme von Geschenken, Rabatten oder Einladungen nicht beeinflusst, behindert oder gar verhindert werden. Verlage und Journalisten sollten darauf bestehen, dass Informationen unabhängig von der Annahme eines Geschenks oder einer Einladung gegeben werden.

Ziffer 16

Es entspricht fairer Berichterstattung, vom Deutschen Presserat öffentlich ausgesprochene Rügen abzudrucken, insbesondere in den betroffenen Publikationsorganen.

Richtlinie 16.1 – Rügenabdruck

Für das betroffene Publikationsorgan gilt:

Der Leser muss erfahren, welcher Sachverhalt der gerügten Veröffentlichung zugrunde lag und welcher publizistische Grundsatz dadurch verletzt wurde.

Erste Adressen

Journalisten-Programm

Die Bundeszentrale für politische Bildung bietet mit ihrem Journalisten-Programm das umfangreichste und anspruchsvollste Angebot; es wendet sich vornehmlich an Lokalredakteure, Ressortleiter und Chefredakteure von Tageszeitungen. Es ist dem journalistischen Selbstverständnis verpflichtet, wie es im Kapitel 3 unseres Buchs formuliert ist; es will den Redakteuren auf die Sprünge helfen, die lebenswichtige Rolle zu verstehen und auszufüllen, die das demokratische Staatswesen ihnen zuweist. Das Programm bietet unter anderem einwöchige Modellseminare zu journalistischen Grundsatz-Themen, die von einem Beirat von herausragenden Redakteuren geplant («Projektteam Lokaljournalisten») und von Journalisten selber vorbereitet und geleitet werden; die Teilnahme ist kostenlos. Einige Themen: Wirtschaftsthemen für den modernen Lokalteil: Global denken – lokal handeln / Rotzfrech: Wider die organisierte Langeweile in der Lokalzeitung / Bieder oder bissig: Neue Lust auf Politik.

Zu Beginn des Jahres werden beim dreitägigen Forum Lokaljournalismus aktuelle Trends diskutiert; eingeladen werden Führungskräfte in Redaktion und Verlag. Weiter werden große Kongresse und Symposien organisiert wie «Vision Zeitung» oder «Die alltägliche Pressefreiheit».

Bundeszentrale für politische Bildung, Journalisten-Programm, Berliner Freiheit 7, 53111 Bonn; www.bpd.de

Infos bei Arbeitgebern und Gewerkschaften

Deutscher Journalisten-Verband: www.djv.de; Pressehaus 2107, Schiffbauerdamm 40, 10117 Berlin

Deutsche Journalisten-Union in Verdi: www.dju.verdi.de; Paula-Thiede-Ufer 10, 10179 Berlin

Verband österreichischer Zeitungen: www.voez.at; Wipplingerstraße 15, 1013 Wien
Verband Schweizer Presse: www.schweizerpresse.ch; Konradstraße 14, 8021 Zürich

Aus- und Weiterbildung
Neben der Bundeszentrale, den Arbeitgebern und Gewerkschaften bieten weitere Institutionen und Akademien Kurse an. Eine jährlich aktualisierte Übersicht gibt das Jahrbuch «Redaktion» heraus.
Eine Übersicht auch unter: www.journalismus.com
Seminare für Anfänger bietet der Bundesverband Jugendpresse: www.jugendpresse.de

Erste Informationen über Medien und Journalisten
Tagesaktuelle Nachrichten aus den Medien: www.kress.de/www.horizont.net/www.turi2.de
Diskussionsforen: www.jonet.org/www.bildblog.de/www.allesaussersport.de

Journalistenpreise
Einige überregionale Preise sind direkt für Anfänger und Einsteiger ausgeschrieben:
Alexander-Rhomberg-Preis für Journalisten bis 30 Jahre, die sich Verdienste um die Zeitungssprache erworben haben (Gesellschaft für deutsche Sprache in Wiesbaden; www.gfds.de). Preisträger waren 2000 Jana Simon *(Tagesspiegel)* und 2002 Benno Schirrmeister *(Märkische Allgemeine)*.
Axel-Springer-Preis für junge Journalisten bis 30 Jahre (Axel Springer-Verlag, Berlin; www.asv.de/aspreis). Einige Preisträger und ihre Reportagen: Anne Zielke «Die Frau, die vom Himmel fiel» *(FAZ* 2002); Rico Czerwinski «Warum geht sie auf den Strich?» *(Tagesspiegel* 2001); Henning Sußebach «Die großen Trainer haben doch alle gesoffen» *(Berliner Zeitung* 2000); Dominik Wichmann «Ein Tag in der Hölle» *(Süddeutsche am Wochenende* 1996); Alexander Wendt «Wie die Universitätskirche vernichtet wurde» *(Leipziger Tageblatt* 1991).
Dietrich-Oppenberg-Medienpreis für Journalisten bis 35 Jahre, die eine

herausragende Reportage über das Lesen geschrieben haben (Stiftung Lesen, Mainz; www.stiftunglesen.de). Preisträger 2002 war Thorsten Fuchs mit der Reportage «Fremde Zeichen» über erwachsene Analphabeten in Deutschland *(Hannoversche Allgemeine Zeitung)*.

Friedwart-Bruckhaus-Förderpreis für Journalisten bis 32 Jahre, die Wissenschaft verständlich erklären können (Hanns Martin Schleyer-Stiftung, Köln; www.schleyer-stiftung.de). Thema des Wettbewerbs 2003/2004: «Parteienstaatliche Demokratie in Nöten – Von der Erstarrung zur Öffnung?»

Hanns-Seidel-Stiftung – Förderpreis für junge Journalisten bis 35 Jahre (www.hss.de). Thema des Wettbewerbs 2002: «Dialog der Kulturen: Voraussetzungen – Grundsätze – Grenzen».

Rerum novarum – Preis der AKSB (Arbeitsgemeinschaft katholisch-sozialer Bildungswerke) für Journalisten bis 35 Jahre, die zu aktuellen Themen von Gesellschafts- und Wirtschaftspolitik schreiben (www.aksb.de). Preisträger 2003 sind Bernd Hauser mit der Reportage «HIV-infizierte Kinder in Nairobi» (*Frankfurter Rundschau* 2001) und Florian Eder mit einer Reportage über Altersteilzeit «Das Auto nur noch am Revers» (*Süddeutsche Zeitung* 2002).

Dies sind die herausragenden Journalistenpreise, vergleichbar den Pulitzerpreisen in den USA:
Lokaljournalistenpreis der Konrad-Adenauer-Stiftung für herausragende Berichterstattung im Lokalen, für beispielhafte Initiativen, Aktionen, Konzepte und Serien; kostenlos gibt es jährlich ein dickes Buch über die preisgekrönten und fast preisgekrönten Arbeiten: ein Who's Who der Elite des Lokaljournalismus und ein vorzüglicher Themen-Anreger. Konrad-Adenauer-Stiftung, Markgrafenstr. 15, 10969 Berlin; www.kas.de
Die Sieger des Jahrgangs 2002:
Braunschweiger Zeitung mit der umfangreichen Serie «Gemeinsam» über ehrenamtliches Engagement,
die *Leine Zeitung* (Garbsen bei Hannover) mit ihrem neuen Konzept für den Lokalteil sowie die
Oldenburgische Volkszeitung (Vechta) für die Serie «Sportler gegen Hunger».

Wächterpreis der Tagespresse für Texte, die Missstände aufdecken oder sich um die Abwehr von Einflussversuchen auf die Presse bemühen (Fiduziarische Stiftung «Freiheit der Presse» in 61116 Bad Vilbel, FFH-Platz 1). Den ersten Preis 2003 erhielt der *Kölner Stadtanzeiger* für die konsequente Aufdeckung des «Kölner Müllskandals», die Moskau-Korrespondenten Florian Hassel *(Frankfurter Rundschau)* und Thomas Avenarius *(Süddeutsche Zeitung)* für ihren hohen persönlichen Einsatz mit Berichten über den «vergessenen Krieg in Tschetschenien und die Menschenrechtsverletzungen» sowie die Pegnitzer Lokalredaktion des *Nordbayerischen Kuriers* (Bayreuth) für eine Recherche, dass in einer Klosterschule die Schulbücher manipuliert wurden, um den Einfluss erzkonservativer Kirchenkreise auf die Schüler zu stärken.

Theodor-Wolff-Preis für Artikel, die «geistige Unabhängigkeit und demokratisches Verantwortungsbewusstsein» erkennen lassen (Kuratorium für den Theodor-Wolff-Preis in Berlin; www.bdzv.de/twp). Der Bundesverband Deutscher Zeitungsverleger gibt jährlich kostenlos die Broschüre mit den Texten der Preisträger heraus.

Preisträger 2001: Kommentar von Regine Sylvester «Die indiskrete Gesellschaft» *(Berliner Zeitung)*; in der allgemeinen Kategorie Wolfgang Büscher für «Land der Väter» *(Welt)* und Irena Brezna für «Sammlerin der Seelen, der vergessene Krieg» *(Freitag)*; für die Kategorie Lokales Peter Schwarz mit «Nicht versöhnt. Reinhard Gebhardt: Eine politische Biographie» *(Waiblinger Kreiszeitung)* und Lothar Häring «Das Ende einer Schiedsrichter-Karriere» *(Schwäbische Zeitung*, Leutkirch).

Egon-Erwin-Kisch-Preis des *Stern* für exzellente Reportagen (www.stern.de). Die Preisträger 2002: «Die Drei-Welten-AG» von Dietmar Hawranek und Dirk Kurbjuweit; «Die Mörderin» von Sabine Rückert; «Die Rebellen von Schloss Salem» von Jan Christoph Wiechmann.

Darüber hinaus gibt es eine Fülle von Spezialpreisen; eine Auswahl veröffentlicht der jährlich erscheinende Almanach «Redaktion» (Oberauer Verlag).

Stipendien

Eine Übersicht erscheint ebenfalls im Almanach «Redaktion». Für junge Journalisten gibt es beispielsweise die Finanzierung von mehrmonatigen

Praktika im Ausland (Carl-Duisberg-Gesellschaft; www.cdg.de), von Reisestipendien in die Finanzmetropolen (Friedrich-und-Isabel-Vogel-Stiftung, www.stifterverband.de) oder Recherchestipendien bis zu 3000 Euro (www.kontext.eon-ruhrgas.com).

VG Wort
Die Verwertungsgesellschaft Wort kümmert sich darum, dass Journalisten bei Zeitungen und Zeitschriften für den Nachdruck ihrer Artikel, beispielsweise in Pressespiegeln, Honorare bekommen. Selbst wer nur gelegentlich schreibt, darf einmal im Jahr auf einen Scheck hoffen: www.vgwort.de.

Der Weg zum Volontariat

Die deutschen Zeitungen

Wer ein Volontariat sucht, der geht am besten zu einer Tageszeitung mit Vollredaktion; sie produziert ihren «Mantel» mit eigenen Redakteuren in den Ressorts Politik, Wirtschaft, Kultur und Sport. Diese Zeitungen sind in der folgenden Liste aufgeführt, geordnet nach der Auflagengröße.

Zusätzlich haben wir die großen Verlage aufgenommen, die nur den Lokalteil produzieren, aber in der Regel Volontäre einstellen; bei ihnen sind die Chancen auf ein Volontariat höher als bei den Vollredaktionen; diese Verlage schicken ihre Volontäre zur Ausbildung für die Ressorts Politik – Wirtschaft – Sport – Kultur meist in die benachbarte Vollredaktion, die ihnen den Mantel produziert.

Quelle für die folgenden Zahlen, die die verkaufte tägliche Auflage im dritten Quartal 2006 nennt, ist die Statistik von Walter J. Schütz, die jedes Jahr in der Zeitschrift *Media Perspektiven* veröffentlicht wird; die Auflagen-Zahlen der Zeitungen mit Lokalredaktion und der Wochenzeitungen sind dem Jahrbuch der Zeitungsverleger entnommen (Stand Juli 2008).

Überregionale Tageszeitungen
1. Süddeutsche Zeitung (Auflage 432 800) – 81667 München, Hultschiner Straße 8, www.sueddeutsche.de
2. FAZ (362 600) – 60 327 Frankfurt am Main, Hellerhofstraße 2–4, www.faz.de
3. Die Welt / Welt kompakt (194 000) – 10888 Berlin, Axel-Springer-Straße 65, www.welt.de
4. Frankfurter Rundschau (156 000) – 60 594 Frankfurt / Main, Walther-von-Cronberg-Platz 2–18, www.fr-online.de

5. Handelsblatt (142 000) – 40213 Düsseldorf, Kasernenstraße 67, www.handelsblatt.com
6. Financial Times Deutschland (104 200) – 20459 Hamburg, Stubbenhuk 3, www.ftd.de
7. taz / Die Tageszeitung (57 400) – 10969 Berlin, Rudi-Dutschke-Straße 23, www.taz.de
8. Neues Deutschland (47 400) – 10245 Berlin, Alt Stralau 1–2, www.neues-deutschland.de
9. Ärzte-Zeitung (17 000) – 63263 Neu-Isenburg, Am Forsthaus Gravenbruch 5, www.aerztezeitung.de
10. Junge Welt (14 000) – 12435 Berlin, Torstraße 6, www.jungewelt.de

Regionale Abo-Zeitungen mit Vollredaktion
1. WAZ / Westdeutsche Allgemeine Zeitung (459 000) – 45128 Essen, Friedrichstraße 34–38, www.derwesten.de
2. Rheinische Post, Düsseldorf (390 800) – 40196 Düsseldorf-Heerdt, Zülpicher Straße 10, www.rp-online.de
3. Hannoversche Allgem. Zeitung (HAZ) (389 200) – 42380 Hannover, August-Madsack-Straße 1, www.haz.de
4. Augsburger Allgemeine (343 000) – 86167 Augsburg, Curt-Frenzel-Straße 2, www.augsburger-allgemeine.de
5. Südwest Presse (342 200) – 89073 Ulm, Frauenstraße 77, www.suedwest-aktiv.de
6. Freie Presse (318 700) – 09111 Chemnitz, Brückenstraße 15, www.freiepresse.de
7. Sächsische Zeitung (287 200) – 01067 Dresden, Ostra-Allee 20, www.sz-online.de
8. Münchner Merkur (271 800) – 80336 München, Paul-Heyse-Straße 2–4, www.merkur-online.de
9. Nürnberger Nachrichten (269 800) – 90402 Nürnberg, Marienstraße 9–11, www.nn-online.de
10. Mitteldeutsche Zeitung, Halle (267 300) – 06112 Halle, Delitzscher Straße 65, www.mz-web.de
11. Nordwest-Zeitung (259 400) – 26121 Oldenburg, Peterstraße 28–34, www.nwzonline.de

12. Hamburger Abendblatt (255 100) – 20355 Hamburg,
    Axel-Springer-Platz 1, www.abendblatt.de
13. Kölner Stadtanzeiger (245 700) – 50735 Köln,
    Amsterdamer Straße 192, www.ksta.de
14. Die Rheinpfalz (238 700) – 67059 Ludwigshafen, Amtstraße 5–11,
    www.rheinpfalz.de
15. Leipziger Volkszeitung (238 100) – 04107 Leipzig, Peterssteinweg 19,
    www.lvz-online.de
16. Stuttgarter Nachrichten (233 300) – 70567 Stuttgart,
    Plieningerstraße 150, www.stuttgarter-nachrichten.de
17. Volksstimme, Magdeburg (218 000) – 39104 Magdeburg,
    Bahnhofstraße 17, www.volksstimme.de
18. Rhein-Zeitung (217 400) – 56070 Koblenz, August-Hoch-Straße 28,
    www.rhein-zeitung.de
19. Westfälische Nachrichten (212 900) – 48155 Münster,
    Soester Straße 13, www.westfaelische-nachrichten.de
20. Neue Westfälische, Bielefeld (212 400) – 33602 Bielefeld,
    Niedernstraße 21–27, www.nw-news.de
21. Hessisch-Nieders. Allgemeine (HNA) (212 100) – 34121 Kassel,
    Frankfurter Straße 168, www.hna.de
22. Ruhr-Nachrichten (211 800) – 44137 Dortmund,
    Westenhellweg 86–88, www.ruhrnachrichten.de
23. Thüringer Allgemeine (194 700) – Erfurt, Gottstedter Landstraße 6,
    www.thueringer-allgemeine.de
24. Neue Osnabrücker Zeitung (188 400) – 49074 Osnabrück, Große
    Straße 17–19, www.neue-oz.de
25. Flensburger Tageblatt/Schleswig-Holsteinischer Zeitungsverlag
    (188 000) – 24937 Flensburg, Nikolaistraße 7, www.shz.de
26. Westdeutsche Zeitung, Düsseldorf (184 700) – 40212 Düsseldorf,
    Königsallee 27, www.westdeutsche-zeitung.de
27. Schwäbische Zeitung (181 400) – 88299 Leutkirch,
    Rudolf-Roth-Straße 16–18, www.szon.de
28. Westfälischer Anzeiger (169 700) – 59065 Hamm, Gutenbergstraße 1,
    www.wa-online.de
29. Berliner Zeitung (177 200) – 10178 Berlin, Karl-Liebknecht-Straße 29,
    www.berliner-zeitung.de

30. Weser-Kurier (170 700) – 28195 Bremen, Martinistraße 43, www.weser-kurier.de
31. Braunschweiger Zeitung (168 700) – 38114 Braunschweig, Hamburger Straße 277, www.newsclick.de
32. Ostsee-Zeitung (165 200) – 18055 Rostock, Richard-Wagner-Straße 1 a, www.ostsee-zeitung.de
33. Märkische Allgemeine (162 000) – 14473 Potsdam, Friedrich-Engels-Straße 24, www.maerkischeallgemeine.de
34. Westfalenpost (160 700) – 58097 Hagen, Schürmannstraße 4, www.derwesten.de
35. Mannheimer Morgen / Bergsträßer Anzeiger (159 600) – 68159 Mannheim, Dudenstraße 12 – 26, www.morgenweb.de
36. Westfälische Rundschau (159 600) – 44135 Dortmund, Brüderweg 9, www.derwesten.de
37. Saarbrücker Zeitung (157 900) – 66117 Saarbrücken, Gutenbergstraße 11 – 23, www.saarbruecker-zeitung.de
38. Passauer Neue Presse (154 400) – 94030 Passau, Medienstraße 5, www.pnp.de
39. Berliner Morgenpost (150 300) – 10969 Berlin, Axel-Springer-Straße 65, www.berliner-morgenpost.de
40. Allgemeine Zeitung (149 900) – 55127 Mainz, Erich-Dombrowski-Straße 2, www.allgemeine-zeitung.de
41. Badische Zeitung, Freiburg (147 500) – 79115 Freiburg, Basler Straße 88, www.badische-zeitung.de
42. Stuttgarter Zeitung (145 700) – 70567 Stuttgart, Plieningerstraße 150, www.stuttgarter-zeitung.de
43. Der Tagesspiegel (145 100) – 10785 Berlin, Potsdamer Straße 87, www.tagesspiegel.de
44. Kreiszeitung (141 900) – 28857 Syke, Risteder Weg 17, www.kreiszeitung.de
45. NRZ / Neue Ruhr Zeitung (140 300) – 45128 Essen, Friedrichstraße 34 – 38, www.derwesten.de
46. Badische Neueste Nachrichten (141 800) – 76149 Karlsruhe, Linkenheimer Landstraße 133, www.badische-neueste-nachrichten.de

47. Südkurier (138 200) – 78467 Konstanz, Max-Stromeyer-Straße 178, www.suedkurier.de
48. Schwarzwälder Bote (137 300) – 78727 Oberndorf, Kirchtorstraße 14, www.schwarzwaelder-bote.de
49. Main Post (132 200) – 97084 Würzburg, Berner Straße 2, www.mainpost.de
50. Straubinger Tagblatt (129 600) – 94315 Straubing, Ludwigsplatz 30, www.straubinger-tagblatt.de
51. Nordsee-Zeitung (128 900) – 27576 Bremerhaven, Hafenstraße 140, www.nordsee-zeitung.de
52. Westfalen-Blatt (126 400) – 33611 Bielefeld, Sudbrackstraße 14–18, www.westfalenblatt.de
53. Mittelbayerische Zeitung (124 300) – 93047 Regensburg, Margaretenstraße 4, www.mittelbayerische-zeitung.de
54. Ostthüringer Zeitung, Gera (118 100) – 04626 Löbichau, Alte Straße 3, www.otz.de
55. Lübecker Nachrichten (111 800) – 23556 Lübeck, Herrenholz 10–12, www.luebecker-nachrichten.de
56. Kieler Nachrichten (111 200) – 24103 Kiel, Fleethörn 1–7, www.kn-online.de
57. Lausitzer Rundschau (108 800) – 03050 Cottbus, Straße der Jugend 54, www.lr-online.de
58. Schweriner Volkszeitung (108 200) – 19061 Schwerin, Gutenbergstraße 1, www.svz.de
59. Kölnische Rundschau (104 800) – 50667 Köln, Stolkgasse 24–45, www.rundschau-online.de
60. Frankfurter Neue Presse (102 300) – 60237 Frankfurt/Main, Frankenallee 71–81, www.fnp.de
61. Märkische Oderzeitung (98 000) – 15230 Frankfurt/Oder, Kellenspring 6, www.moz.de
62. Nordkurier (99 300) – 17034 Neubrandenburg, Flurstraße 2, www.nordkurier.de
63. Darmstädter Echo (96 800) – 64295 Darmstadt, Holzhofallee 25–31, www.echo-online.de
64. Trierischer Volksfreund (96 800) – 54294 Trier, Hanns-Martin-Schleyer-Straße 8, www.volksfreund.de

65. Rhein-Neckar-Zeitung (96 000) – 69117 Heidelberg, Neugasse 2, www.rhein-neckar-zeitung.de
66. Heilbronner Stimme (95 000) – 74072 Heilbronn, Allee 2, www.stimme.de
67. Landeszeitung für die Lüneburger Heide (92 200) – 21335 Lüneburg, Am Sande 16–20, www.landeszeitung.de
68. Aachener Zeitung (85 700) – Aachen, Dresdener Straße 3, www.az-web.de
    Donau Kurier (85 700) – 85051 Ingolstadt, Stauffenbergstraße 2a, www.donaukurier.de
69. General-Anzeiger (85 400) – 53121 Bonn, Justus-von-Liebig-Straße 15, www.general-anzeiger-bonn.de
70. Wetzlarer Neue Zeitung/Zeitungsgruppe Lahn-Dill (84 000) – 35578 Wetzlar, Elsa-Brandström-Straße 18, www.mittelhessen.de
71. Main-Echo (83 300) – 63741 Aschaffenburg, Weichertstraße 20, www.main-netz.de
72. Der Neue Tag (83 100) – Weiden, Weigelstraße 16, www.oberpfalznet.de
73. Nordbayerischer Kurier (81 900) – 95448 Bayreuth, Theodor-Schmidt-Straße 17, www.nordbayerischer-kurier.de
74. Fränkischer Tag (71 700) – 96050 Bamberg, Gutenbergstraße 1, www.fraenkischer-tag.de
75. Gießener Anzeiger (67 000) – Gießen-Wieseck, Am Urnenfeld 12, www.giessener-anzeiger.de
76. Frankenpost (66 000) – 95028 Hof, Poststraße 9–11, www.frankenpost.de
77. Freies Wort (65 200) – 98527 Suhl, Schützenstraße 2, www.freies-wort.de
78. Recklinghäuser Zeitung (64 000) – 45657 Recklinghausen, Breite Straße 4, www.recklinghaeuser-zeitung.de
79. Neue Presse (62 000) – 30159 Hannover, Stiftstraße 2, www.neuepresse.de
80. Siegener Zeitung (58 800) – 57072 Siegen, Obergraben 39, www.siegener-zeitung.de
81. Die Glocke (58 300) – Engelbert-Holterdorf-Straße 4–6, 59302 Oelde, www.die-glocke.de

82. Deister- und Weserzeitung (56 500) – 31785 Hameln, Osterstraße 15–19, www.dewezet.de
83. Offenburger Tageblatt (56 100) – 77656 Offenburg, Marlener Straße 9, www.offenburger-tageblatt.de
84. Gießener Allgemeine (52 700) – 35390 Gießen, Marburger Straße 20, www.giessener-allgemeine.de
85. Harburger Anzeiger und Nachrichten (52 700) – 21073 Hamburg, Harburger Rathausstraße 40, www.han-online.de
86. Wiesbadener Kurier (51 300) – 65183 Wiesbaden, Langgasse 21, www.wiesbadener-kurier.de
87. Aachener Nachrichten (50 800) – 52068 Aachen, Dresdener Straße 3, www.an-online.de
88. Fuldaer Zeitung (50 600) – 36037 Fulda, Frankfurter Straße 8, www.fuldaer-zeitung.de
89. Offenbach-Post (48 800) – 63065 Offenbach, Große Marktstraße 36–44, www.op-online.de
90. Badisches Tagblatt (44 500) – 76530 Baden-Baden, Stefanienstraße 1–3, www.badisches-tagblatt.de
91. Thüringische Landeszeitung (43 500) – 99423 Weimar, Marienstraße 14, www.tlz.de
92. Ludwigsburger Kreiszeitung (43 100) – 71634 Ludwigsburg, Körnerstraße 14–18, www.ludwigsburger-kreiszeitung.de
93. Eßlinger Zeitung (43 000) – 73730 Esslingen, Zeppelinstraße 116, www.ez-online.de
94. Reutlinger General-Anzeiger (42 200) – 72764 Reutlingen, Burgstraße 1–7, www.gea.de
95. Pforzheimer Zeitung (41 400) – 75172 Pforzheim, Poststraße 5, www.pz-news.de
96. Oldenburgische Volkszeitung (40 700) – 49377 Vechta, Neuer Markt 2, www.ov-online.de
97. Mindener Tageblatt (36 600) – 32423 Minden, Obermarktstraße 26–30, www.mt-online.de
98. Saale-Zeitung (36 100) – 97688 Bad Kissingen, Theresienstraße 17–21, www.saale-zeitung.de
99. Cellesche Zeitung (31 600) – 29221 Celle, Bahnhofstraße 1–3, www.cellesche-zeitung.de

100. Traunsteiner Tagblatt (30 800) – 83278 Traunstein, Marienstraße 12, www.traunsteiner-tagblatt.de
101. Dithmarscher Landeszeitung (29 900) – 25746 Heide, Am Wulf-Isebrand-Platz, www.dithmarscher-landeszeitung.de
102. Oberhessische Presse (29 800) – 35039 Marburg, Franz-Tuczek-Weg 1, www.op-marburg.de
103. Neue Presse (27 100) – 96450 Coburg, Friedrich-Rückert-Straße 73, www.np-corburg.de
104. Nürnberger Zeitung (27 100) – 90402 Nürnberg, Marienstraße 9, www.nz.online.de
105. Hellweger Anzeiger (25 800) – 59423 Unna, Ostring 2, www.hellwegeranzeiger.de
106. Waldeckische Landeszeitung (25 600) – 34497 Korbach, www.wlz-fz.de
107. Hanauer Anzeiger (25 200) – 63450 Hanau, Hammerstraße 9, www.hanauer-anzeiger.de
108. Volksblatt (21 700) – 97070 Würzburg, Juliuspromenade 64, www.mainpost.de/lokales/wuerzburg
109. Bremer Nachrichten (20 600) – 28195 Bremen, Martinistraße 43, www.bremer-nachrichten.de
110. Trostberger Tagblatt (18 700) – 83308 Trostberg, Gabelsberger Straße 4–6, www.trostberger-tagblatt.de
111. Südthüringer Zeitung (13 700) – 36433 Bad Salzungen, www.stz-online.de
112. Pirmasenser Zeitung (13 000) – 66953 Pirmasens, Schachenstraße 1, www.pirmasenser-zeitung.de
113. Die Tagespost (12 700) – 97070 Würzburg, Dominikanerplatz 8, www.die-tagespost.de
114. Emder Zeitung (11 000) – 26721 Emden, Zwischen den beiden Märkten 2, www.emderzeitung.de
115. Flensborg Avis (5600) – 24941 Flensburg, Wittenberger Weg 19, www.flensborg-avis.de
116. Die Kitzinger (6000) – 97318 Kitzingen, Johann-Adam-Kleinschroth-Straße 10, www.diekitzinger.de
118. Serbske Nowiny (1500) – 02625 Bautzen, Tuchmacherstraße 27, www.serbske-nowiny.de

Regionale Abo-Zeitungen (nur mit Lokalredaktion)
1. Neuß-Grevenbroicher Zeitung (49 000) – 41464 Neuss, Moselstraße 14, www.ngz-online.de
2. Lippische Landeszeitung (45 100) – 32758 Detmold, Ohmstraße 7, www.lz-online.de
3. Göttinger Tageblatt (43 800) – 37079 Göttingen, Dransfelder Straße 1, www.goettinger-tageblatt.de
4. Schwäbisches Tagblatt (43 800) – 72072 Tübingen, Uhlandstraße 2, www.tagblatt.de
5. Hildesheimer Allgemeine Zeitung (43 400) – 31134 Hildesheim, Rathausstraße 18–20, www.hildesheimer-allgemeine.com
6. Aller Zeitung / Wolfsburger Allgemeine (37 900) – 38518 Gifhorn, Steinweg 73, www.aller-zeitung.de / 38440 Wolfsburg, Porschestraße 74, www.waz-online.de
7. Ostfriesen-Zeitung (37 200) – 26787 Leer, Maiburger Straße 8, www.ostfriesen-zeitung.de
8. Stader Tageblatt / Buxtehuder Tageblatt (33 100) – 21682 Stade, Glückstädter Straße 10, www.tageblatt.de
9. Soester Anzeiger (31 700) – 59494 Soest, Schloitweg 19–21, www.soester-anzeiger.de
10. Lüdenscheider Nachrichten (31 600) – 58511 Lüdenscheid, Schillerstraße 20, www.come-on.de
11. Dresdner Neueste Nachrichten (28 600) – 01097 Dresden, Hauptstraße 21, www.dnn.de
12. Fränkische Nachrichten (28 300) – 97941 Tauberbischofsheim, Schmiederstraße 19, www.fraenkische-nachrichten.de
13. Münstersche Zeitung (28 000) – 48143 Münster, Neubrückenstraße 8–11, www.muensterschezeitung.de
14. Goslarsche Zeitung (27 600) – 38640 Goslar, Bäckerstraße 31–35, www.goslarsche.de
15. Der Patriot (26 300) – 59557 Lippstadt, Hansastraße 2, www.derpatriot.de
16. Grafschafter Nachrichten (25 800) – 48527 Nordhorn, Coesfelder Hof 2, www.gnonline.de
17. Schwäbische Post (25 600) – 73430 Aalen, Bahnhofstraße 65, www.schwaebische-post.de

18. Solinger Tageblatt (25 600) – 42648 Solingen, Mummstraße 9, www.solingen-online.de
19. Oranienburger General-Anzeiger (25 300) – 16515 Oranienburg, Lehnitzstraße 13, www.oranienburger-generalanzeiger.de
20. Weinheimer Nachrichten (24 200) – 69469 Weinheim, Friedrichstraße 24, www.wnoz.de
21. Bocholter Borkener Volksblatt (23 800) – 46399 Bocholt, Europaplatz 26–28, www.bbv-net.de
22. Wilhelmshavener Zeitung (23 800) – 26382 Wilhelmshaven, Parkstraße 8, www.wzonline.de
23. Friesisches Tageblatt (22 200) – 26441 Jever, Wangerstraße 14, www.jewo-online.de
24. Iserlohner Kreisanzeiger und Zeitung (22 200) – 58636 Iserlohn, www.derwesten.de
25. Nürtinger Zeitung/Wendlinger Zeitung (22 000) – 72622 Nürtingen, Carl-Benz-Str. 1, www.ntz.de
26. Ibbenbürener Volkszeitung (21 400) – 49475 Ibbenbüren, Wilhelmstraße 240, www.ivz-online.de
27. Heidenheimer Zeitung (20 900) – 89518 Heidenheim, Olgastraße 15, www.hz-online.de
28. Die Harke (20 500) – 31582 Nienburg, An der Stadtgrenze 2, www.dieharke.de
29. Zollern-Alb-Kurier (20 500) – 72336 Balingen, Grünewaldstraße 15, www.zollernalbkurier.de
30. Delmenhorster Kreisblatt (20 200) – 27749 Delmenhorst, Lange Straße 122, www.dk-online.de
31. Remscheider General-Anzeiger (19 800) – 42853 Remscheid, Konrad-Adenauer-Straße 2–4, www.rga-online.de
32. Die Oberbadische (19 500) – 79539 Lörrach, Am Alten Markt 2, www.oberbadisches-volksblatt.de
33. Altmark-Zeitung/Stendaler Nachrichten (19 100) – 29410 Salzwedel, Vor dem Neuperver Tor 4, www.altmark-zeitung.de
34. Allgemeine Zeitung (18 200) – 48653 Coesfeld, Rosenstraße 2, www.azonline.de
35. Borkener Zeitung (17 800) – 46325 Borken, Bahnhofstraße 6, www.borkener-zeitung.de

36. Münsterländische Tageszeitung (17 700) – 49661 Cloppenburg, Lange Straße 9–11, www.muensterlaendische-tageszeitung.de
37. Haller Tagblatt (17 400) – 74523 Schwäbisch Hall, Haalstraße 5/7, www.hallertagblatt.de
38. Böblinger Bote (17 200) – 71034 Böblingen, Bahnhofstraße 27, www.bb-live.de
39. Harzkurier (17 100) – 37520 Osterode am Harz, Gipsmühlenweg 2–4, www.harzkurier.de
40. Backnanger Kreiszeitung (16 800) – 71522 Backnang, Postgasse 7, www.bkz-online.de
41. Münsterländische Volkszeitung (16 700) – 48431 Rheine, Bahnhofstraße 8, www.mv-online.de
42. Der Teckbote (16 000) – 73230 Kirchheim, Alleenstraße 158, www.teckbote.de
43. Rems-Zeitung (15 700) – 73525 Schwäbisch-Gmünd, Paradiesstraße 12, www.rems-zeitung.de
44. Bayerische Rundschau (15 500) – 95326 Kulmbach, E.-C.-Baumann-Straße 5, www.infranken.de
45. Hersfelder Zeitung (15 200) – 36251 Bad Hersfeld, Gutenbergstraße 1, www.hersfelder-zeitung.de
46. Traunsteiner Wochenblatt (15 200) – 83265 Traunstein, Maienstraße 12, www.traunsteiner-wochenblatt.de
47. Ostfriesischer Kurier (13 800) – 26506 Norden, Stellmacherstaße 14, www.ostfriesischer-kurier.de
48. Geislinger Zeitung (13 500) – 89073 Ulm, Frauenstraße 77, www.suedwest-aktiv.de
49. General-Anzeiger (Rhauderfehn) (9 500) – 26817 Rhauderfehn, Untenende 21, www.ga-online.de

Überregionale Wochenzeitungen
1. Die Zeit (485 200) – 20095 Hamburg, Speersort 1, www.zeit.de
2. Rheinischer Merkur / Christ und Welt (71 800) – 53113 Bonn, Heinrich-Brüning-Straße 9, www.merkur.de
3. Bayernkurier (70 000) – 80335 München, Nymphenburger Straße 64, www.bayernkurier.de

4. Junge Freiheit (15 700) – 10713 Berlin, Hohenzollerndamm 27a, www.jungefreiheit.de
5. Jungle World (11 200) – 10961 Berlin, Bergmannstraße 68, www.jungle-world.com
6. Freitag (12 400) – 10117 Berlin, Hegelplatz 1, www.freitag.de
7. Das Parlament (11 100) – 10969 Berlin, Friedrichstraße 236, www.das-parlament.de
8. Medical Tribune (9000) – 65195 Wiesbaden, Unter den Eichen 5, www.medical-tribune.de
9. Jüdische Allgemeine (6900) – 10117 Berlin, Hausvogteiplatz 12, www.juedische-allgemeine.de

Boulevard- (Kauf-)Zeitungen
1. Bild (3 716 000) – 10888 Berlin, Axel-Springer-Platz 65, www.bild.de
2. Express (Köln und Düsseldorf) (220 800) – 50735 Köln, Amsterdamer Straße 192, www.express.de
3. BZ (Berlin) (207 300) – 10719 Berlin, Kurfürstendamm 21/22, www.bz-berlin.de
4. Abendzeitung (München/Nürnberg) (159 700) – 80331 München, Rundfunkplatz 4, www.abendzeitung.de
5. tz (151 500) – 80336 München, Paul-Heyse-Straße 2–4, www.tz-online.de
6. Berliner Kurier (240 000) – 10178 Berlin, Karl-Liebknecht-Straße 29, www.berlinonline.de
7. Hamburger Morgenpost (111 200) – 22763 Hamburg, Griegstraße 75, www.mopo.de
8. Morgenpost Sachsen (101 000) – 01067 Dresden, Ostra-Allee 20, www.sz-online.de
9. 20 Cent Saar (18 000) – 66113 Saarbrücken, Gutenbergstraße 11–23, www.20-cent.de
10. 20 Cent Lausitz (12 800) – 03050 Cottbus, Straße der Jugend 54, www.20-cent.de

Journalistenschulen

Die Journalistenschulen, vor allem der Medienkonzerne, bieten eine exzellente Ausbildung, erhalten deshalb Tausende von Bewerbungen und suchen nach strengen Verfahren die besten aus. So muss beispielsweise der Bewerber für die Henri-Nannen-Schule schon eine Reportage und einen Kommentar schreiben, um in die Runde der besten 100 zu kommen; dann schreibt er noch eine Reportage, schwitzt in mehreren Tests und spricht mit Chefredakteuren über Gott und die Welt. Dennoch garantiert auch diese Elite-Ausbildung keinen sicheren Arbeitsplatz mehr. Christoph Fasel, der ehemalige Leiter der Henri-Nannen-Schule, machte sich trotz der Medienkrisen wenig Sorgen um die Zukunft seiner Absolventen:

> *« Die Arbeitswelt ändert sich auch im Journalismus. Der feste Redakteursvertrag ist heute zum Berufsstart nicht mehr die Regel. Junge Journalisten arbeiten deshalb flexibler als früher, bieten ihr Können verschiedenen Redaktionen an. Doch exzellente Leute werden von Redaktionen rasch entdeckt und, sobald es geht, an Bord geholt. »*

Einige Schulen zahlen ein Volontärsgehalt nach Tarif (wie Burda und Holtzbrinck), andere ein niedrigeres Gehalt von etwa 760 Euro (wie die Henri-Nannen-Schule), andere zahlen gar nichts (wie die Kölner Journalistenschule).

1. Ausbildung für alle Medien

Berliner Journalistenschule
www.berliner-journalisten-schule.de
Karl-Liebknecht-Straße 29, 10178 Berlin

Träger: Deutscher Journalisten-Verband Berlin
16 Schüler pro Jahrgang / 15 Monate Ausbildung / Voraussetzung: Abitur, max. 28 Jahre

Burda Journalistenschule
www.hubert-burda-media.com
Arabellastraße 23, 81925 München
Träger ist der Burda-Verlag (*Focus, Bunte, Freundin* u. a.).
30 Schüler pro Jahr / 2 Jahre / Studium oder abgeschlossene Berufsausbildung, max. 29 Jahre

Deutsche Journalistenschule München
www.djs-online.de
Altheimer Eck 3, 80331 München
Der Klassiker der Journalistenausbildung; Träger ist ein Verein, der von diversen Medien unterstützt wird.
15 Schüler / 16 Monate / Hochschulreife, max. 29 Jahre

Evangelische Journalistenschule Berlin
www.evangelische-medienakademie.de
Jebensstraße 3, 10623 Berlin
Träger ist das Gemeinschaftswerk Evangelische Publizistik.
16 Schüler / 18 Monate / Studium oder abgeschlossene Berufsausbildung, max. 35 Jahre

Henri-Nannen-Schule
www.journalistenschule.de
Schaarsteinweg 14, 20444 Hamburg
Träger sind die Verlage Gruner+Jahr (*Stern, Capital* u. a.) und die *Zeit*.
20 Schüler / 18 Monate / Voraussetzung ist nur die perfekte Beherrschung der deutschen Sprache, max. 28 Jahre

Georg-von-Holtzbrinck-Schule für Wirtschaftsjournalisten
www.holtzbrinck-schule.de
Kasernenstraße 67, 40213 Düsseldorf

Träger ist die Verlagsgruppe Holtzbrinck (*Handelsblatt, Wirtschaftswoche* u. a.).
Die Schüler volontieren bei *Handelsblatt, Wirtschaftswoche, ntv* u. a. und erhalten in der Schule im Monat eine Woche Unterricht/abgeschlossenes Studium oder wirtschaftsnahe Ausbildung (z.B. Banklehre), max. 30 Jahre

Axel-Springer-Akademie
www.axel-springer-akademie.de
Axel-Springer-Straße 65, 10888 Berlin
Träger ist die Axel Springer AG (*Bild, Die Welt, Hörzu* u. a.).
30 Schüler/2 Jahre/in der Regel Studium oder Berufsausbildung, max. 30 Jahre

Neben dem Studium oder während eines Volontariats bieten sowohl die katholische Kirche in ihrem «Institut zur Förderung publizistischen Nachwuchses» eine Förderung (www.ifp-kma.de) als auch die CDU-nahe Konrad-Adenauer-Stiftung (www.kas.de).

2. Ausbildung mit Studiengebühren
Kölner Journalistenschule
www.koelnerjournalistenschule.de
Im Media Park 6, 50670 Köln
Träger ist der Verein Kölner Journalistenschule für Politik und Wirtschaft. Die Studiengebühren liegen bei 2000 Euro pro Semester.
20 Schüler/8 Semester/Abitur bzw. «fachgebundene Hochschulreife», max. 24 Jahre

3. Für elektronische Medien
- **Bayerische Akademie für Fernsehen** (max. 30 Jahre, 18 Schüler pro Jahrgang, 10 Monate, Studiengebühren von 650 Euro pro Monat); www.fernsehakademie.de
- **Electronic Media School** in Potsdam (max. 30 Jahre, 12 Schüler, 18 Monate); www.ems-babelsberg.de
- **RTL-Journalistenschule** (TV, Online, max. 29 Jahre, 30 Schüler, 2 Jahre); www.rtl-journalistenschule.de

4. In Österreich
ist das Kuratorium für Journalistenausbildung führend (www.kfj.at).

5. In der Schweiz
ist das Medienausbildungszentrum (www.maz.ch) nach eigenen Angaben die renommierteste und größte Journalismusschule.

Der Ringier-Verlag gibt mit dem *Blick* die auflagenstärkste Zeitung heraus und unterhält eine eigene Schule (www.ringier.ch). Die Zürcher Hochschule Winterthur (ZHW) bildet in einem dreijährigen Bachelor-Studium Fachjournalisten und Kommunikations-Profis für Unternehmen aus (www.iam.zhwin.ch).

Hochschulausbildung

Für das Studium ist stets die Hochschul- bzw. Fachhochschulreife Voraussetzung; es hat in der Regel einen hohen Praxisanteil. Nach den Abschluss-Prüfungen durfte man sich bislang meist mit dem Titel «Diplom-Journalist» schmücken. Wegen der von den europäischen Bildungsministern 1999 beschlossenen Harmonisierung der Studienabschlüsse sind aber Bachelor und Master immer stärker im Kommen. In Redaktionen werden akademische Abschlüsse im Journalismus allerdings nach wie vor nicht hoch geachtet.

Vorbildlich ist das Stipendiaten-Modell in Passau. In den Genuss einer kombinierten Ausbildung von Redaktion *(Passauer Neue Presse)* und Journalistik-Studium kommen aber im Jahr gerade sechs Stipendiaten: Institut für Journalistenausbildung, Medienstraße 5, 94036 Passau;
www.pnp.de/service/journalisten/info

Hauptfach-Studiengänge Journalistik

Bremen
Internationaler Studiengang Fachjournalistik, Neustadtwall 30,
28199 Bremen, www.hs-bremen.de/internet/de/studium/stg/isf/
Zugang: Praktikum von zwölf Wochen, NC (1,7–1,9)/
Eignungsprüfung/Englischkenntnisse
Studenten: 30
Abschluss: Bachelor of Arts
Dauer: sieben Semester
Im Studium Praxis-Semester und Auslands-Semester

Darmstadt-Dieburg
Studiengang Online-Journalismus an der Fachhochschule Darmstadt,
Campus Dieburg, Max-Planck-Straße 2, 64807 Dieburg,
www.online-journalismus-darmstadt.de
Zugang: Praktikum von zwölf Wochen oder mindestens sechs Monate
freie Mitarbeit
Studenten: 40
Abschluss: Diplom
Dauer: acht Semester
Im Studium ein Praxis-Semester

Dortmund
Journalistik-Studiengang an der Technischen Universität Dortmund,
Institut für Journalistik, Emil-Figge-Straße 50, 44221 Dortmund,
www.journalistik-dortmund.de
Zugang: Nachweis eines sechswöchigen Praktikums / Numerus clausus
(1,0–1,2)
Studenten: 52 pro Jahr
Abschluss: Bachelor of Arts / Master of Arts
Dauer: acht / zehn Semester
Zum Studium gehört ein einjähriges Volontariat (Bachelor) und zweimonatiges Pflichtpraktikum (Master). Angeboten wird auch ein Bachelor-Studiengang Wissenschaftsjournalismus.

Eichstätt
Studiengang Journalistik der Katholischen Universität Eichstätt,
Ostenstraße 26, 85072 Eichstätt,
www.journalistik-eichstaett.de
Zugang: Nachweis eines halbjährigen Praktikums; interne Auswahl
Studenten: 25 pro Jahr
Abschluss: Bachelor of Arts / Master of Arts
Dauer: sechs Semester / zehn Semester
Im Studium insgesamt 12 Monate Praktika

Hochschulausbildung

Hamburg
Studiengang Journalismus der Hamburg Media School,
Finkenau 35, 22081 Hamburg,
www.hamburgmediaschool.com
Zugang: überdurchschnittlicher Hochschul-Abschluss, sechs Monate Medien-Praxis
Studenten: max. 25
Abschluss: Master of Arts
Dauer: sechs Trimester, 70 Prozent dieser Zeit sind Praktika
Studiengebühr: 6000 Euro pro Jahr

Hannover
Studiengang Journalistik, Fachhochschule Hannover,
Expo-Plaza 12, 30539 Hannover,
www. fh-hannover.de
Zugang: Numerus clausus
Studenten: 20 pro Jahr
Abschluss: Bachelor of Arts
Dauer: sechs Semester
Ein Semester Praktikum, gern auch im Ausland

Leipzig
Studiengang Journalistik am Institut für Kommunikations- und Medienwissenschaft, Augustusplatz, 04109 Leipzig,
www.uni-leipzig.de/journalistik
Zugang: Bachelor-Abschluss in einem beliebigen Fach und Eignungstest
Studenten: 27 pro Jahr
Abschluss: Master of Arts
Dauer: vier Semester
Die praktische Mitarbeit in den Lehrredaktionen des Instituts ist ein Schwerpunkt des Studiums.

Sankt Augustin
Technikjournalismus an der Fachhochschule Bonn Rhein-Sieg,
Grantham-Allee 20, 53757 Sankt Augustin,

www.fb03.fh-bonn-rhein-sieg.de/technikjournalismus.html
Zugang: Eignungstest
Studenten: 60 pro Jahr
Abschluss: Bachelor of Arts
Dauer: sieben Semester

Aufbau-Studiengänge Journalistik
Sie dauern in der Regel vier Semester, setzen den Abschluss eines Fachstudiums voraus und werden angeboten zum Beispiel in Bamberg (Schwerpunkt: PR und Öffentlichkeitsarbeit), an der FU Berlin (Wissenschaftsjournalismus).

Da viele Hochschulen inzwischen von Diplomstudiengängen auf ein Modulsystem mit Bachelor und Master umstellen, schließen Aufbaustudiengänge jetzt häufig mit dem Master ab.

Nebenfach-Studiengänge
Unzählige Lehr- und Forschungseinrichtungen für Journalistik, Publizistik, Kommunikationswissenschaft und Medien existieren mittlerweile an den Hochschulen in Deutschland, Österreich und der Schweiz. Einen umfassenden Überblick über die akademischen Wege zum Journalismus gibt das Buch von Walter Hömberg und Renate Hackel-de Latour (Hg.) «Studienführer Journalismus, Medien, Kommunikation», erschienen bei der UVK Verlagsgesellschaft. Gute Übersichten im Internet gibt es unter: www.uni-leipzig.de/~kmw und www.medienstudienfuehrer.de.

Eine Auswahl:

Gießen (Geschichte)
Seminar für Fachjournalistik und Didaktik der Geschichte der Justus-Liebig-Universität, Otto-Behagel-Straße 10E, 35394 Gießen,
www.uni-giessen.de

Köln (Sport)
Institut für Kommunikations- und Medienforschung, Deutsche Sporthochschule Köln, Kirchweg 2/Ecke Aachener Straße 999, 50933 Köln,
www.sportpublizistik.de

Mainz
Journalistisches Seminar am Institut für Publizistik der Johannes-Gutenberg-Universität, Colonel-Kleinmann-Weg 2, 55099 Mainz, www.ifp.uni-mainz.de

Glossar journalistischer Fachausdrücke

Der Fachwortschatz des Druckgewerbes schleppt schwer an dem halben Jahrtausend seiner Geschichte, der Jargon der Fernsehmacher und der Computer-Freaks an seinen amerikanischen Vorbildern. So wimmelt es von unlogischen, vieldeutigen, verwirrenden Begriffen. Die Autoren registrieren sie lediglich und verzichten hier – nur hier – auf jeden Versuch, die Sprache der Zunft zu beeinflussen. Der Journalist muss sie kennen; drucken oder senden sollte er sie nicht.

Abfahren
1. Im Funk: mit der Sendung oder mit dem Abspielen einer Aufzeichnung beginnen.
2. In Zeitschriften: zum Satz oder Druck freigeben.

Abnahme
1. Im Funk: die Begutachtung eines sendereifen Beitrags – technisch durch Ton- oder Bildingenieur, journalistisch durch Hauptabteilungsleiter oder Programmdirektor.
2. In Zeitschriften: letzte Begutachtung der *Blaupause* durch die *Imprimatur*-Abteilung.

Abschießen Bei Boulevardzeitungen und Illustrierten: das Fotografieren einer bestimmten Person ohne deren Einwilligung.

Account Die meist gebührenpflichtige Berechtigung, ins Internet zu gelangen.

AdClick Misst die Zahl der Mausklicks auf einen Werbe-Banner im Internet.

Aktionsjournalismus
1. Aktionen mit Lesern: Man lädt sie ein, zu spenden, zu wählen (den Sportler des Jahres) oder eigene Gedichte einzusenden. Beliebt bei vielen Lokalzeitungen zur Herstellung von *Leser-Blatt-Bindung*.

2. Aktionen mit Reportern:
   a) erkennbaren Reportern (Straßeninterviews).
   b) getarnten Reportern (verkleidet als Bettler, Bürobote, Ladendieb, Bildredakteur), auch *Rollenreportage*.

Antiqua (lateinische Schrift) Die Familie der Druckschriften, die international üblich und seit 1941 auch in Deutschland verbindlich ist. Vgl. *Fraktur, Grotesk*.

Arie In einigen Redaktionen: Spottwort
   1. für einen Pflichtartikel zu einem Ereignis, das die Leser gelobt haben wollen, z. B. zum Frühlingsanfang.
   2. für einen zu langen Text.

Artikel (von lat. artus = Gelenk, Glied, Teil) Das Geschlechtswort; der Abschnitt eines Gesetzes oder Vertrags; die Warengattung. In Zeitung und Zeitschrift:
   1. Jeder Beitrag, der eine gewisse (d. h. ziemlich unbestimmte) Länge überschreitet, z. B. Korrespondentenbericht, Hintergrundbericht, Leitartikel, Essay, *Feature, Story*.
   2. In manchen Redaktionen: jeder mehr als einspaltige Beitrag.
   3. In manchen Redaktionen: der *Lauftext*.
   4. Zeitungsfremde bezeichnen häufig sämtliche redaktionellen Texte, ja selbst Anzeigentexte, als «Artikel».

Atmosphäre Ein *O-Ton*: ständiges Hintergrundgeräusch (Verkehrslärm, Gemurmel, Meeresrauschen), i. U. zum *Geräusch*.

Aufhänger
   1. Meistens: aktueller Anlass zur oder origineller Einstieg in die Darstellung eines (möglicherweise nicht besonders aktuellen) Themas, das andernfalls nicht genügend Leserinteresse wecken oder den Regeln der Zunft nicht genügen würde («Wir brauchen einen Aufhänger!»).
   2. Von daher oft: der erste Absatz oder fette *Vorspann*, wenn er den Aufhänger enthält.
   3. Von daher in einigen Redaktionen: der Vorspann überhaupt.

Auflage Sie wird nach drei Maßstäben gemessen:
   1. die *gedruckte* Auflage, die praktisch nie zu 100 Prozent verkauft werden kann (Ausnahmen: der 12. September 2001, Kriegsausbruch).

2. Die *verbreitete* Auflage:
- Mitgliederzeitschriften (ADAC, IG Metall) und Anzeigenblätter werden überhaupt nicht verkauft, sondern nur verbreitet (was tendenziell eine geringere Lese-Intensität vermuten lässt).
- Regulär verkaufte Publikationen verbreiten kostenlos zusätzliche Exemplare («Freistücke»), z. B. an Verlagsangehörige und Geschäftsfreunde, auf Kongressen, zur Neuleser-Gewinnung usw. Die verbreitete Auflage ist die Summe der verkauften und der verteilten Exemplare.

3. Die *verkaufte* Auflage – immer die kleinste der drei. Sie wird wiederum nach Abonnement («Abo») und Einzelverkauf («EV») und Sonderverkauf («SV») unterschieden.

Optimale Auflage: die Auflage, bei der eine Publikation das beste Geschäft macht. Das ist nicht unbedingt bei der *maximalen* Auflage der Fall, weil Druck-, Papier- und Vertriebskosten dann in ein ungünstiges Verhältnis zu den Erlösen kommen können.

Aufmacher
1. In der Zeitung: das Thema auf Seite 1, das die größte *Schlagzeile* trägt – immer über dem *Bruch*, aber nicht immer ganz oben *(Bild, Hamburger Abendblatt)*. Oft stehen auch zwei Aufmacher gleichberechtigt nebeneinander. Vgl. *Spitze* (2).
2. In Zeitschriften: das erste große Thema im Heft; auch die Aufschlagseite eines längeren Artikels.
3. Im Funk: die erste Meldung in einer Nachrichtensendung.

Seitenaufmacher: In der Zeitung: das tragende Thema auf anderen Seiten als der ersten.

Aufmachung
1. Der Aufmacher.
2. Die Art, einen Artikel in Text, Bild, Charakter, *Layout* darzubieten, ihn «aufzumachen».

Aufriss s. *Layout*

Aufsager Fernsehjargon: der Reporter-Bericht, wenn der Reporter ständig im Bild ist *(on-statement)*, z. B. vor dem Weißen Haus. Vgl. *off – on*.

Aufsetzer s. S. 68

ausschließen Computer: von Bildschirmbreite auf Satzbreite bringen.

Ausschluss Der Zwischenraum zwischen den Wörtern, der im Satz (anders als bei der Schreibmaschine) variabel sein muss, damit die Zeilen voll werden; i. U. zum *Durchschuss*, dem Zwischenraum zwischen den Zeilen.

Ausschuss
1. Die Makulatur: nicht einwandfrei gedruckte Bogen, Produkte oder Exemplare, die nicht verkauft werden.
2. Die Anordnung der Seiten auf dem Druckbogen.

auszeichnen ein Manuskript mit den Anweisungen für den Satz versehen: Schriftart, Schriftgröße, Spaltenbreite.

Autotypie (griech. Selbstdruck), Rasterätzung Im *Hochdruck*:
1. Druckverfahren zur Reproduktion von Fotos und Gemälden (i. U. zur *Strichätzung*).
2. Die dabei entstehende Druckplatte.

Balkon, auch Vorbau Im Funk ein informierender Voraustext zur Einstimmung auf das folgende Interview.

Banner Werbeflächen auf Internet-Seiten oder auch einfach Mitteilungen, die auf dem Bildschirm erscheinen

Baud Die Geschwindigkeit, mit der Daten übertragen werden, gemessen in *Bit*/Sekunde, *nicht* Buchstaben/Sekunde.
Beim Fernschreiber z. B. besteht ein Buchstabe aus 11 Bit, bei Computern aus 8 Bit.

Beitrag Im Hörfunk: jede Sendung, die weder Musik ist noch Nachricht, Wetterbericht, Verkehrsfunk: *Bericht, Collage, Interview, Reportage, Text.*

Bericht s. S. 67

Bildschirmzeitung Eine elektronische Kopie der Zeitung im Internet.

Bit Die kleinste Informationseinheit des Computers (Strom an oder Strom aus). 8 Bit ergeben 1 *Byte*, das ausreicht, 256 Zeichen zu codieren. 1024 Byte sind ein *Kilobyte* (K), 1024 Kilobyte sind ein *Megabyte* (MB), 1024 Megabyte ein *Gigabyte* (GB). Die Kapazität von Disketten, Festplatten und internem Speicher eines Computers *(RAM)* wird heute in Megabyte angegeben.

Blackout
1. Im Fernsehen: totaler Lichtausfall.

2. In Hörfunk und Fernsehen: das Stottern oder peinliche Schweigen eines Sprechers, der den Faden verloren hat.

Blatt
1. Redakteursjargon für die eigene Zeitung oder Zeitschrift.
2. In manchen Redaktionen: die Manuskriptseite, i. U. zur Zeitungs- oder Zeitschriftenseite – eine nützliche Unterscheidung (im *Spiegel*: 3 Blatt = 1 Seite).

Blattmacher Der Redakteur, der de facto entscheidet, was wo ins Blatt kommt, z. B. der Chef vom Dienst, der Chefredakteur oder sein Vertreter. Vgl. *Macher*.

Blaupause Blauheft, Ozalid: Bei Zeitschriften eine Lichtpause zur letzten Überprüfung der druckfertigen Seite. Vgl. *Abnahme* (2), *Imprimatur* (2), *Montage* (1).

Blocken Die letzte Zeile einer Bildunterschrift oder eines Vorspanns durch Hinzufügen oder Streichen exakt auf die Länge der übrigen Zeilen bringen, sodass ein Textblock entsteht. Das Blocken, in vielen *Zeitschriften* üblich, erfordert oft viel Mühe und führt nicht selten zu krampfhaftem Deutsch. *Flattersatz* ist für Redakteure angenehmer.

Blue Box, auch *chroma-key* Im Fernsehen: ein Trickmischgerät, mit dessen Hilfe Personen im Vordergrund vor einen beliebigen Hintergrund gestellt werden können.

Body-Copy Der Textblock einer Anzeige. Vgl. *Copy*.

Bookmark Lesezeichen im Internet, um eine Seite zu markieren, die man später noch einmal besuchen will; im Internet Explorer heißen sie Favoriten.

Brotschrift, Grundschrift Die Schrift, in der die normalen *Lauftexte* einer Zeitung oder Zeitschrift gesetzt werden.

Bruch
1. In der Zeitung: der Knick in der Mitte. Nur was auf S. 1 *über dem Bruch* steht, wird dem Kaufinteressenten am Kiosk sichtbar.
2. In Zeitschriften: der Knick in der Mitte jeder Doppelseite des aufgeschlagenen Heftes, auch «Bund».

Buch s. *Produkt*

Bürstenabzug s. *Fahne*

Byline (engl.) In den Nachrichtenagenturen die Autorenzeile («by

Johnny Miller»), die dort nur ausnahmsweise verwendet wird und für den Autor eine Ehre ist.

Byte Computer: die Informationseinheit von 8 *Bit*. 1024 Byte sind ein Kilobyte (KB), 1024 KB ein Megabyte (MB), 1024 MB ein Gigabyte (GB).

Caption (engl.) Das, was das Auge gefangen nimmt, also:
1. Die Überschrift.
2. Der Bildtext.
3. Der Untertitel (Film).

Cicero, das Typographische Grundeinheit. 1 Cic. = 12 *Punkt* = 4,51 mm.
1. Maß für den Schriftgrad.
2. Maß für die Breite der Druckspalte und des *Satzspiegels*.

Clippings Zeitungsausschnitte. Clipping-Schreiben: Artikel, bes. *Features*, aus Archivmaterial zusammenstellen.

Collage Im Hörfunk: ein *Beitrag* nur aus *O-Tönen*, ohne *Text*, evtl. aber mit Musik. Vgl. *Beitrag*.

Communication Highway, Schnellstraße der Kommunikation Schlagwort für die schnelle Datenübermittlung per Glasfaserkabel und Satelliten. Datenkompression und neue Übertragungstechniken ermöglichen das 500-Kanal-Fernsehen und den Zugriff auf weltweit vorhandene Daten von jedem Punkt der Erde aus.

Copy Verwirrendes englisches Allerweltswort:
1. *Kopie*, Durchschlag, Abzug, Reproduktion.
2. Gerade nicht die Kopie, sondern das *Original* (Urschrift, Vorlage, Muster).
3. Die Summe von Original und Kopien: Exemplar, Stück, Nummer, Ausfertigung. Daher *Copy-Preis*: Branchenjargon für den Verkaufspreis des einzelnen Exemplars einer Zeitschrift.
4. Das Manuskript, bes. das satzfertige.
5. Der *Lauftext*.

Copy-Desk Nach *Copy* (4): der Schreibtisch, an dem
1. entweder die *eingehenden* Manuskripte der Reporter und Korrespondenten gesichtet und zum Redigieren an die Redakteure verteilt werden, z. B. vom Chef vom Dienst,
2. oder die *redigierten* Manuskripte *(Fahnen)* von einem «Senior Editor» oder *Copy Reader* einer Qualitätskontrolle unterworfen werden.

Die Tätigkeit 2 wird umso seltener ausgeübt, je weniger wichtig der Text und je kleiner die Redaktion ist (Alleinverantwortung des Reporters oder Redakteurs). In großen Zeitschriften ist sie durchweg üblich *(Schlussredaktion)*, in größeren Zeitungen bei wichtigen Texten wie Leitartikel, Aufmacher.

Copy Test, Copytest Marktforschung: die Befragung einer Lesergruppe («Stichprobe»), inwieweit die einzelnen Seiten, Beiträge oder Anzeigen einer bestimmten Ausgabe einer Zeitung oder Zeitschrift «genutzt» worden sind. *Nutzung* ist der Oberbegriff für das Lesen von Texten, das Betrachten von Bildern und das Wiedererkennen von Anzeigen.

Covern (von engl. cover = abdecken, wahrnehmen) Sich um ein Ereignis kümmern, es zum Gegenstand der Berichterstattung machen («Warum habt ihr die Hochzeit nicht gecovert?»).

Dachzeile s. *Spitzmarke* (1)

Desk Der Tisch, an dem der Blattmacher sitzt. Vgl. *Copy Desk, Slot*.

Dokumentarspiel Im Fernsehen die Entsprechung zum historischen Roman: Zeitkolorit und Staatsaktionen stimmen, Handlung großenteils erfunden. Vgl. *Feature*.

Dokumentation

1. Das Zusammenstellen, Ordnen, Aufbereiten von Dokumenten und anderen Unterlagen, journalistisch unter Einschluss der mündlichen Recherche.
2. Das Zusammengestellte selbst, die Dokumenten-Übersicht.
3. Ein Artikel / eine Sendung, der / die überwiegend aus dokumentarischen Texten / Originalaufnahmen besteht.
4. In großen Verlagen (Gruner + Jahr, *Spiegel*): das Ressort, das die Arbeit 1 vornimmt; ein *Archiv*, das Material nicht nur aushändigt, sondern aufbereitet und den fertigen Artikel anhand des Materials überprüft.
5. Neuerdings: jedes größere Redaktionsarchiv.

Domain Der letzte Teil eines Internet-Namens. Sie bezeichnet

1. entweder das Land wie «.de» für Deutschland oder «.uk» für England
2. oder Institutionen wie «.edu» für Universitäten oder «.com» für Firmen oder «.org» für beliebige Organisationen.

Doppelmittel Bei Überschriften: der Schriftgrad von 28 Punkt.

Download Speichern von Texten und Bildern aus dem Internet auf dem eigenen Computer.

Drehbuch Das Manuskript, das alle *Einstellungen* eines Films enthält, unterteilt nach den sichtbaren Elementen (links) sowie Geräuschen, Musik und dem zu sprechenden Text (rechts). Vgl. *Drehplan, Szenarium*.

Drehplan Im Fernsehen: Das Verzeichnis der mutmaßlichen *Einstellungen*, das vor einer *Live*-Sendung angelegt wird; i. U. zum streng fixierten *Drehbuch*.

DTP Desktop-Publishing: Herstellung von Satz und Layout am Personalcomputer auf dem Schreibtisch.

Dummy (engl.) Attrappe, Schaupackung; Schaufensterpuppe; Versuchspuppe (beim Crash-Test); Pappkamerad (Zielscheibe in den Umrissen eines Menschen); daher: Schaustück, Greifmuster einer geplanten künftigen Zeitschrift oder einer neuen Zeitungsseite oder -beilage; gedruckt oder bloß geklebt; meist mit echten Bildern, aber blindem Text. Bei echtem Text nähert sich das Dummy der *Nullnummer* (Pilotnummer, *pilot issue*): einer rundum echten Zeitschrift, mit deren Hilfe Inserenten für die Nr. 1 geworben werden und Verlag, Redaktion und Marktforschung ihre letzten Entscheidungen fällen.

Durchmarsch Hörfunk und Fernsehen: Der Reporter/Korrespondent spricht live ohne Zwischenfragen des Moderators. Vgl. *statement*.

Durchschuss Der Zwischenraum zwischen den Zeilen (i. U. zum *Ausschluss*, dem Zwischenraum zwischen den Wörtern). «Dann durchschießen wir's eben»: Wir legen mehr Durchschuss, mehr «Luft», zwischen die Zeilen, um einen zu kurzen Text zu strecken.

DVD (engl. Digital Versatile Disc) Silberscheibe, die Texte, Bilder und Filme sowie Töne digital speichert; DVD-R und DVD-RW sind einmal oder mehrmals (RW) beschreibbar.

EBV Elektronische Bildverarbeitung.

Eckenbrüller s. S. 68

Editorial (engl.)
  1. Ein Artikel, der die Meinung der Redaktion wiedergibt (Leitartikel, *Kommentar, Glosse*). Vgl. *Kolumne*.

2. Eine Information über redaktionelle Hintergründe oder Interna, z.B. die «Hausmitteilung» im *Spiegel*.
3. In manchen Redaktionen jeder Artikel auf der *Editorial-Seite* (Kommentarseite, Meinungsseite), auch wenn er nicht Meinung, sondern Analyse bietet.

Einblendung In Funk und Fernsehen: das Hineinschneiden von *O-Tönen*.

Einstellung, *shot* Im Fernsehen: Szene, die ohne Unterbrechung aufgenommen wird. Durchschnittliche Länge einer Einstellung: 6 bis 10 Sekunden, bei Spielhandlungen mehr. Im Vorspann amerikanischer Krimi-Serien gibt es Einstellungen von einer Achtelsekunde. Das Verzeichnis der geplanten Einstellungen ist das *Drehbuch* oder der *Drehplan*, der tatsächlichen die *shot list*. Vgl. *Zwischenschnitt*.

E-Mail (engl. Electronic Mail) Ein elektronischer Brief, der auch Bilder und Töne über das Internet an einen anderen Computer schickt.

Eye-Catcher s. *Hingucker*

Fahne (im Bleisatz auch Bürstenabzug) Der erste Abzug des gesetzten, noch nicht umbrochenen *Lauftextes*, zur Längenkontrolle und Korrektur.

FAZ
1. Die *Frankfurter Allgemeine Zeitung*.
2. Im Fernsehen: Filmaufzeichnungsgerät.

Feature (engl.) Gesichtszug, Charakterzug, typische Eigenschaft, Besonderheit, Attraktion; im Kino: der Hauptfilm. Im Journalismus:
1. Allerweltswort für lebendig geschriebene Texte oder lebendig gestaltete Sendungen abseits des strengen Nachrichtenstils, in vielen Redaktionen unter Einschluss der *Reportage* oder des Korrespondentenberichts.
2. Im engeren Sinn: nur diejenigen Artikel oder Sendungen, die i. U. zur Reportage aus Archivmaterial aufbereitet werden (im Hörfunk: Hörbild, im Fernsehen: Dokumentarbericht).
3. In Boulevardzeitungen: Kurzform für Feature-*Bild*, ein großes Foto mit Bildtext ohne zugehörigen Lauftext.

In Zeitschriften ist das Wort kaum in Gebrauch, weil Nachrichten ohnehin nicht vorkommen.

Verfeaturen oder *Verfietschern*: die trockene Information in ein Feature verwandeln.

Feedback (engl.) Rückkopplung, Rückmeldung, Rückwirkung: der Einfluss, den Leser/Hörer/Fernsehteilnehmer auf die Redaktionen nehmen oder zu nehmen versuchen.

Direktes Feedback: Leserbriefe, Hörerproteste, Einspielung von Telefonanrufen in die laufende Sendung.

Indirektes Feedback: Markt- und Meinungsforscher informieren die Redaktionen über ihr Echo.

Fettvoraus s. *Spitzmarke* (2) und (3)

Feuilleton (franz. Blättchen) Das unter dem Strich Gedruckte, urspr. Kulturberichte und Plaudereien. Daher heute:
1. Der Kulturteil einer Zeitung.
2. Die geistreiche Plauderei, Leichtgewicht mit Hintersinn («Wiener Feuilleton»), z. B. im «Streiflicht» der *Süddeutschen Zeitung* und in der Feuilletonglosse der *FAZ*. Die Grenzen zur *Glosse* (B) sind fließend.

feuilletonistisch: oft abschätzig für Texte mit zu viel Eleganz und zu wenig Substanz.

Firewall schützt Redaktionssysteme vor Viren und dem unbefugten Eindringen von Fremden in das Netzwerk des Verlags.

Flachdruck
1. Die Druckverfahren, bei denen druckende und nichtdruckende Teile auf einer Ebene liegen, i. U. zum *Hochdruck* und zum *Tiefdruck*. Die nichtdruckenden Teile sind chemisch so behandelt, dass sie Farbe abstoßen. Das wichtigste Flachdruckverfahren ist der *Offset-Druck*.
2. Unkorrekt, aber zum Teil gebräuchlich: das Drucken nicht von Zylindern wie beim Rotationsdruck, sondern von Platten (für Buchdruck und Plakatdruck); korrekt: *Bogendruck*.
3. In der Kunst: die Lithographie.

Flachmann s. S. 67

Flash Bei Agenturen: die Blitzmeldung (vgl. *Snap*).

Flattersatz Ein Text, der absichtlich nicht geblockt wird (s. *Blocken*), sondern ungerade ausläuft wie auf der Schreibmaschine; dann ist der Flattersatz *linksbündig* (links gerade, rechts flatternd). Es gibt auch *rechtsbündigen* Flattersatz (rechts gerade, links flatternd) oder beidseitigen Flattersatz, der um eine *Mittelachse* gruppiert ist.

Flattersatz ist eine beliebte Form in Zeitschriften, zumal beim *Vorspann* und beim Bildtext. Auch in Zeitungen dringt er vor, vor allem bei Kommentaren und Glossen.

Manche Redaktionen unterscheiden: *Flattersatz* ist nur der von Graphikern ausgeklügelte Zeilenfall. Lässt man den Satz dagegen beliebig rechts auslaufen wie auf der Schreibmaschine, wird von *Rausatz* gesprochen.

Fleisch s. *Letter*

Fließsatz, Fließtext   Synonym für *Lauftext*.

Format
1. Computer: Einteilung von Disketten, CD-ROM und Festplatten in Spuren und Sektoren (*formatieren*, bei Apple: initialisieren).
2. Computer: Kette von Satz- oder Umbruchbefehlen, die über einen Namen aufgerufen werden kann (auch *Makro*).
3. Hörfunk: Modewort für Sendeschema. Im Privatradio durchweg, im Öffentlich-Rechtlichen zunehmend wird der gesamte Tag *formatiert*: feste Zeiten für Nachrichten, Werbeblöcke, Textbeiträge usw.

Fotosatz   Die Buchstaben werden durch eine Schablone auf Fotopapier belichtet. Die Buchstaben sind durchsichtig, die Umgebung ist schwarz. Dadurch ist im Gegensatz zum Bleisatz stufenlose Vergrößerung/Verkleinerung möglich. S. auch *Lichtsatz*.

Fraktur   Gebrochene Schrift, gotische Schrift, deutsche Schrift: die Familie von Druckschriften, die im deutschen Sprachraum vom 16. bis 20. Jahrhundert üblich war. Noch 1930 wurde etwa die Hälfte der deutschen Bücher in Fraktur gedruckt. 1941 wurde die Fraktur von Hitler verboten. Heute werden in der deutschen Presse nur noch die Kommentarüberschriften der *FAZ* in Fraktur gesetzt. Vgl. *Antiqua, Grotesk*.

Fußkasten   In einigen Redaktionen: der *Aufsetzer*.

Galgen
1. In Zeitungen und Zeitschriften: jener unbeliebte redaktionelle Freiraum, der dann entsteht, wenn eine Anzeige weder die ganze Breite noch die ganze Höhe füllt.
2. Im Fernsehen: ein Gestell, an dem das Mikrophon so angebracht ist, dass es nicht im Bild erscheint.

Gastkommentar Ein Meinungsartikel von einem Redaktionsfremden. Erscheint er regelmäßig, spricht man von *Kolumne*. Vgl. *Editorial*.

Geräusch Ein *O-Ton*: markantes akustisches Ereignis (Autohupe, zerbrechendes Glas), i. U. zur *Atmosphäre*.

gestorben Je nach Redaktion (Wunder der Sprache!):
1. ein Thema, ein Artikel, ein Funkbeitrag, wenn feststeht, dass er nicht gedruckt oder gesendet werden soll.
2. umgekehrt, wenn feststeht, dass er druck- oder sendereif ist (*Stuttgarter Zeitung:* gestorben = erscheint; beerdigt = erscheint nicht.)

Glosse

Stufe 1: griech. glossa = Zunge, Sprache.

Stufe 2: lat./altdeutsch glossa = schwieriges Wort, das der Erläuterung bedarf (vgl. Glossar: Sammlung schwieriger Wörter mit Erklärungen).

Stufe 3: die Erklärung selbst. Da sie oft an den Rand geschrieben wurde:

Stufe 4: Randglosse, Randbemerkung. Davon die heutige *Bedeutung* A: der Kurzkommentar.

Stufe 5: die spöttische Randbemerkung. Davon die heutige *Bedeutung* B: *der sarkastische, satirische Kurzkommentar.*

In manchen Redaktionen gilt nur die Bedeutung A (die Kurzkommentare in der *Zeit* auf S. 1 rechts, die Leitglosse der *FAZ*), in manchen nur B, in manchen beides durcheinander. Also: nachfragen. Vgl. *Spitze* (1).

Grafik auch noch Graphik (griech. «Schreibkunst») Die Kunst des Schreibens, Zeichnens, Stechens und Radierens, bes. zum Zweck der Vervielfältigung; der Vorgang der Vervielfältigung; das daraus entstehende Kunstblatt. Im Journalismus:
1. Der Beruf und die Tätigkeit des *Graphikers* (vgl. *Layout*).
2. Das Ressort der Zeitschrift, in dem der Graphiker und Layouter tätig sind, auch *Layout* genannt.
3. Die graphische Darstellung, das *Schaubild*, das Diagramm, modisch «Info-Graphik».

Grotesk (Blockschrift, serifenlose Antiqua) Eine Gruppe von Druckschriften, bei denen alle Striche gleich stark sind und an Kopf und Fuß der Buchstaben die An- und Abstriche (Serifen) fehlen, i. U. zur *Antiqua*. Üblich in den Überschriften der *Süddeutschen Zeitung*.

Headline (engl. Kopfzeile): s. *Schlagzeile, Überschrift*

Heiße Probe Im Fernsehen: Generalprobe vor einer *Live*-Sendung unter Beteiligung der gesamten Technik; i. U. zur *Kalten Probe*, bei der die Technik noch nicht beteiligt ist.

Herstellung Entgegen dem Wortsinn nicht dasselbe wie *Produktion*, sondern: in Buch- und Zeitschriftenverlagen eine Abteilung oder ein Angestellter *(Hersteller)* zwischen Lektorat/Redaktion und Setzerei/Druckerei, zuständig für die Überwachung eines korrekten und pünktlichen technischen Ablaufs, für Druck- und Papierqualität, oft auch für Kalkulation. In Buchverlagen ist der Hersteller meist schon für das *Imprimatur* zuständig, bei Zeitschriften wird er nach der Imprimatur-Abteilung tätig.

Hingucker, Hinkucker (engl. *eye-catcher*) In Illustrierten: ein Foto oder ein anderes graphisches Element, das den Blick auf sich zieht und damit den Beitrag *verkaufen* hilft («Wir haben noch keinen Hingucker!»).

Hochdruck

1. Das älteste Druckverfahren: Die farbabgebenden, also druckenden Stellen der Druckform sind höher als die nichtdruckenden Stellen. Zeitungen wurden früher nur im Hochdruck hergestellt, inzwischen zunehmend im Offset-Druck, einem *Flachdruck*-Verfahren.
2. In der Kunst: der Holzschnitt.

Homepage Die erste Seite eines Internet-Auftritts.

Hurenkind Setzerjargon für den unerwünschten Effekt, dass die letzte Zeile eines Absatzes die erste Zeile einer neuen Spalte ist. Hurenkinder gelten als Sünde – jedoch, je nach Redaktion:

1. lediglich dann, wenn die Zeile nur aus einem Wort besteht oder kaum halb voll läuft; *blockt* man sie, so ist die Sünde vergeben.
2. auch dann, wenn die letzte Zeile voll oder fast voll läuft. Der Redakteur muss also streichen oder dazudichten.

illustrieren

1. Illustrationen herstellen, einen Beitrag mit Fotos oder Graphiken versehen (*Graphik* 3).
2. In anspruchsvollen Zeitschriften: abwertendes Wort für das bloße Illustrieren, i. U. zum *Visualisieren*.

Imprimatur Korrekt das Impri*ma*tur (lat. «es möge gedruckt werden», urspr. die kirchliche Druckerlaubnis); in den meisten Setzereien «die Imprimat*ur*»; als Stempel «Imp.»:
1. Die Freigabe zum Druck, erteilt nach Vollzug aller Korrekturen vom (Chef-)Korrektor oder vom Umbruch-Redakteur.
2. In großen Zeitschriftenredaktionen das Ressort, das die Korrekturen überprüft und den Satz zum Druck freigibt.

Initial, das Ein übergroßer *Versal*, der den Anfang eines Textes hervorheben oder längere Texte optisch untergliedern soll.

interaktiv, aufeinander einwirkend, in Wechselwirkung stehend:
1. Überzogenes Modewort für die Chance des Computer- und Internetbenutzers oder Fernsehteilnehmers, aus einem vorgegebenen Angebot eine Auswahl zu treffen (wie in der Zeitung schon seit Jahrhunderten) oder sich mit anderen zu unterhalten oder mit ihnen zu spielen.
2. Die Chance des Zuschauers oder Zuhörers, in Film- oder Hörspielhandlungen so einzugreifen, dass eine andere Handlung abläuft, je nachdem, ob er mit einem Spezial-Revolver den Schurken trifft oder nicht.

Internet Der weltweite Zusammenschluss von Computer-Netzen, in dem Abertausende von Rechnern miteinander Verbindung aufnehmen.

Intranet Im Gegensatz zum Internet nur einer bestimmten Gruppe, etwa in einem Verlag, zugänglich.

ISDN Integrated Services Digital Network: integrierte Dienste für die digitale Datenfernübertragung von Schrift, Sprache und Bild. ISDN überträgt 25-mal so schnell wie das herkömmliche Telefonnetz. Für *Internet*-Nutzer ermöglicht ISDN eine schnelle Verbindung zum *Provider* und das gleichzeitige Surfen, Telefonieren und Faxe-Empfangen.

IT-Band, international sound track Im Fernsehen: ein Tonband, das alle *O-Töne* enthält, sodass bei internationalem Filmaustausch nur der heimische Kommentar zugemischt zu werden braucht.

IVW Informationsgemeinschaft zur Feststellung der Verbreitung von Werbeträgern; ermittelt und veröffentlicht vierteljährlich die *Auflage* von Zeitungen und Zeitschriften sowie die Einschaltquoten von Internet-Seiten («Page-Impressions»). Vgl. *Käufer*.

Jingle
1. Erkennungsmelodie eines Senders.
2. Erkennungsmelodie für eine Sendung.
3. Ein *trailer*.

JPEG, Joint Photographic Experts Group   Komprimiert die Zahl der Foto-*Pixel*, um Platz zu sparen und Bilder schnell, aber dennoch in einigermaßen guter Qualität senden zu können, etwa im Redaktionssystem oder im Internet.

Jungfrau   Setzerjargon für eine fehlerlos gesetzte Seite oder Spalte.

Kapitälchen   Großbuchstaben (*Versal*, Majuskel) in der Höhe eines Kleinbuchstabens (Minuskel), sodass auch bei Versalsatz die orthographische Großschreibung erkennbar bleibt: Er heisst Fritz.

Kasch   Laut Lexikon: russische Buchweizengrütze; hier jedoch (von «kaschieren»): eine Blende
1. vor dem Objektiv, die einen Teil des Bildfelds abdeckt.
2. vor der Lampe oder dem Blitzgerät, um das Licht zu steuern.

Kasten   s. S. 67

Käufer   Derjenige, der den Kauf einer Zeitung oder Zeitschrift tätigt oder das Abonnement bestellt hat – i. U. zum *Leser*. Jede Publikation hat mehr Leser als Käufer. Die Zahl der Käufer wird durch *IVW* ermittelt, die Zahl der Leser durch die *Media-Analyse*.

Kegel   Das «Fleisch» der *Letter*, soweit es sich in die Senkrechte erstreckt. «8/8» heißt: eine 8-Punkt-Schrift über dem üblichen Fleisch (dem Leerraum, der Luft) über und unter den Schriftzeichen, also auf 8-Punkt-Kegel.
«8/9» heißt: eine 8-Punkt-Schrift mit je einem halben Punkt zusätzlichem Fleisch über und unter dem Schriftzeichen, also auf einem 9-Punkt-Kegel. Dieselbe Wirkung lässt sich mit *Regletten* erzielen. Vgl. *Durchschuss*, *Punkt*, *Vorschub*.

Kill   Agenturjargon: das Zurückziehen einer Meldung.

Kinken   (Aus der Seemannssprache): Haken, Knoten, grober Fehler (in der Logik, dem Ablauf u. a.).

Klappermeldung   Im *Stern* eine Exklusivgeschichte, die die Nachrichtenredaktion in die Agenturen gibt, in der Hoffnung, dass Zeitungen und Sender sie übernehmen und so für den *Stern* Reklame machen.

Glossar journalistischer Fachausdrücke

Kleintexte In Zeitschriften: alles, was nicht *Lauftext* ist, also Überschrift, Vorspann, Bildtexte, Seitentitel, Zwischentitel. Entgegen dem Wortsinn kosten die Kleintexte oft mehr Mühe als der Lauftext.

Knüller, auch Knaller (von mittelhochd. knüllen und jiddisch knellen = knallen, schlagen, stoßen) Aufsehen erregende Nachricht, «Schlager», Sensation, großer Auflagen- oder Kassenerfolg. Vgl. *Scoop*.

Kolumne (von lat. columna = die Säule, engl. column):
1. Ein Meinungsartikel, den ein Autor (der Kolumnist) regelmäßig an einem bestimmten Platz publiziert –
   - im engeren (engl./amerik.) Sinn ein Gastkommentator,
   - im weiteren Sinn auch ein Redaktionsmitglied. Die engl./amerik. Column ist häufig kein Meinungsartikel, sondern eine Hintergrund-Information.
2. Die Druckspalte einer Zeitung oder Zeitschrift.

Kommentar (von lat. commentarius = Aufzeichnung, Notizbuch)
1. Juristisch und philologisch: die Erläuterung, die erklärende Beigabe (zum BGB, zum «Faust»).
2. Publizistisch: die Kritik, die Wertung, der Meinungsartikel, das *Editorial*, auch die Kolumne. Je nach Länge und Platzierung werden die Meinungsartikel unterteilt in Leitartikel (lang), «Kommentare» im engeren Sinn (mittellang) und Kurzkommentare oder *Glossen* (A).

Entgegen der theoretischen Unterteilung nach 1 und 2 sind auch Leitartikel usw. häufig *keine* Meinungsartikel, sondern bloße Erläuterungen, besonders bei exotischen oder sonst wie komplizierten Themen: erklärende Beigabe, Hintergrund, Deutung, Analyse, «Gebrauchsanweisung» (z. B. zum Verständnis der Lage in Bolivien).

Kommunikation Im Marketing: Oberbegriff für Werbung und PR – obwohl gerade nicht die Zwiesprache, der Austausch von Informationen gemeint ist, sondern die einseitige Berieselung.

kompress setzen (Bleisatz) Ohne *Durchschuss* setzen. Vgl. *Kegel*.

Konserve In Funk und Fernsehen die fertig vorliegende Aufzeichnung, i. U. zur *Live*-Sendung.

Kopfblatt Eine Zeitung, die mit eigenem Titelkopf und eigenem Lokalteil erscheint, in allen übrigen Teilen jedoch mit dem Mutterblatt identisch ist. Große Provinzzeitungen haben über 20 Kopfblätter. Vgl. *Mater*.

Anhang

Korken Grober Fehler.

Kursivling In der *FAZ*: Ein Text mit kursiver Überschrift, die seinen saloppen Charakter kennzeichnen soll, z. B. *Feature* oder *Reportage*.

Lauftext, auch Fließtext Der zentrale, fortlaufende Text eines Beitrags, i. U. zu den *Kleintexten*. Vgl. *Artikel* (3), *Copy* (5).

Layout (engl.) Plan, Entwurf, Aufriss, Grundriss, Skizze (in der angelsächsischen Presse aber überwiegend «design»):

1. Die optische Darbietung eines Druck-Erzeugnisses (Größe und Charakter der Schriften, Bilder und Freiräume).
2. Der für 1 notwendige Arbeitsprozess, auch *Aufriss* genannt (eine Seite «aufreißen», d. h. die Platzverteilung auf ihr skizzieren oder exakt berechnen; i. U. zum *Umbruch*, s. unten). Vgl. *Scribble*.
3. Das Ergebnis dieser Arbeit, die *gelayoutete* Seite, in manchen Redaktionen der *Spiegel*.
4. In Zeitschriften und Boulevardzeitungen das Ressort, das diese Arbeit vornimmt, auch *Graphik* genannt. (Sein Chef steht im Impressum unter Bezeichnungen wie: Cheflayouter, Chefgraphiker, Art-Director, Graphische Gestaltung, Typographisches Atelier.)

Lead (engl. Führung, Leitung, Vorsprung, Vorhand) In der angelsächsischen Presse, auch in deutschen Redaktionen (das Lead, der Lead):

1. Der erste Satz einer Nachricht, der «Einstieg» in die Nachricht, ihre Aufzäumung. In diesem Sinn vor allem von Agenturen verwendet, bei denen der erste Satz häufig über die Abdruckquote entscheidet.
2. Synonym für *Vorspann*, auch wenn er die Länge eines Satzes überschreitet.

Legende (von lat. *legenda* = das zu Lesende):

1. In manchen Redaktionen Synonym für Bildtext.
2. Im engeren Sinn: nur der Text unter einer Karte oder *Graphik* (3), der zum Verständnis der Farben und Symbole nötig ist.

Leiche Setzerjargon: das Fehlen von Wörtern, Sätzen oder Zeilen im gesetzten Text – eine üble Entdeckung, wenn der Umbruch als beendet galt.

Leitglosse Unscharfe Bezeichnung für einen Kurzkommentar (vgl. *Glosse* A), wenn er an prominenter Stelle steht, z. B. in der *FAZ* auf Seite 1 oben.

Leser Der, der in einer Zeitung oder Zeitschrift liest, i. U. zum *Käufer*. Ein *Stern*-Exemplar hat im Durchschnitt fünf Leser. Daran wirkt der Lesezirkel mit, der das Exemplar durch mehrere Stationen schleust, darunter solche, wo es dutzendfach gelesen wird (Wartezimmer, Friseur). Vgl. *Media-Analyse*.

Leser-Blatt-Bindung Die Treue des Lesers zu einer Zeitung oder Zeitschrift. Treue entsteht vor allem durch Gewohnheit, redaktionelle Qualität, *Aktionsjournalismus* (1) und Werbung.

Letter, die Das Schriftzeichen (Buchstabe, Ziffer oder Satzzeichen) mitsamt dem *Fleisch*, d. h. den nichtdruckenden Teilen des Bleikörpers, der das Schriftzeichen trägt. Vgl. *Kegel*.

Lichtsatz, auch Digitalsatz Die Schriftzeichen werden nicht körperlich gegossen wie im Blei, sondern digitalisiert, d. h. in Punkte und Linien zerlegt. Korrektur findet immateriell statt. Erst beim Belichten des druckreifen Textes auf Film oder Papier werden die digitalisierten Einzelteile wieder zu Schriftzeichen zusammengesetzt. Die Lichtsetzmaschine ist computergesteuert und kann pro Stunde bis zu 10 Millionen Buchstaben setzen. Vgl. *Fotosatz*.

Link Verbindung zu einer anderen Internet-Seite, die durch einen Mausklick aktiviert werden kann.

Log (engl. log), Logbuch Bei den (amerikanischen) Nachrichtenagenturen die tägliche Kontrolle des Abdruck-Erfolgs, des *Play*.

Lumbeckverfahren, lumbecken, gelumbeckt (nach dem Erfinder Lumbeck) Die fadenlose Klebebindung von Taschenbüchern, Paperbacks und vielen Zeitschriften *(Geo, Capital)*; i. U. zur Rückendrahtheftung (Rückenstichheftung, Klammerheftung) wie bei *Stern* und *Spiegel*.

Das Lumbecken ist zwar billiger als das herkömmliche Buchbinden, aber teurer und zeitaufwendiger als die Rückendrahtheftung; außerdem lässt das Heft sich nicht glatt aufschlagen. Doch ist die buchähnliche Wirkung des Lumbeckens bei nichtaktuellen, teuren Zeitschriften (nur bei diesen) erwünscht. Auch hat es einen Vorteil für die Redaktion: Kein *Produkt* (s. dieses) muss symmetrisch in der hinteren Hälfte des Heftes wiederkehren (während beim *Stern* die ersten 16 Seiten immer denselben Drucktermin und dieselbe Papierqualität haben wie die letzten 16 Seiten usw.).

Macher In manchen Zeitungen und Zeitschriften: der *Produktionsredakteur* oder *Tischredakteur*.

Majuskel, die Großbuchstabe, s. *Versalien*.

Makro Computer-Jargon: Kette von Satz- oder Umbruchbefehlen, die über einen Namen oder ein Icon (Symbol auf dem Bildschirm) aufgerufen werden kann. Vgl. *Format* (2).

Marketing (von engl. to market = auf den Markt bringen, verkaufen) Die Gesamtheit aller verlegerischen und redaktionellen Maßnahmen, die ein Objekt für Käufer und Inserenten interessant machen.

Mater (lat. Mutter) Beim *Hochdruck* eine Tafel aus Pappe oder Kunststoff, in die der fertige Satz eingeprägt wird, um davon die Druckplatte zu gießen.

MAZ
1. Im Fernsehen: magnetische Bildaufzeichnung. Ein mit elektronischer Kamera aufgenommenes Bild kann gleichzeitig *live* gesendet *und* mitgeschnitten werden. Der MAZ-Mitschnitt ermöglicht Archivierung und Kontrolle sowie (beim Sport) die sofortige Wiederholung. *Mazen:* im MAZ-Verfahren aufzeichnen.
2. Meldestelle für Anzeigen im Zeitschriftenwesen (überprüft halbjährlich, ob die Verlage die Anzeigen exakt abrechnen).

Media-Analyse (MA) Die alljährlich in der Bundesrepublik stattfindende aufwendigste Marktforschung der Welt. Sie soll die Zahl der *Leser* ermitteln und zugleich die Leserschaft nach Alter, Geschlecht, Einkommen usw. aufschlüsseln. Damit wird sie zur Bibel der Werbeagenturen. Vgl. *Reichweite*.

Megabyte Computer: Standardmaß für die Kapazität von Disketten, Festplatten und internem Speicher. Vgl. *Bit*.

Meldung s. S. 66

Minuskel, die Kleinbuchstabe, i. U. zur Majuskel.

Mittel Bei Überschriften: Schriftgrad von 14 Punkt.

Modem (Abkürzung von Modulator-Demodulator) Gerät, das zwischen Computer und Telefon direkt in die Telefonleitung geschaltet wird. Es übersetzt digitale Daten in analoge und umgekehrt.

Montage
1. Im *Hochdruck*: der Umbruch, wenn er nach *Layout* aus *Lichtsatz* ge-

klebt wird; wird zunehmend durch Bildschirm-Umbruch abgelöst *(Positionierung)*.

2. Im *Flachdruck* und *Tiefdruck*: das Zusammenfügen *(Montieren)* der Texte und Bilder einer Seite nach *Layout* auf einer Folie.

3. Der Raum, in dem die Montage stattfindet.

Nachricht Eine Information über Tatsachen, die für die Adressaten vermutlich neu und interessant sind und unter diesem Aspekt aus möglichen Zusammenhängen gerissen werden; i. U. zum *Kommentar* (2) unter striktem Verzicht auf die Meinung des Schreibers; i. U. zur *Reportage* ohne subjektive Elemente und Impressionen; i. U. zum Korrespondentenbericht ohne (oder mit vorsichtiger) Deutung; meist ohne die unterhaltenden Elemente des *Features*. Vgl. *Report, Summary*.

Nachspann, Abspann Die Nennung derer, die an einer Fernsehsendung mitgewirkt haben, sofern sie am Schluss der Sendung erfolgt.

Neger

1. Im Fernsehen und im Fotoatelier: Bleche oder Stellwände zur Abschirmung unerwünschten Lichteinfalls. Vgl. *Kasch*.

2. Synonym für Ghostwriter (einen, der für Prominente Reden oder Bücher schreibt).

Netzwerk Verbund von Computern, die Daten austauschen.

Nullnummer s. *Dummy*

Nullzeit Im ZDF 19.00 Uhr, in der ARD 20.00 Uhr, also der (nahezu ausnahmslos pünktliche) Beginn der Hauptnachrichtensendungen.

off – on Fernsehen: im On sein = im Bild erscheinen; im Off sein = nicht im Bild erscheinen. Vgl. *Aufsager*.

Offset-Druck Ein Druckverfahren, bei dem druckende und nichtdruckende Teile auf gleicher Ebene liegen (i. U. zu *Hochdruck* und *Tiefdruck*). Die nichtdruckenden Teile sind chemisch so behandelt, dass sie Wasser annehmen und dadurch Farbe abstoßen. Vgl. *Flachdruck*.

off the record (engl. «weg vom Protokoll») Nicht zur Veröffentlichung.

online Der Computer ist im Netz (meist ist das Internet gedacht). Ist er nicht im Netz, ist er offline.

O-Ton, Originalton Funk und Fernsehen:

1. Alle akustischen Signale, die das Mikrophon einfängt: Worte, *Geräusche, Atmosphäre*.

2. Im engeren Sinn: nur das eingefangene Wort (i. U. zum *Text*, der im Studio dazugesprochen wird).

O-Ton-Bericht: s. *Bericht mit Einblendungen.* Vgl. *Collage, Einblendung, IT-Band.*

Ozalid s. *Blaupause*

Pagina (lat. Seite)   Die Seitenziffer. Paginieren: mit Seitenzahlen versehen.

Petit   Der Schriftgrad von 8 *Punkt*, der im Zeitungssatz dominiert.

Pica

1. Angelsächsische Maßeinheit für den Schriftgrad: 4,12 mm (etwas weniger als *Cicero* = 4,51 mm). 1 Pica = 12 *Points*. 1 Point = 0,351 mm (etwas weniger als der *Punkt* = 0,375 mm).

2. Genormter Schriftgrad auf der Schreibmaschine: 2,6 mm.

Pixel   Punkte, aus denen sich im Druck oder im Computer Bilder zusammensetzen. Je höher die Zahl der Pixel, desto genauer die Details und schärfer das Bild, vor allem bei großformatigen Bildern. Bei Digitalkameras wird in Megapixeln gerechnet (1 Megapixel sind 1 Million Bildpunkte).

Play (engl. Spiel, Spielraum, Bewegung)   Bei den (amerikanischen) Nachrichtenagenturen der Abdruck-Erfolg. (Wie viele Zeitungen haben die Rede des Politikers X in der Fassung von *AP*, wie viele in der von *dpa* usw. gedruckt?) Vgl. *Log.*

Point   s. *Pica, Punkt*

Positionierung   Platzierung mit xy-Koordinaten beim Computer-Layout. Vgl. *Layout.*

Prime Time   Die Hauptsendezeit: im Hörfunk 7 bis 9 Uhr, im Fernsehen 19 bis 22 Uhr.

Producer   Im Hörfunk ein Angestellter, der Sendungen technisch vorbereitet und ihren Ablauf überwacht. Oft ist er auch für die Auswahl der Musik zuständig. Bei *Live*-Sendungen nimmt er die Höreranrufe entgegen. Vgl. *Realisator, Produktionsredakteur.*

Produkt   Auch Lage, Buch: der Teil einer Zeitung oder Zeitschrift, der in einem Arbeitsgang gedruckt wird. *Zeitungen* bestehen meist aus zwei bis vier Produkten, die lose ineinander gelegt und dadurch für den Leser erkennbar sind; die erste Seite eines neuen Produkts ist ein bevorzugter Platz, z. B. zur Eröffnung des Lokal- oder Wirtschaftsteils.

Zeitschriften bestehen aus bis zu zwölf Produkten, deren Grenzen jedoch wegen der Rückenheftung für den Leser nicht erkennbar sind. Dagegen spielen sie wegen ihrer unterschiedlichen Produktionstermine eine entscheidende Rolle in den Planungen der Redaktion (die frühen *Vorprodukte* – das späte *Hauptprodukt*). Vgl. *Lumbeckverfahren*.

Produktion
1. Der gesamte Prozess der Herstellung einer Zeitung, Zeitschrift oder Sendung, von der Idee des Redakteurs bis zur Beendigung des Druckvorgangs / der Schneidearbeit.
2. Im engeren Sinn: nur der technische Teil von 1, also Satz, Druck, Schneiden.
3. In vielen Zeitschriften: der Dachbegriff für den Arbeitsgang, der mit dem Beschluss, ein Thema aufzugreifen, anläuft: Recherche – Bildbeschaffung – Niederschrift – Layout – Überschrift – Bildtexte.
4. In manchen Redaktionen: die Abteilung, die für die Gestaltung des *Titels* (4) und die Bebilderung von optisch aufwendigen Themen sorgt.

Produktionsredakteur, Productioner, auch «Macher» In der Zeitung: ein Redakteur, der für ein bestimmtes Ressort oder eine bestimmte Seite die Chef-vom-Dienst-Funktion wahrnimmt, d. h., sie betreut vom Layout über das Satzfertigmachen der Manuskripte und das Formulieren der Überschriften bis zum *Imprimatur*. Vgl. *Producer, Tischredakteur*.

Protokoll Computer: Regeln, die den Austausch von Daten festlegen (z. B. bei der Übertragung per *Modem* oder beim Drucken).

Provider Bietet gegen eine Gebühr den Zugang zum Internet (ISP, Internet-Service-Provider).

Punkt Maßeinheit für den Schriftgrad.
1. In Deutschland (außer bei Computerprogrammen) meist der Didot-Punkt (nach dem frz. Schriftgießer Ambroise Didot): 0,375 mm. 8 Punkt = *Petit*. 12 Punkt = *Cicero*.
2. In England und Amerika: 1 *Point* = 0,351 mm, 12 Points = 1 *Pica*. In Grafik-Computerprogrammen wird meist der Point benutzt – verwirrenderweise aber auch überwiegend «Punkt» genannt.

Rausatz s. *Flattersatz*

Realisator Im Fernsehen: einer, der Autoren, Reportern, Redakteuren hilft, ihre Ideen in Bilder umzusetzen, sie zu *visualisieren*. Oft hat er überdies ähnliche Funktionen wie im Hörfunk der *Producer*. Auch die Grenze zum Regisseur ist fließend.

Reglette Im Bleisatz: Bleistreifen zur Erzeugung von *Durchschuss*.

Reichweite

1. Die Entfernung, bis zu der ein Rundfunksender störungsfrei empfangen werden kann.
2. In der *Media-Analyse* (MA): die Zahl der Bundesbürger über 14 Jahre, die von einem *Medium* erreicht werden. Sie wird entweder in absoluten Zahlen ausgedrückt (8 Millionen) oder als Prozentsatz der Bundesbürger über 14.

Die Reichweite hat nichts zu tun mit der *Struktur* (in der MA «Zusammensetzung») der Leserschaft. Die *FAZ* hat unter ihren Lesern einen ungleich höheren Anteil von Akademikern als *Bild*, aber die *Reichweite* von *Bild* unter Deutschlands Akademikern ist höher.

Report Ein Bericht, der *alles über* ... enthält (*Spiegel*-Report über Rauschgift usw.). Er kann, wie das *Feature*, völlig aus dem Archiv stammen, enthält aber meist nicht die unterhaltenden Elemente des Features, auch nicht die subjektiven der *Reportage*. Eine Kurzform des «*Alles über...*» ist das *Summary*.

Reportage

1. In vielen, zumal kleineren Zeitungsredaktionen: jeder Text abseits der reinen Nachricht, also auch *Features*.
2. Im Hörfunk: ein aktueller Bericht mit hörbarem authentischen Hintergrund («Ich stehe hier auf dem Marktplatz von ...»), meist *live* übertragen.
3. Im engeren Sinn bei Zeitungen und Zeitschriften: eine Information über Tatsachen wie die Nachricht, von der Nachricht jedoch durch dreierlei unterschieden:
   - Sie bringt nur oder überwiegend solche Tatsachen, die der Autor selbst gehört oder gesehen hat. Sie gibt Beobachtungen wieder, nicht Reflexionen.
   - Sie darf subjektive Färbungen und Impressionen enthalten; Urteile zu fällen bleibt dem Leser überlassen.
   - Sie ist nicht hierarchisch aufgebaut wie die Nachricht (im ersten

Absatz das Wichtigste, im letzten Absatz das Unwichtigste), sondern dramaturgisch.

Retrievalsprache, -programm, *retrieval* (von engl. retrieve = wiederfinden, sich zurückholen) Computerprogramm, das Texte in Datenbanken und Archiven sucht. Bei der Suche sind bestimmte Normen oder Kürzel einzuhalten. Es gibt zwei Suchverfahren:
1. Volltext: Es kann nach jedem beliebigen Wort gesucht werden.
2. Deskriptoren: Gesucht wird mit Stichwörtern, die den Inhalt des Textes beschreiben.

Roter Hering Fernsehjargon: ein optisches oder akustisches Hilfsmittel zum Wiedererkennen von Personen oder Situationen (Leitmotiv, «der Mann mit der Augenklappe»). Vgl. *Spitzmarke* (5).

Rubrik (von lat. ruber = rot)
1. Die Überschrift.
2. Eine Spalte, ein Kasten, eine ständige Einrichtung in einer Zeitung oder Zeitschrift (Leserbriefe, Horoskop, Aktuelles Lexikon usw.), oft *Ständige Rubrik* genannt.
3. Die Anzeigenrubrik («Rubrik-Anzeigen» wie Immobilien, Gebrauchtwagen, Bekanntschaften).

Satzspiegel Der bedruckte Teil einer Zeitungs- oder Zeitschriftenseite, d.h. ohne den Außenrand; gemessen in *Cicero*.

Scanner (von engl. scan = absuchen, scharf ansehen) Gerät, das Texte oder Bilder mit einem Lichtstrahl abtastet und für den Computer in digitale Daten überträgt.

Scheckbuch-Journalismus
1. Der Kauf von Informationen, die nur für viel Geld zu haben sind *(Spiegel, Stern)*.
2. Der Kauf des Exklusivrechts an einer Information, die sonst frei fließen würde.

Schiff Im Bleisatz: Metallplatte mit Rahmen für den *Umbruch* oder zum Aufbewahren von *Stehsatz*.

Schlussredaktion In großen Zeitschriften das Ressort, das die Manuskripte prüft: auf Einhaltung der vorgegebenen Länge (vgl. *Layout*), auf grammatische Korrektheit, z.T. auch auf Qualität überhaupt. Vgl. *Copy-Desk, Imprimatur, Produktion*.

Schmalzbohrer Fernsehjargon: Kopfhörer für Regie-Anweisungen.

Schöndruckseite Im *Hochdruck* (dem noch überwiegenden Druckverfahren für Zeitungen) eine Seite, auf der Fotos (Autotypien) *schlecht* drucken; i. U. zur schön druckenden *Widerdruckseite*. Die Begriffsverwirrung hat historische Gründe. Bei einem 8-Seiten-Produkt sind Widerdruckseiten 1, 3, 6, 8 – Schöndruckseiten 2, 4, 5, 7.

Schriftart s. *Antiqua, Fraktur, Grotesk*

Schriftgrad Die Größe der Schrift, gemessen in *Punkt*. Vgl. Petit, Cicero, Mittel, Tertia, Text, Doppelmittel.

Schusterjunge Der weniger sündige Bruder des *Hurenkinds*: der Effekt, dass die letzte Zeile der Spalte die erste Zeile des neuen Absatzes ist.

Scoop (engl. Schöpfkelle, Schippe; das Abgeschöpfte, der Gewinn, der große Fang) Sensationeller Exklusivbericht, Steigerung von *Knüller*.

Scribble (engl. Gekritzel, Skizze) Ein roh gezeichnetes *Layout* (2).

Senkel Techniker-Jargon für Tonband.

Server (von engl. serve = dienen, versorgen) Computer, auf den *alle* Benutzer eines Computernetzes zugreifen können; steuert auch zentrale Funktionen wie elektronische Post oder Drucker.

Slot (engl. Schlitz, Durchlass) Der Arbeitsplatz und die Funktion des Chefs vom Dienst oder Schichtführers in den englischsprachigen Agenturen. Der Slotter entscheidet, welche Nachricht gesendet wird. Vgl. *Desk*.

Slow Motion (engl. langsame Bewegung) Im Fernsehen: die Zeitlupe, wenn sie nicht durch Überdrehen bei der Aufnahme entsteht, sondern nachträglich durch elektronische Dehnung eines normal aufgenommenen Films, i. U. zur *quick motion*, dem Zeitraffer.

Slug Stichwort über einer Agenturmeldung zur geographischen oder thematischen Einordnung («Libanon»). *Master Slug*: Oberbegriff zum *Slug* («Nahost»).

Snap (engl. Knall, Klick) Bei Agenturen: die Eilmeldung; auch der Satz, aus dem eine Eil- oder Blitzmeldung besteht. Vgl. *Flash*.

Sonderverkauf oder sonstige Verkäufe Jedes Exemplar, das nicht durch das reguläre Abo oder den Einzelverkauf vertrieben wird – also Bordexemplare, Lieferungen für *Zeitung in der Schule*, verbilligte Exemplare für Cafés oder Arztpraxen (*Die Welt* hatte im 4. Quartal 2002 über

54 000 Exemplare Sonderverkauf bei einer Gesamtauflage von gut 210 000).

Spiegel
1. Synonym für das Layout einer Seite, s. *Layout* (3).
2. Vor allem bei Zeitschriften: die schematische, verkleinerte Darstellung aller Seiten einer Ausgabe (auch Heftspiegel, Seitenspiegel, *Struktur*, «Kuchenbrett» genannt). Der *Blattmacher* bestimmt danach die Verteilung der redaktionellen Plätze.

Spieß Im Bleisatz: Buchstabenzwischenraum, der sich hochgeschoben hat und fälschlich mitdruckt.

Spitze
1. In vielen Redaktionen ein Synonym für *Glosse* (A oder B), besonders die *Lokalspitze*.
2. In der *Frankfurter Rundschau*: der Aufmacher!

Spitzmarke
1. Eines der vielen Wörter für die sog. Dachzeile (s. *Überschrift*).
2. Die gefetteten ersten Wörter einer Kurzmeldung oder Personalie, auch *Fettvoraus* genannt.
3. Die Überschrift eines Bildtextes (ebenfalls «Fettvoraus» genannt).
4. In einigen Zeitungen: die Ortszeile vor oder über der Nachricht.
5. Bei den Agenturen die «Ortszeile» oder der «Aufgabeort», um zu zeigen, von welchem Ort der Korrespondent die Nachricht geschickt hat.
6. In Zeitschriften: ein Bildsymbol oder ein Schriftzug, das/der auf jeder Seite eines längeren Beitrags wiederkehrt («Wiedererkenner»). Vgl. *Roter Hering*.

Staffer s. *Stringer*

Statement (engl. Behauptung, Aussage) Im Fernsehen: eine Erklärung oder Stellungnahme, die nicht, wie beim Interview, durch Fragen unterbrochen wird. Vgl. *Aufsager, Durchmarsch*.

Stehsatz Fertig gesetzte Texte, die
1. entweder planmäßig schon für die nächste Ausgabe in Satz gegeben worden sind
2. oder diesmal übrig geblieben sind, aber vermutlich verwendbar bleiben, i. U. zum *Übersatz* (2).

Stichzeile s. *Überschrift* (3)
Story (engl. Geschichte, Erzählung)
1. Ein Feature mit erzählerischem, personalisiertem Anfang – das *Spiegel*-Modell (einem Bericht über japanische Exporterfolge wird das Erlebnis *eines* Japaners oder *eines* deutschen Käufers vorangestellt).
2. Der Kern einer Nachricht, die Aussage, der Knalleffekt. («Und was ist die Story?», fragt der Redakteur ungehalten.)

Strichätzung Im Hochdruck:
1. Druckverfahren zur Reproduktion von Linien (Zeichnungen, Landkarten), d. h. nicht von Grautönen wie bei der *Autotypie*.
2. Die dabei entstehende Druckplatte.

Stringer Agentur-Jargon für solche Korrespondenten, die freie Mitarbeiter oder Pauschalisten sind; i. U. zum *staffer*, dem zum «Stab» gehörenden, also angestellten hauptberuflichen Korrespondenten.

Struktur Heftstruktur, Blattstruktur (vgl. *Spiegel* 2):
1. Der Anzeigenbelegungsplan, aus dem die redaktionellen Freiräume hervorgehen.
2. Die Verteilung des Redaktionsplatzes auf Ressorts oder Themen.
Strukturkonferenz: in Zeitschriften ohne feste Ressortplätze das Ringen der Ressorts um den Platz.

Summary (engl. Zusammenfassung, Übersicht, Abriss, Kompendium; in deutschen Red. auch «Summy»; syn. mit *abstract, epitome*):
1. Die Kurzfassung eines längeren Berichts, z. B. kurz auf S. 1, lang auf S. 5.
2. De facto – wenn auch meist nicht so benannt – ein Oberbegriff für ständige Rubriken wie «Stichwort», «Aktuelles Lexikon» oder «Aktuelles Wörterbuch»: *alles über* (Bolivien, die Neutronenbombe, den Dialektischen Materialismus usw.) in 20 bis 40 Zeilen.

Szenarium Rohfassung des *Drehbuchs*. Vgl. *Treatment*.

Take, das (engl. Portion)
1. Im Funk: Abschnitt einer Ton- oder Fernsehaufnahme.
2. Bei der Synchronisation: ein Filmabschnitt von 10 bis 30 Sekunden, der isoliert geprobt und synchronisiert wird.
3. Bei den Nachrichtenagenturen (auch «Teil»): die Portion, nach der die Agentur einen längeren Bericht unterbricht, um ihn mit neuem Kopf

(«Bundestag 2») wieder aufzunehmen – entweder gleich danach oder nachdem aktuellere Meldungen dazwischengeschoben worden sind. Ein Take hat maximal 20 Zeilen bei *dpa* und *AP* (à 65 Anschläge = 160 Wörter), 22 Zeilen bei *Reuters*.
4. Eine Bildschirmseite (vgl. *Bildschirmtext*).

Teaser (von engl. tease = reizen, necken)   Anschmecker, eine reißerische Vorankündigung:
1. In Zeitung/Zeitschrift: ein Kasten, der auf eine bevorstehende Veröffentlichung hinweist.
2. In Hörfunk und Fernsehen: eine Kurzvorschau (vgl. *Trailer*).
3. In der Werbung: eine Anzeige, die eine Kampagne einläutet, oft noch ohne Identifizierung des Werbungtreibenden.

Teleprompter, auch Autocue, Abspannroller   Im Fernsehen ein Lesegerät (meist im Objektiv der Fernsehkamera), dessen Geschwindigkeit vom Sprecher gesteuert werden kann.

Teleskopie   Die Ermittlung der Einschaltquoten beim Fernsehempfang, verwandt mit der *Media-Analyse*.

Teletext   Das in Österreich gebräuchliche Wort für *Videotext*.

Tertia   Bei Überschriften: Schriftgrad in 16 Punkt.

Text
1. In der Redaktion: (a) *Lauftext*, Fließtext, (b) alles Geschriebene, i. U. zu den Bildern.
2. In der Anzeigenabteilung: der redaktionelle Platz (Text und Bild!), i. U. zu den Anzeigen.
3. Bei Überschriften: der Schriftgrad von 20 Punkt.
4. In Hörfunk und Fernsehen: was von einer schriftlichen Vorlage abgelesen wird (Nachricht, Bericht, Reportage).

Thumbnail (von engl. Daumennagel)   Ein kleines Bild im Redaktions- oder Agentursystem oder Internet, das durch einen Mausklick vergrößert werden kann.

Tiefdruck, auch Kupfertiefdruck
1. Druckverfahren, bei dem die druckenden Stellen der Druckform tiefer liegen als die nichtdruckenden: Winzige Näpfchen werden in Kupfer geätzt oder graviert; nur in ihnen bleibt die druckende Farbe zurück.
2. In der Kunst: die Radierung.

Tischredakteur In manchen Redaktionen: der Redakteur im engeren Wortsinn, der Redigierer, Überschriftenmacher, «Macher», Platzdisponent; i. U. zum Reporter oder Korrespondenten. Vgl. *Produktionsredakteur*.

Titel (von lat. *titulus* = der Zettel an der Schriftrolle, der ihren Inhalt mitteilte):
1. Die *Überschrift*, die Schlagzeile (vgl. *Zwischentitel*).
2. Bei Zeitungen: der «Kopf» der Seite 1.
3. Bei Zeitungen mit Kopfblättern: das einzelne Kopfblatt.
4. Bei Zeitschriften: die Titelseite, das Deckblatt, auch *Cover*.
5. Im Hörfunk: das Musikstück.
6. Im Buchhandelsjargon: das Buch, sofern das Werk und nicht das einzelne Exemplar gemeint ist («Die drei Simmel-Titel wurden 200 000-mal verkauft»).

Trailer (von engl. trail = Schleppe, Pfad) In Fernsehen und Hörfunk: Vorspann einer (oder Hinweis auf eine) Sendung, falls er regelmäßig wiederkehrt. Vgl. *Teaser* (2).

Treatment Im Fernsehen: der Text, anhand dessen entschieden wird, ob ein Film gedreht werden soll. Je nach Sender ist dieser Text
- nur 1 bis 5 Seiten lang und damit eher ein Exposé,
- 5 bis 30 Seiten lang und schon mit Elementen des *Szenariums*.

Türke, «einen Türken bauen» Im Bildjournalismus und im Fernsehen: durch gestellte Szenen oder raffinierte Schnitte den Betrachter beeindrucken und irreführen.

Überlauf Der Teil des Textes, der auf eine andere Seite überläuft. Manche Redaktionen unterscheiden: *Überlauf* nur, wenn der Text auf die *nächste* Seite überläuft; sonst *Umlauf* (häufig bei Rückendrahtheftung; vgl. *Lumbeckverfahren, Produkt*).

Die meisten Redaktionen beginnen den Überlauf/Umlauf absichtlich mitten im Satz, um den Leser zum Weiterlesen zu verführen. Die *FAZ* läuft umgekehrt immer nur nach einem Absatz über. Im *Kölner Stadt-Anzeiger* sind Überläufe verboten.

Übersatz
1. Alle fertig gesetzten Texte, die in der jüngsten Ausgabe keinen Platz hatten.

2. Nur die nicht mehr verwendbaren Texte (hinausgeworfene Satzkosten).

Überschrift, auch Titel, Rubrik, «Zeile»   Sie kann aus einem, zwei oder drei Elementen bestehen: immer aus der
1. *Hauptzeile, Schlagzeile, Headline* (oft auch *Titel* oder *Rubrik* im engeren Sinn).
Meistens ferner aus der
2. *Unterzeile.*
Oft (statt der Unterzeile oder zusätzlich zu ihr) aus der unterstrichenen
3. *Dachzeile,* Kopfzeile, Kopftitel, Titelzeile, Vorzeile, Vorschlagzeile, Stichzeile, *Spitzmarke* (1).

Umbruch   s. *Layout, Montage, Positionierung*

Versalien (Sing. der Versal), auch Majuskeln: die Großbuchstaben. NATO kann man in Versalien setzen oder «gemischt»: Nato (ein Versal, drei Minuskeln). Vgl. *Kapitälchen.*

Videotext (international *Teletext,* in der Schweiz Bildschirmtext)   Wird von den Rundfunkanstalten angeboten und drahtlos übermittelt.

Visualisieren (von engl. visualize = sich vor Augen führen)
1. In Zeitschriften: die Veranschaulichung eines Textes durch Fotos, Fotomontagen, Zeichnungen, Schaubilder, die weit über das bloße Dazustellen von Bildern *(illustrieren)* hinausgeht. Klassische Felder der Visualisierung sind die Titelbilder von *Spiegel* und *Stern.*
2. Im Fernsehen: das Dazustellen eines Bildhintergrundes (hinter dem Korrespondenten der Kreml, hinter dem Nachrichtensprecher beim Stichwort «Mitbestimmung» ein Tisch mit sechs Hüten und sechs Helmen); im weiteren Sinn: das Ins-Bild-Umsetzen von Ideen. Vgl. *Realisator.*

Vorschub   Im Lichtsatz: die Strecke, um die der Film vorgeschoben werden muss, damit die nächste Zeile belichtet werden kann. Diese Strecke entspricht dem *Kegel* im Bleisatz.

Vorspann, auch *Motto, Lead, Aufhänger*   Meist gefetteter, auch kursiver Voraustext mit zwei völlig verschiedenen Funktionen:
1. In der Zeitung: eine Zusammenfassung des folgenden Lauftextes, die dessen Lektüre allenfalls entbehrlich macht (vgl. *Summary*).

2. In den meisten Zeitschriften, auch in Boulevardzeitungen: ein Anreißtext, der den Sachverhalt nur teilweise darlegt und auf den folgenden Lauftext Appetit machen soll. Vgl. *Lead*.

Waschzettel Ein Text, der von Behörden, Parteien, Vereinen, Pressechefs zugunsten der Presse vorbereitet worden ist. Je kleiner die Zeitung, desto größer die Bereitschaft, Waschzettel unverändert abzudrucken.

Widerdruckseite s. *Schöndruckseite*

WWW World Wide Web, auch Web oder W3, s. *Internet*.

Yellow Press (nach der Schmuckfarbe gelb, die von den amerik. Vorbildern bevorzugt wurde), auch Regenbogenpresse, Soraya-Blätter (weil sie in Deutschland zur Zeit von Kaiserin Soraya aufblühten und sich an ihr emporrankten) Publikumszeitschriften, die im Preis wie im Niveau an der unteren Grenze des Marktes liegen.

Zeile In manchen Redaktionen ein Synonym für die *Überschrift* («Wir haben noch keine Zeile!»).

Zeitschriften-Typen Von den Marktforschern werden unterschieden:
1. *Publikumszeitschriften* – solche, die sich *an alle* wenden: Illustrierte, Programmzeitschriften, Yellow Press. Dabei wird noch unterteilt:
   (a) general interest magazines – Zeitschriften, die *alles* bringen, i. U. zu den
   (b) Programmzeitschriften.
2. *Zielgruppenzeitschriften* – solche, die sich an einen soziologisch/demographisch bestimmbaren Teil der Bevölkerung wenden, z. B. *Eltern* (*Brigitte* ist ein Grenzfall zwischen 1 und 2).
3. *Spezialzeitschriften* – solche, die sich an den Teil der Bevölkerung wenden, der ein *Hobby* gemeinsam hat, z. B. *Tennismagazin*.
4. *Fachzeitschriften* (*Computerwoche*).
5. *Verbandszeitschriften* (*ADAC-Motorwelt*).
6. *Kundenzeitschriften* (*BMW Magazin* oder *Drogerie-Journal*).
7. *Werkzeitschriften*.

Zeitung in der Schule (ZiSCH), auch «Schüler machen Zeitung (SchmaZ)», «Zeitungstreff», «Schüler in der Zeitung» oder «Schüler lesen Zeitung» Eine Aktion von Regionalzeitungen, um Jugendlichen das Zeitunglesen schmackhaft zu machen. In der Regel wird sechs bis zwölf Wochen jedem Schüler die Zeitung in die Schule geliefert und im

Unterricht besprochen; anschließend recherchieren und schreiben die Schüler, eine Auswahl der Beiträge wird veröffentlicht.

Zoom auch Gummilinse, Transfokator   An der Fernsehkamera: stufenlose Veränderung der Brennweite, sodass z. B. ein Detail aus dem Hintergrund groß herausgegriffen werden kann.

Zwiebelfisch   Setzerjargon: ein Buchstabe, der aus einer falschen Schrift in den Text geraten ist.

Zwischenschnitt   Im Fernsehen eine *Einstellung* abseits der gerade agierenden Person (eigentlich also «Zwischeneinstellung»). Zwischenschnitte beleben den Ablauf und erleichtern das Schneiden.

Zwischentitel, Zwischenüberschrift   Überschrift im Text zur optischen oder inhaltlichen Gliederung eines längeren Artikels und als Leseanreiz.

Namen- und Sachregister

Die Namen von Zeitungen, Zeitschriften, Sendern, Sendungen und Internet-Suchmaschinen sind *kursiv* gesetzt. Stichwörter aus dem Anhang (ab S. 307) und aus der Liste aufgeblähter, unbrauchbarer Wörter (S. 214–236) sind hier nur bei besonderem Gewicht noch einmal aufgeführt.

A
Abendzeitung (München) 88, 137 f., 140, 157, 182 f.
Abonnementszeitungen 12 f., 15, 64 f., 100, 106, 136, 140 f., 145, 166, 169, 174, 195 f., 269–293, 301
Absätze 167 f., 214
Abstrakte Sprache (gegen) 207–210
Adenauer, Konrad 13, 176 f.
«Administration» 212
ADN 34
Agence France-Presse (AFP) 26, 33 f., 219
Agenturen s. *Nachrichtenagenturen*
Ahlers, Conrad 52
Aids-Berichterstattung 99, 255 f.
Akademiker im Journalismus s. *Studium, Ausbildung*
Aktionen, Aktionsjournalismus 66, 139, 271, 284–288, 353 f.

«Aktivitäten» 215
Aktualität 65 f., 291
Die Aktuelle 265
Alta Vista 54
Allgemeinbildung s. *Bildung*
Almsick, Franziska van 265
Analyse 12 f., 63 f., 67, 74, 103–107, 157, 275, 278 f., 290 f., 368 («Kommentar»)
Anchorage Daily News 47–49
Anfang s. *Lead*
Anglizismen 216
Anzeigen: Redaktion 39 f.
Anzeigenblätter 39, 42, 287, 302
Arbeitsdisziplin s. *Tugenden*
Archiv 46 f., 109, 133 f., 294
Associated Press (AP) 25, 30, 33, 117 f., 141, 173, 178, 189 f., 287
Attribute 200
Auflage 354 f.
Aufmacher 105, 136, 141, 275, 278, 291, 355 s. auch *Seite 1*

Aufsetzer 68
Augsburger Allgemeine 169
Augstein, Rudolf 13, 237
Ausbildung zum Journalisten 16–22, 37, 156, 240–247, 297–301
Autorenzeitung 249f.
Avanti (Mailand) 154

B
Babel, Isaak 291–293
Badisches Tagblatt 165
Badische Zeitung 197, 199
Balken 247
Barbier, Hans D. 152f.
Barschel, Uwe 13, 257
Beamtenjournalismus 37–39 s. auch *Abonnementszeitungen, Öffentlichkeitsarbeit, Tugenden*
«Befindlichkeit» 217
Begabung 16–18, 297 s. auch *Ausbildung*
«Bekenntnis» 218
«bekräftigen» 29, 63, 97
Benirschke, Hans 26
Beobachter (Zürich) 110
«Bereich» 218
Bergmann, Hanns-Georg 147f.
Bericht 66f. s. auch *Nachricht*
Berliner Zeitung 169, 199, 206, 248
Berlusconi, Silvio 185
Berninghaus, Torsten 50
Berufsbilder 301–306
Bilder s. *Fotos*
Bildung und Weltkenntnis 16–22, 97, 134 s. auch *Ausbildung, Studium*

Bildunterschrift 145, 165, 175–179
Bildzeitung 11, 136–141, 166, 250, 265, 272 s. auch *Boulevardzeitungen*
Blair, Tony 176, 186
Blattmacher 237f., 249, 357
Blockumbruch 168, 173f.
BMW-Magazin 302
Borderline-Journalismus 84
Böhme, Erich 42, 248
Boulevardzeitungen 11f., 15, 30, 64f., 100f., 136–142, 174, 184f., 228, 237f., 247, 256, 361f. («Feature»)
Braun, Kurt 267f.
Braunschweiger Zeitung 44f.
Brinkbäumer, Klaus 120
Bucerius, Gerd 201
Buchwald, Manfred 303
Bundespressekonferenz 44–46
Bunte Illustrierte 143, 146
Burda, Hubert 140
Bürokraten-Jargon s. *Jargon*
Busche, Jürgen 152
Bush, George W. 73, 146, 186

C
Caesar 277
Caroline von Monaco 265
Charaktereigenschaften des Journalisten s. *Tugenden*
Chefredakteur s. *Redaktion*
Chef vom Dienst s. *Redaktion*
Chrismon 302
Chronologie 70f., 121–124, 196
Chruschtschow, Nikita Sergejewitsch 30

Clip-Arts 179
CNN 269
Computer 169, 172, 185 f., 234, 241–243, 251–253, 269 f., 279, 284, 294–296, 301, 304 f.
Computer Bild 294

D

Datenschutz 267, 312, 316–318, 322
ddp 34
Design s. *Layout*
Desinformation s. *Manipulation, Informieren*
Deutsch s. *Sprache*
Deutsche Presseagentur (dpa) 23–36, 72, 89, 91 f., 94, 111–113, 141, 189–192, 287
Deutscher Presserat s. *Pressekodex*
Diskriminierung 324
Dohnanyi, Klaus von 186 f.
Drehscheibe 280
Dritte-Welt-Berichterstattung 31
Dummy 360
Easy Living 302
Eckenbrüller 68
Editorial 360 f. s. auch *Kommentare*

E

Ehrenkodex s. *Ethik, Pressekodex*
Einstieg s. *Lead*
Einwohnerzahlen 93
Eltern 143
Emder Zeitung 168, 247
E-Paper 293 f.

Erhard, Ludwig 70
Erste Seite s. *Seite 1*
erzählen s. *Sprache*
Essen & Trinken 147 f.
Ethik des Journalismus 13 f., 39, 59, 61, 100–103, 106 f., 171–173, 255–268 s. auch *Manipulation, Pressekodex, Presserecht, Tugenden*
Evangelischer Pressedienst (epd) 34, 95
Exklusivverträge 312
Experten 48–51
Express (Köln) 137
Eysenbach, Günther 55

F

Fachjargon s. *Jargon*
Fachwissen s. *Studium*
Feature 66 f., 109–114, 135, 139, 275, 361 f.
Feddersen, Jens 298
Fensterbrüller 275 f.
Fernsehen s. *Radio und Fernsehen, Privatfernsehen, Zeitung: Fernsehen*
Firmenzeitschrift 306
Fischer, Christoph 244
Fischer, Joschka 110
Flach, Karl-Hermann 260
Flachmann 67
Flattersatz 168, 362 f.
Flöper, Berthold 280 f., 304
Focus 12, 82, 166, 179, 248, 261 f.
Fotos 139, 141–145, 164–181, 263–265, 273, 301 f., 304–306, 313 f., 320–322

Frankel, Max 16
Frankfurter Allgemeine (FAZ) 68, 88, 91 f., 94–97, 101, 131, 141, 150–155, 157, 160 f., 171, 187, 190, 203–205, 219, 238, 240, 246 f., 289, 362 («Feuilleton»)
Frankfurter Rundschau 18, 61, 68, 155, 184, 203, 256, 285, 378 («Spitze»)
Frei, Bruno 116
Freie Journalisten 250, 253, 298, 303–306
Freie Presse (Chemnitz) 32, 248
Freundin 145
Friedrichs, Hanns Joachim 103
Fußkasten 67

G

Ganzseitenumbruch 168 f.
Garcia, Mario 167, 188
Gass, Ulrich 163
Gegendarstellung 265–268
Gegenlesen 213 f.
Gehrig, Peter M. 30, 117
Generalanzeiger (Bonn) 156
Geo 143, 146
Gerüchte 313
Glocke, Die (Oelde) 53
Glosse s. *Satire* (Definition 364)
Glotz, Peter 246
gms 287
Goebbels, Joseph 86 f.
Goethe, Johann Wolfgang 17, 19
Golombek, Dieter 255 f., 279 f.
Gorbatschow, Michail 30, 86 f.
Gorki, Maxim 292
Gottschalk, Thomas 265

Graphik 364 s. auch *Infografik, Layout*
Greenpeace 98
Grobe, Karl 155
Gross, Johannes 13 f.

H

Habsburg, Otto von 107 f.
Hackforth, Josef 244
Halbbildung, universale 21 s. auch *Bildung*
Haller, Johannes 177
Halmich, Regina 132
Hamburger Abendblatt 88 f., 96 f., 131–133, 284
Hamburger Morgenpost 137, 179, 186
Handelsblatt 250
Handy 249, 269
Hannoversche Allgemeine 200
Hawranek, Dietmar 120
Heigert, Hans 15 f.
Herausgeber s. *Redaktion*
Herstellung 365
Herzog, Roman 209
Hintergrundberichte s. *Analyse*
Hintergrundinformation 44
Hippler, Hans-J. 188
Hirsch, Eike-Christian 229
Hitler-Tagebücher 50 f., 256
Hochmut s. *Journalisten (Hochmut)*
Høeg, Peter 209
Hofberichterstattung 279
Hofmann, Christel 135
Holbrooke, Richard 131
Holzer, Werner 18

Honecker, Erich 69
Horizont 159
Husumer Nachrichten 159

I

Imboden, Carlo 271
Impressum 239
Infografik 12, 164, 179–181, 301
Informationslawine, Informations-Schrott 15 f., 38, 64, 105 f., 140

Informieren
– Journalisten müssen es 9, 14 f., 21 f., 51, 106 f., 258–262, 280–283, 288
– Viele können's nicht 9, 21 f., 59 f., 62, 87–97
– Viele wollen's nicht 9, 13 f., 21 f., 59–62, 100–103, 106 f.
s. auch *Journalisten, Manipulation, Tugenden*
«Inhalte» 223
«innovativ» 233
interaktiv 366
International Herald Tribune 105 f., 278 f.
Internet 53–57, 249 f., 252 f., 269 f., 273, 288, 293–296, 366
Interview 79–87, 135, 140 f., 261 f., 314 f., 323
Ironie 157 160 f., 185, 212 s. auch *Satire*
Irreführung s. *Manipulation, Informieren*
ISDN 366

J

Jacoby, Konstantin 276
Jargon
– der Agenturen 29 f., 72
– der Bürokraten 61 f., 219
– der Experten (Zunftjargon) 60 f., 64, 77, 225, 231, 236
– der Politiker 29, 77, 233
– der Soziologen 230–232
– des *Spiegels* 174, 201, 202 f., 217, 219 f., 221–223, 226, 229, 231 s. auch *Sprache*
Jean Paul 161
«jede Menge» 223
Joffe, Josef 16
Journalismus
– missionarischer 13 f., 61, 100–103, 107 s. auch *Manipulation*
– sensationsgieriger s. *Boulevardzeitungen, Skandale, Spiegel, Stern*
– überflüssiger 12, 15
– verknöcherter 12 f., 15, 269–285
journalist 175
Journalisten
– Definition 301 f.
– Auftrag im demokratischen Staat 9, 14 f., 22, 51, 69, 106 f., 258–262, 280–288
– Ausbildung s. diese
– Begabung s. diese
– Bestechung 326
– Geschenke, Einladungen, Rabatte 326
– Hochmut 18, 107, 248, 285, 306

Namen- und Sachregister 391

– Macht 14
– Pflichten s. oben: *Auftrag*
– Rechte s. *Pressefreiheit, Presserecht*
– Tugenden s. diese
s. auch *Redaktion, Ressorts, Freie Journalisten*
Journalistenpreise
– Kisch 107, 120, 124
– Lokaljournalisten (Adenauer) 50, 160
– Pulitzer 47, 50
– Wächter 50
– Wolff 117
Journalistenschulen 118 f., 301 s. auch *Ausbildung*

K
Karikaturen 150
Kasten 67
Katholische Nachrichtenagentur (KNA) 34
Kerl, Christian 44 f.
Kerr, Alfred 227
Kilz, Werner 248
Kinsey, Alfred 227
Kirch, Leo 34, 156
Kisch, Egon Erwin 116, 123 f.
Kisch-Preis s. *Journalistenpreise*
Klammern und Parenthesen 200 f.
«Klartext» 223 f.
Klimmt, Reinhart 44
KNA (Katholische Nachrichten-Agentur) 34
Kohl, Helmut 86 f., 91 f., 151 f., 171
Kolbe, Herbert 247

Kölner Stadt-Anzeiger 197, 284, 289
Kolumne 157, 272, 368
Kommentar und Leitartikel 104, 149–157, 248, 270–280, 283, 289, 325, 368
Konjunktiv 76–78
Korrespondenten 104, 281 f.
Krach, Wolfgang 248
Kraus, Karl 228
Krawalljournalismus 11 f. s. auch *Boulevardzeitungen, Skandale*
«Kreativität» 224
Kritik
– im Kulturteil 150, 280, 289
– im Presserecht 264
Krockow, Christian Graf von 299
Krug, Gerhard 122
Küchenzuruf 275–278
Kummer, Tom 84
Kundenmagazin 302
Küpper, Norbert 165
Kurier (Berlin) 184
«kurzfristig» 224
Kurzzeitgedächtnis 198

L
Lafontaine, Oskar 185
Langenbucher, Wolfgang 37, 246
«langfristig» 224
Larass, Claus 140
La Roche, Walther von 55, 67, 150, 152
Lausitzer Rundschau 246
Lauterbach, Jürgen 50
Layout 142–145, 164–169, 173 f., 251–253, 273, 306, 369

Lead und Vorspann 71 f., 74 f., 119–122, 145–148, 165, 178, 187–192, 369 («Lead»), 382 f. («Vorspann»)
Lebenshilfe s. *Leser (Dienst am)*
Leibniz, Gottfried Wilhelm 21
Leinemann, Jürgen 134, 209
Leitartikel s. *Kommentare*
lernen s. *Ausbildung, Begabung, Tugenden*
Leser
– Wie er liest 163–169
– Was er wünscht 139, 140 f., 269–288
– Dienst am Leser, Service für Leser 139, 142, 273, 279, 284–288
s. auch *Aktionen, Informieren, Ratgeber, Tugenden*
Leser-Blatt-Bindung 287, 370
Leserbriefe 150, 281, 315 f.
Living bridges 302
Loderhose, Willy 295
Lokaljournalismus s. *Ressorts*
Lokaljournalistenpreis s. *Journalistenpreise*
Lorentz, Lore 30
Lösekrug-Möller, Gabriele 75
Lübbe, Hermann 217
Ludewig Michael 26
Luther, Martin 193

M

Magdeburger Volksstimme 286
Mainka, Iris 124–130
Mainpost 272 f.
Manasterni, Ulrich 50
Manipulation
– durch Politiker und Pressestellen 38–42, 96–100, 103
s. auch *Öffentlichkeitsarbeit, Tugenden (Mißtrauen)*
– durch Journalisten 13 f., 59, 61, 100–103, 106 f, 173
– mit Fotos 170–172
Mann, Thomas 290
Markwort, Helmut 261 f.
Matthes, Günter 160
«mausern» 225
McK Wissen 302
Mediamit 54
Medien-Ereignisse 98, 100 s. auch *Manipulation*
Medium (Magazin) 36, 305
Meier, Klaus 248
Meinungsumfragen 12, 87, 314
Meldungen 66 s. auch *Nachricht*
Merkel, Angela 176
Metaphern 226
Meyer, Werner 141
Minogue, Kylie 138
Minutenprotokoll 72
Mißtrauen s. *Tugenden*
Mitarbeiterzeitungen 302
Monitor 101
Monopolzeitung s. *Abonnementszeitungen*
Mozart, Wolfgang Amadeus 17
Müller, Günther 61
Münchner Merkur 154, 161

N

N 24 269
Nachricht
– Auswahl 62–66

– Definition 59, 62–66, 106 f., 372
– Rohstoff 68–71, 180
– Form, Gestaltung 71–78
– Richtigstellung 316
– Sprache 77 f.
– Nachricht: Feature 77 f.
– Nachricht: Meinung 26, 100–104, 141, 186 f., 260
Nachrichtenagenturen 23–36, 46, 60, 72, 88, 90, 94, 98, 100, 104, 107, 143, 187–192, 210 f., 228, 242 f., 282, 291
Nachrichtenkarussell 98, 99
Nachrichtenredaktion s. *Ressorts*
Nachrichten-Unterdrückung 255–262 s. auch *Informieren, Manipulation*
«nachvollziehen» 226
Nannen, Henri 175, 238, 276
Natur 146
Nebensätze s. *Sprache (Satzbau)*
Nestroy, Johann 18
«Netzwerk» 226 f.
Neue Osnabrücker Zeitung 184
Neue Ruhr / Neue Rhein Zeitung (NRZ) 298
Neues Deutschland 69, 102
Neues Leben (Petrograd) 292
Neue Westfälische (Bielefeld) 138, 284
Neue Zürcher Zeitung 169, 183, 185
Neugier s. *Tugenden*
Newsdesk 248–250
News management 98 f. s. *Manipulation*
Newsroom s. *Newsdesk*

Newsweek 86 f.
New Yorker 122
New York Times 16
«normal» 227
ntv 269

O

Oberhessische Presse 50
Objektivität (gibt es sie?) 106 f. s. auch *Manipulation*
Öffentlichkeitsarbeit 29, 36–47, 97 f., 143, 302 f., 305, 313, 315, 319
Oldenburgische Volkszeitung 282 f.
Ombudsmann 286
Online s. Internet
Ost, Friedhelm 86 f.
Oxymoron 227

P

Paganini, Nicolò 17
Paperball 53
«Paradigma» / «Paradigmenwechsel» 228
Parenthesen 200 f.
Passauer Neue Presse 160 f., 286
Pauschalisten 304 f.
Peichl, Markus 84
Pflichten s. *Journalisten (Auftrag)*
Pieper, Joseph 151
Piktogramme 179
Plausibilitätskontrolle 89 f.
Plusquamperfekt 72
P. M. 146
Politiker-Jargon s. *Jargon*
Politikressort s. *Ressorts*
Polizeistatistik 87–89, 92 f.

Popper, Karl 278
Porträt 121, 131–135, 271, 274
Postman, Neil 170, 281
Pöttker, Horst 36
Poynter-Studie 182
Praktikant 250
Pranger 324 f.
Preise s. *Journalistenpreise*
Pressefreiheit 258 f., 312 innere 239, 297
Pressekodex 137 f., 142, 262, 312–326
Pressekonferenzen 42–46 s. auch *Öffentlichkeitsarbeit*
Presserat s. *Pressekodex*
Presserecht 51, 137 f., 260–268, 312–326
Pressestellen s. *Öffentlichkeitsarbeit*
Prinz, Günter 283 f.
Privatfernsehen 15 f., 140, 144, 269
Privatsphäre s. *Presserecht*
Prozentpunkte 95
Public Relations s. *Öffentlichkeitsarbeit*
Pucher, Paul 154
Pulitzer-Preis s. *Journalistenpreise*
Punch line 277

Q
Quellenangaben 73–76, 201

R
Raddatz, Fritz J. 85 f.
Radio und Fernsehen 9–11, 15 f., 67, 79–81, 140 f., 244, 250, 269, 273, 301 f., 304–306

Rager, Günther 38, 244, 272
Raikönen, Kimi 131–133
Ratgeber (in Zeitungen) 246, 249, 275, 284–287 s. auch *Leser (Dienst am)*
Rauter, E. A. 139 f.
Readerscan 271–273
Recherchieren 19, 37–39, 42-52, 90, 118, 124, 145, 242, 251, 253, 263, 266 f., 279, 283, 317
Rechte des Journalisten s. *Pressefreiheit, Presserecht*
Redakteur (Definition) 297
Redaktion
– Organisation 237–253
– Redaktionskonferenz 249
– Ressorts s. diese
– Chefredakteur 38, 154 f., 237–239, 241 f., 247–249, 251, 283
– Chef vom Dienst 238 f., 374 («Produktionsredakteur»)
– Herausgeber 237
– Produktionsredakteur 253, 374
– Tischredakteur 242 f., 381
– Sitzredakteur 36 f.
– Verleger 38, 237, 239, 248
– Diskussionsunwilligkeit 238, 248, 256,
– innere Pressefreiheit 239
– Machtverhältnisse 155 f., 237–239, 256
s. auch *Ausbildung, Berufsbilder, Journalisten*
Redigieren 37, 210–214, 242
Rehe, Rolf 168
Reich-Ranicki, Marcel 158

Reinhard, Michael 117, 273
Reitz, Ulrich 248
Rekordsucht s. *Zahlen, Boulevardzeitungen*
Reportage 12 f., 66 f., 105 f., 112, 114–130, 135, 139, 213, 253, 271–276, 278 f., 290 f., 316 f. («Feature»), 375 f.
Ressorts
– Einteilung 25, 240–250
– Feuilleton, Kultur 143, 150, 158, 185, 187, 240, 245, 247, 249 f., 272, 283–285, 289
– Lokalredaktion 35–39, 55, 72, 120, 124, 134, 142 f., 150, 155, 157 f., 160, 166, 187, 240–242, 249 f., 255 f., 272–275, 279–284, 302
– Nachrichtenredaktion, Politik 36–39, 143, 187, 210–213, 240, 242 f., 247, 249, 272, 288 f.
– Sport 143, 150, 155, 185, 187, 240 f., 243–245, 247, 249, 272, 283
– Vermischtes, Bunte Seite 64, 110, 141, 143, 185, 272, 283
– Wirtschaft 60 f., 187, 240, 246 f., 249 f., 289
– Auflösung / Zusammenlegung 247–250
Reuters 33, 73, 221
Rheinische Post 32, 183, 248
Rhein-Zeitung (Koblenz) 294
Rice, Condoleezza 146
Richter, Jürgen 259
Riewerts, Cornelius 282 f.
Rousseau, Jean-Jacques 277

Rücker, Helmuth 160
Rückgrat s. *Tugenden*

S
Sacramento Bee 171, 286
Sahlender, Anton 272 f.
Salzburger Nachrichten 200
Sänger, Fritz 26, 33
Satire 157–162, 185, 272
Satorius, Peter 107 f.
Schachtelsätze s. *Sprache*
Scheckbuch-Journalismus 376 s. auch *Zeitschriften*
Scherer, Marie-Luise 120 f., 131
Scheuch, Erwin K. 52 f.
Schily, Otto 110
Schlagzeile s. *Aufmacher, Überschrift*
Schlüter, Hans-Joachim 116, 122, 156
Schmidt, Helmut 85 f., 135, 155, 171
Schneider, Jürgen 261
Schreiben s. *Sprache*
Schreibtalent s. *Begabung*
Schrempp, Jürgen und Wolfgang 120
Schröder, Gerhard 75, 109 f., 176
Schülerzeitungen 297 f.
Schulte-Willekes, Hans 136, 138
Schwarze, Michael 160
Segerer, Alois 157
Seite 1 105, 136, 142, 274–279
Seiteneinsteiger 297
Semler, Johannes 70
Sensationsgier (von Journalisten)

s. *Boulevardzeitungen, Skandal*
seriöse Zeitungen s. *Abonnementszeitungen*
Service s. *Leser (Dienst am)*
sid (Sport-Informations-Dienst) 34
Simmel, Johannes Mario 277
Skandale 98–100, 143 f., 256 f., 278, 289 s. auch *Boulevardzeitungen, Spiegel, Stern*
Soika, Dieter 248
Solschenizyn, Alexander 192
«sorgen für» 231
Sperrfrist 315, 323
Der Spiegel 13, 42, 50–53, 61, 80, 82, 100–103, 109 f., 120 f., 131, 134, 166, 174, 201, 203 f., 209, 217, 219 f., 221–223, 226, 229, 231, 237, 239, 248, 291, 376 («Scheckbuchjournalismus»)
Sprachmarotten s. *Jargon*
Spitzmarke 378
Spott s. *Ironie, Satire*
Sprache
– Verständlichkeit 9, 22, 37, 59, 77 f., 139, 142–144, 187, 191, 279
– Gefälligkeit 22, 77 f., 139 f., 164, 195–203
– Satzbau 29, 77 f., 139 f., 164, 195–203
– Wortwahl 77 f., 164, 193–195, 214–236
– erzählen 77 f, 114 f., 119–124, 192, 279
– konkret sprechen 29, 124, 207–210

s. auch *Jargon, Redigieren, Synonyme*
Sprachwitz 187, 227
Springer, Axel 136, 237
Stadtmagazine 284
Stahel, Martin 167
Standard (Wien) 199
Statistik s. *Zahlen*
Stern 50, 53, 61, 82, 100–103, 143, 145, 174, 183, 203, 211, 217, 238, 256, 261 f., 275, 291, 376 («Scheckbuchjournalismus»)
Stil s. *Sprache*
Stolpe, Manfred 207 f.
Story 67, 379
Strauß, Franz-Josef 13, 182
Strauß, Johann 19
Strauss, Richard 19
Streiflicht 158 f., 162 f.
Studium 18–21, 297–301
Stuttgarter Zeitung 184
Süddeutsche Zeitung 15 f., 28, 64 f., 70, 84, 95, 101, 107–111, 120, 141, 152, 158 f., 161 f., 176 f., 186, 188, 192, 203, 219, 223, 227, 238, 248, 362 («Feuilleton») s. auch *SZ-Magazin*
Südkurier 272
Südthüringer Zeitung 159
Sullivan, Peter 181
The Sun (London) 186
Superlativ (Liebe zum) s. *Zahlen, Boulevardzeitungen*
Synonyme 202–205, 231–234
Synthese s. *Analyse*
SZ-Magazin 86 f., 146

T

Tagesschau 15, 60, 217, 272–275, 279, 291
Tagesspiegel 160, 166 f., 284
Tango 12
taz 61, 88, 158, 185
«Technologie» 232
Telekommunikation s. *Computer*
text intern 293
Thierse, Wolfgang 265
Thomas von Aquin 151
Time 91
Tischredakteur s. *Redaktion*
Tobler, Jürg 241 f.
«Todesopfer» 12, 232
«Totschlag» 232
Tugenden des Journalisten
– Arbeitsdisziplin 17
– Bildung s. diese
– Ethik s. diese
– Fachwissen s. *Studium*
– Freiheit von Hochmut 18, 107, 285, 306
– Mißtrauen 97–99, 107
– Neugier 18
– Recherchieren (Wille zum) s. dieses
– Rückgrat, Zivilcourage 18, 22, 38, 100
– Selbstvertrauen 17
– Verantwortungsgefühl s. *Journalisten (Auftrag)*
– Weltkenntnis s. *Bildung*

U

«überschatten» 232 f.
Überschrift 136, 142, 145, 164–168, 175, 178, 182–187, 272–275, 382
Umbruch s. *Layout, Blockumbruch, Ganzseitenumbruch*
Umfragen s. *Meinungsumfragen*
Universität s. *Studium*
Unlauterer Wettbewerb (Gesetz) 42
Unterhaltung 139, 141, 281 s. auch *Boulevardzeitungen, Feature, Reportage, Ressorts (Vermischtes), Zeitschriften*
«Untiefe» 233
UPI 34, 189
USA Today 166, 179

V

Values 302
Varden (Norwegen) 188
Verb (Stellung des) 198–200
Verlautbarungsjournalismus 38, 41 f., 288 f. s. auch *Abonnementszeitungen, Öffentlichkeitsarbeit, Tugenden*
Verleger s. *Redaktion*
Vermischtes s. *Ressorts*
Verständlichkeit s. *Sprache*
Vertraulichkeit 44–46, 318
Videotext 269, 382
«virtuell» 234
Viva 147
Volontariat 156, 242, 297–300 s. auch *Ausbildung*
Vogt, Petra 53
Vorausberichte 314
Vorspann s. *Lead*

W

Wahlkampf 288, 313
Waldsterben 99
Wall Street Journal 169, 279
Walser, Robert 158
Walther, Chris J. 180
Waschzettel 35–42, 46f., 143
   s. auch *Öffentlichkeitsarbeit*
Weigel, Hans 222
Weiske, Martin 50
Weizsäcker, Richard von 69f.
Die Welt 67, 141, 156, 192
Welt am Sonntag 85, 96f.
Weltkenntnis s. *Bildung*
Werben und Verkaufen 138, 159
«Westbank» 235
Westfalenpost (Hagen) 50
Westfälischer Anzeiger 159
Wissen s. *Bildung*
Wissmann, Mathias 89
Wittgenstein, Ludwig 278
Die Woche 183
Wortstellung s. *Sprache (Satzbau)*

Z

Zahlen und Statistik 12, 87–95, 100, 210f.
ZAW-Richtlinien 40f.
Die Zeit 19, 84–86, 124–130, 183, 239
Zeitschriften 9, 12, 15, 42f., 110, 138, 142–148, 166, 175, 188, 192, 211, 238, 247f., 256, 271, 301f., 361f. («Feature»), 383
Zeitung s. *Abonnementszeitungen, Boulevardzeitungen, Redaktion, Ressorts*
Zeitung: Fernsehen 9f., 12f, 131, 269–271, 273–275, 281, 288–291
Zeitung: Zeitschrift 9, 42f., 138f., 142–146, 166, 188, 211, 271
Die Zeitung 141
Zeugnisverweigerungsrecht 267
«Zielsetzung» 236
Zimmer, Uwe 138–140
Zitierung 76f., 212
Zivilcourage s. *Tugenden*
ZMG (Zeitungs-Marketing-Gesellschaft) 188
Zschunke, Peter 141
Zunftjargon s. *Jargon*
«zurückweisen» 29
Zu Tisch 302

Die Autoren

Wolf Schneider, Jahrgang 1925, leitete 16 Jahre lang, bis 1995, die renommierte Hamburger Journalistenschule (Henri-Nannen-Schule). Dort unterrichtet er weiter; ferner an der RTL-Schule (Köln), der Ringier-Schule (Zürich), dem Kuratorium Journalistenausbildung des ÖJV (Salzburg) und der Electronic Media School (Potsdam). Schneider war Korrespondent der *Associated Press*, Nachrichtenchef der *Süddeutschen Zeitung*
und ihr Korrespondent in Washington, Chef vom Dienst beim *Stern*, Chefredakteur der *Welt* und neun Jahre Moderator der *NDR-Talkshow*. Er ist Sprachkolumnist der *Neuen Zürcher Zeitung*, Autor und Träger des Medienpreises für Sprachkultur der «Gesellschaft für deutsche Sprache».

Unter seinen 23 Sachbüchern befinden sich fünf, die als journalistische Standardwerke gelten: «Deutsch für Profis», «Deutsch fürs Leben», «Die Überschrift», «Unsere tägliche Desinformation» und «Die Gruner+Jahr-Story».

Paul-Josef Raue, Jahrgang 1950, ist Chefredakteur der *Braunschweiger Zeitung*, war zuvor Chefredakteur der *Volksstimme* (Magdeburg), der *Frankfurter Neuen Presse*, der *Oberhessischen Presse* (Marburg) und der *Eisenacher Presse*, der ersten deutsch-deutschen Zeitung nach der Wende; er baute das neue Wirtschaftsmagazin *Econy* (heute *Brand Eins*) mit auf; er gewann mit seinen Redaktionen viele Journalistenpreise; er lehrt in der Aus- und Weiterbildung von Journalisten und ist Autor vieler Aufsätze zum Journalismus. Er lernte seinen Beruf im ersten Jahrgang der Hamburger Journalistenschule bei Wolf Schneider.